传媒国际评论

Media International Review

传媒性 国际性 人文性 研究性 评论性 教育性

2013 01

第一辑

《传媒国际评论》编辑部

主编 秦学智

编　　辑　《传媒国际评论》编辑部

主　　编　秦学智

主编助理　王亚杰

责任编辑　康艳红 何庆平 王碧薇

中央编译出版社

Central Compilation & Translation Press

《传媒国际评论》投稿邮箱：cmgjpl@163. com；bjxuezhiqin2388@163. com
联系 QQ：2667274704（王女士）；1145174684（秦先生）

主编寄语

为了志趣和理想奋飞

秦学智，1967 年出生于山西永济。中国传媒大学传播研究院副研究员。北京师范大学教育学博士，中央教育科学研究所博士后。先后出版《李贽大学明德精神论》、《李贽大学明德教育论》、《中国道家道教教育思想史（先秦至隋唐卷）》（副主编）等著作，参与国家级和省部级课题多项并发表几十篇论文。主要从事传媒素养教育研究和教育历史文化研究。

《传媒国际评论》终于和大家见面了！它承载着笔者的部分文化志趣和理想，也夹杂着大家的祝福、希望和憧憬，更少不了广大作者的厚爱和支持以及编辑部工作人员的心血、智慧、细心和坚韧。

在这里，还要真挚感谢受邀并热心支持本书刊的编委老师们，他们高度信任本刊的工作和努力，不惧他们的名字被“利用”，而笔者代表本刊编辑部工作人员在此向他们郑重承诺：我们将秉承“战战兢兢；如临深渊；如履薄冰”（《诗经・小雅・小旻》）的古训，潜心于学术和文化思想研究与传播事业，努力打造可持续发展的鼓励和支持学术与文化创新思想传播的坚实平台，坚决不辜负他们的信任和他们依靠自己智慧和努力赢得的崇高荣誉。同时，还要感谢那些暗中默默支持和关注本刊成长的老师和朋友，那种淡泊而宁静的友情在今天弥足珍贵。

孔子曰：“道不远人，人之为道而远人，不可以为道”（出自《中庸》第十三章）。也许，笔者同时受到儒家、道家和佛教等多家学派和宗教思想的影响，秉持的也是“道法自然”、自然而然的、随缘的、无可无不可的以出世的心态做入世的事业的态度，即尽管世界上的事情，包括人类文明的存在，没有一件能够永恒，但人既然活着，就要在身心健康条件还允许的情况下尽可能地效法乾坤精神，做到自强不息，厚德载物，去做有利于学术和社会发展的事业。也正是在这样的志趣和理想的催促下，在活一天少一天的焦虑中，最终迎来了让志趣和理想奋飞的时机。但愿，未来都是美好的。

当今世界，国际社会和国际传媒形势都发生了巨大变革。一百多年前，世界列强主宰着世界，并肆无忌惮地用武力去圈占殖民地等势力范围，侵夺和瓜分不发达国家和人民的财富。同样地，一百多年前，在经历一段一枝独秀的风光之后，报纸终于接受和广播并驾齐驱的传播时光。世界的力量格局在变，发展的新方向不断产生，此消彼长，应接不暇；同样地，在传媒世界，国际国内媒体机构和力量格局也一直在发展和变化，媒体的内容和形式都在同时发生扩散、聚合、衍生、创新等各种变化。组成世界和传媒领域的各个要素在不断地重组，新陈代谢加快，新的要素也在层出不穷。世界整体和传媒整体遵循着从无到有、从低级到高级、从简单到复杂、从分散到联合、从独享到共享、从单打独斗到合作竞争的发展规律，也普遍具有这些特征或特点。在电子传媒领域，以广播和收音机为代表的音频传播还没称霸多久，以电视和电视机为代表的音视频传播就独领风骚。而 20 世纪 90 年代互联网走向大众后，电视和电视机似乎等到了一个足以让自己遭遇生存危机的强大的潜在对手。尽管到现在电视业似乎是虚惊一场，但电视行业不得不顺应互联网的发展趋势，做些“三网联合”这样数字化、网络化和市场化的事情。如今，以互联网和电脑、移动互联网和智能手机为代表和引领传媒发展潮流的数字世界仍然在迅速地发展着，这一新生事物正处于其快速发展的生长期，因为整个宇宙和整个世界本质上都是网状的联系，因此互联网的发明和问世，似乎在预示着包括传媒世界在内的人文世界已经找到了通往宇宙其他部分或更紧密地、更有效地发展人类文明的根本路径和方向。

包括传媒世界文明在内的世界文明的发展犹如一辆马拉车的行进。马是技术，轮子是科学，驾车人是制度和规则，市场需求和民生民意是马拉车要行进的方向，路况是文明的现状和历史。世界经济巨头、金融寡头、传媒集团、跨国传媒公司、政治团体、民间机构等，无不遵循马拉车行进的规律，浩浩荡荡，逆之者亡，顺之者昌。当政治文明进程、经济发展形势、人民生活质量、传媒应用程度等在逐步推进、改善、提高和增大的同时，也总会出现各种矛盾的冲突和激荡，有时候甚至表现得极其剧烈和惊险。例如，政府控制与反控制的矛盾，主流意识形态与流行意识形态之间的矛盾，特权与反特权之间的矛盾，民主与专制之间的矛盾，建构与解构之间的矛盾，内容与形式之间的矛盾，传统媒体与现代媒体之间的矛盾，新媒体自身之间的矛盾，等等。因为所有这些矛盾都处于一个全球化的大背景之下，所以必须将它们放在政治全球化、经济全球化、教育全球化、文化全球化、传媒全球化、传播全球化、人类生活全球化等全球化的宏观、中观和微观背景下进行审视、思考和解决。

尽管在国际传播领域中国际传播的话语权掌握在具有极强传媒硬实力和软实力的国际性传媒组织或国家手中，但国际传播的权威性和实效性却最终体现在媒体传播内容的真实性、科学性、客观性和公正性以及传播方式方法的可接受性等方面。因此，中国的对外传播不能只是将着眼点放在国际传播发展的规模和数量上，而是要更多地考虑传播内容的真实性、科学性、客观性、公正性和传播方式方法的可接受性等方面。要注重传媒内涵式的发展，而不仅仅是注重传媒外延式的扩张。尽管媒体和文化传播的设点布局是必要的，但“酒香不怕巷子深”，最为关键和重要的也最能持久的是“酒要香”与“货要好”。换句话说，传媒和传播的内容品牌建设要放在国际传播工作的首位。

为了更好地理清当代国际国内传播的规律和特点，就必须加强此方面的研究。据有关统计，具有全国统一刊号的新闻传播学学术期刊已有60余种，而长期保持相对较高学术水准的期刊有《新闻与传播研究》、《现代传播》、《国际新闻界》、《新闻大学》、《当代传播》和《新闻记者》等。这些刊物无疑为新闻传播学科研究和学科研究人才的培养做出了自己无人能及的贡献。根据对这些刊物文章的阅读和梳理，我们可知，近几年来，新闻传播学的研究主要体现在新闻理论研究、传播理论研究、新媒体研究、应用传播研究和新闻传播历史研究等方面。理论研究主要包括基本概念研究、新闻观和传播观研究、人物思想研究、传媒法治研究、职业道德研究、传媒生态研究、受众理论研究、新闻叙事研究、媒介化社会研究等；新媒体研究主要包括互联网研究、手机研究以及基于互联网和手机平台的如微博、博客等社交媒体研究等；应用传播研究主要包括收视率调查统计研究、客户状况调查研究、企事业单位公关和传播策略研究等；历史研究主要包括中外新闻史研究、中外传播史研究和传播技术史研究等。总的来讲，新闻传播学的研究随着新闻传播活动的不断开展与研究主体的多元化和新老更替，也日益走向深入、多元并且硕果累累。但是，显而易见，因为研究群体的迅速壮大（不仅有新闻传播学教师和研究人员在做着研究，而且每年都会有相当数量的研究生加入到新闻传播学以及其他人文社科研究队伍中来），当下的新闻传播学期刊的版面容量很难满足日益增长的文章发表需求，特别是研究和写作能力都处于正在成长期的博士生和硕士生，他们就更难找到能够促进自己研究和写作能力提高的坚实平台（这个平台不仅仅是指论文发表的空间，也指能够给他们提供文章修改和改进建议或意见的编辑部）。《传媒国际评论》系列丛书编辑部试图以在校文科研究生为主，长期广泛征集传播研究、传媒研究、教育研究、文化研究、企业研究和社会评论等人文社会科学研究方面的论文以及短小说、短剧本和随笔等青年文学作品。本书系希望在不久的将来逐步具备鲜明的传媒性、国际性、人文性、研究性、评论性、文化性、进步性和教育性等特色。本书系决心和衷心支持本书系发展的作者们一道成长，一起进步，希望为充满学术研究志趣与创新性思维和视野的作者们搭建更好的平台，为创新性学术和文化思想的传播做出自己力所能及的贡献！

传说世界上许多伟大的人或事出生或发生的时候都会有异象发生，但《传媒国际评论》似乎问世于无声无息之中。据说，释迦摩尼出生之后即周行七步，一手指天，一手指地说：“天上天下，唯我独尊。”并有天人奏乐庆贺，九龙吐水为其沐浴。《马太福音》第二章中也记载说：“当希律王的时候，耶稣生在犹太的伯利恒。有几个博士从东方来到耶路撒冷，说：‘那生下来作犹太人之王的在那里？我们在东方看见他的星，特来拜他。’希律王听见了，就心里不安；耶路撒冷合城的人也都不安。他就召齐了祭司长和民间的文士，问他们说：‘基督当生在何处？’他们回答说：‘在犹太的伯利恒。因为有先知记着，说：犹大地的伯利恒啊，你在犹大诸城中并不是最小的；因为将来有一位君王要从你那里出来，牧养我以色列民。’”此外，被称为中华人文始祖的伏羲出世时一道紫气从天而降，香气四溢，神龙绕梁。汉高祖刘邦母亲在大泽之陂与蛟龙“神遇”而怀孕生下“隆准而龙颜，美须髯，左股有七十二黑子”的刘邦，并且是刘邦之父刘太公亲眼所见（见《史记卷八高祖本纪第八》）。东晋开国皇帝晋元帝司马睿“咸宁二年生于洛阳，有神光之异，一室尽明，所藉藁如始刈。及长，白豪生于日角之左，隆准龙颜，目有精曜，顾眄炜如也。”（见《晋书卷六帝纪第六》）如此等等，不一而足。这些传说和记载因时过境迁已无从考证，但笔者更相信“伟大出自平凡”和“英雄不问出处”的观点。

百年大计，教育为本。在笔者看来，《传媒国际评论》编辑部的工作就是一项重要的教育工作。因为它从不拒绝有研究写作瑕疵和构思缺陷的论文，每篇论文都要经过初审和终审两个环节，无论论文质量高低，水平如何，选题如何，都会获得编辑部的终审建议或意见。如果作者愿意，他或她可以长久保持和编辑部人员的联系、沟通和交流，一直到自己的研究写作和构思能力达到相当程度为止。

作为一名大学教师，笔者能够深切地感受到教育工作者身上肩负的神圣使命和责任以及校风、教风、学风和校园文化的深刻变化。当教育研究和实践开始背离教育自身的规律和轨道，当大学人开始放弃大学固有的重要使命——“在明明德，在新民，在止于至善”，而将弘扬真、善、美普世价值观的职责视为自己职业生活和社会生活中的“惊鸿一瞥”的时候，教育就陷入了一个空前未有的危机中。教育的危险也就在这里滋生。教育的失败，造就了一批批毫无思想和理想、只有骨感没有血肉的、只重物质欲求不重精神追求的，甚至是无病呻吟的青年人。他们因为严重缺乏人文精神和科学研究思维能力的培养，在高度媒介化和信息化的社会生存中，往往容易迷失自我，随波逐流，找不到心灵的归宿和人生勇敢前行的方向。他们容易走向极端，要么极端地现实和充满市侩习气，要么极端地批判现实，觉得现实一无是处。如果我们的教育培养出的都是这样的接班人，那么国家和民族将无希望，社会也将永无安宁之日。笔者希冀《传媒国际评论》能够尽可能地承担起力所能及的培养、教育和鼓励创新型人才、复合型人才、进步型人才、引领型人才的责任和义务，为把我国早日建设成为创新型国家而努力。

毋庸讳言，包括教育文明在内的社会文明的进化往往是很艰难的，也往往是进两步退一步的。生存的恶劣竞争也往往会将文明打回野蛮地带。我们处于瞬息万变、应接不暇的时代生活中，唯一可以保守住的是我们那颗健康美好、追求全面进步的心灵。《传媒国际评论》相信，坚定的信念 + 前行的意志和努力 + 淡泊的心智 = 心灵的安宁和幸福。它相信，行动改变现在，性格决定命运，思想决定未来。它愿意为这种心灵的固守加一份力，给一把劲。

衷心感谢大家的厚爱和支持，让我们祝福《传媒国际评论》系列丛书的出版！

2013 年 8 月 10 日

目 录

传媒研究

传播研究

教育研究

文化研究

企业研究

综合研究

青年文学

中小学媒介素养教育专题

◆ 传媒研究

对中国电视新闻节目主持人普遍年轻现象的解读

吴桂娇

【摘要】

通过对中美电视新闻节目观察对比发现，中国主持人年轻面孔居多，中年人占少数，老年人几乎没有，与美国形成鲜明对比。本文从中国电视新闻发展历史、主持人来源构成、中国的现实环境和传统观念三个角度分析了出现这种现象的原因，提出在进行主持人选取时应采取多样化的选择标准，重视主持人的资质、阅历和能力，协调不同年龄的构成比例，呈现丰富多彩而又高质量的电视新闻节目。

【关键词】

新闻节目主持人　年轻化　中美比较

【作者简介】

吴桂娇，女，汉族，中国传媒大学电视与新闻学院2012级新闻学硕士研究生。

在美国老牌的电视新闻节目中，如《60分钟》，常可以看到一群白发苍苍的老头奋战在新闻的第一线：迈克·华莱士来北京采访江泽民主席时已84岁；丹·拉瑟因报道布什服兵役纪录不当，不得不递交辞呈时，他也是74岁的老人；执行主编丹·休伊特从《60分钟》诞生之日起就在这里工作，他的目标是“死在办公桌上”。[①] 美国传播学者们对三大商业电视网（CBS，NBC，

---

① 王新玲，“我国电视节目主持人发展现状分析与趋势展望”［D］，中央民族大学，2005年5月1日。

ABC）历任著名晚间新闻节目主持人年龄考察得出结论：43岁被称为是电视新闻类主持人的黄金年龄——性格成熟稳重，其权威和个人魅力都处于巅峰状态，容易赢得人们的好感和信任。①

但在我国的电视新闻节目中，看到的年轻面孔居多，中年人占少数，而老年人几乎没有（凤凰卫视除外）。有学者调查发现，目前上岗的主持人当中，35岁以下的占86%，25岁以下的占30%②，新闻领域的节目主持人平均年龄虽然稍大一些，但也无法与美国相比。那么，为什么中国的电视新闻节目主持人普遍年轻呢？本文试图对这种现象进行分析和解读。

一　发展历程上，中国电视新闻节目的短暂历史导致主持人未能“变老”

20世纪30年代末，美国首次出现电视新闻。20世纪50年代，政治竞选的推动使电视新闻逐渐获得美国公众的认可。20世纪60年代，美国进入动乱频发的时代：越南战争、黑人民权运动、肯尼迪总统遇刺等，电视新闻开始大显身手，此时，电视新闻逐渐超越广播成为美国公众获取信息的首要媒介，作为第一代电视新闻节目主持人代表的沃尔特·克朗凯特完成了从“播音员”到“主持人”的转变，被誉为“最受信任的人”。20世纪80年代，美国电视新闻处于兴盛阶段，主持人明星制已经成型，诞生了一批家喻户晓的明星主持，如“美国电视新闻第一夫人”芭芭拉·沃尔斯特、“三足鼎力”的彼得·詹宁斯、汤姆·布罗考和丹·拉瑟，随后进入了一个受众细分、资讯爆炸的新的传媒时代，美国电视也呈现出群星璀璨、风格多样的新特征。

我国第一家电视台诞生于1958年，但在早期20年左右由于政治经济社会等诸多因素的限制，未能获得大的发展；1980年7月12日中央电视台《观察与思考》开播，第一次打出“主持人”字幕，出镜记者庞啸也成为我国第一个电视节目主持人；1993年《东方时空》开播，被看作是中国电视新闻改革的开端，白岩松、水均益、敬一丹、方宏进、王志等成为百姓耳熟能详的

---

① 杨嘉嵋，“美国著名新闻主持人的十点共性元素”［J］，中国广播电视学刊，2007（8）。

② 刘文蓉，“浅谈电视主持人队伍建设与管理”［J］，新校园理论版，2011（10）。

明星主持人，他们同时也是优秀的电视记者，我国电视新闻节目从此进入一个新的发展阶段。进入21世纪以来，随着社会的不断发展进步，电视新闻出现了更多各具特色的新型主持人，如张泉灵、柴静及民生新闻主持人孟非等，中国的电视新闻也逐渐进入多元化的发展阶段。

对比中美两国电视新闻节目发展历史，可以看出中国的电视新闻进程落后美国平均约20年。而且明显可以看出，中国的电视新闻节目是在1993年至今这短暂的20年间才取得了飞速的发展。白岩松可以说是中国最早的优秀新闻节目主持人之一，而且在中国电视新闻领域有着类似于沃尔特·克朗凯特的重要地位，但也才仅仅45岁，更不用说其他后起之秀了。因此，可以说中国电视新闻节目短暂的历史没能给予主持人“变老”的机会。

二　来源构成上，重视声音和形象的传统也是导致主持人普遍年轻的原因之一

中国早期的电视新闻节目主持人多是从播音员中选出，如在《观察与思考》栏目中，五位主持人都是播音员出身。他们不用参与到新闻制作当中，只需要端坐在演播室镜头前，将记者及编辑制作完成的稿子用“播音腔”念出即可。发音标准、语调标准、姿势标准、表情标准。因此，挑选主持人时对声音和形象的要求远高于其他素质，主持人的主要来源是播音员和播音主持专业的学生。

近年来，随着电视节目的不断成熟和人们观念的不断进步，主持人的来源也越来越丰富，如记者、编辑出身；越来越多的主持人从“播新闻”转向了“说新闻”，开始生动化、口语化的报道。但是对声音和形象的重视依然延续至今，播音与主持专业出身的科班人员也仍然是电视节目主持人中的生力军和源源不断的人才库。① 而这样的传统导致的不可避免的结果就是主持人的同质性和易被替代性，因为总不乏新的年轻貌美而又发音标准的播音员。中央电视台主持人中的敬一丹说过，“最初人们挑选主持人，长相都像挂历上的

---

① 王新玲，“我国电视节目主持人发展现状分析与趋势展望”[D]，中央民族大学，2005年5月1日。

人似的，几乎清一色是年轻的。现在相当多的地方电视台仍然是这样的倾向。”

但是，美国的新闻节目主持人都是记者出身，从来没有不会采访只能当话筒的主持人①。沃尔特·克朗凯特说“我是播音员，是记者，也是主编”。彼得·詹宁斯在26岁时曾担任ABC新闻主持人，但因幼稚肤浅而以失败告终，在担任记者工作18年后，才重新回到主播台前，成为ABC《今夜世界消息》的明星主持。② 日本TBS 60多岁的新闻节目主持人新掘俊明在北京广播学院（现中国传媒大学）开讲座时，有位年轻的女学生问他，当一名主持人怎样才能提高自己的素质。新掘俊明回答她说：先当15－20年记者。③ 美国三大电视网主持“晚间新闻”的15位明星主持人，在担任主持人之前从事了平均20年以上的新闻工作。他们不仅能在演播室进行节目主持，也能深入现场调查采访，与嘉宾熟练访谈或者进行现场报道和及时精准的点评，也因此成为一个节目的标志和灵魂。

电视媒体作为一种视听结合的媒体，在进行新闻传播时必然要考虑声音和形象因素，这是无可厚非的，也是电视媒体区别于报纸、广播的优势所在。但是，是否就以此作为电视新闻节目选取主持人的主要标准仍有待商榷。

在此要考虑的一个问题是“人们看新闻究竟是想看什么”。是想要看到年轻貌美的主持人，听到音质优美的声音，还是想要获得更高质量的新闻资讯和解读？曾经有位老新闻工作者说：“每天看着20多岁的俊男靓女在电视屏幕上预测经济前景，纵论国家大事，我就体会着在大街上遇到卖假药的心情。”④ 高质量的新闻节目来自丰富的阅历、知识和经验，显然这是刚踏出校园的年轻学生难以具备的。

---

① “美国谁在当主持人”，中国网 http：//www.china.com.cn/chinese/WISI/864144.htm。

② 芭芭拉·马图索，《美国电视明星》［M］，华文出版社，1987年版。

③ 金彦、舒翎，“我国电视新闻主持人节目的现状与思考”［J］，滁州师专学报，1999（3）。

④ 白岩松，“我们能走多远——关于主持人话题的思考”［J］，《主持人》，第9辑第210页。

三　现实环境中，社会对中老年人和主持人的传统界定形成的压力也是导致主持人普遍年轻的原因之一

在我国，法定的职工退休年龄是男 60 岁，女 55 岁①。而退休后，中国的老年人常常习惯于“含饴弄孙”、“养花遛鸟”的生活，像迈克·华莱士一样 84 岁了还奋斗在采访第一线简直是“天方夜谭”一样的事情。在仍有精力的情况下，这种退休后的“无作为”是一种重要资源的浪费。

在传统观念里，主持人更是一份年轻的职业，敬一丹曾谈到自己 40 岁以后“高龄”带来的压力，“在我身上，发现有越来越多的人管我叫敬大姐，再然后发现我们电视台西门的警卫管我叫敬阿姨。甚至有媒体在对我进行专访的时候，报纸上出现这种标题：《敬一丹与年轮抗争》。”②

而且，像敬一丹这样由年轻主持人“变老”都有着巨大的压力，更不用说其他行业“大龄”专家“半路出家”成为主持人了。凤凰卫视《李敖有话说》是在李敖 69 岁高龄时开办的节目，在大陆目前还没有见到这样高龄的主持人。

随着中国社会快速进入老龄化阶段，传统意义中的老年人会越来越多。但随着健康条件的不断进步，如今 50、60 岁仍是精力充沛、有所作为的“壮年”。电视新闻领域不妨多包容，让有精力的“中老年人”充分利用自己的阅历、经历资源。如敬一丹所说，“他们的沧桑感、可信度，使得他们赢得观众的尊重，有了一种特殊的影响力。”

总的来说，由于历史、文化和传统等多方面原因，中国电视新闻节目存在着主持人普遍年轻的现象，但这并不是说主持人年轻不好，只是说结构不健全，年龄构成比例不协调。年轻人精力充沛、思维敏捷、紧跟时代潮流、富有激情等，由其主持的节目自然会有中老年主持人不具备的活力和个性。而中老年人在丰富的阅历基础上更加沉稳踏实，有更强的判断力、洞察力，在观众看来也更加权威可信，他们具备年轻人不具备的厚重感。每个年龄段

---

① 来自 1999 年劳动和社会保障部发布的《关于制止和纠正违反国家规定办理企业职工提前退休有关问题的通知》。

② 《我是一个不愿冲突的人》，2009 年 6 月 26 日，东方传媒网。下文中对敬一丹话的引用同出于此。

都拥有自己独特的魅力，也正是这样的独特成就了电视节目的丰富多彩。像敬一丹说的，“我愿意看到电视上既有白发苍苍的老奶奶，又有饱经风霜的中年人；既有血气方刚的小伙子，又有神采飞扬的姑娘。这样的屏幕才是健康的、正常的。”

因此，在新闻节目主持人选取时，应适当放宽口径，让资深且优秀的记者、编辑等新闻从业人员以及其他领域的专家学者等拥有机会贡献自己的力量；年轻的主持人或者想要将要成为主持人的学生不妨先去磨练一下自己，提高对生活的感悟力、对现象的思辨力、对新闻的敏感力，提高业务素质、文化素质和心理素质等，让自己成为记者型主持人、全能型主持人、主编型主持人以及将来的明星型主持人。最终说来，年龄并不是问题，重要的是能力、资质和阅历。

社交网站群体传播中的动员现象分析

——以电影《失恋 33 天》的宣传为例

王嘉培

【摘要】

基于“关系”的社交网站传播具备人际传播与群体传播的双面特性，网络中的群体传播是现实社会群体传播的变形和扩展，并且能够对参与其中的成员产生动员作用。电影《失恋 33 天》以社交网站营销的方式赢得大量票房，是社交网络中群体传播动员作用的典型案例。动员机制的形成建立在群体传播的基础上，并遵循“小群体——亚文化——虚实互动——现实行动”的步骤。

【关键词】

社交网站　群体传播　动员

【作者简介】

王嘉培，女，汉族，中国传媒大学传播研究院 2011 级传播学硕士研究生。

web2. 0 时代社交网站（SNS）的出现，促进了虚拟网络社会的形成和发展。社交网站以“六度分隔”理论为基础，通过“熟人的熟人”建立起用户与用户之间的联系。[①] 电影《失恋 33 天》是一部制作成本不到千万的国产小成本电影，但社交网络宣传的方式，造就了其票房“黑马”的地位。采用社交网络传播，精准定位八零九零后青年受众的宣传方式，是现实群体传播在网络环境中的变形和拓展。由网络群体传播带来的票房大涨充分显示了社交

---

① 崔婧，社交网站（SNS）：“人际传播的延伸——以开心网为例，河南大学硕士学位论文”，2010（4）。

网络中群体传播的动员作用。本文将以电影《失恋 33 天》的宣传始末为例，探究社交网站群体传播对参与者的动员作用及其发生机理。

一 社交网站环境中“群体”形成

SNS、微博等基于“关系”资源的传播使得网上人际交流更加广泛，这也为网络中“群体”的形成奠定了基础。电影《失恋 33 天》的宣传成功首先在于瞄准预期观众，以公共主页和官方微博的形式参与其中，集合“准观众群体”。

（一）找准预期受众的活跃场所

《失恋 33 天》是一个讲述失恋后情感疗伤的电影，从内容上更接近年轻人的生活。因此预期受众是 18 到 29 岁的学生、白领等年轻群体，而网络是这类人群的活跃场所，尤其是微博和人人网。第 28 次中国互联网络发展状况统计报告中显示，20 到 29 岁的网民与其他年龄段网民相比所占比重最大，在 2010 年 12 月与 2011 年 6 月分别为 29. 8% 和 30. 8% 。[①] 数据显示截至 2011 年 9 月，20 – 29 岁的用户比例在新浪微博中占总体的 59. 85% ，而腾讯微博则占 60. 75% 。[②] 人人网的用户中，18—25 岁的占 34. 46% 。电影在宣传上以微博为主阵地，同时配合人人网、豆瓣网等年轻人聚集的 SNS 社交网站，迈出了成功接近和集合“准观众群体”的第一步。

（二）发起共同关心的话题——聚集粉丝

群体成立、生存和发展的基本条件之一就是共同的目标和关注事项。婚恋是贴近年轻人生活的重要话题之一，所以电影的宣传也与其内容保持一致，以获取年轻群体的关注支持。电影《失恋 33 天》在新浪网上的同名微博可以算作是集合“预期受众”群体的主要发起者。新浪微博中用户名含有“失恋 33 天”的有 500 个以上。官方微博的粉丝在高峰期接近 10 万，而同类微博“0o 失恋 33 天 o0”和“失恋 33 天心语”粉丝分别达 20 万和 10 万，“失恋 33 天经典语录”的粉丝达 6 万，并且在影片上映三周后粉丝数量还在继续增长。

---

① 中国互联网络信息中心。“中国互联网络发展状况统计报告”。2011 年 7 月。

② 易观数据：“80 后更喜欢用新浪、腾讯微博”。2011-11-30，08：11：54. http：//www. eguan. cn/data/yiguanshuju_120638. html。

这些微博的聚合力如此之大在于其发起的话题对那些具有同质特征的粉丝群体的吸引力。

（三）打造群体协同、互动的氛围

群体成员之间协同和交互的氛围是群体成立、生存和发展的另两个条件。电影《失恋33天》的宣传在聚集大量粉丝的同时，也基于微博和人人网交流的便利性，为粉丝群体、目标受众群体营造了一种协作与互动的氛围。

首先相关宣传人员在微博的基础上建立若干同类微群，例如“失恋33天广州群”群内成员众多，这为多个微博相互交流、共享粉丝提供了便利，因为彼此“@”一下，带来的是各自粉丝团的交叉关注。其次，微影评页面的设置为各位粉丝抒发个人看法、彼此交流提供了平台。人们在群体协作与互动中得到被关注的满足，同时也促进了整个群体氛围的维持。微影评页面中的影片投票显示，32416的人给影片打了五星，占全部投票者的79%，这种对影片的共同的认同为粉丝成员间的协作、互动打下基础。

二　社交网络中群体传播的动员步骤

网络上信息资源众多，信息的冗余导致信息的到达率和宣传的效率并不理想。社交媒体虽是基于关系的传播，微博的@功能可以实现关系相互提醒，但是每位微博用户的关注众多，海量信息加之微博的即时性会使得某一条信息被迅速淹没。网络上定位群体、集合群体之后继续成功的进行传播，并催化为现实的行动则需要营造群体期待、实现虚实互动和造就群体成员之间的微妙压力。

（一）进行受众参与式前置宣传营造“群体期待”

电影《失恋33天》提前8个月开始准备宣传片进行宣传。以“失恋”和“爱情”的话题，从普通人生活的视角入手，营造了一种“群体期待”。

在电影5月份关机之时，宣传人员开始制作“失恋物语”系列视频，让普通人讲述恋爱、失恋相关的情感话题。同时，官方微博不断刊登从各地征集来的“失恋物语”。这为年轻群体提供了倾诉途径，大量粉丝参与进来，将自己的失恋故事表达出来，平凡人的真挚情感为电影官方微博的内容添色不少，使之在众多微博中脱颖而出。微博上平凡人的失恋故事也为电影的上映制作铺垫，聚拢人气，使“目标受众”群体对电影有了认同感。同样不可忽视的是电影的原著同名小说在豆瓣网上已经聚集了相当多的人气，豆瓣网上的连载和热议为影片的社交媒体营销打下了基础。豆瓣网上小说粉丝的追捧与微博上影片的宣传相互呼应，引发了更大范围的讨论和期待。

（二）适时举办活动达到网络上下虚实互动

网上群体传播的成功在于现实中的成功动员，但是动员难点也在于网络虚拟社会中形成的群体间信息互动并不能与现实行动相同步。尽管人人网采取实名制的注册方式，微博也有加“V”认证，但是由于注册方式简单、一般用户没有严格的身份审查，信息源的不确定性还是导致受众对网络信息有看客心理。适时举办活动让目标受众参与到现实社会的活动中来，则是攻破受众看客心理的重要方式。

《失恋 33 天》在上映前在微博和人人网上发布消息，征集北京地区女性观众提前观影，并要求来参加活动的女性粉丝要转发此则活动微博并发表自己的看片理由。这无疑是对影片及其官方微博的二次传播，使之接触到更加广泛的微博用户；通过活动也能够展示影片官方微博和公共主页信息的真实性和权威性。在现实中的提前观影活动是对小部分“目标受众”的群体期待的一丝慰藉，又能引发更大范围公众的好奇和期待。影片在人人网也开办“专场免费观影活动”，这大大增加了影片公共主页的粉丝数。同时人人网上还发布粉丝自发组织的购票信息，包括全国一些大中小城市的粉丝 QQ 群、集体观影方式等。这种活动信息带来粉丝的转发、评论，同时那些能够参与到现实活动中去的粉丝继续在网络上发表心情和感言，达到广大粉丝在网络与现实中的虚实互动。

（三）群体压力的实际动员

德国心理学家勒温认为“人的心理与人的行为是由内部力场（内在需要）和情景力场（周围环境）相互作用所决定的”。[①] 社交网络中群体传播会营造相应的情景力场，即群体的共同声音得以表达，因此造就群体成员的压力，

① 斯蒂芬·P. 罗宾斯，《组织行为学》，柯江华译著，北京：机械工业出版社，2003 年 3 月版。

推动群体行为。

影片《失恋33天》瞄准2011年11月11日这个“圣光棍节”。在“圣光棍节”到来前，便把矛头指向这个特殊的日子，把电影和“单身”、“失恋”、“光棍”等词汇联系起来，塑造了“圣光棍节”代言人的形象。这对于关心婚恋问题、热心过光棍节的年轻群体而言，无疑是光棍节期间的关注焦点和日常谈资。圣光棍节的代言、社交媒体上的爆红、网络上下的热议使得群体压力逐渐形成，年轻群体的同辈压力动员他们去了解影片、观看影片、评论影片，而他们活跃在人人网和微博上的评论又再次为影片进行着宣传，无形中为更大的群体压力贡献着力量。

三　社交网站群体传播的动员机理总结和启示

电影《失恋33天》通过社交网站进行的宣传是网上群体传播的成功案例，同时充分展现了微博、SNS等社交网站的群体传播优势。社交媒体基于强关系巩固熟人关系、基于弱关系加速信息的流动。然而具有强烈自发性甚至是自媒体性质的社交网站中，信息海量而良莠不齐，同时用户众多，信息更新迅速。这些特点在一定程度上也会阻碍社交媒体的传播效果。所以要利用社交网站，进行宣传和动员首先就要找准社交媒体中的小群体。

联网世界是虚拟的，但是其传播的网络实质是社会化的。社交网络中也有各种无形的群体划分，这种小群体在共同关注相似或同类信息内容的同时进行着交流互动，会产生与之相适应的亚文化。宣传中基于这种亚文化来发布信息、发起活动，才能吸引群体成员的关注，赢得他们的信任和加入。而少数群体成员从网上行为转到现实行动，随之在网上分享心得，达到网上网下虚实互动。这进一步产生更大范围的传播和群体压力，动员更多的网络参与者加入到现实行动中。

目前，很多领域都开始借助社交网站群体传播进行宣传动员。企业采取社交网站营销的方式进行产品和服务的宣传，动员消费者进行购买；公益组织在微博上发布公益活动的信息，动员社会成员加入公益行列；政府组织在微博和SNS网站上与网民互动，动员广大群众参与社会建设和社会管理。但无论哪种形式，网络群体传播的动员机制遵循着“小群体——亚文化——虚实互动——现实行动”的步骤，并在各个领域发挥着越来越重要的作用。

媒体在2012年美国总统大选中的作用和影响探析

刘　倩

【摘要】

本文主要以2012年美国总统大选为例，分析2012年美国总统大选期间传统媒体与新媒体发挥的不同作用以及媒体的一系列政治表现形式的发展，总结美国媒体在美国总统大选政治中的作用和影响，以进一步探讨媒体与政治的关系。

【关键词】

媒体与政治　传统媒体　新媒体　媒体作用　美国总统大选

【作者简介】

刘倩，女，汉族，中国传媒大学传播研究院2012级国际新闻硕士研究生。

民主政体是建立在被统治者意见一致基础上的政治体制，而媒体是民主政体中不可缺少的一部分。而在向来以民主自由标榜的美国，理论上根据法律规定，媒体与政府是相对独立存在的。[①] 据美国《权利法案》规定："国会不得制定关于下列事项的法律：确立国教或禁止信教自由；剥夺言论或者出版自由；剥夺人民和平集会或向政府请愿伸冤的权利。"同时美国的宪法《第

① 江鸿编著，"跟总统较劲：'美国总统与传媒'"，南方日报出版社，2007年版，导言第3页。

一修正案》中的规定也为美国新闻界提供了广大的运作空间，使新闻界在一定程度上摆脱了政府的控制。尽管如此，在实际操作中，在美国媒体的报道中，尤其是美国总统大选的报道中，仍显示出了强烈的政治倾向，不禁让人质疑美国是否真正达到了新闻自由？美国独立的媒体集团对政治又有怎样的影响？尤其是在美国总统大选期间，媒体报道呈现出怎样的特点，并产生了怎样的影响？本文主要以 2012 年美国总统大选为例来探讨媒体与政治的关系。

一 2012 年美国总统大选呈现出的特点

（一）政治经济特点

2012 年美国总统大选是在美国进入 21 世纪后遇到的第三个选举高峰年。首先最明显的特点是本次大选是美国建国 236 年来耗资最多的大选。同时，本次大选也是继 2008 年奥巴马拒绝接受①联邦竞选基金后，首次两位候选人完全没有接受联邦竞选基金的资助而进行的大选。此次大选两位候选人虽然选票相差无几，但也是两党议员政治两极化最为明显的一次大选。

究其原因，主要是由于自 2010 年做出②“联合公民诉联邦选举委员会案”的裁决之后，认为限制商业机构自主联邦选举候选人的两党改革法案违反了宪法中言论自由原则。此判决模糊了企业或组织对候选人资助的合法界限，虽然符合宪法中言论自由原则，即通过资助竞选活动来播放批评其他候选人

---

① 联邦竞选基金：指美国的商业银行存放在联邦储备银行（即中央银行体系）的准备金，包括法定准备金及超过准备金要求的资金。这些资金可以借给其他成员银行，以满足他们对短期准备金的需求，拆借的利率称为联邦基金利率。该利率是美国两大基准利率之一，另一基准利率是贴现率。

② 转自徐彤武，“外围团体对 2012 年美国大选的影响”，《美国研究》，2012（3）。联合公民诉联邦选举委员会案：是由美国联邦最高法院判决的一场具有重要意义的诉讼案。最高法院于 2010 年 1 月 21 日做出判决，认定限制商业机构资助联邦选举候选人的两党选举改革法案（又称麦凯恩－费恩古尔德法案，由共和党议员约翰·麦凯恩与民主党议员拉斯·法因戈尔德于 2002 年提出）的条款违反宪法中的言论自由原则。著名法学家埃尔温·乔姆伦斯基将其称为“近年来关于第一修正案最为重要的案件”，判决认定通过资助来播放批评其他候选人的竞选广告是合法的，但仍旧限制企业或组织对于候选人的直接金钱资助。

的广告，但这一判决会造成大量的金钱涌入竞选领域，易造成竞选活动、民主政治趋向腐化。因此根据新的法案，竞选募集的资金分为硬钱和软钱，硬钱、软钱分别代表受联邦竞选资金法约束和不受联邦竞选财务法约束的竞选资金。布什政府新推出的竞选资金法规定，总统候选人可以接受的选民硬钱最高为2000美元，可以接受的组织提供硬钱最高为5000美元。政党组织不得接受高于100万美元以上的巨额软钱，非政党的独立组织不在此限制之列。因此，非政党的第三派组织在此次竞选中就起到了至关重要的作用。正如奥巴马所说："这一裁决将为特殊利益集团在选举中用强大财力窒息美国普通民众的声音开启方便之门。"容易使选举制度的公平遭到破坏。选举易从政治的较量滑落成为经济的斗争，正如统计数据显示，此次大选，奥巴马与罗姆尼在超级政治委员会①的号召下都具有一些超级富翁的支持，② 如共和党在此次大选中获得了拉斯维加斯赌场大亨谢尔顿·阿德尔森捐赠的4100万美元、化工巨头哈罗德·西蒙斯捐赠的1600万美元以及房地产大亨鲍勃·佩里捐赠的1530万美元。而民主党则获得小额捐款较多，如梦工厂CEO捐赠了250万美元，移动电话制造商埃尔文·雅各布捐赠210万美元以及Newsweb集团创始人费雷德·艾齐尔捐赠200万元。从超级富翁的捐款数额对比可看出，2012年共和党在募集资金方面取得了较大的成功。同时，更多的金钱也直接造成了投入媒体的广告经费和宣传经费剧增，体现了超级政治行动委员会代表的"外围团体"对选举政治大规模的深度介入，存在寡头政治取代民主政治的危险，这也成为此次媒体宣传的新特点。

（二）本次大选中媒体宣传呈现出的整体特点

随着科学技术的飞速发展以及大量的资金投入，总统大选日益成为一场宣传战、广告战的对垒。传统媒体如报纸、广播、电视，进一步保持其原有优势，尤其是主流报纸如《纽约时报》、《华盛顿邮报》继续保持着权威性以及深度报道的优势，及时为观众评论双方候选人的情况和宣称的政策，让人们更好地了解总统大选进程。电视也一如既往地保持其主流优势，通过画面直接向人们展现候选人的形象和政策导向，并通过总统辩论等环节向人们直观展现候选人的特点并受到最广泛的关注。而对于新媒体来说，随着科学技

---

① 超级政治委员会：转自徐彤武，"外围团体对2012年美国大选的影响"，美国研究，2012（3）。

② 数据来源："看天下，'奥巴马与罗姆尼的金钱战争'"，2012－11－8（225）。

术以及网络的进一步发展，2012年大选体现了总统以及选民对新媒体更加充分的利用，奥巴马在继2008年成为“网络总统”之后，进一步发挥网络的优势，利用个人网站、博客、社交网络Facebook Twitter、视频You tube和搜索引擎等方式扩大总统宣传，开发多种渠道播放候选广告，扩大广告宣传效果，争取更多摇摆选民，同时也通过网站建设等设计捐款快捷方式，通过网络更便捷地获取资金。同时，在2012年大选中，移动用户成了一大特点，如设计IPhone应用程序，便于用户及时了解选举信息，同时更加方便快捷地募捐以及投票。在网络时代，罗姆尼为了摆脱刻板的形象也不甘示弱，通过个人网站、微博等多个渠道，充分利用新媒体的及时性、受众广泛、病毒式传播的特点，广泛吸纳募捐资金，在网站微博等平台发布自己的政策观点、宣传广告以及个人情况介绍，加深选民对他的了解。同时还在Facebook上花重金购买搜索引擎关键词，在搜索美国大选、奥巴马等词时都会弹出罗姆尼的信息，以此与奥巴马争夺年轻选民。除此之外，罗姆尼还效仿2008年奥巴马团队购买魔兽世界广告的做法，购买了当时最受欢迎的游戏“愤怒的小鸟”的广告，加强自身的广告宣传。①

在广告层面，由于大量资金的介入，电视宣传时段的广告、网络视频广告以及各类社交媒体广告呈现井喷。广告在竞选中具有称述政见、攻击对手、反驳批评和塑造形象的功能，分为正面广告和负面广告。随着竞选程度日益激烈，负面广告的数量有所增加，成为对垒阵营更加偏爱的宣战利器，如罗姆尼阵营指责奥巴马搞坏了经济，炒作奥巴马与米歇尔离婚传闻。如共和党曾推出广告宣传片《大溃败》，以嘲讽的口吻暗指奥巴马将拖垮美国经济。通过类似的负面广告炒作绯闻，诋毁奥巴马的形象。同时也通过一些正面广告如《第一天》通过假设罗姆尼当选后经济的发展以及失业率减少等预测为罗姆尼塑造睿智的正面形象，从而争夺摇摆选民。而奥巴马指责罗姆尼属于富人阶级，不食人间烟火，不体会穷人和中产阶级的生活等。但随着负面广告和诋毁诽谤的日益增加，在宣传过程中消耗了过多的金钱和广播时段，不利于美国公民的公共生态环境以及公共道德水准的提高，同时也引起公民对竞选中极度浪费现象的反对。正如杰斐逊所说的：“如果鼓励政治上的偏执，它的专横与邪恶所造成的恶果堪与宗教迫害的后果相当，社会进步便会极为有限。”

---

① 数据来源：“看天下，‘奥巴马与罗姆尼的金钱战争’”，2012-11-8（225）。

二 不同竞选阶段的主要媒体作用

根据以上竞选中政治、经济与媒体特点的综述，在不同竞选阶段，媒体在竞选中的角色与作用也不尽相同，在不同的竞选阶段，新媒体与传统媒体也展开了一场博弈。对政治的影响也有所不同。

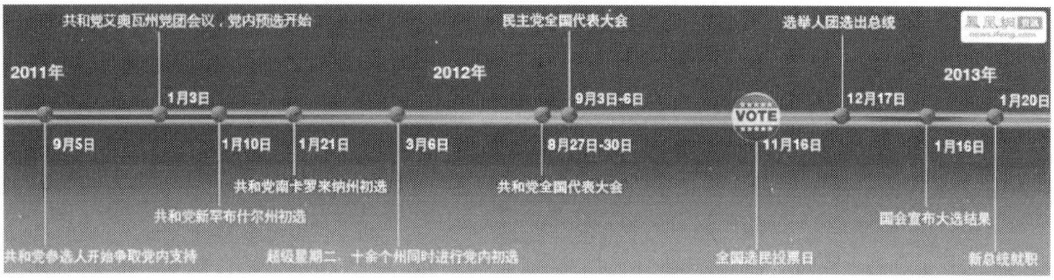

图片来源：凤凰网网站

（一）预选到初选阶段

由于此次美国大选主要分为在职者奥巴马和挑战者罗姆尼，与2008年竞选局势有所不同。在职者相对具有一些媒体优势，因为选民对在职者奥巴马已经熟知，并且充分了解他在职的四年中所作出的政绩，因此奥巴马阵营在宣传政绩时更容易被选民接受，并激发选民的共识。由于奥巴马在职的四年中已经有过足够的媒体宣传，因此大选中媒体宣传，知名度宣传的压力相对较小。但在职者在进行媒体宣传时也存在不利的一面，即在执政过程中令人们不满的方面也会被媒体充分暴露，如美国的经济问题，2008年人们选举的是一个即将带来“改变”的总统，对奥巴马拥有很高的期望值，而四年过后，奥巴马并没有达到人们期望的目标，经济形势并未好转，因此，在职者的工作以及暴露在聚光灯下的一言一行也易被对手抓住短处进行攻击。

而对于挑战者罗姆尼来说，由于知名度不高，因此媒体宣传的压力相对奥巴马来说较大，在宣传过程中只能着重强调其竞选事迹，在马萨诸塞州担任州长的经历与成就等。大多数选民对此并不了解，因此罗姆尼阵营需要投入更多的资金进行广告宣传。在2012年的选举中，可以看出罗姆尼阵营也成功地做到了这一点，成功地塑造了罗姆尼严谨认真、责任感极强的形象，博得了一部分选民的认可。据11月8日的数据统计分析，奥巴马在Facebook上的粉丝数已达到3000万，而罗姆尼的仅接近900万，仅比米歇尔多出30万。在Twitter上，奥巴马有2000万粉丝，而罗姆尼只有652万。尽管罗姆尼的粉丝数远远低于奥巴马，但是由于得力的广告宣传策略，包括对Facebook的赞助，罗姆尼的回复率仅仅比奥巴马低60万人，体现出了罗姆尼团队强大的号召力。同时，罗姆尼通过网站以及新媒体宣传，吸引了更多超级富翁捐款，得到的募捐资金曾一度超过了奥巴马，体现了得当的新媒体应用策略。

根据两位候选人的不同媒体基础可以分析得出，在预选前期阶段，尤其是预选前期造势阶段，对候选人的命运非常重要，尤其是对挑战者来说。因为前期的广告宣传及演讲是否成功将直接影响后期潜在资金资助者的出现，决定后期候选人的命运。而在预选前期阶段，电视、广播、报纸等传统媒体开始一如既往地为竞选造势，如CNN的Student News每天都会跟踪播报共和党候选人的角逐情况以及各州投票数，博得年轻群体的关注。并且把人民并不熟悉的共和党人名字一遍一遍通过重复播报带入人们的视野，让选民对共和党候选人有初步的认识。在播放共和党的同时，也绝不忽视关于奥巴马的报道，节目还会正常播放奥巴马的一些日常政府工作，以达到平衡。纸媒如《纽约时报》也开始深入介绍共和党候选人的情况以及政治见解。除此之外，新媒体在此时发挥了至关重要的作用，如Facebook、Twitter等社交媒体开始不断发布大量竞选信息，夹杂在每天的海量信息中，以病毒式方式在互联网飞速传播。尤其是对于年轻选民来说，此时对传统媒体连篇累牍的政治报道也许并不感兴趣，因此新媒体的功能就显得尤为重要。网络视频、搜索引擎、APP程序的应用都加剧了竞选信息的广泛传播。在此阶段，不同媒体因为市场占有率、选区特点、竞选激烈程度的不同而得到不同的关注，但目的都是为了塑造候选人的形象，形成选民对候选人的初步期望。

（二）两党全国代表大会到大选投票日之前

在此阶段，共和党已确定了罗姆尼为竞选代表和民主党的奥巴马在白宫角逐。因此，这一阶段更多关注的是罗姆尼和奥巴马的形象塑造与政见阐述。此阶段中，新媒体日益凸显，Twitter以其传播快捷、覆盖面广和有针对性的特点广受人们关注。很多选民在看完传统媒体的选情介绍之后，马上登陆Twitter等社交媒体，关注选情评论，获取相关细节信息。同时，两党也在

Twitter 上相互攻击。Twitter 等社交媒体发布的任何新鲜话题，都可能引起“一窝蜂”效应，引起选民们的讨论，具有了议题设置的功能。如在共和党大会上，好莱坞著名影星伊斯特伍德在演讲中把奥巴马比作一个看不见的椅子，此话题迅速在网上蹿红，引发选民的讨论。作为回击，奥巴马也在 Twitter 上上传一张自己坐在椅子上的照片，以表示对总统竞选的信心。因此，Facebook、Twitter 以及 You Tube 等话题设置，视频播放，可以把枯燥的政治议题娱乐化，引起受众的兴趣，扩大政治议题的受关注度。

而此阶段的传统媒体依旧广受关注，尤其是电视对相关候选人言论的转播以及对候选人电视辩论的播放，吸引了广大受众。尽管纸媒等评论类新闻报道并没有新媒体的传播范围广泛，但传统媒体在此阶段仍被看做最权威的消息来源，拥有固定的受众群，并且拥有令新媒体难以企及的深度剖析功能。比如在总统辩论期间，大部分美国选民都是关注 CNN 或 NBC 的电视转播，更直接地从候选人的辩论中了解他们的政见倾向，而不掺杂媒体评论。在辩论过后再通过关注社交媒体上一些及时的评论信息，加深对候选人政见的理解。

在此阶段的新闻报道中，无论是新媒体还是传统媒体都越来越明显地呈现出“赛马”式报道。一些新闻媒体开始通过新闻选择展现出一定的党派倾向性，同时主流媒体的党派倾向性还会引领其他媒体的意见，导致跟风现象的产生。同时新闻的报道开始越来越倾向报道矛盾、争议、候选人的错误以及失态表述，同时开始炒作候选人的丑闻，进行相互攻击，负面广告宣传开始流行。整场选举看起来更像是媒体的博弈。如《纽约时报》① 在此次大选中报道奥巴马的文章远远多于报道罗姆尼的文章，同时报道奥巴马的正面文章占绝大多数，对于罗姆尼阵营，则多为抨击态度，其政党偏向异常明显，如《纽约时报》9 月 27 日文章“罗姆尼在竞选之路上‘节节败退’—两项‘失言’说辞令支持者热情逆转”，这篇文章看似是对罗姆尼电视讲话失言的客观评价，但文章中引用的民调显示奥巴马领先于罗姆尼，说罗姆尼失言的背后是政策不合理导致的，同时罗姆尼对美国的中产阶级缺乏同情等。这是一篇典型的“赛马”型文章，文章通过对罗姆尼一项失误的放大，引申到罗姆尼政策的不合理，再引申至政策问题，最后还做出预测，并通过多个州的民调数据进行证明。在新闻选择与分析立场上表现出了强烈的导向性和党派

---

① 纽约时报，9 月 27 日文。

性偏向，诸如此类的文章容易左右摇摆选民的投票倾向，同时还易引领非主流媒体的政治偏向。整体上来说，从一个媒体的报道主题、消息来源和报道偏向就可以基本观察出媒体潜在的政治倾向。

在辩论环节中，转播辩论的媒体如 CNN、NBC 在播放前并不做过多的评论，只是做简单的议题、党派观点以及对两个候选人期待的介绍，全程看似公正客观，但是在辩论后，所有媒体都会围绕“谁赢了”展开激烈的讨论。自里根总统开创电视总统辩论后，总统辩论越来越受到人们的关注，选民们不仅仅是对辩论内容的分析而是越来越注重在整场辩论中的主观感受，这一点从 1960 年肯尼迪和尼克松辩论时就有所体现。在辩论中，候选人的形象、亲和力、肢体语言以及画面角度、表情等都有可能为竞选加分。而奥巴马在此次竞选中，与 2008 年所展现出的年轻、富有活力的形象有所不同，今年的奥巴马头上多了一些白发，面部表情也略显疲惫，而在大选过后奥巴马的发色又回归黑色，重拾年轻活力的造型。这一点细微的差别，不得不说是奥巴马的竞选团队与媒体公关共同打造的。2008 年的奥巴马是以“变革者”的身份上台，因此需要年轻活力的形象，而四年过后，奥巴马的一些政策并未让所有人满意，为了让人们看到奥巴马的付出，竞选团队和媒体共同打造了一个“付出者”的形象让大家感受到奥巴马当总统四年中所作出的努力，竞选后发色回归也意味着奥巴马将继续以年轻强干形象示人。种种细节，体现出了媒体潜在的政党偏向。在辩论环节中，新媒体可以根据技术优势，在辩论进行过程中及时配以评论，基本达到评论与辩论的同时发布，在及时性上胜过传统媒体一筹。因此，在整个初选和预选环节，传统媒体与新媒体各有所长，传统媒体吸引选民观战，而新媒体则吸引选民及时了解变化趋势与相关评论，因此在此阶段可以说不分伯仲。同时都会体现一定的政治倾向，受到党派性的影响。

（三）在大选投票日

大选投票日是长达一年的总统选举最终揭晓的时刻，因此各个媒体都摩拳擦掌，准备抓住最后的猛料。因此，在大选投票日之前需要充足的资金及人力资源，做好充分的筹备工作。在这一点上，传统媒体就略胜新媒体一筹。因为传统媒体如 CNN、《纽约时报》有较为雄厚的资金支持以及充足的采编人员。在大选之前就做好了完备的部署，同时也具有应对总统选举的经验。而对于新媒体说，则具有以下劣势。第一，竞选筹备经验不足。第二，信息较为碎片化，权威性不足，完整性不够。第三，评论深度不够。第四，由于资金及人员限制，对最后投票日的准备不如传统媒体充分。尽管在投票日，① Twitter 的网络贴达到了 3100 多万条的高峰，并创下奥巴马获胜后每分钟 327，452万条的记录，但据调查，大部分选民表示，他们最关注的还是传统媒体的官方结果。

因此，在最终的投票日，CNN、NBC 等媒体的时时播报最大程度地展现了传统媒体的优势。如在投票开始前就在各州部署好了相应的采访队伍，时时采访各种选民和投票中的突发事件。同时在演播室进行 24 小时时时播报投票数据结果，屏幕下方还会不断滚动更新最新的数据。如 CNN 在投票日体现了高度的信息综合能力与高科技的信息播报和采访技术。CNN 的新闻直播间配有先进的被称为“魔术墙”“Magic Wall" 的超大触屏屏幕，屏幕分为两部分，屏幕下方的滚动条约占四分之一，时时播报候选人的得票数、倒计时、支持率、地图、得票比例等信息，演播室与现场记者随时电话联线，得到前方第一手竞选信息，可以将采访画面、专家点评画面等多画面同时播出，向观众传达最有效的信息。在“魔术墙”上，主持人还可以随时进行卫星定位，用手指在地图上做出讲解标记，随时点击候选人、投票现场照片，通过高科技手段，以新奇有趣的形式将枯燥的竞选数据传递给观众，体现了网站、手机、电视多媒体的融合趋势。同时还通过邮件、留言板与观众进行及时互动，随时接收观众的意见信息，使节目更具针对性和有效性。通过 CNN 等传统媒体的精心打造以及媒介融合技术的运用，电视媒体在投票日占据了主流位置，发布着最新的数据结果，也体现了新媒体与传统媒体融合的发展趋势。

通过对美国大选不同发展阶段主要媒体的分析，不同发展阶段新媒体与传统媒体在社会角色中的博弈可得知，新媒体与传统媒体二者各具优势，缺一不可，这正如《纽约时报》在线主编歌味兹蔓所说：“传统媒体和网络媒体的关系就像夫妻关系，是一种彼此不能分开的共存关系。”因此，在重大事件的报道中，既需要传统媒体的权威与深度，也需要新媒体的时效与广泛传播，才能更加有效地进行信息的传播。媒介融合无疑是未来媒体发展的一个明显趋势。

---

① 数据来源：《外滩画报》，http：//www. bundpic. com。

三 从美国大选中看媒体政治性报道的原因和影响

（一）媒体报道体现政治性的原因

从以上媒体在大选中起到的作用可以看出，媒体在报道政治事件时总是不可避免地带有一定政治色彩。媒体报道受到政治影响具有党派偏向主要是由于媒体与政府间具有广泛的政治经济联系。媒体对于政治尤其是大选的报道，可以迅速地获得较高的关注度，提高点击率和收视率，从而直接获得经济利益和较高知名度。同时，现代社会的政治竞选也需要媒体造势，在一定程度上是候选人媒体宣传战略的博弈。媒体与政府相互需要，相互依赖，在突发事件和重大事件中容易达成一致。因此，一些主流媒体在报道时会不可避免地体现出一些政治偏向。

（二）媒体政治性报道对总统大选的影响

媒体在报道的过程中会不可避免地体现出政治性，美国媒体向来被认为具有“为民主国家的公民提供所需要的信息”① 的功能，具有促进社会变革、提供信息、舆论塑造和社会化工具的角色。因此尽管具有新闻自由，媒体在报道重大政治问题时还会不可避免地体现出一些政治倾向。尤其是在此次大选中，在介绍候选人情况、政见以及进行评论的过程中，媒体通常可以起到以下作用。第一，可以进一步阐述候选人政见，促进观众、选民对候选人政策的理解。第二，可以在报道过程中塑造候选人的形象，如对候选人宣传广告的播放以及对候选人美满家庭的介绍，都可以塑造出亲民、友善、充满活力等正面形象，如在 2008 年就塑造了奥巴马“改革者”的形象。第三，还可以起到议程设置的功能，引导一些热门话题的讨论，如经济问题、医疗改革问题以及对中国问题的讨论。第四，媒体的政治性可以为相关党派加分，获得民众的支持，尤其是主流媒体的报道，可以获得更多摇摆选民的支持。如《纽约时报》的自由派倾向使其支持民主党候选人，因此，对于奥巴马的报道看似客观实则在新闻选择中具有一定倾向性和煽动性，为民主党争取了许多选票。

---

① 江鸿编著，《跟总统较劲：美国总统与传媒》，南方日报出版社，2007 年 4 月版。

当然，媒体的政治性报道也会存在一些负面影响：第一，由于媒体的“赛马”式报道可能会过分关注矛盾冲突与负面报道，导致对整个竞选活动报道有失公正、全面。如媒体在报道过程中过分关注竞选结果，同时由于政治经济利益影响，媒体报道产生政治倾向，违反了新闻专业主义原则。第二，新闻媒体对竞选过程过多的负面报道，如攻击性竞选广告，会蒙蔽真实选举情况，令摇摆选民更加举棋不定，媒体公信力下降，还会降低选民的选举热情。第三，媒体在报道过程中对选举结果的过早预测以及在投票日的信息报道，会影响未投票选民的选择。如美国中西部存在时差，投票时间不一致，过早出现的投票信息会干扰选民的选择。

总之，尽管在美国《宪法第一修正案》的规定下，美国媒体较别的国家享有较大的独立性，但是不排除不同的媒体仍存在自己的党派倾向。媒体需要政治的支持，政治更需要媒体的传播与宣传。因此，正如方延明教授所说，“媒介内容具有广泛、显著、可识别的政治影响，政治家、政府和媒体互为宠物。”

参考文献：

［1］戴维·L. 帕雷兹，《美国政治中的媒体内容和影响》，［M］，宋韵雅、王璐菲译，南京大学出版社，2010 年 12 月版。

［2］江鸿，《跟总统较劲：美国总统与传媒》［M］，南方日报出版社，2007 年版。

［3］明安香，《美国：超级传媒帝国》［M］，社会科学文献出版社，2005 年 9 月版。

［4］徐彤武，“外围团体对2012 年美国大选的影响”［J］，美国研究，2012（3）。

［5］刘东明，“‘网络营销’助力奥巴马”［J］，软件工程师，2008（12）。

［6］孙振，“从总统大选看《纽约时报》的报道特色”［J］，安徽文学，2009（9）。

［7］胡水娟，“试析美国媒体对总统选举投票率的影响”［J］，国际政治研究，2006（3）。

［8］李靖琳，“美国：聆听‘无冕之王’之音—解析美国媒体在总统选举中的地位和作用”［J］，今日南国，2008－11－10。

［9］钟振明，“美国媒体是如何影响政府外交政策的”［J］，新闻记者，2009（11）。

[10] 肖沛雄，王梦溪，“美国政治文化传播的新趋势——奥巴马竞选总统的媒介传播策略”，[J]，当代传播，2009（1）。

[11] 龚丽，于嘉，“隐秘的偏向:《纽约时报》美总统大选报道分析”，[J]，东南传播，2009（6）。

[12] 张建军，李楠，“虚拟空间的政治动员——浅析美国总统奥巴马网络竞选传播现象”，[J]，网络传播，2009（5）。

网络媒体有关国际冲突事件报道中的文化缺失与文化定式

——以凤凰网、腾讯网钓鱼岛专题报道为例

王鹏飞

【摘要】

国际冲突事件是跨文化传播常常要面临的议题，而媒体如何进行相关报道不仅关系到具体事件的走势，还会对国家关系、民族情感等产生影响。本文以中日钓鱼岛争端为焦点，以凤凰网和腾讯网两大网站的钓鱼岛专题报道为例，通过对比分析，指出在国际冲突事件报道中，网络媒体存在着文化视角缺失与文化定式严重的现象，并从媒介制作的角度分析其原因，对这种现象进行反思。

【关键词】

新闻网站专题　文化视角　文化定式　钓鱼岛冲突

【作者简介】

王鹏飞，女，汉族，中国传媒大学传播研究院 2012 级传播学硕士研究生。

对于国内各大媒体而言，中日之间的钓鱼岛争端是毫无争议的热点事件，长期占据重要时段和版面。而网络媒体更是充分利用自身优势，策划专题报道，进行资料的整合，即时播报最新消息和相关评论。但是，就国内主要新闻网站的钓鱼岛专题来看，尽管新闻资料数量非常大，整体质量却并不是很高，普遍存在同质化、缺少文化视角、文化定式严重等问题。本文主要选取

凤凰网和腾讯网两家网站，对其钓鱼岛专题报道进行对比分析。

一 凤凰网、腾讯网钓鱼岛专题报道分析

“网络新闻专题是以网络为平台，运用各种媒体手段对特定的主题或事件进行组合或连续报道的形式。它是网络新闻整合的一种重要方式，也是网络新闻与其他媒体新闻竞争的主要手段之一。”①

在国内主要的网络媒体中，凤凰网和腾讯网的钓鱼岛专题做得比较出色，虽然仍存在一些问题，但不仅内容丰富、形式多样，而且一直持续更新。因此，本文选取了这两家网站进行对比分析，指出专题报道中存在的不足。

（一）同质化现象严重，文化视角缺失

凤凰网与腾讯网的钓鱼岛专题在页面风格、布局和栏目内容方面非常相像。页面的主色调都是深蓝色，布局简单，风格严肃；从栏目设置上来看，都有最新报道、高清图集、中方表态、各方评论、钓鱼岛事件始末介绍等这些栏目。如图1、图2所示。

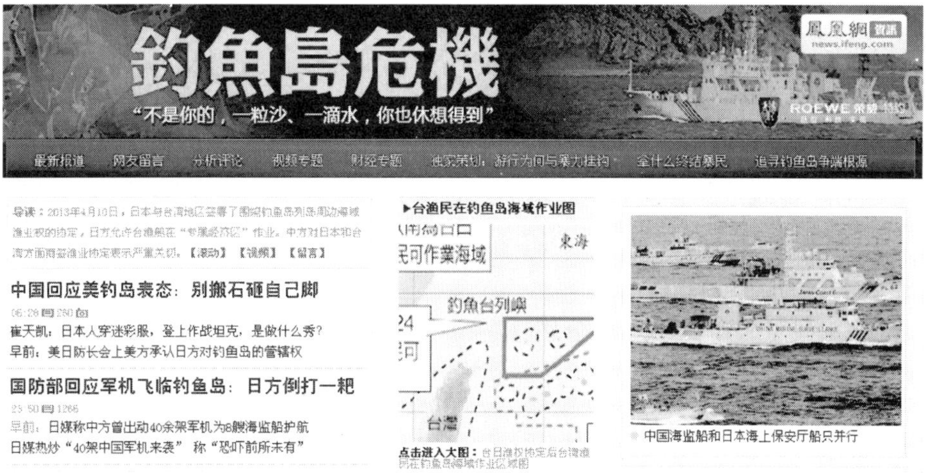

图1 凤凰网钓鱼岛专题报道首页

---

① 彭兰，《数字传播技术应用》[M]，北京：北京师范大学出版社，2012年版。

图2 腾讯网钓鱼岛专题报道首页

两家网站的钓鱼岛专题不仅栏目设置大同小异，具体的报道角度和评论观点也基本一致。消息性的报道基本是一样的，评论也常常是互相转载。比如就2012年11月9日中国海监船连续巡视21天这一事件进行报道，凤凰网的标题是《中国海监船第21天巡航钓鱼岛 未理睬日方警告》，标明来源是环球网；腾讯网的标题是《中国海监船无视日船警告 连续21天巡航钓鱼岛》，同样来自环球网，虽然标题稍有改动，但内容是一样的。评论方面，以2012年11月1日的评论为例，腾讯网有一篇《港媒称中国军舰现身钓鱼岛海域"敲山震虎"》，标明来自中国新闻网，而凤凰网上同样有这样一篇来自中国新闻网的完全一样的评论。

虽然凤凰网和腾讯网也分别做了一些独家策划，进行了一些深度分析，但大多是从政治、经济角度对日本的行为进行批评和声讨，而很少对日本行为背后的文化因素进行分析。如凤凰网的《拿什么终结暴民》、《无知者不能无畏》等，腾讯网的《拿稀土来"抗日"不靠谱》、《"抵制日货"损敌八百自伤一千》等，这些评析和策划也多从政治、经济角度进行，缺少文化视角。从总体来看，这两家网站在专题风格、内容整合方面存在着同质化现象，报道和评论的视角比较单一。

（二）文化定式的存在

这两家网站的钓鱼岛专题普遍存在着文化视角的缺失，即使有一小部分报道采取了文化的角度，也不是客观地分析文化因素，而是存在严重的文化定式。

“文化定式是一个概括性的术语，用来表示所有已经成型的对外部世界的认识（包括地理定式、民族定式、外交政策定式等）；此外，文化定式还包括对一个民族历史、文化和现代生活的认识。文化定式是一个群体成员对另一个群体成员持有的固定印象。”①

具体来看凤凰网和腾讯网的专题内容。就一般的消息报道和评论来说，在分析到日本方面时，标题中常常出现“军国主义”、“右翼”、“日本民粹主义”、“背信弃义”、“怨妇心态”、“无反思精神”等这些词语；就策划的小专题来说，凤凰网有一个《从日本民族性看钓鱼岛争端》，虽然是从文化的角度进行分析，但所有的分析结论都是对日本的批评，把争端归结为日本民族的各种劣根性，如口蜜腹剑的民族性格、岛民心态醉心于“掩耳盗铃”、贪图小利而昧于大势、自欺欺人的战略短视、服从强者没有任何心理负担、欺软怕硬等。

可以看出，在这两家网站的钓鱼岛专题中，几乎所有的报道、分析和评论都是基于一定的固有态度倾向的，对日本的行为分析存在着严重的文化定式。

（三）另类声音的微弱

当然，两家网站上也有一些另类声音的存在，但与声势浩大的批评声相比，这些声音显得非常微弱。比如，腾讯评论的《今日话题》栏目有《“支那”与“小日本”，谁在侮辱谁》、《网上关于日本的66个不实传言》等一些策划；网易新闻刊载的《中青报：媒体臆想受虐消费“爱国”属可悲可恶》等。这些内容虽然是与钓鱼岛报道相联系的，但其显著性明显不如其他报道和评论。这些声音的存在为我们了解日本、认识中日争端提供了更多的视角，但是这些文章或栏目所处的位置都不明显，常常处在边缘或角落，很容易被

---

① A. B. 格鲁别夫，张广翔（译），“苏联社会文化定式的形成、特点和演变”[J]，《史学集刊》，2009（3）：3－9。

忽略。

二　网络专题报道存在问题的原因分析

对于上述现象存在的原因，我们从以下几个方面进行分析。

（一）网络新闻制作的局限性

目前，“从国家政策来看，商业网站从事新闻业务，有着较严格的限制。它不具备新闻的采访权与发布权，因此，网站不具备新闻的原创能力”①。腾讯网是商业性网站，在时政新闻的采访与发布上受到限制，因此，常常是转载其他专业媒体的内容，再进行整合与编排。凤凰网是依托于传统媒体的专业性网站，因此能够发布一些凤凰卫视的独家评论。

但是，从网络新闻专题的类型来看，钓鱼岛专题报道属于事件性专题。“事件性专题是指针对某个新闻事件来展开报道”②；“事件性专题最大的问题是，它是被动的，往往是由外界条件（例如突发新闻事件）所决定的，由于各个网站都会对某一新闻事件做出反应，也就容易产生彼此雷同的现象”。③

就像上文中提到的中国海监船巡航钓鱼岛事件，各大网站都要对这一事件做出反应。但是腾讯网是没有独立采编权的，而环球网是具备新闻采编权的中央级综合性网络新闻媒体，因此腾讯网和凤凰网都选择了转载环球网的相关报道。转载中国新闻网的评论也是这种情况。如此一来，网站报道出现同质化现象也就不足为奇了。

（二）媒体有选择地建构现实

加拿大媒介素养教育的一个核心概念是，“所有的媒介都是建构出来的。媒体所呈现的内容并不完全是对真实世界的反映，而是经过刻意选择”④。社会学家盖伊·塔奇曼认为，制造新闻的行为就是建构事实本身的行为，而不

① 彭兰，《网络传播学》［M］，北京：中国人民大学出版社，2009 年版。
② 彭兰，《数字传播技术应用》［M］，北京：北京师范大学出版社，2012 年版。
③ 同上。
④ 张艳秋，“加拿大媒介素养教育透析”［J］，现代传播，2004（3）：90－92。

仅仅是建构事实图景的行为[①]。受众在接触媒体时存在选择性行为，同样地，媒体在进行媒介生产时也存在选择性行为。媒体会根据媒介组织的特性和要求、技术现实、新闻价值观等原则对事实进行选择，形成自己的框架，从而完成对事实的建构。

就钓鱼岛争端来说，媒体要维护国家的利益，在价值观上会受到中日历史关系的影响，还要考虑到社会舆论的大环境，因此在进行报道时必然带有一定的倾向性。媒体在这一事件中进行了自己的议程设置，为公众营造了一个拟态环境。这是媒体进行选择性报道的结果，任何报道都不可能是对现实环境的“镜子”式的反映，而只能是有选择地建构现实。

（三）媒体的态度和定式

“态度是认知体系和文化心理的重要组成部分。”“作为态度的两种重要类型，定式和偏见都是人们基于社会和文化经验对特定对象的认知、情感和行为倾向。”[②]“定式是识别和简单地对外界事物分类的感知过程和产物，可视为一种相对简化的、忽略事物细节差别的态度。”[③] 比如，在钓鱼岛争端报道中，简单地为日本政客的行为贴上“军国主义”、“右倾”之类的标签。

媒体在报道时不是简单地进行各方观点的汇总，而是首先明确自己的态度，确定一个立场，再据此寻找相符的材料，进行加工。在这个过程中，不可避免地会受到已有定式的影响。这样的运作方式会逐渐形成媒介的框架，能够使媒介产品生产者在纷繁复杂的大量信息中迅速地找到需要的材料，快速地进行加工；同时也有利于规避一些风险。因此，虽然这种运作方式并不能对事件进行深入的挖掘，但却由于其方便快捷、省时省力及低风险性而在实际操作中不断被运用。社会舆论的情绪和态度是有明显倾向性的，符合这种倾向的报道就没有风险，而试图挑战这种倾向的报道则可能遭遇反对。比如，从网民的留言来看，凤凰网的《从日本民族性看钓鱼岛争端》认为是日本民族的劣根性导致了钓鱼岛争端，获得了网友的一致好评，几乎全是赞同；而腾讯网的《“支那”与“小日本”，谁在侮辱谁》，从另一个角度提出了一些观点，则网友绝大部分都是在表示反对，甚至大骂编辑。

---

① 胡正荣，段鹏，张磊，《传播学总论》［M］，北京：清华大学出版社，2008 年版。

② 孙英春，《跨文化传播学导论》［M］，北京：北京大学出版社，2008 年版。

③ 同上。

（四）媒体的不恰当归因

奥地利心理学家弗里茨·海德在1985年提出了归因理论，认为“在人与人的交往中，人们往往会推断对方举止的原因、动机或意图，尝试拼凑各种信息去寻求对自己或他人行为的因果解释”①。而且，“在跨文化传播中，人们对内群体的行为比外群体更为熟悉，因而，对本群体成员的行为更容易和更多地归因于外因，对外群体成员的行为更容易和更多地归因于内因，往往会倾向于认为：外群体的行为是由于他们的本性和种族、民族的特点决定的，而不是环境变化的反映”②。

在钓鱼岛争端中，中日之间产生了利益冲突，媒体试图对日本方面的一些举动进行判断和推测，但由于日本对我们来说是外群体，我们又没有足够的信息进行全面了解，所以便常常根据主观判断来下结论。比如，对日本进行“兵棋推演”、石原慎太郎组建新党等一些行为，我们认为是日本的“军国主义”复活；凤凰网的《从日本民族性看钓鱼岛争端》把所有问题的出现都归结为日本民族的劣根性。

当然，不可否认一些日本政客确实存在军国主义的思想，日本的民族性也确实存在弊病，但其行为背后可能存在更加复杂的社会文化因素，媒体这样不假思索地把所有问题都进行如此简单的、模式化的归因，显然是不太恰当的。

三　对网络媒体国际冲突事件报道专题的反思

网络媒体在国际冲突事件报道中文化视角的缺失和文化定式的存在，会产生一些不良的影响。“在跨文化交往中，定式和偏见的影响是多方面的，常常导致歪曲和防范性的行为，不可避免地会影响传播的效果”。③

（一）容易产生偏见，激化民族情绪

“定式的存在本身并不一定是坏事，而对定式的‘片面使用’才是最应避

---

① 孙英春，《跨文化传播学导论》［M］，北京：北京大学出版社，2008年版。

② 同上。

③ 同上。

免的，特别是由定式产生的行为可能造成‘期待效应’，进而影响、诱导和强化某些行为，这往往构成了不同文化的冲突之源。”①

媒体在进行钓鱼岛争端报道时，常常采用一些带有强烈感情色彩的语句进行描述，不加考察地轻易下结论，形成具有煽动性的报道，非常容易强化已有的定式，激化民族情绪，引发一些过激行为，如打砸日系车、日系商店等行为不能说与媒体舆论毫无关系。

虽然媒体也在提倡“理性爱国”，但铺天盖地而来的各种“抗日”游行活动和各地的过激行为报道，营造了一种非常不安定的、群情激昂的氛围。在这样的情绪感染下，人们很容易产生偏见，而难以对事态进行真正全面和客观的了解，也就增加了解决问题的难度。

（二）媒体要爱国，更要理性

中国青年报曾发表评论《媒体别拿“爱国”当生意做》，文中指出“围绕钓鱼岛问题，一些报纸和地方卫视评论员，甚至放言中日将有一战，‘如果中日发生新战争，它一定是中国人在心理上洗刷一个多世纪耻辱的战争。无论其他什么样的战事，都不如中日战争更适合扮演这样的角色了。’说这样的话，其不负责任和不顾大局，几乎与我们所反对的他国极端势力无异。习惯于这种言说方式和话语体系的媒体，请收手，饶过公众吧。”②

美国人类学家露丝·本尼迪克特曾在第二次世界大战时对日本进行了全面深入的研究，她提醒我们“有时一个民族因为拥有一整套属于他们自己的经验和价值体系，所以他们所构想的行动方针与我们所认为的截然不同”。③

所以，媒体在进行报道时要尽量秉承客观原则，要爱国，更要理性。要尽可能地做出科学合理的判断，而不是想当然地下断言，不能打着“爱国”的幌子发表各种耸人听闻的言论，来赚取收视率和点击率。

（三）提高媒介素养迫在眉睫

当然，我们不能指望媒体做出完全客观的报道。正如前面提到的，由于种种原因，媒体的报道总是存在各种偏向，即使是理性的分析也会有隐含的

---

① 孙英春，《跨文化传播学导论》[M]，北京：北京大学出版社，2008年版。

② 徐百柯，“媒体别拿‘爱国’当生意做”[N]．中国青年报，2012－09－05（1）。

③ 露丝·本尼迪克特，《菊与刀》[M]，北塔译。南京：凤凰出版传媒集团译林出版社，2011年版。

立场。因此，对受众来说，提高自身的媒介素养是有效利用媒介的途径。

目前对媒介素养有多种定义，“多数学者认为媒介素养是公众获取、解读和使用媒介信息的能力，其中批判性思维是媒介素养的核心能力”[①]。生活在一个被媒介包围的环境中，媒介素养的提高是非常必要的。只有具备了对媒介的批判性使用能力，才不会轻易地被媒介所左右，从而更好地利用媒介来了解现实，促进自身的发展。

---

① 张艳秋，“国外媒介教育发展探析”［J］，国际新闻界，2005（2）：11－16。

从电视真人秀节目的建构谈媒介素养教育中的受众观

——以韩国真实综艺秀为例

王碧薇

【摘要】

真人秀节目以其表现出来的真实性作为卖点，而这种真实是对受众偏好的场景的重新建构和再现。本文以韩国真实综艺秀节目为例，通过使用建构、再现、符号学相关理论，对此类电视节目进行解构，并将分析的落脚点放在媒介素养教育中的受众观。媒介通过受众定位建构其受众观，而媒介素养教育正是要解构媒介塑造出来的受众观。受众可以通过编码－解码过程对真人秀节目所建构起来的符号进行解构和文本分析，以便更好地理解媒介素养教育工作者持有的受众观念。

【关键词】

电视节目研究　建构　符号　真人秀　媒介素养教育

【作者简介】

王碧薇，女，汉族，中国传媒大学传播研究院 2012 级传播学硕士研究生。

电视真人秀综艺节目随着电视的发展呈现出日益多样化的趋势，各国的此类节目无论在内容上还是形式上均不断创新，利用“眼球经济”创造卖点，吸引受众。从美国 NBC 的《学徒》（The Apprentice）、ABC 的《家庭》（The Family）到在我国大热的《超级女声》、《中国好声音》，这些真人秀节目通过创造“真实”的平台，使得参与者以一定的身份角色参与其中，逼真的情节设计与情感体验使得受众深陷一个个场景中无法自拔，满足自身的情感需求、相关体验假想以及偷窥欲。如果这种建构起来的真实被解构与拆分，其背后的虚假便会浮出水面。本文以韩国真实综艺秀为例对真人秀节目的内容与形式等进行解构和分析。

一 电视真人秀节目的建构和再现

（一）电视真人秀节目的建构和再现

1. 电视真人秀节目的建构

对于媒介的建构特性学界有着来自不同派别和角度的研究与阐述。媒介素养教育学家庞杰特曾提出媒介内容都是建构出来的。法兰克福学派“社会批判理论”也是对媒介的建构进行分析和批判。法兰克福学派代表人物马尔库塞曾指出“肯定文化是一种社会秩序的反映，它通过给人们提供一个不同于实然世界的幻想世界，使人们在幻想中得到虚假的满足，以平息人们的反叛意识。”①

真人秀节目通过建构一个实然世界的选择性集合，营造出一个看似真实的幻想世界，这个世界能够满足受众对于特定符号的想象和偷窥欲，使受众在观看过程中产生心理认同，从而相应的传播效果受到肯定，收视率得到保证。这种建构是隐蔽与间接的，通过娱乐化的手段和方式间接地传达与受众相匹配的意识形态，在潜移默化中影响受众对于现实生活的认同，从而拉近心理距离。

2. 电视真人秀节目的再现

在再现方面，“再现是‘真实’世界里一些事物的一种映像、类似物或复制品。它可以是以一定方式被再现或改编成媒介代码的物、人、集团或事件。”②再现将节目内容有选择地进行筛选、排列和组合，从而以最接近受众心

---

① 郑瑞，“法兰克福学派的大众文化批判及其现实意义”［J］，中国青年政治学院学报。1997（4）。

② 大卫·麦克奎恩，《理解电视》［M］，苗棣、赵长军、李黎丹译，北京：华夏出版社，2003 年版，第 139 页。

理距离和心理认同的方式展现在受众面前，同时造成镜像幻觉，让受众产生再现即真实的错觉，这种错觉源于媒介精心的选择和重建。“事实表明的含义非常容易被忽视，即所有的再现都是有选择性的；有限制、受镜框制约的；单意性的；是机械性加工润饰的结果。在线的内容远非整个情境或背景，而只是‘包含’了全体中非常有限的一部分。然而，因为我们自己也是以这样的方式再现世界的，我们倾向于毫无异议地接受它，并且容易完全忘记这些再现的东西是经过别的某个人而非我们自己进行媒介加工的。”①

真人秀节目通过再现的手法，通过选择，将不符合受众意识形态、接受习惯的内容排除在外。同时真人秀节目通过再现真实生活场景、模仿受众再现世界的方式和感知过程的手段使得观众形成对于从节目中看到的、听到的内容即自己真实现实生活经验的错觉。真人秀节目的再现手法将节目排列组合为精心建构的环节，按照受众的接受习惯和心理预期推动节目的发展。这种再现通过特定的场景、情节选择、特殊机位的拍摄等方面展示出来，并通过对这些单一元素的有机整合，使得整个节目成为一个精心构建的“真实”再现。

韩国的真人秀节目在近两年呈现出多样化和竞争白热化的境况，无论是《我们结婚了》、《家族诞生》、《running man》还是《无限挑战》，都在以不同的内容建构和情节设计吸引受众。但是，这种异质性被包含在更大的同质性之中，其中最突出的一致性是每一个真实综艺秀均设置一个情境，而这种情境又是在受众日常生活中频繁出现的。比如《我们结婚了》以婚后的夫妻生活为情境，《家族诞生》以普通乡村生活的劳作为情境。在节目中，这些情境被“真实”地还原出来，呈现在受众面前。受众在观看电视节目，同时也仿佛在窥探自己的现实生活。这种“真实”不仅消减了受众与媒介内容的心理距离，而且还将受众对于偶像明星的假想符号解构，满足其想象和偷窥欲。

（二）电视真人秀节目的符号重复和符号再现

在符号学中，索绪尔将符号分为能指和所指两部分，能指指的是声音或形象，是符号的物质形式，所指是指由能指在人的意识形态中所引发的概念，是符号的内容。符号通过能指和所指的共同作用产生意义，是一个表意的建

---

① 大卫·麦克奎恩，《理解电视》［M］，苗棣、赵长军、李黎丹等译。北京：华夏出版社，2003 年版，第 140 页。

构。电视作为一种复杂的符号系统，也利用符号的建构功能，通过建构和重复符号，从而造成符号爆炸和对受众意识形态的影响和控制。

1. 电视真人秀节目的符号重复

斯图亚特·霍尔在论及电视的视觉符号时说："监管有证据表明，明显的'先天'视觉符码甚至都是文化具象。然而，这并不意味着符码已经被深深地'自然化'了。对被自然化的符码操作并未指证语言的透明性和'自然性'，而是解释了使用中的符码的深度、习惯性及近似的普遍性。这些符码生产明显地'自然的'认知，这就产生了隐藏在场的编码实践的效果。"①在真人秀节目中，节目通过对生活化场景进行编码，通过精心构建和不断重复，使得一些符号慢慢被视为"自然化"，而这些"自然化"的符号又使得受众在潜移默化和不假思索中接受节目传递出来的信息。这种"自然化"符号具有强大的影响力和控制力，其依托独特的技术手段，使得所要表达的意象以符号的形式源源不断地被传播和复制，从而形成符号爆炸，成为受众文化和趣味的主宰者。但是这种控制力又以潜移默化的形式展开，以考虑受众需求为出发点进行编码，这种"自然化"的过程也以受众的思维方式、意识形态和接受习惯为基础。

2. 电视真人秀节目的符号再现

在真人秀节目中，"自然化"的符号不断得到再现，从而在受众的接受过程中变得更加自然和快速，解码过程按照习惯被大大提速。"在日常生活中起着巨大作用的'老生常谈'具有这样的特效，那就是所有的人都可以接受，并在瞬间接受：正因为平庸普通，所以他们为发话者和接受者所共有。"②这种"自然化"的符号可以被视为模式，其将生活中的场景变为在节目中反复出现的符号，成为一种定式，从而不断消解受众的敏感神经。"媒介运用一种简便的方式来建构其再现世界，这种方式包括各种易于辨认的类型和程式。毕竟，对于所有的媒介来说，在线的内容是有限的、简约的，都需要通过可辨认的符号来产生意义。没有这些符号或程式，再现将会是'不可读的'，因为每一个再现都需要特殊的解读"③ 真人秀节目中如同其他电视节目一样，没有使用新的符号系统，而是对基于受众的意识形态和认知水平被接受的那一套符号

① 罗钢、刘象愚，《文化研究读本》[M]，北京：中国社会科学出版社，2000 年版。

② 邢虹文，《电视与社会》[M]，上海：学林出版社，2005 年版，第 33 页。

③ 大卫·麦克奎恩，《理解电视》[M]，苗棣、赵长军、李黎丹等译，北京：华夏出版社，2003 年版，第 134 页。

系统的再现和对个别符号的再强化，是对“真实世界“的再现和有选择的强化。同时，这种再强化和再现起到了吸引注意力、满足想象和影响意识形态的作用。

在韩国真人秀节目中，其通过对日常人物角色符号的不断重复和再现，达到了对“真实世界”的再现。普罗普在《民间故事集》中提到，他通过对俄国一百多篇童话故事的分析，将故事归纳为七种人物和三十一种行动功能。其中这七种人物角色分别是恶人（villain）、捐助者（donor）、帮助者（helper）、公主（princess）、派遣者（dispatcher）、英雄（hero）和伪英雄（false hero）。普罗普通过解构分析，将故事解构为不同人物与不同行动功能的排列组合。反观韩国真实综艺秀节目，其亦将节目构造为一个故事展开叙事，而参与者就是故事里的人物，扮演着一定的角色。比如愚者：不经意间透露出愚钝、傻气的一面的人；公主：被保护和喜爱的人；英雄（终结者）：关键时刻保护队友、帮助队伍取胜，或为节目的推进起重要作用的人。这样的角色设置几乎存在于每一档韩国真实综艺秀节目中，每一档节目中均有一名主持人和数名嘉宾组成，这些参与者都会被节目制作方赋予一定的角色进行演绎，同时这些角色都带有生活中的“原型”特点，这种“原型”符号不断得到重复，使得受众容易从角色中定位自己和自己的理想型，从而拉近心理距离。

二　电视真人秀节目建构下的受众观与负面效果

通过第一部分的分析，电视真人秀节目通过建构与符号重复，实现了日常生活场景屏幕上的“再现”。真人秀节目通过建构，满足受众的窥探欲和符号假想，而这种欲望的满足使得受众沉浸于虚假的情境之中而不易察觉。

电视真人秀节目通过构建真实场景，从而建构起魔弹式的受众观，意图使受众如靶子一般沉浸在虚构的真实中，失去辨别能力，对节目内容产生现实性的认同。真人秀节目受众面广，类型各异，有面向青少年的假想结婚、选美等节目，也有面向中年家庭主妇的家庭角色互换、野外生存等节目，受众群体年龄跨度大。但是在大跨度之下，电视真人秀节目根据自身的受众定位，按照目标受众倾向于接受的符号和场景进行建构，从而在屏幕上展现出符合目标受众群心理接受范围和心理预期的“真实场景”，使节目容易被目标受众所接受，进而同自身的生活或者想像进行联通，最后产生极大的心理认同，混淆电视中的“真实”与现实的界限，提高收视率和节目美誉度。

正是电视真人秀节目建构起的魔弹式受众观，使得受众在观看节目过程中的心理防御和批判性思考能力容易被消解，反而转化为一种对节目的依赖感和信服感，这种缺乏思辨的媒介近用容易导致以下两点负面影响。

1. 受众缺乏对节目的批判性思考，易成为媒介的附庸和奴隶。

电视真人秀节目的精心建构使得受众易沉浸在李普曼提出的“拟态环境”中而不自知，缺乏对节目内容的批判性理解和对其建构性的正确认识，从而导致在近用媒介过程中成为媒介的附庸，正中电视真人秀节目的受众观预设。

在韩国真人秀节目《我们结婚了》当中，节目通过构建明星夫妻的假想婚后生活而大获成功，自 2008 年 3 月 16 日在韩国 MBC 电视台播出后收视率一直居高不下，现在已经进入第四季。节目的参与人员均是韩国当红明星，在节目中扮演假想夫妻，以获得人气，满足粉丝群体对偶像私人生活的窥探欲。节目的内容设置以日常生活情景展开：夫妻一起买菜、做饭，打扫房间，互相探班等等，在屏幕上明星过起了普通人的生活。这种真实的建构使得部分受众失去了判断能力，将节目中的人物关系延伸到明星的真实生活当中，由此产生了缺乏理性的疯狂粉丝群，其在网络上掀起争论，造成不必要的网络骂战。

2. 受众混淆媒介环境与现实环境的界限，从而对真实世界产生距离感和逃避感

电视真人秀节目的建构建立在选择性基础之上，是精心选取的现实生活场景。而受众如果如媒介构想的靶子一般一击即倒，那么其容易对真人秀节目中的场景产生心理依赖，倾向于信赖建构出来的虚拟环境，从而与现实世界产生隔膜。

韩国真人秀节目《无限挑战》，每期设定特定场景，比如求职应聘、设计服装等，这些任务都被设置在看似真实的职场中，在办公室进行拍摄。但是在节目的进行过程中，无论是上司与员工的关系还是员工间的关系都经由参演人员的建构和演绎，与现实的职场生活存在差异。但是如果受众沉浸在节目的建构之中，屏幕上的亲密关系和轻松愉快的工作环境与现实形成巨大反差，那么受众就易对现实职场生活产生厌倦感和逃避感。

三 从建构与解构看媒介素养教育中的受众观

依据第二部分的分析，电视真人秀节目通过建构真实生活场景，从而试图树立魔弹式的受众观，使目标受众沉浸在节目之中，对节目产生信赖，从而获得收视率，提高节目参与人员的曝光率和知名度。因此，在媒介素养教育中，必须树立正确的受众观，引导受众充分发挥自身主观能动性解构和反思媒介内容。

(一) 从建构与解构看媒介素养教育中树立正确受众观的重要性

真人秀节目通过精心建构、再现以及符号的重复与强化从而在节目中模拟出一个真实世界场景，这种有意识建构的目的之一就是为了迎合受众的需求，拉近受众与节目内容的心理距离和降低接受难度，从而赢得受众，提高收视率。由此可见，受众对于一档真人秀节目的成功起着至关重要的作用。从受众角度出发，电视真人秀设计自己的媒介产品，充分考虑受众的需求与兴趣点，其内容的构建与再现也充分考虑受众的意识形态与接受习惯，从而达到更好的传播效果。

回归媒介素养教育，“传媒素养教育的核心问题，是如何科学地、正确地认识和理解大众传媒的角色，如何合法地利用大众传媒进行信息传递、舆论引导和审美引导，如何参与大众传媒活动和建设，如何对媒介扩散的不良信息进行辨别、防御和有效控制”①，这是对媒介素养教育主要内容的界定，而这个界定缺少一个动作对象——受众。媒介素养教育的出发点和目的就是为了帮助受众更好地使用媒介，因此需要将正确的受众观引入课堂。

综上所述，受众无时无刻不面临着媒介依据其接受习惯、心理认同而建构起来的媒介世界，媒介素养教育的任务之一就是要帮助受众认识到媒介的建构特性和自身的主观能动性，批判性地解构媒介内容，拨开“真实”的表面看到内部的构建性。因此，面对建构和再现的媒介世界，媒介素养教育应当充分重视受众的解构能力和主观能动性，依据受众研究的主要理论成果，

① 谢金文，《新闻 传媒 传媒素养》［M］，上海：上海社会科学院出版社，2004 年 12 月。

在教育中帮助受教育者树立正确的受众观。

（二）从建构与解构谈媒介教育中受众观的确立与实施

1. 教育者应重视受众研究，树立受众有主观能动性的观念

受众作为媒介素养教育的教育对象，媒介教育中的受众观首先应当强调对于教育对象的解构和充分了解。因此，教师在展开教育活动之前，必须把受众研究作为自身知识储备的重要组成部分，充分了解受众的认知过程，从而更好地引导其看清媒介建构的本质，并将受众看作自己教学任务中的重要分析对象和解读目标。

再者，教师应当树立受众具有主观能动性的观念，充分认识到受众在媒介参与中的主动权，能够主动解构媒介世界，并以此为教学活动的出发点和基石。根据“使用－满足”理论，受众在接触媒介过程中，会依据自身的需求产生媒介近用，满足需求、产生心理满足。麦奎尔在研究受众的“使用与满足”理论时指出：“受众自我意识到的需求越多、越明显，他们使用媒介的可能性就越大。”①受众带有很强的主观能动性和选择性，在传播效果的实现和评价中扮演着重要角色。教师应当充分把握受众的主动性（教育对象的主动性），并在教学互动中充分调动这种积极性和主观能动性，帮助学生树立正确解构媒介内容的信心，引导他们主动解构媒介，不被媒介建构内容所左右，从而达到更好的教学效果。

2. 引导受教育者从主观能动性出发对媒介内容进行解构

根据第一部分的分析，媒介内容是基于受众分析后的对真实世界的重新建构和再现。作为媒介素养教育的重要环节，应当让受教育者（受众）充分意识到媒介内容的建构性和符号化的重复与强化，从而更好地解构媒介，不沉浸在媒介所创建的虚幻空间。

教师应当充分引导受教育者意识到自身作为受众的主动权，意识到媒介构建出来的真实是为了迎合这种主动权，从而跳出被动迎合的隐形强制力，做主动的媒介参与者。引导受众在媒介参与、满足需求的过程中避免被媒介的建构与符号重复所迷惑，真正按照自身的需求寻找可以满足的媒介信息，而不是在被动的状态下，被贴合的心理接受过程所左右。具体而言，教师应

---

① 丹尼斯·麦奎尔，《受众分析》［M］，刘燕南、李颖、杨振荣等译，北京：中国人民大学出版社，2006 年版，第 89 页。

当在教学过程中贯穿解构的基本思路，在解构的基础上进行重新建构。而这种解构不仅建立在对媒介内容的解析上，更应当深入分析媒介背后的意识形态和思想倾向性。教师应当将解构式的媒介教学活动引向更深入的意识形态解读，引导被教育者真正了解媒介之所以建立镜像世界的背后原因，从而在媒介的虚拟真实中保有主动性和清醒的头脑。

总之，媒介依据受众偏好和接受习惯建构了一个“真实”世界。媒介素养教育正是要从受众的角度入手，充分认识到受众的主观能动性和主动权，引导受众进行媒介解构，使其看清一个真实的媒介世界从而做自己媒介世界和真实世界中的主人。

参考文献：

[1] 丹尼斯·麦奎尔，《受众分析》［M］，刘燕南、李颖、杨振荣等译，北京：中国人民大学出版社，2006 年版。

[2] 大卫·麦克奎恩，《理解电视》［M］，苗棣、赵长军、李黎丹等译，北京：华夏出版社，2003 年版。

[3] 欧阳宏生，《电视文化学》［M］，成都：四川大学出版社，2006 年版。

[4] 邢虹文，《电视与社会》［M］，上海：学林出版社，2005 年版。

[5] 吴瑕，《韩国真实综艺秀的节目模式探析》［D］，武汉：华中师范大学，2012 年版。

[6] 陈崇山，《受众本位论》［M］，北京：社会科学文献出版社，2008 年版。

[7] 谢金文，《新闻 传媒 传媒素养》［M］，上海：上海社会科学院出版社，2004 年版。

网络时代晚报面临的竞争态势及应对策略

何　畅

【摘要】

网络时代的到来给晚报带来冲击，也同样带来生机。本文以网络传播及纸媒各自的特征为切入点，比较分析晚报在当今新闻传播中的优劣势，尝试探寻晚报业在发展中出现的问题，提出可供参考的意见和建议，以期为晚报在新时代背景下的长足发展提供理论支持，同时也为晚报学研究尽自己的绵薄之力。

【关键词】

晚报　网络时代　竞争　应对策略

【作者简介】

何畅，女，华中师范大学信息与新闻传播学院 2012 级新闻学硕士研究生。

2005 年，当人们在为自己亲历“博客元年”而兴奋不已时，绝不会想到有一种叫“微博”的东西会在 5 年后成为他们生活中重要的一部分。它的触角已然深入到人们日常生活的每一个细节当中，对晚报业的冲击也是不言而喻的。人们不禁预测，纸质媒介已经被逼到了走向消亡的路上。在这种严峻形势之下，晚报要在网络时代的大背景中取得长足发展，还需要对自身现状有清醒的认识，厘清面临的问题，有针对性地进行改进和完善。

一 90年代我国晚报的发展及特征

从1929年我国第一份晚报创建，几经坎坷波澜，已经走过了84年的历史。而晚报的真正发展与繁盛却出现在上世纪90年代。据资料记载，中国晚报家族的成员在1990年仅有46家，至1997年已达144家。90年代中期，中国晚报进入超常规发展阶段。1997年，中国对报刊实施治散治滥，停止新批报刊，晚报数量的快速增长势头，才暂时停止。① 截至2000年，全国晚报总数已达到150家以上，创造了中国晚报发展的辉煌业绩。

90年代是中国晚报业蓬勃发展的十年，我国晚报主要呈现出以下几个重要特征：

1. 比传统日报、机关报时效性强。以《新民晚报》为例，尤其注意抢发第一时段的新闻，要闻版上总有不少“今日早晨”、“今天上午”的消息。②在没有网络传播的时代，这类新闻绝对堪称为最为及时的报道。

2. 报道面扩大，报道力度增强。国际、国内、经济、政治、文化、体育、社会等报道面极广，上至国家大事，下至街头小事，一应俱全。为迎合受众需要，还不断扩充新的版面，尽可能容纳更多的新闻。这种做法也突破了日报严肃、古板的办报风格，深受受众欢迎和喜爱。

3. 服务指导性增强。这一时期的晚报上开始出现了生活类、教育类、气象类、卫生保健类等专属版面，给读者的日常生活以极强的指导意义。

4. 社会影响与日俱增，行业竞争加剧。除原有的四大晚报外，还出现了以《扬子晚报》、《钱江晚报》、《深圳晚报》和《武汉晚报》为代表的“四小龙”晚报，新力量的出现必然导致激烈的行业竞争。

二 新时期晚报面临的问题概述

进入新时期，随着科学技术的发展，互联网为代表的新媒体给传统的晚

---

① 杨步才，“新时期中国晚报发展趋势初探”［J］，新闻通讯，1998（11）。

② 杨立明，“论中国晚报的发展与规律”［J］，北方论丛，2002（4）。

报业带来了极大挑战，使晚报业的欣欣向荣之势止步于新世纪的门口。纵观国内晚报业在网络传播冲击下的生存发展态势，大致可将其面临的问题归纳为以下几方面：

1. 最初，晚报的最根本优势就在于其“晚”。相较日报，它打出了“时间差”，这在一定程度上可以最大限度地保证新闻时效性。而随着生活步伐的加快和技术的飞速发展，网络传播环境下，秒读新闻已成为日渐匆忙的人们最佳的信息阅读方式。网络传播平台下，版面没有限制，信息海量化、同步化。晚报原有的优势在这种比较下已荡然无存。

2. 晚报及其他报纸（纸质）只能通过文字，图片的形式进行传播，而网络信息传播过程中可以把文字、声音、图像、视频等融为一体，构成再现信息的多种形式。相比之下，晚报在这一传播形式上具有不可抗拒的局限性。

3. 网络传播的强大关联性，使受众在阅读某条信息时很有可能根据个人偏爱任意点击链接到另一个门户网站。可以说，网络传播环境下的竞争虽然激烈，除几家巨头之外，对于其他网站，受众的点击量和关注度并无太大差距。通俗地讲，“撑死”或者“饿死”的现象并不多见。而这条规律在晚报业却并不适用。对晚报来说，读者具有强烈的不稳定性。在阅读对比中，一部分人很可能放弃某份报纸而成为最容易流失的读者群。长此以往，丧失了忠实受众的晚报便陷入了困境。

4. 受众普遍存在着这样一种心理：网络传播中的广告，如果不去点击就可以看不到；抑或某些时候想要获取信息，先接受广告是理所当然的（这种情况在观看视频时最常见）。他们并没有意识到这种“不得不”对其作为受众的强制。而如果报纸上出现太多的广告，则会影响受众对这份报纸的质量、价值甚至品位的判断，即使广告版面对其阅读其他新闻时并未产生多大影响。而广告又是其得以生存发展的经济之源，晚报无法与广告决裂，又不能失去受众，因此便夹在两者中间，进退两难。

5. 相较网络传播广泛的全民参与和互动性，晚报依然是以单方面传播的传播方式为主。受众在接受信息后，其想法并不能立刻通过该媒介得到彰显和体现。这也是所有纸质媒介都不可能完全克服的。早期纸媒曾试图通过设立“读者来信”类型的专栏与受众互动，以此来弥补单向传播的缺陷，但随着技术水平的发展和受众阅读交流习惯的改变，来信、来电早已为人们忽略和遗忘。因此，如何与受众进行良性互动，克服由单向传播带来的诸多问题，也是晚报业普遍面临的问题。

6. 都市报、早报、晨报以及一些快报、时报、商报、生活报等综合性都市类报纸的出现和发展，都得益于它们不同程度地吸取了晚报的成功经验。越来越严重的同质化给晚报的创新提出了更高的要求，施加了更大的压力。

三　网络时代晚报生存发展策略

通过对比分析，结合晚报自身的特点。针对以上问题，尝试提出以下策略：

1. 时效性方面，晚报虽然无法超越网络传播的及时与迅速，却也可以将这种劣势转为自身优势。如今，各大门户网站为了追求“独家”和“首发”，在信息核对和把关上存在着严重问题。大量不实、虚假信息在网络平台上的传播，使得不少受众尝到了轻信和盲目跟风的苦头。很多由网络传播引发的话题都是在传统媒体尤其是纸媒上得到了最后的合理结论。这提醒着晚报要最大限度地发挥这种优势：提高新闻信息的准确性，树立自身权威性。久而久之，被网络传播“忽悠”的受众，自然会认识到，怎样甄别和选择获取真实信息和合理意见的渠道。

2. 如今绝大部分晚报已经开设了电子版报纸。纸质晚报虽无法克服其信息表现形式的单一性，但可以在电子版上辅助以其他形式。另外，网络传播大量采用“题”不符实或“图”不符实的方式吸引眼球，博得点击量。鉴于这种情况，晚报则更应该在选题、图片、版面设计、构图和题目设计方面下足功夫。多出精品，吸引受众。

3. 应该认识到，对同一信息，不同年龄段、职业、性别的受众人群，都会有不同的解读。这就需要进行有针对性的信息传播。用海量的信息对受众进行狂轰乱炸并不能使他们昏了头脑，反而会促使其转而寻找真正能为自身提供有益信息的媒介。抓住这个机会，对信息进行精心筛选，开展有针对性的传播，也会为晚报赢得忠实的受众。

4. 对于任何报业而言，发行量、广告和受众之间的平衡始终都是一个难题。提高自身新闻信息的品位和质量，这个平衡自然可以保持。只是很少有一份报纸真的可以始终践行这一点。如何不让这一口号不再仅仅只是一个口号，正是晚报所要思考的。另外，提高广告品位也是提高自身形象的重要途径。不可否认的是广告是晚报无法舍弃的重要部分，但如果因为广告品位低下而影响一份报纸在受众心中的形象，则是颇不值得的。没有受众意味着没有广告来源。没有受众，传媒便没有东西“卖给”广告商，随之失去了市场。由此可见，受众的选择深深牵动着所有媒体机构的神经。

5. 不少晚报都设有自己的官方微博，众粉丝网友常常会在经历和目睹某些社会现象时发布微博、上传照片@到晚报的官方微博。这些信息应该得到编辑和记者的重视，它们之中往往隐藏着重要的新闻线索。官方微博的设立应该成为弥补报纸无法及时与受众互动的局限性的一种有效方式。晚报可以根据网友提供的新闻线索，经过核实求证后采用，对线索提供者进行奖励，并在微博和报纸上同时与受众和粉丝互动。激发受众的积极性和参与性，这样既发挥了自己的优势，也将网络平台提供的便利为己所用。

6. 避免同质化。所有在网络传播冲击下仍然取得发展的晚报都有一个共同的特点：敢于创新。晚报要不断研究读者口味的变化，尝试推出一些新的版面。对于同质、同类新闻要区别对待。对于其他报纸和网络新闻信息，要善于从更多角度和方面挖掘。网络传播最大的弱点，即是为了追求时效而忽略挖掘事件背后的细节，受众很难在网络新闻中找到能够解答“为什么”的线索。因此，晚报要抓住这个机会，向受众展现更多网络传播所未能提供的内容，在深度上取胜。

参考文献：

[1] 杨步才，“新时期中国晚报发展趋势初探”[J]，新闻通讯，1998（11）。
[2] 杨立明，“论中国晚报的发展与规律”[J]，北方论丛，2002（4）。
[3] 张海鹰，《网络传播概论新编》[M]，上海：复旦大学出版社，2008 年版。
[4] 程洁，张健，《网络传播学》[M]，江苏：江苏大学出版社，2007 年版。
[5] 冉华，周丽玲，《传媒风云：来自武汉传媒市场的报告》[M]，武汉：武汉大学出版社，2007 年版。

风貌类电视节目的创作特点解析

蒋　钊

【摘要】

风貌类电视新闻作品往往借助特定的人物、事件或风貌环境进行记录和展示，既具有电视新闻作品的共性，由一定的新闻事件、时代背景催生，同时又具有纪录片创作的特点——纪实性和时代性。本文借助三部以朝鲜风貌为题材的电视新闻作品，从三个电视作品不同的创作时代、创作团队和创作视角出发，分析风貌类电视节目的创作特点和规律。

【关键字】

风貌类电视节目　新闻性　纪实性　时代性

【作者简介】

蒋钊，女，汉族，中国传媒大学电视与新闻学院2012级新闻与传播硕士研究生。

风貌类电视作品，通常是创作者以采风的形式搜集素材，融合写景、纪实、说理、表意、抒情等多种表达方式为一体的电视节目样式，反映特定的历史背景下的社会风貌、民俗风情，为受众搭建一个特定时空背景下的地域风貌，达到记录历史、展示现实的作用。① 风貌类电视作品虽然以记录和展现为主要目的，但往往是借助人物、事件或风貌环境表达出创作者的观点、看法，兼具叙述与评论性。

本文选取了三部关于朝鲜的风貌类电视新闻作品，分别是2002年凤凰卫

---

① 郑燕，“风貌类视听新闻作品创作要点探析”［J］，新闻世界，2012（10）。

视拍摄的《我们在朝鲜的日子》，2007 年美国国家地理频道拍摄的《探秘北朝》(Undercover in North Korea)，2013 年 BBC 拍摄的《隐秘的朝鲜》。这三部作品贯穿了 12 年间朝鲜的发展变化、社会动态和变迁，同时由于三部作品分别由中国、美国和英国拍摄完成，因此也分别从三种视角展现了朝鲜的风貌变化与国家特色。选择朝鲜为题材的风貌类电视作品，正是考虑了其自身环境的封闭性，外部的媒体、普通公众很难深入朝鲜，对朝鲜的认知就更加依赖于外部媒体探秘式的风貌电视作品的表达，而不同媒体报道的共性与差异又展现了不同的立场、思维、政治环境和国家关系之间的微妙区别。笔者希望通过对三部取材于同一地点、不同时间的作品进行解读，探究风貌类电视作品中的新闻性、纪实性、时代性以及暗含其中的情感和政治态度。

一 新闻性

风貌类电视作品与普通宣传片不同，不是以宣传为目的，通过美化的拍摄和制作手法实现更好的宣传效果，而是必须通过实地观察将所见所闻记录下来，作品中的素材涉及经济、政治、社会、文化、教育、自然风光、日常生活等方方面面，看似随笔般的作品，却是从纷繁复杂的表象中提炼观点，表达主题。虽然不像事件类新闻作品一样有明确的新闻事件，却也是有新闻性的事件起着引子或线索的作用。

2002 年 7 月，朝鲜实施了大幅调整物价和提高工资的措施，被称为“经济管理改革措施”。《我们在朝鲜的日子》恰是以此为契机进入朝鲜，五个系列作品中，主持人曾子墨针对这两点措施大量采访了百货店服务员、图书馆讲解员、公园里玩耍的爷俩、合作农场的农民、鞋厂的工人等，对于“物价和工资”两个问题的采访贯穿五个作品，朝鲜的经济改革究竟如何改变普通朝鲜民众的生活成为这组电视作品的引子。国家地理频道的《探秘北朝》则选取了“尼泊尔医生赴朝进行医疗援助”为线索，从医疗队到达朝鲜，被带领参观到术前准备，对接受手术的朝鲜民众采访，再到手术结果等，关于朝鲜的政治、经济、社会生活各方面的描述都围绕这次医疗救助事件展开。2013 年 BBC 拍摄完成的《隐秘的朝鲜》则是以“朝鲜成功进行了第三次核试验”为引子，随到朝鲜参加活动的伦敦政治经济学院学生进行了暗访拍摄，企图探究“宣扬使用核武器的朝鲜”在当下最真实的社会现状。

新闻性是风貌类电视新闻作品成立的重要前提，这往往直接构成作品的主题和结构逻辑。除了作品所选择的风貌对象，正是基于作品选取的新闻主题所具有的社会价值、时代意义才使得风貌对象有探究的必要，使得受众有接受的必要。三部电视作品分别选取了经济、社会和政治事件切入，《我们在朝鲜的日子》围绕经济改革事件展开，从社会生活、不同人群多维度横向展开，《探秘北朝》则遵循医疗救助事件的发生顺序叙述，《隐秘的朝鲜》在讲述中分为多个节点，但最终都回归到“朝鲜究竟在构建什么样的政权”这个主题上，对这个问题的阐述恰恰能够解答“如何面对朝鲜宣扬使用核武器的主张”。因此，新闻性事件或人物成为很多风貌类电视节目的共性切口，以此为线索或引子展开是进行节目策划的重要环节，也是吸引受众关注的关键所在。

二　纪实性与时代性

纪实性是风貌类电视节目的基本要求和首要条件，纪实性意味着电视的素材必须是所选取时间段内实地实景拍摄完成，这样才能起到向受众展示社会风貌，提供受众沟通外界、观察世界、获取知识途径的作用。纪实性是风貌类电视节目的生命所在，作品必须是创作者亲临社会环境进行的记录，从当下的实地调查、采访中形成对某一特定社会环境、人物、事件的认知，而这种认知结果正是风貌类作品的目的所在，它不能单纯依赖二手资料完成。风貌类电视节目的时代性与纪实性是紧密相关的，正是由于作品记录了某一特定历史时间段内真实的社会风貌，作品才具有了历史价值。

三部作品除了《我们在朝鲜的日子》以公开采访的方式外，《探秘北朝》和《隐秘的朝鲜》都采用了隐蔽拍摄，当然这是受朝鲜的现实条件所限，也是记者为了收集第一手的、丰富详实的资料不得已而为之。《我们在朝鲜的日子》带领受众走进平壤一中、百货商场、小型便民店、公园、合作农场“青山里”、鞋厂生产车间、幼儿园、旅游地妙香山和金刚山等，将真实的朝鲜风貌用镜头记录下来。《探秘北朝》和《隐秘的朝鲜》在开篇中都呈现了朝鲜边境上铁丝网、高压线下有持枪荷弹的部队在进行严密的军事监控，让受众仿佛置身其中，身临其境地去感受北朝鲜的政治管制和高压政策。金日成、金正日、金正恩的领袖画像、雕塑，整齐划一的舞蹈、军队演习、呼喊，空荡荡的商场、街面，平壤以外乡村的破败，“被禁止拍摄、被禁止通行、被禁止采访”等“被禁止”的动作，几乎是三部电视节目中共同频繁使用的镜头素材。

《隐秘的朝鲜》因为潜身于伦敦政治经济学院参观学生队伍中进行秘密拍摄，而遭到学校和部分社会公众反对节目播出的要求，一名学生在接受媒体采访时说“新的片子没有任何新意”，这看似是对作品价值的否定，但恰恰从时间维度上对朝鲜的社会现实进行了评价，相似的场景在三个时间维度内的作品中重叠出现，朝鲜 12 年的经济、社会发展状况一目了然，生活水平、医疗水平、教育水平发展缓慢，在变化的是广场上被去掉的马克思、恩格斯头像。《我们在朝鲜的日子》里记者曾子墨在描述眼前的朝鲜时多次类比中国曾经走过的发展之路，合作农场类似中国的“学大寨”，无限崇拜的标语类似中国的“文化大革命”，而《隐秘的朝鲜》中，记者斯维尼则借被去掉的领袖头像，借金日成依然被视为统治者的现实，借整天响不停的宣传喇叭等等事实来阐述朝鲜的发展已经偏离了其所宣扬的共产主义道路，而是专制、集权政治，而“贫困”的社会现实贯穿朝鲜 12 年的发展，依旧落后的医疗条件、营养不良的婴孩没有改变。三部跨越时代的风貌电视作品让我们清晰地感受到朝鲜的发展，从过去到现在，朝鲜的发展道路与发展水平清晰可辨。

纪实性与时代性更加丰富了风貌类电视节目的价值，这种采风式、调查式、记录式的作品用真实的素材展示和保留了不同时空下社会的发展变迁，既是了解当下的重要依据，也是回顾过去的重要史料依据。

三　情感倾向与政治态度

风貌类电视作品中记者通常以记录者视角出现，或现场主持报道或做旁白解说，涉及天文地理、自然风光、民族风情、文化教育、园林建筑、社会经济、政治生活方方面面，讲述者往往带有自身的体验性，将个人的直观感受、亲身感悟融入其中，与受众分享，把自己理解与感情表达给受众。此外，当风貌类电视作品是在与记录者的个人体验、文化背景、政治环境等等有差异性的环境中进行时，记录者的个人倾向往往也更加明显，受个人偏好、认知范围、传播目的、政治态度等多方面因素的影响，所形成的电视节目也往往暗藏着记录者的情感抒发和价值判断。

三部朝鲜题材风貌电视作品分别由中国、美国、英国制作，曾子墨在现场的讲述中大量类比了中国的发展道路和历程，这与其个人体验、知识背景有密切关系，也与中国在政治制度上与朝鲜所宣扬的“共产主义”有相似之处有关。而《探秘北朝》和《隐秘的朝鲜》都直接表达了对朝鲜发展道路的否定态度，借用了逃离朝鲜者、朝鲜问题研究专家的采访与叙述，选取了大量朝鲜人民生活水平低、贫穷的素材来完成节目，直接表达了对所谓共产主义发展道路的批判。此外，《探秘北朝》更多地从人道主义援助的角度出发，对朝鲜人民的生活表示了同情，也对朝鲜的发展道路表示了不认同。《隐秘的朝鲜》突出强调了朝鲜与美国、韩国关于朝核问题的国际争端，解析了这种先军政治是否会真正引发朝鲜所对外宣扬的核武器战争。

当然，朝鲜题材风貌电视节目有其特殊性，独特的政治制度一向是朝鲜的隐秘性所在，从后两部电视节目题目都使用了“Undercover”也可以看出来，但风貌类电视节目确实与记录者的个人知识背景、情感诉求、政治态度密切相关，我国 CCTV 制作的《岩松看日本》、《岩松看美国》、《静观英伦》等节目都以知名主持人、记者为主打，也就造就了岩式、柴式风格的风貌类电视节目。风貌类电视节目的这种特点能够拉近受众与节目的关系，让受众成为作品的感受者和倾听者，而把握好情感尺度和政治立场，以恰当的情感抒发和理性、冷静的姿态讲述，才能将风貌类电视节目的新闻性、纪实性、时代性更好地呈现出来，创作出更具社会价值、艺术价值和时代意义的富有生命力的作品。

佛山电视台主持人培养与管理问题研究

刘　杰

【摘要】

作为岭南城市电视台的代表，佛山电视台在近二十年的发展中其复合型主持人的培养战略和双轨制主持人管理制度成为电视台的重要成就。本文将阐述佛山电视台主持人培养与管理的政策、机制和措施，同时分析佛山电视台在主持人培养中存在的问题并提出建议，以促进其实现进一步发展。

【关键词】

佛山电视台　主持人　复合型　培养　管理

【作者简介】

刘杰，男，汉族，中国传媒大学传播研究院 2012 级传播学硕士研究生。

一　佛山电视台发展背景：城市电视台的现状

从宏观层面来看，如今传统电视媒体的竞争已经进入到了一个份额竞争的时代。如果某家电视台 2012 年上半年观众收视时间比 2011 年仅下降 1 分钟，其给电视台的压力却也是显而易见的。总体上说 1 分钟微不足道，但这短短的 1 分钟实际上却昭示着太多的变化。

在国内目前的媒体竞争态势下，不仅存在传统媒体之间的竞争，新媒体也希望在媒体市场这块大蛋糕中分得一杯羹。各家电视媒体也力图在如此激烈的竞争环境中通过明星主持人的培养来使自己脱颖而出，但进入人们视线的往往是央视、省级卫视这样具有广泛影响力的明星主持人，例如中央电视台的白岩松、撒贝宁等，湖南卫视的汪涵、浙江卫视的华少等。图 1[①] 是 CSM2012 年第一季度电视收视市场分析数据，从图中我们可以清晰地看出，城市台在与上级卫视的竞争中，城市台全天收视份额明显处于下风。究其原因，可从软硬件两方面进行分析。首先，相比央视、省级卫视和上星卫视，城市台无论是在信号覆盖范围上，还是在资金、人力和设备等投入上都略显单薄，无法和财大气粗的上级广电集团势均力敌地抗衡；其次，城市电视台的地域限制对其品牌的定位和节目的设置有极大的影响，既要着眼于吸引本土受众，又要伺机突围“我国广电分级圈”，这对城市台的品牌定位和节目制作提出了极高的要求。

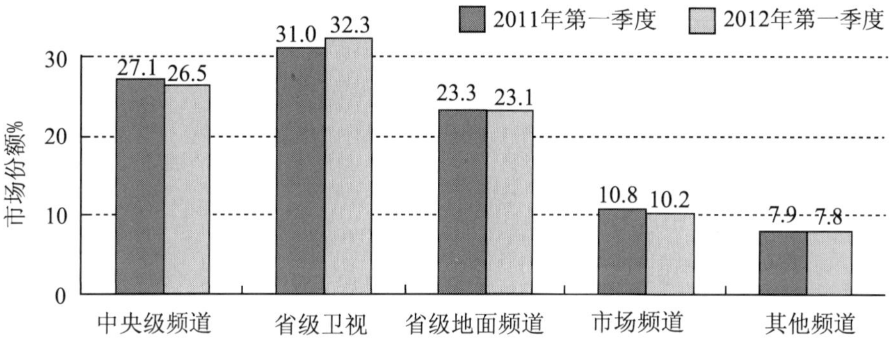

图 1　2011、2012 年第一季度各级频道全天竞争格局

因此，在城市台势单力薄的情势下，佛山电视台通过复合型主持人、品牌节目两大要素之间的互动来建构自身的传播影响力，颇为引人注目。

二　佛山电视台主持人培养与管理的政策、机制和措施

近年来，佛山电视台凭借品牌栏目和品牌主持人，在国内城市电视台中的影响力和口碑日益高涨。《小强热线》的小强（姚卫强）、《飞鸿茶居》的小雪（彭雪静）、《630 新闻》的主播罗梓华等，不仅在佛山，在整个岭南地

① 央视索福瑞收视率调查，http://www.csm.com.cn/index.php/knowledge/showArticle/kaid/781。

区都已经家喻户晓。在其成功的背后，我们需要探讨主持人元素对佛山电视台影响力提升所起到的巨大推动作用。

佛山电视台成立于1987年，发展至今已有近30年历史。佛山电视台副台长姚晓静在采访中谈到："回顾佛山电视台主持人培养和管理机制发展，以2002年为界可大致分为两个阶段进行讨论。第一阶段从1993年至2002年，这十年，佛山电视台的主持人招聘从最初非正规渠道推荐制，逐渐转变为科学合理的公开聘任制。而2002年，是佛山电视台主持人极其关键的一年，一个重要的节点就是佛山电视台完成了一个从非专业化到专业化选拔再到制度化培养和管理的过程。"2002年，也是佛山电视台里程碑似的一年，这一年，佛山电视台开启了主持人培养理念的全新篇章。

"现在我国的主持人是又多又少。多，指总量上，现在估计全国主持人恐怕不少于5万人，电视恐怕得有两3万人，但有影响的、观众喜欢的主持人少。主持人看着多，但用的时候嫌少。"① 出现如此境况的原因之一就是高校教育培养出来的主持人不能很好地满足业界需求。佛山电视台在面临业界这一难题时，决定走出一条具有特色的路线。

佛山电视台位于我国分级办电视政策框架的最下端，扮演着我国媒体机制改革前沿阵地和政策调整"实验田"的角色。佛山电视台需要在自身信号有限的覆盖范围内同全国媒体进行市场份额竞争，在如此压力下，佛山电视台积极思考，在提升其主持人影响力方面，做出了积极而有效的努力。

1. 复合型主持人打造策略

复合型主持人要求主持人不仅具备传统的播报读稿能力，还要求其具有采、写、编等多元能力。一位出色的主持人，不仅需要具有深厚的播音知识，还需要具备厚实的人文底蕴与媒体从业经验。佛山电视台台长罗乐生认为："复合型主持人的能力还包括使用不同方言及外语语言的能力、表达沟通协调能力、场面驾驭能力、随机应变能力、逻辑思维能力、深度问题分析能力、知识迁移能力等。"在竞争日趋激烈的媒体行业里，佛山电视台的复合型主持人培养路线，无疑为其在整个市场份额的竞争中添加了一个重要砝码。

---

① 《白谦诚访谈录》，央视国际网站，2004－6－1。http//www.cctv.com/anchor/special/C10554/20040601/101422.shtml。

佛山电视台为培养复合型主持人可谓是煞费苦心。不仅对主持人提出相应要求，还利用自创节目为主持人提供锻炼和提升的平台，帮助一名新人摆脱初出茅庐的羞涩，经过历练达到“复合”的全能素质。佛山电视台《630新闻》主持人罗梓华，于2007年参加了佛山电视台举办的《珠江形象大使》大赛，摘得亚军，通过这个平台，在2009年大学毕业后她直接进入佛山电视台，开始了她的“复合”之路。她最初把自己定位为综艺娱乐类主持人，入职后变成记者身份，然后从记者转为正统新闻播报员，在《午间正点新闻》、《今日财经》、《午间直播室》和《一周新闻榜》等节目中摸爬滚打，最后能歌善舞、多才多艺的她迅速在佛山电视台站稳脚跟，成为一名不可多得的复合型主持人。

2. 双轨制主持人管理路线

佛山电视台对主持人的管理采取收放自如的双轨管理模式。主持人日常嵌入不同栏目，再根据需求随机参与一些大型活动的主持或者其他栏目采编工作。一方面主持人在节目组的管理之下，另一方面台里又放手让他们在多个平台发展。这种收放自如的体制为主持人提供了广阔的发展空间。

佛山电视台岭南城市电视台的定位在一定程度上限制了其市场的发展与拓宽，但其选择精兵强将的复合型主持人培养路线可谓是明智之举，在这背后，是佛山电视台双轨制主持人管理路线的强大支撑。佛山电视台近十年凭借其自办栏目《小强热线》、《飞鸿茶居》、《630新闻》以及《珠江形象大使》、《行通济大型电视直播活动》和《纪录中国系列活动》等大型活动在国内电视行业赚足了名声。细心的人可以发现，无论是在佛山电视台的各个栏目中还是各类大型活动中，都能发现小强（姚卫强）、小雪（彭雪静）、肥佬（张玉民）、罗梓华等主持人活跃的身影。这些平台，让佛山电视台的主持人具有得天独厚的优势与机会。

3. “以节目带主持，以主持带节目”路线

在市场经济中，创新才会让人立于不败之地。佛山电视台深谙这个道理，虽然已有一批知名栏目和知名主持人，但其并没有就此停止前进步伐，而是利用现有资源，探索可持续发展之路。

佛山电视台非常重视对新人的培养和新节目的策划与运作。一位主持人的成功往往意味着多档节目的相继成功，一档节目的成功也通常意味着一个新人锻炼平台与机遇的出现。正是这种思维，让佛山电视台人才济济，优秀主持人持续涌现。

以“珠江形象大使”大赛为例，每年的“珠江形象大使”大赛不仅为佛山电视台赢得了外界的掌声，也为其储备了丰富的主持人资源。佛山电视台每年会从“珠江形象大使”中挑选具有媒体从业经验或潜力、各方面能力比较突出的选手直接进入佛山电视台进行锻炼与提升。例如《630新闻》主持人罗梓华，最初就是“珠姐”出身，再经过各档节目的培养，最后成为知名主持。再如同样“珠姐”出身的《飞鸿茶居》节目主持人彭雪静（小雪），《飞鸿茶居》的成功让小雪深受佛山老百姓的热爱和喜欢。紧接着，佛山电视台为小雪度身打造了一档情感谈话类节目《那些年那些事》，这档节目由于小雪对访谈人出色的引导技巧和感情投入，再一次赢得了佛山老百姓的掌声与认可。

三 佛山电视台主持人培养与管理中存在的问题及原因

佛山电视台通过自身长期的探索与实践，逐渐走出一条符合自身特色的主持人培养和管理路线。与此同时，在竞争日趋激烈的媒体市场中，佛山电视台主持人培养和管理路线也持续面临着压力和挑战。

1. 主持人培养专业化与复合化的冲突

佛山电视台复合型主持人培养路线，在助力主持人成为多面手的同时，也在主持人专业化发展道路上制造了人为屏障。由于城市台定位和区域竞争的压力，佛山电视台在主持人培养和管理道路上选择复合型路线可谓是明智，但媒体市场分众化传播趋势却是现在媒体发展的趋势指向。频道节目的分众化发展势必意味着对主持人专业化要求的提高，作为对主持人专业素质的核心要素，主持人专业化发展在佛山电视台更多地体现在对主持人多元能力的要求上。这有可能会造成佛山电视台主持人能力的广而不精的问题。在分众化市场发展趋势下，佛山电视台在培养和管理主持人的发展道路上还需做到主干枝蔓两手都要抓。

2. 主持人播报语岭南特色的强调与“淡化”

佛山电视台向来扮演打造岭南电视文化先锋的角色，加上城市台资源和定位的限制，佛山电视台大多数电视节目都需要使用粤语进行新闻播报和主持。一方面，这在一定程度上加强了其岭南特色，拉近与岭南受众的距离，丰富了主持人的语言体系；另一方面，又需灵活使用普通话和方言，防止主持语的“单一化”和“粗鄙化”。佛山电视台未来的定位发展俨然已经放眼全国媒体市场，不甘屈居岭南之地，如何在政策允许范围内灵活使用方言和普通话进行主持，是佛山电视台在主持人培养和管理中需要思考的问题。

四 佛山电视台主持人管理与培养的建议

无论是专业化同复合化发展路线的冲突，还是岭南特色的强调与“淡化”选择，都是佛山电视台希望通过主持人影响力在媒体市场突围必须要解决的问题。佛山电视台在解决专业化与复合化之间的矛盾时可以从主持人的选拔阶段就给予重视，适当选择具有财经、体育、法律等相关专业背景的人才进行播音主持方面的培养，在发挥其专业背景优势的同时，加强播音主持能力的锻炼，一举两得。而在方言与普通话运用中，佛山电视台可以适当地在某些频道或者某些方言节目中使用方言，传播独特的岭南文化。同时，还可以“珠江形象大使”“纪录中国”系列活动等具有较广影响力的大型活动为平台，进行方言、普通话等话语的交互播报，满足不同语言使用习惯人群的需求，从而扬长补短。

总之，佛山电视台虽然身居岭南，但其并没有就此放低身段，甘于屈居岭南城市圈，而是勇于自我创新，不断探索，力求在自身有限的资源条件下，通过复合型主持人培养路线以及双轨制管理制度的实施，为新人提供发展和锻炼的平台，为“老人”提供创新和价值再创造的平台，让佛山电视台能够有实力和机会取得更大的成就。

佛山电视台位于我国分级办电视政策框架最下端的城市电视台，在新媒体异军突起、传统媒体竞争激烈的大背景下，生存状况堪忧。佛山电视台要在如此困境中突围，势必要走出自身独特的路线，在发展战略和资源整合创新上突出本土特色。与此同时，又要敢于“突围”，突破自身固有的城市圈，在更广阔的地域中参与竞争。佛山电视台主持人战略的成功也为我国城市台的发展和突围提供合理的借鉴。

参考文献：

[1] 曾志华，“中国电视节目主持人文化影响力命题的提出及思考”[J]，现代传播，2007（1）。

[2] 施心超，“节目主持人定义质疑”[J]，视听界，1999（4）。

[3] 高贵武、杨奕，“节目主持人的影响力及其生成”[J]，中国广播，2012（5）。

《三国杀 online》中的暴力内容分析

吴桂娇

【摘要】

在以往对网络暴力游戏的研究中，研究者选取的多为有明显暴力成分的游戏，而忽略了对包含语言、情绪暴力等隐性暴力成分游戏的分析；研究者也更多将游戏作为实验的手段，而缺乏对游戏自身的内容分析。与此相对，本文选取了一个不包含明显暴力成分、但又存在语言暴力现象的网络游戏《三国杀 online》，对其进行玩家形象、游戏身份、武将技能、伤害方式、游戏模式等角度的内容分析，尝试探寻该游戏在本质上、形式上和语言上的暴力表现及其影响因素。

【关键词】

三国杀 online　网络暴力游戏　内容分析　语言暴力

【作者简介】

吴桂娇，女，汉族，中国传媒大学电视与新闻学院 2012 级新闻学硕士研究生。

一　研究背景

从佩恩基金研究中布鲁默和豪瑟有关“电影如何引发青少年犯罪”的研究开始，“媒介与暴力”成为很多研究者关注的主题。随着网络的日渐普及、网络游戏在青少年中的流行，青少年网瘾和犯罪率开始居高不下，网络暴力游戏也进入越来越多研究者的视野。

国内外的研究者普遍认为，网络游戏中的暴力内容会增强游戏玩家的暴力倾向，具体表现为攻击性的认知、情感、生理唤起，甚至行为，而且会减少玩家的亲社会行为。① 代表性的理论成果有社会学习理论、② 涵化理论、③ 启动效果理论、脱敏效应④等。也有一些研究者将网络游戏中的暴力成分分离，以此来分析影响青少年攻击性的主要因素，⑤ 认为导致运动类游戏中被试产生攻击性的是游戏中的暴力内容，而不是运动游戏本身的竞争。⑥ 研究者较多采用的研究方法为理论分析法、控制实验法和问卷测量法。

但是笔者发现，在提及网络暴力游戏时，研究者涉及的绝大多数是含有杀戮、武打、射击、血腥等显性暴力成分的网络游戏（如《雷神之锤》、张学民研究中用到的“孤胆枪手”等），而缺乏对语言暴力、情绪暴力等隐性暴力成分的关注。⑦ 另一方面，研究者将网络暴力游戏作为实验的手段，更多的关注玩家的反应，而缺乏对游戏自身的分析。

---

① 钟智锦，“暴力游戏对玩家暴力倾向的影响、理论、方法与结论”［J］，新闻大学，2010（4）。

② Bandura, A. (1977). *Social Learning Theory*. New York: General Learning Press.

③ Gerbner, G., Gross, L., Morgan, M., & Signorielli, N. (1994). *Growing Up With Television: The Cultivation Perspective*. In J. Bryant & D. Zillmann (Eds.), Media Effects: Advances in Theory and Research (pp. 17 – 41). Hillsdale, New Jersey: Lawrence Erlbaum.

④ Carnagey, N. L., Anderson, C. A., & Bushman, B. J. (2007). *The effect of video game violence on physiological desensitization to real-life violence*. Journal of Experimental Social Psychology, 43, pp. 489 – 496.

⑤ Anderson, C. A., & Carnagey, N. L. (2009). *Causal effects of violent sports video games on aggression: Is it competitiveness or violent content?* Journal of Experimental Social Psychology, 45 (4), pp. 731 – 739.

⑥ 张学民，“暴力游戏中射杀动作和血腥成分对玩家和观看者攻击倾向的影响”［J］，心理学报，2009（12）。

⑦ 传播学家葛伯纳（G. Gerbner）将暴力定义为“有意伤害或杀害的公然武力的表现”，这是相对严格的定义，不包括心理暴力、口语威胁和对财物的暴力。1988 年，新加坡大众传播研究与情报中心曾对亚洲 8 国的电视节目进行了暴力监测。监测采用了一个更为宽泛的定义，即“使用体力或言辞对某人或某些人造成心理或肉体上的伤害以及包括对财产和肉体的毁灭”。

二 研究对象

根据百度百科介绍，《三国杀》是在中国广受欢迎的一款桌上游戏，结合中国三国时期背景，以身份为线索，以卡牌为形式，集合历史、文学、美术等元素于一身。游戏中，玩家将扮演一名三国时期的武将（如曹操），结合本局身份（如忠臣），合纵连横，经过一轮一轮的谋略和动作获得最终的胜利。而2009年6月底《三国杀》被移植至网络游戏平台，也就是笔者要研究的《三国杀 online》。

作为一个有近一年半“杀龄”的玩家，笔者在《三国杀 online》中没有直观感觉到视觉和听觉的暴力，却能够频繁感受到语言暴力。作为一款被归类为益智类或者策略类的网络游戏，《三国杀 online》对玩家有着较高的智商要求，但是这些高智商的玩家中并不少见的暴力语言让人感到忧虑。尽管《三国杀 online》的语言屏蔽系统屏蔽了大多数的不文明词汇，广大玩家还是想出了各种各样的方式绕开系统，表达自己的情绪。观察发现，这些方式有“同音字代替”、“大写字母代替”、“拼音代替”和“空格间隔敏感词”等。有些玩家在自己的交战房间指责还觉得不够，就用公开的喇叭喊话，语言不堪入目。因此，本次研究以不包含显性暴力因素但有明显语言暴力现象的《三国杀 online》作为研究对象，试图通过对其进行细致的内容分析，探寻该游戏的暴力表现及其影响因素。

三 内容分析

（一）玩家形象、参与方式和游戏情境

在常见的网络游戏（如《地下城与勇士》）中，玩家多是二维或者三维动画做成的动态个体形象，可以更换装备，并随着玩家指令做出不同动作；玩家往往通过鼠标操纵角色移动，并通过键盘（常用WASD空格等键）作战，战斗激烈时需要玩家的快速反应和灵活操作才能取胜；游戏情境设计日益逼真，可以随着玩家的移动呈现“移步换景”的效果，借助地图等工具，能够瞬间从闹市街区转移到郊外战场，刀光闪烁、血液喷涌、惨叫连连，给玩家

带来视觉、听觉的刺激，体验暴力的快感。

《三国杀 online》中的玩家均是以三国人物形象和卡牌方式出现，多数情况下为静态（部分玩家使用 Q 版动态头像），人物形象具有唯美的中国画风，在初步设定之后便会保持不变；玩家唯一的参与方式就是思考策略后轻点鼠标应用卡牌；游戏情境设置类似常见的《斗地主》、《中国麻将》等网游，不同玩家在不同方位，各自只能看到己方手牌，桌面是弃牌区。

在这样的情况下，玩家之间进行斗智斗勇时，精力会集中在卡牌的使用中，肢体参与少而脑力参与多，很难把自己置身于真实的战斗场景。这样的玩家形象和游戏情境能够使现实玩家和虚拟游戏之间保持足够的距离，避免“身临其境”的卷入。

（二）游戏身份

在最基础的“五人场”游戏中，一共有四种身份：主公是全局核心，要消灭反贼和内奸，最终“笑到最后”；忠臣要保卫主公，消灭反贼和内奸，甚至不惜牺牲自己的生命；反贼有两名，只要把主公杀掉就算“造反”成功；内奸则“任务艰巨”，要把场上所有其他力量都杀掉之后，单挑主公并获胜，才“苦尽甘来”。

所有的玩家都在努力杀掉别人，活到最后。获胜的人赢得更多的经验和奖励，削减敌方生命力直至其死亡是获胜的唯一手段并得到崇拜，正义被抹杀，这些都是这款游戏暗含的暴力逻辑。但在游戏开始后，玩家会被随机分配身份，获得身份的同时也获得了不同的使命。反贼联手杀掉忠臣和主公，是传统意义上的“谋朝篡位”或者说“暴力革命”，但是在《三国杀 online》中，拿到反贼的身份后，“杀掉主公”就只是一个需要完成的任务，而不需要多余的考虑。结合上文所说游戏与现实的隔离性，以及不同身份所赋予的使命性，游戏的暴力性得到了一定程度的消解。①

（三）武将技能、卡牌设置和伤害方式

确定身份后，玩家可以从给出的三个武将中自由选择喜爱的武将，并获得该武将独有的技能，如曹操的技能“奸雄”就是“立即获得对自己造成伤

---

① 此处可参考《消解暴力——中国武侠电影的叙事策略》一文中提到的消解暴力的四种有效方式：暴力的神圣化、伦理化、喜剧化和舞蹈化。

害的牌”，而郭嘉的技能“遗计”就是“每受到一点伤害，就可以摸两张牌并可以自由分配”。

卡牌除了上面提到的身份牌、武将牌，还有装备牌、基本牌和锦囊牌。装备牌是人体的延伸，可以赋予玩家更强的攻击力、防护力，如“诸葛连弩”能够让玩家连续出杀，“麒麟弓”在造成伤害的同时还能射下对方的马，防具“仁王盾”可以阻挡所有黑色的杀；基本牌，如“杀”，是要对对方造成一点伤害，而“闪”，就可以闪过“杀”的攻击；锦囊牌，如“南蛮入侵”时所有人都要出“杀”，“万箭齐发”时所有人都要出“闪”，否则就要受到伤害。

而伤害呈现的方式有以下两方面：声音：被刀砍中的声音效果；画面：人物形象上有红色刀光闪过，并且象征体力的阴阳鱼灭掉一个。而人物阵亡的标志是形象变成灰色，并弃掉所有卡牌。

我们能够看到，所有的武将技能及卡牌都以“造成伤害”或者“避免伤害”为目的，甚至说整个游戏的最终目的就是“杀人”。如果这些技能和战斗都以实际面貌出现，就可以看到以下情境：“反贼陆逊骑着马拿着诸葛连弩，连续向主公孙权射杀十几下，开始孙权还能躲闪，最后弹尽粮绝，从一个身强力壮的主公变得满目疮痍、血尽而亡”，或者“穿着藤甲刀枪不入的华佗被诸葛亮一把火烧成了灰烬”。幸好这样的场景仅是研究者进行的想象，真正游戏中看到的只是华佗掉了两点体力，然后头像变成灰色。因此，《三国杀 online》中的卡牌形式、静态情境和象征性的伤害方式，再一次削弱了该游戏中无处不在的暴力性。

（四）游戏模式

在《三国杀 online》中，有以下几种游戏模式：新手场、五人标准、五人军争、八人标准、八人军争、虎牢关、1V1、3V3、天梯及“天下我有”比赛场。不同的游戏模式下，玩家语言上的暴力表现也不同。

由于等级不同，对身份及技能掌握程度不同，以往游戏经验不同，形势判断能力不同，思考能力不同，等等，在游戏过程中难免会有玩家出错，在这种情况下明显可以观察出的现象是：如果是对手出错，玩家常会幸灾乐祸；而如果是己方同伴出错，指挥、指责、谩骂常会发生；同时，同伴表现优秀的时候很少得到夸奖，但在表现失误的时候却极易受到指责；而在有人有意或者无意“离线”、“离开”、“托管”或“逃跑”的时候，剩下的那个独自战斗的同伴常会表达无奈、不满和责难的情绪。

下面的这些事实可以作为以上观察的例证：1V1 和天梯模式中，都是一对一的战斗，能否取胜完全取决于玩家的运气和个人的能力，因此，玩家之间极少相互指责，最多是抱怨运气不好。在五人标准、五人军争、八人标准和八人军争模式中，争执常发生在主公和忠臣之间、反贼和反贼之间、内奸和其他之间。而在虎牢关（也就是 3V1）中，争执发生在先锋、中坚和大将之间，独自战斗的神吕布很少发表暴力语言。在 3V3 中，各方的主公和忠臣常常内讧。在极端的情况下，会有气急的主公杀了自己的忠臣，或者忠臣杀掉自己的主公，宁愿“自杀”式地输掉游戏，也不愿意控制住自己的情绪。

分析上述模式中玩家的语言表现，可以看出以下规律：暴力语言常常出现在有团队合作的竞争模式中，而且施者和受者往往具有合作或者同盟关系。①

现实中的桌游《三国杀》（以下均简称面杀）是好友之间增进感情、打发时间的一种互动方式，它在熟人中进行，氛围友好。游戏是手段而非目的，因此多数情况下不会在意输赢。而在《三国杀 online》中，玩家在虚拟环境中与随机选择的陌生玩家进行匹配，为了游戏而游戏，竞争性增强，因而更在意输赢结果；玩家身份的匿名性也使得他们的控制力减弱，表达时更加无所顾忌（有学者研究发现，比起面对面沟通，在网络空间有较多的言语侵犯、不避讳的言语论述与不适当的吵架行为）。而这些特点，无疑又增加了暴力语言出现的频率。

四 结论与不足

《三国杀 online》作为一款以“造成伤害”为方式、以“杀人”为目的、武力被崇拜的游戏，有着暗含的、无处不在的暴力。但是与传统暴力网络游戏相比，《三国杀 online》卡牌的形式、静态的情境、较少的肢体参与、象征性的伤害方式等又极大地消解了视觉和听觉的暴力，避免了玩家的情景卷入。不同身份被赋予的使命也掩盖了对正义和伦理的思考，将“使用暴力”消解为“完成任务”，暴力性进一步削弱。

---

① 有一种不符合以上规律的例外，是旁观者或者等级较高者对游戏中某玩家的表现很不满，所以会发表自己的意见，有时这种意见是包含鄙视、指责等暴力语言成分的，但二者之间未必是同盟关系。

但是，作为一款存在竞争性和攻击性的游戏，玩家对于出现失误的同伴容易产生暴力情绪，而网络的虚拟性和匿名性又便利地将暴力情绪转化为暴力语言。在对《三国杀 online》进行了暴力内容分析后，可以看出该游戏本质上的强暴力性、形式上的弱暴力性和语言上的强暴力性。也因此，并非只有游戏中的血腥场面、射杀动作、声画刺激等显性暴力因素会影响游戏玩家的暴力性，游戏本身所内含的竞争性、攻击性等隐性因素也会带来不容忽视的暴力影响。

不足之处在于，在此次研究中笔者更多的采用观察、体验、思辨的方法进行内容分析，缺乏量化的调查统计，因此带有较多的主观性，在进一步的研究中有待量化数据的支撑。

中国行业电视发展初探

赵　颖

【摘要】

近年来，中国广播电视产业的改革风起云涌，这期间出现的对各种媒体现象的研究也日趋复杂，但关于行业电视台的研究及论述仍凤毛麟角。本文选取历史、业态和产业三个视角，采用横向纵向比较法、文献研究法等研究方法对我国行业电视台产生的背景、业态现状和发展路径等问题进行初步探究，并试图在此基础上，结合当前国内外广电发展新形势和新媒体现象，对我国行业电视台的历史、现状和未来做一些战略性和综合性的解读与描绘。

【关键词】

行业电视　发展

【作者简介】

赵颖，女，汉族，黑龙江农垦广播电视台编导，中国传媒大学 2011 级在职艺术硕士研究生。

在我国广播电视事业发展进程中，有一类电视台曾经异军突起。它创建较早、体制独特，数量繁多，规模不一，在特殊的历史时期和特定的行业领域中曾经发挥了并且正在发挥着举足轻重的作用——这就是行业电视台。行业电视台是在我国一些行业领域中（教育、军事、农垦生产建设兵团、铁路、油田和煤炭等行业）出现的制作与传播电视节目的媒体机构。行业电视台是我国广电事业中不可忽视的一部分，是我国电视事业发展区域化、行业化的重要组成部分，是电视传媒领域的一个客观存在。那么行业电视台是在什么样的背景下产生的，它目前业态的发展状况如何，面临的问题与解决的对策是什么，未来又将何去何从？本文将逐一进行探索与分析。

一 我国行业电视台产生的PEST分析

PEST分析是比较流行的关于宏观环境的分析理论。这里的P是指政治（Politial System），E是指经济（Economic System），S是指社会（Social System），T是指技术（Technological System）。在分析一个行业或是企业集团所处的背景时，通常是通过这四个因素来进行分析。我国行业电视台起步较早，是电视产业发展进程中的一种异化现象，更是我国政治、经济、社会和传媒技术等因素合力作用的最终结果。

（一）政治因素：体制革命催生行业电视

新中国成立后，我国的政治经济体制发生了一系列根本性的转变与发展。在这个过程中，国家强化了对国有重点民生行业的改革力度，迅速完善并建立了有利于民生行业发展的体制、制度、法规和政策，增强了行业企业的活力，解放了生产力，尤其是工业企业得到了迅猛发展。到了上个世纪80年代初期的时候，伴随着中国行业经济和社会事业的发展与繁荣，在一些企业内部，出现了行业电视台，这些电视台成为传播企业文化的平台，展示行业实力的主渠道和行业对外宣传的重要窗口。我国政治经济体制的转变与改革催生了行业电视，行业电视的诞生是历史的必然。

（二）经济因素：市场细分化 受众需求多元化

1. 经济发展导致市场细分化

经济发展到一定程度时，不可避免地要进入市场细分阶段。这是任何一个市场走向成熟的表现，而这也不可避免地影响到了我国媒体市场的发展。从经济学的视角来看，任何一个企业都无法在一个很广阔的市场上为所有顾客提供所需服务。同样的道理，任何一家电视台不可能为所有的观众提供他们所需要的电视节目。所以，这就要求要“确定最有吸引力、本企业可以提供最有效服务的细分市场，在细分市场上确立自己的经营优势”。[①] 市场细分

① 罗锐韧，《哈佛管理全集》[M]，企业管理出版社，1997年版。

作为现代市场学的一个重要概念，它是20世纪50年代中期由美国市场学家温得尔·斯密提出的。市场细分不是产品分类，而是对顾客需求的分类。那么应用到媒体领域，细分市场的核心问题就是受众的偏好与电视节目特性的组合，媒介资源与目标受众的结合。所以当经济发展到一定程度，进行行业“市场细分”的时候，就需要有相应的专业化、行业化的电视传播机构为其宣传服务，为行业受众服务。

2. 文化发展促使受众需求多元化

20世纪90年代，随着我国市场经济取代计划经济，这一经济转轨迅速影响到了我国文化、社会等各个方面，整个社会都出现多元化趋势。尤其是文化这方面的冲突日益明显，例如东西文化的冲突、传统与现代文化的冲突等。在这种多元文化并存的局面下，大众文化得到了蓬勃发展，这也是我国当代文化转型期的一个显著特点。而大众文化的发展，让我国的社会阶层从简单化向多维化发展，不同阶层之间出现了不同的文化取向、价值认同感，也就是说理论意义上的整齐划一的大众化口味已经不复存在了。当这些社会阶层成员成为电视观众后，他们的收视取向就出现了差异性，他们的文化审美需求、艺术修养等就显现出了多样化与个性化。也就是说这个时期，媒体传播已由大众时代迈向分众时代和个人化传播时代。

我国电视业发展经历了20世纪六七十年代的“节目时代”，八九十年代的“栏目时代”，最后到21世纪的“频道时代”，发生如此变革的一个根本原因就是电视受众需要的多元化。所以说，市场细分化与受众需求多元化使行业电视台在经济大发展的背景下应运而生。

（三）社会因素：“四级办台”与“四纵三横”

1983年，一个在电视史上具有里程碑意义的文件——“四级办台”建设方案在第十一次全国广播电视工作会议上出台，这使我国的媒介格局变为“四纵三横”的模式，纵向：中央、省、地（市）、县四级媒体网络；横向：报纸、广播、电视三分天下。

“四级办台”的方针是我国电视发展史上一次最重要的政策调整，它使我国的电视事业以前所未有的规模和速度迅猛发展起来。据有关资料记载，“到1997年年底，我国得到“官方”正式承认而建立的电视台已经有3125家（其中，无线电视台近千家，有线电视台1300多家，教育电视台1000多家），这一数字，是美国的2－3倍，是日本的22倍，是英国的260多倍；超过了美国、俄罗斯、日本、英国、法国、德国、印度、加拿大、澳大利亚、巴西和巴基斯坦等11个国家电视台的总和（2606家）。我国成为了世界上电视台最多的国家。"① 在这种体制背景的影响下，行业媒体数量激增，也正是在这期间，全国数百家的行业电视台如雨后春笋般地生长起来。

（四）技术因素：有线网络促使行业电视遍地开花

纵观世界传媒领域，任何一次传播媒介的变革都离不开传媒技术的发展。通过研究中国广电史我们看到：有线电视网络的发展是行业电视台兴起的客观条件，也是其最为重要的条件之一。

我国是最早拥有通讯卫星的国家之一，卫星电视的出现时间比较早，1985年中央电视台的两套节目CCTV1、CCTV2和中国教育电视CETV开始上星播出节目，到1999年，全国所有省级电视台都已经顺利上星。而相对于卫星通讯来说，有线网络在中国出现得更早。在上个世纪70年代的时候，我国的电视媒介还处于完全依靠无线电传送的初级阶段，电视频道的数量和覆盖面积都是一个技术性的瓶颈。到了20世纪80年代，大中型城市建设突飞猛进，传统无线电视传送的弊端暴露无遗，以至于国家建委在1982年曾发文规定城市建设中安装共用天线的若干细节，由此催生了有线网络的产生。可以说，我国有线网络最开始出现主要是为了解决无线接收效果欠佳的问题，而有线网络最早就是出现在大中型企业里，他们利用它播放自己企业内部新闻、电影和电视剧等，一些有条件的企业甚至开始自制电视节目。但是由于当时这些节目制作水平相对有限，并没有得到业界的足够注视，然而这些不太精致的电视节目也吸引了不少的电视观众，这充分说明了在整个电视市场中还有很多未被开发的领域，对象化、专业化、行业化和进一步细分观众的做法将会有更加广博的空间和更强的生命力。

有线网络的出现推动了我国行业电视的产生与发展，成为电视行业化、专业化的物质基础。网络数据显示，截至2010年，中国已拥有有线用户1.6亿，有6千万有线用户使用了数字化整转。

---

① 欧阳友权，王昌连，《电视频道专业化研究》［M］，中国广播电视出版社，2011年版。

二 我国行业电视台的业态状况及面临的问题

随着我国广播电视事业的飞速发展和各媒体间日益激烈的市场化竞争，我们看到，在行业电视台这三十多年的发展过程中，有的台化茧成蝶，有的已经作茧自缚，总体上呈现出数量递减、规模缩小的趋势。那么为什么会出现这样的局面？从下面“行业电视台的业态发展状况以及面临问题”的探讨中，我们或许可以找到答案。

（一）行业电视是区域文化现象，随着行业经济的兴衰而起落

1. 行业电视在行业经济文化发展中的作用

由于行业电视台主要组织传播该行业领域的内容资源，所以在其频道运作过程中，它能够及时记录行业动态信息、深度报道行业事件、集中宣传行业文化、永久性保存行业视音频资料。在行业经济的发展过程中，为繁荣行业区域文化发展，推进行业社会事业进步，起到了举足轻重的作用。

2. 行业电视台是行业经济的“晴雨表”

行业电视台是行业经济发展到一定程度的产物，是依赖于行业而存在的，除了内容资源来源于行业，它的运营成本主要也来源于行业内部。我们知道，电视业是一个重装备、多兵种、高技术、高投入、高消耗的行业。建立一家电视台并维持它的正常运转，需要大笔的资金投入。据调查，中央电视台要维持正常的播出，一年大约要花掉 20 亿元的人民币。一个县级电视台一年大约需要 100 万元。对于行业经济不景气的电视台来说，这种巨额财政投入是难以承受的。所以说，行业电视台随着行业的兴衰而起落，它是行业经济的“晴雨表”。当行业解体、重组或是衰败之际，往往也是该行业电视台走下历史舞台之时。

（二）体制独特，困境重重，在事业与产业中博弈

目前，我国的行业电视台大多数属于企业电视台，很少是在国家广电局备案落户的，大多数没有“户口”，是国家的“私生子”（新疆生产建设兵团电视台除外，因其特殊的历史地理位置和政治诉求，该台成为继教育、军事电视台外唯一被国家广电总局批准“落户”的卫星电视台）。此外，我国所有

的电视台都具有事业与产业的双重属性，既要担负党的喉舌功能，又要适应市场化运作，走产业化发展之路，于是行业电视台在事业与产业的博弈中，在由行业拨款、公益化、行政化的事业模式向自我发展、市场运作和以服务为中心的产业模式转变过程中，出现了种种矛盾，并陷入了重重困境之中。

矛盾主要表现在：(1) 偏安一隅的本土化、行业化节目定位与覆盖范围内受众的综合化需求相矛盾（行业频道属于行业内的综合性电视，除了立足于本行业的宣传需求，还要考虑行业外能收看到此频道受众的多方位需求，例如农垦电视台除了创办农业节目，还应有适合地方观众的生活和娱乐性等的节目和栏目）；(2) “传者本位论”与“受众本位论”相矛盾；(3) 计划模式和媒体市场化生存相矛盾；(4) 管理体制、机制与整个电视业发展竞争相矛盾。

困境主要表现在：(1) 窄化的受众定位必然导致节目编排上缺乏大局观念，从而丧失部分潜在的收视群体；(2) 批判性节目少，基本上在行业内部是报喜不报忧，从而导致舆论监督功能欠缺（例如我台曾经自办的具有“曝光”功能的监督类电视栏目《视点》，只运行不到半年的时间，就因为节目源不足等因素而流产）；(3) 专业人才匮乏，人力资源管理机制不健全，制播机制不完善，节目自制能力不足，行业频道根植不深。(4) 频道盈利模式单一，基本上是行业性的政府支持加上广告收入。很难走出“事业”化的桎梏，离真正的产业化经营之路仍很遥远。(5) 很多一些稍有实力的行业电视台内部设置若干频道，但是由于制作能力所限和体制机制不完善，频道之间存在节目内容严重重复，频道资源严重浪费的现象。(6) 分众化、小众化行业频道不能适应国内传媒市场尤其是国际传媒市场的发展步伐。

（三）在我国广电事业里程碑事件中，行业电视台有喜有忧

1983 年，国家“四级办台”方案及“四纵三横”的媒介格局，催生行业电视台；2000 年，国家广电总局发布纲要，提出建立“制播分离”制度，有线、教育和无线三台合并以及建设广播电视传媒集团等重大战略决策。行业电视从此有了更加明确的发展方向。2003 年，四级办台停办，我国的广电媒体基本实现集团化，专业频道数量大幅增加，行业频道数量逐渐减少。2007 年，广电总局发出《关于进一加强和规范有线电视数字化工作的通知》，强调推进有线电视数字化，数字电视在这一年有了突破发展，这为行业电视向着数字化转变与发展带来了契机。2009 年，我国广播电视界有三大关键词：媒

体融合、制播分离和央视改版。这一年，美国金融风暴引发的世界经济危机的大背景和新媒体技术的发展对电视广播等传统媒体带来了巨大影响；同年十月上海文广新闻集团分拆成上海广播电视台和上海东方传媒（集团）有限公司，此次分拆被称为制播分离改革的破冰之举，也为行业电视台实施“制播分离”运作提供了借鉴。2010年，三网融合、新媒体拓展以及新一轮的广电改革纷至沓来。这些为我国电视媒体实现跨媒体、跨区域联合解决了最基本的技术问题，当然也为行业电视台的发展创造了更加广阔的空间。2011年，六中全会明确提出“文化强国”的长远战略。毫无疑问，这战略的相关政策将成为新媒体产业千载难逢的发展机遇，同时也为像行业电视台这样的传统媒体提出了一个重大课题：在“新媒体”时代，面对移动电视、数字电视、网络电视、手机电视、3G、4G、IPTV、云电视以及Facebook等新媒体，传统媒体如何融合这些新媒体技术，实现更好的繁荣发展?

三　我国行业电视台的出路与对策

纵观我国广电事业未来的发展趋势，行业电视台作为国家现有电视管理的一种异化现象与特殊的运行体系，将会逐渐被整合、兼并或是取缔。它要么进行集团化运作，要么借船出海、借梯上楼被强势媒体收购，要么自生自灭。而这类电视台由行业化走向专业化的路线也许将成为它未来最好的出路与归宿。下面就从找准定位、做好服务、跨界传播这三方面来探寻行业电视台频道专业化的路径。

（一）找准定位

行业电视台要根据自身媒体特色和行业实际找准频道定位。

1. 专业化定位

行业电视应当独辟视角关注新闻热点和焦点以彰显专业特色。对于一些重大社会新闻、时事新闻，要从中挖掘出专业的视角和深度，并采取独特的报道方式，加强策划，转换视角，在信息共享的媒体竞争时代，寻找到独家的表现手段，以提高报道的权威性和节目的收视率。

2. 特色化定位

专业化和特色化是一种战略选择。我国地域广阔，由于地理条件、土壤特质、气候环境、风土人情和乡土文化的不同，造成各行各业发展的形态各不相同，各具特色。因此关注本行业内问题，挖掘富有地方特色的行业节目是创新行业电视节目的一个有效而便捷的途径。这里的突出特色既要突出媒体特色，又要突出本行业特色，让频道、栏目和节目从形式到内容都具有强烈的行业特征。

3. 差异化定位

“电视频道的差异化定位和运作，就是针对目标受众的心理特征，实现差异化的传播，使频道自身与其他频道之间有了明显的区隔效应，能够在电视观众心目中占领与众不同的地位，使他们对频道形成特定的收视期待”。[①] 所以说，在专业化、特色化定位的基础上，以开放的视角多角度、多层面地反映各行各业的现状和发展，在差异中定位是行业节目市场开发的真谛。

（二）做好服务

做好服务主要表现在三个方面，即开发互动功能、优化服务功能和开展监督功能。

（三）跨界传播

毫无疑问，信息传播已进入全媒体传播时代，在全媒体的背景下，传播已经成为一种服务，受众则变成了用户，媒介需要从内容到终端的全方位融合，将自己所控制的内容资源跨越本系统进行跨界增值传播才会迎来真正的发展机遇。跨界传播的核心是“跨界”：即跨部门的界，跨广告的界，跨媒介的界，最重要的是跨观念的界。

综上所述，行业电视台的产生是历史的必然，是传媒领域的一个客观存在，在其30多年的发展进程中，它曾繁荣一时，但是它的业态发展状况有些举步维艰，未来的出路不容乐观。只有因地制宜，因时制宜，根据自身的特点与实力，实行跨媒介、跨行业、跨区域经营，走电视频道专业化发展之路，才会开创一片新天地。

---

① “探究美国电视网的差异化运营——以CW电视网的运营策略为例”，人民网传媒频道，2010年5月4日。

传播研究

环境传播视角下的空气污染议题研究

——以《人民日报》报道为例

熊一丹

【摘要】

本文以内容分析为主要研究方法，搜集了《人民日报》2000－2011年以空气污染为主题的报道并对其进行分析，以获知《人民日报》在该议题上的报道变化趋势，解释这些趋势背后的影响因素，探究《人民日报》对该议题的报道特点以及存在的问题。接着结合议程设置理论、公共领域理论对环境报道的情况进行分析。最后在此基础上探讨媒体该如何发挥自身优势更好地进行环境传播。

【关键词】

空气污染　内容分析　环境传播　议程设置　公共领域

【作者简介】

熊一丹，女，汉族，中国传媒大学传播研究院2012级传播学硕士研究生。

人离不开空气就像鱼离不开水。空气污染不仅关系到人们的健康，而且也关系到社会经济的发展、国际关系和代际关系的变化。所以空气污染问题不仅仅是一个环境治理问题，同时也是一个社会问题。近几年来社会对空气污染问题给予了越来越多的关注，尤其是作为一项国际体育盛事的奥运会在北京举办，使人们重新审视了中国的环境问题，并在公共领域展开了讨论。再加上政府这些年来对空气污染的治理，使得本文可以更好地分析政策议程和媒介议程的关系。本文既是出于对环境问题的关照，亦是出于对传播学的探索，选择从环境传播角度来剖析大众媒体对环境问题的报道，考察了《人民日报》2000－2011年对空气污染议题的媒介构建过程。

一 环境传播的涵义

环境传播是伴随着人们环保意识的觉醒而产生的。美国的纽约州立大学、威斯康星大学等都设立了环境传播相关的学科专业或研究机构，也有相关学术期刊论文和专著发表。中国的社会体制使得中国的环保工作由政府自上而下推行，所以中国的环保传播也主要是自上而下，伴随着环保工作的开展而发展的。作为党和政府的喉舌，中国的大众媒介在环境传播体系中是非常活跃的，因而我国提得较多的概念都是“环境新闻”、“环境报道”、“环境宣传”等，而很少提及“环境传播”这一概念。

环境传播，英文是Environmental Communication，国内也有学者将它翻译为“环保传播”。这一概念最早是由德国社会学家尼克拉斯·卢曼（Niklas Luhmann）在1989年提出的。在他的著作《环境传播》中，他对环境传播的定义是：旨在改变社会传播结构与话语系统的任何一种有关环境议题表达的传播实践与方式。① 从这个定义来看，卢曼认为符号解释和话语构建是环境传播达到效果的核心。

美国传播学者Mark Meisner给出了一个直截了当的定义：环境传播就是关于环境事务的传播。它包括对媒介环境议题报道的评估，环境问题讨论和决策中的修辞以及在如何解决环境问题中的话语。② 国际环境传播协会（International Environmental Communication Association，IECA）网站上一篇名为《什么是环境传播》的文章中，Mark Meisner指出：正如其它形式的传播一样，环境传播既是一种活动和现象，又是一个学术领域。作为一种活动/现象，环境传播就是通过多种传播形式（包括人际的、团体的、公众的、组织

① 刘涛，《环境传播：话语、修辞与政治》［M］，北京：北京大学出版社，2011年5月版。

② Mark Meisner, *What is Environmental Communication*, ［EB/OL］. Loyola University Center for Environmental Communication. http://www.loyno.edu/lucec/.

的和大众媒介的）构成社会对环境议题、环境问题以及人与自然关系的讨论。[①]

二 《人民日报》空气污染议题报道分析

本文统计得出《人民日报》2000－2011 年空气污染议题报道量为656 篇，本研究按各年份报道比例抽取其中的三分之一进行分析，即样本量为 219 篇报道。

1. 年报道量

为了使数据更为直观准确，在年报道量和月报道量上，本文对 2000 至 2011 年的所有以空气污染为主题的报道（656 篇）进行统计分析，而其它部分则以样本为统计分析对象。

报道量比较大的时段是 2002 年至 2008 年。12 年中，报道量最多的年份是2003 年，共有98 篇报道，占总量的14.9%。另外2004 年和2007 年的报道量也比较多，分别为 81 篇和 72 篇。这三个年份报道量占 12 年总量的 38.9%。2003 年国家环保总局在一份报告中公布了我国空气污染最严重的 10 个城市，引起媒体注意。2007 年是北京奥运会的前一年，而北京在申办第二十九届奥运会时，对奥运会的空气质量做出了三项承诺，保障北京奥运会有良好的空气质量。另一方面是由于随着奥运的邻近而需要加大对奥运的宣传，造势，所以 2007 年的报道量显著增多。在其它年份中，2000 年和 2010 年的报道量比较多。2000 年，国家对《大气污染防治法》进行了修订，2010 年，上海世博会和广州亚运会举办，国家推进大气污染联防联控工作。可以看出，报道量的增加与治污事件的出现紧密相关。

2. 月报道量

对《人民日报》空气污染主题报道按月份统计发现，各月的报道量比较平均，都维持在 40 篇以上。在一年中，1 月、4 月、6 月、12 月的报道量比较多，分别为 61 篇、70 篇、68 篇和 73 篇，共占各月报道总量的 41.5%。我国的空气污染类型主要为煤烟型，是因为每年燃烧了大量的煤

---

① Mark Meisner, *What is Environmental Communication*, ［EB/OL］. Loyola University Center for Environmental Communication. http：//www. loyno. edu/lucec/.

炭。而12月、1月正处冬季，我国冬季季候寒冷，集体供暖、家庭取暖很多都需要燃烧煤炭，尤其是在暖气比较普遍的北方地区。所以在冬季，煤炭燃烧增加导致废气排放增加，空气质量下降。大众传播媒介的基本功能之一就是监督环境，所以会针对空气质量下降的情况进行报道。因而也可以说对空气污染的报道有季节性特点。而4月、6月的报道量比较多，可能的解释是，世界地球日在每年的四月，而我国每年的“中华环保世纪行”活动也都在4月启动，世界环境日是每年6月5日，这都引发了媒体对环保问题的关注。

3. 报道版面

对2000－2011年空气污染主题报道所在版面的统计分析发现，相关报道主要集中在要闻、国内新闻版（60篇，占27.4%）、科教文卫体版（43篇，占19.6%）、经济版（28篇，占12.8%）。观察各个板块每年报道量的变化，发现科教文卫体版在2003、2004年的报道量为30篇，这是由于这两年《人民日报》开辟了固定栏目对47个城市的空气污染状况监测结果定期发布。要闻、国内新闻版从时间轴来看，总体呈现增长的趋势，这也体现了人们对空气污染问题的关注度增加。与自然环境密切相关的绿色、自然版则排在了第五位，共有20篇报道。2000年至2002年间，此版面没有相关报道，而之后除2008年，该版每年都有一定量的报道，说明空气污染问题已经纳入固定报道中。此版面在2008年没有报道，但是2008年的专刊中却有9篇相关报道，其中8篇位于奥运专刊。可以这样说，因空气污染问题与奥运紧密相关，故2008年绿色、自然版对空气污染的报道被奥运专刊替代。

4. 报道体裁

从报道体裁上来看，《人民日报》中空气污染主题报道主要以消息为主，共有111篇消息，占总样本量的一半以上，所以关于空气污染的报道呈现时间化、瞬时化的特点。从时间线来看，消息的数量趋势与总报道量走势呈现较大的相关性。可以看出在空气污染主题的报道上，《人民日报》的报道是偏硬新闻的，重视对新闻事实的客观报道。而其它偏感性、关注人物事件细节的报道体裁，如通讯、评论、专访和调查性报道所占比例则比较小。通讯报道量占15.5%；评论占6.9%；专访、调查性报道与图片报道比例均在5%以下。体裁为科普信息、数据、文摘的报道也比较多，共有29篇，但其中18篇是对47个城市的污染检测数据。所以《人民日报》在对空气污染相关知识进行介绍方面还缺乏力度。而读者来稿、解答信箱这一体裁的报道只有3篇，可见《人民日报》在空气污染问题上对读者或大众的交流度不够，零星分布在2002年、2004年、2006年。

5. 报道内容划分

《人民日报》在空气污染主题的报道中，现状描述类内容出现最多，有141篇文章是对空气污染现状、治理现状、空气质量情况进行描述，占样本总量的将近三分之二。仅次于现状描述的是具体措施、政策实施类内容，在123篇报道中出现。而评论、呼吁、倡议、（委员、代表）建议、政策、会议、法律、领导人活动、空气污染整治个案则位于第二梯队，都出现了60次左右，可见个案的整治是随着评论呼吁、政策的制定、会议的举行一起展开的，体现了媒体构建与政府行动的同步性。

6. 报道中提到的行为主体

报道中提到的行为主体是指对防治空气污染起到积极作用的行为主体，此项统计可以粗略看出各主体在空气污染防治中的角色大小。报道中提到次数最多的是政府的积极作用，共有124次。而企业、公众、媒体、环保组织、其它专业组织提到得都非常少，尤其是在环境保护中起重大作用的公众，219篇文章中只有23篇提到了公众参与。在219篇报道中，一般只有在提到公众参与时才会提到环境意识的培养，所以说《人民日报》对环境意识的强调也不够明显突出，环保组织的力量也非常小，报纸与环保组织互动不够多。

7. 其他

从引用的信息来源看，主要信源还是政府官员，其次是专家、专业机构，可见在空气污染问题的媒体报道上，最有话语权的是政府和专家学者。而来自民间个人、读者、污染受害者、企业的信息则比较少，尤其是民间环保组织仅涉及3篇报道。可见《人民日报》与读者、污染受害者、环保组织、企业等的互动不够，比较倾向于从自己的立场和视角对空气污染问题进行诠释，作出判断。

另外，空气污染问题是一个综合问题，关系到经济发展、大众健康，其公共性也使它牵涉到国际合作与政治。但在《人民日报》的报道中，国际合作与政治体现不明显，与二者有关联的报道非常少。与经济相关的报道在四者中最多，有44篇。其次是与健康相关的报道，24篇。可见《人民日报》在空气污染议题上更关注的是与民生关系更紧密的话题。

三 空气污染报道的特点与问题

通过对《人民日报》2000－2011年空气污染主题报道的内容分析可以看到《人民日报》在报道中呈现出如下特点：

1. 报道态势与大气环境事件的发生相呼应

这里所指的大气环境事件主要指对空气污染的治理，也包括大气污染事件。《人民日报》的报道与中央及地方各级政府的治污行动显示出较强的相关性，尤其与一些世界性的盛事联系在一起，如2010年的上海世博会、广州亚运会，2008年的北京奥运会。在这些事件发生前后，《人民日报》都对空气污染议题进行了较多的报道。报道内容上，"现状描述"、"污染个案整治"、"具体治理措施"等也集中分布于这几个年份。另外，报道量也与"世界环境日"等环保活动以及空气污染加重的状况密切相关。

2. 以消息形式为主多报道国内正面事件

《人民日报》一贯以正面宣传为主，从上文分析中可知，该报对国内的报道和非批评性报道占据了绝大多数。它们以消息形式为主体，集中分布在要闻/国内新闻、经济、科教文卫体和综合几个版块。同时也辅以通讯、评论、图片报道等表现手法进行更全面的报道，使得《人民日报》的空气污染报道具有一些层次感。

3. 信息来源单一

在空气污染议题上，《人民日报》的信息来源主要是政府和官员、专家和学者、媒体和记者这三方，但较缺乏来自公众、企业、环保组织等其它主体的声音，显得话语不够多元化。虽然说那三个主要来源比较能满足受众对信息获知的需求，他们掌握的信息比较权威、全面，更有说服力，但是在环境保护这一公共性问题上，更需要将全社会都动员起来，让大家都积极参与。所以说，《人民日报》在信息来源上应该有更好的平衡。

4. 报道向度以自上而下的宣传为主，缺乏与受众的互动

从消息来源看，《人民日报》以空气污染为主题的报道主要来源于政府、专家。在内容上，也集中在具体措施、现状描述、评论呼吁、整治个案、政策会议几个方面。而《人民日报》在报道中，倾向于用自己的视角和立场来构建议题，并且在传达政府意见、行为上起到很大的作用，与主流意见相一

致。但是，一方面媒体的对于公众声音的二手转述比较少，另一方面“读者来信”版块也越来越少看到关于空气污染问题的反馈。所以《人民日报》在空气污染主题报道中的视角还不够平民化。

5. 报道关注点单一，整体呈现不够立体化

通过分析可以看出，《人民日报》对空气污染的报道主要还是集中在环境保护本身这一领域内，而对相关的其它领域如政治、经济、健康等的关注度明显不高。虽然对某一环境问题的报道主要围绕这一问题本身展开，需要做一些应景式的宣传，但是还有很多问题值得探讨，比如环保组织在空气污染治理和观念宣传中的参与、公众参与、环保产业的发展、环保运动、对空气污染议题的政治解读、环境安全问题以及人与环境伦理关系的探讨等。

6. 形成了较固定的环境报道记者组

《人民日报》编辑部设有专门的环境采访室，在空气污染议题的报道上，主要有武卫政、孙秀艳、包塞、王建新、赵永新等一批记者，长期对这一议题进行关注报道，体现了《人民日报》对于环境问题的重视。

7. 以环境正义话语为主

环境社会学家约翰·汉尼根（John Hannigan）在《环境社会学》一书中将环境话语分为三类：田园话语、生态系统话语、环境正义话语。根据汉尼根的分析，《人民日报》的报道是属于环境正义话语范畴的。环境正义话语保护自然环境的理由是：所有公民都有在一个健康的环境中工作和生活的权利。① 从以上内容分析来看，《人民日报》关于空气污染议题的报道也是从民生、民权的角度出发，而非从“自然的权利”出发。

四 基于议程设置理论的分析

1. 媒介积极主动地构建环境新闻

许多事件并不是自己就成为一个“问题”，但是当有的人将公众注意力吸引到这件事上来，并对社会公众发表相关声明时，它就构成了一个“社会问题”。

---

① 约翰·汉尼根，《环境社会学》（第二版）[M]，洪大用等译，北京：中国人民大学出版社，2009 年版，第 41 页。

美国学者 Anders Hansen 在《环境，媒介与传播》一书中指出，环境与环境问题的新闻报道是复杂构建过程的结果，而不是自己自然发生或显而易见的事件、事故、灾难导致的结果。[①]他反对人们通常对新闻媒介的认识——现实/媒体的镜子，或世界之窗，而认为媒介在对环境新闻报道的构建中是非常活跃主动的。

在《人民日报》对空气污染议题的报道中，就可以看到媒体积极地参与到报道中去，站在自己的视角上对该议题进行构建，形成自己的风格，而不是僵硬地转述专家、政府的意见。可见媒介在十分积极主动地制造着环境新闻。

2.《人民日报》在议题构建中缺乏生动的表现形式

媒体对新闻事件的构建是媒介议程设置的第一步。环境社会学家约翰·汉尼根（John Hannigan）在论述成功构建环境问题的必要条件时提到，一个有前途的环境问题必须受到媒体的关注，而且潜在的环境问题必须用非常形象化和视觉化的形式生动地表现出来。[②] 在这一点上，《人民日报》对空气污染议题的报道有所欠缺，它缺乏对个案的近距离观察，缺乏对人物、事件的感性挖掘，大部分是对事实的硬性报道。虽然报道量的增加能够助推空气污染议题在社会上的反响，但是消息的及时性、瞬时性带来的还有过时性，转瞬即逝的消息报道难以引起轰动性、大面积的反应。相反，调查性报道、通讯、评论等更具人性化视角，在心理上也与受众更为接近。

3. 媒介议程与公众议程、政策议程的关联

媒介议程也在受其它议程的影响，如政策议程、公众议程，他们之间存在着一定的关联性。

从《人民日报》对空气污染的报道来看，它与政策议程的结合是相当紧密的。2000 年，《大气污染防治法》修订；2004 年，北京市实施第十阶段大气污染防治措施；2007 年发布《国家酸雨和二氧化硫污染防治“十一五”规划》，积极参与有关气候变化的国际事务，2008 年北京奥运会举办；2010 年，上海世博会和广州亚运会举办……在对《人民日报》2000－2011 年的空气污染报道之外，笔者还搜集了 2012 年 1 至 3 月《人民日报》对该议题的报道。

---

① Anders Hanson, *Environment, Media and Communication* ［M］, New York: Routledge, 2010.

② 约翰·汉尼根，《环境社会学》（第二版）［M］，洪大用等译，北京：中国人民大学出版社，2009 年版，第 81－82 页。

发现仅仅这三个月就有41篇关于空气污染的报道，其中大部分关注的是PM2.5的问题。究其原因，从政策议程上看是因为2012年2月国务院同意发布新修订的《环境空气质量标准》增加了PM2.5监测指标。所以说，报道较多的年份或月份无一不是和国家的政策制定、政府的治污行动等活动密切相关的。

从公众议程与媒介议程的关系来看，媒介议程与公众议程存在一定的相关性。2007年的一项《中国公众环境意识调查》显示，大众传媒是公众接受环境保护知识及信息的主要渠道。而在全国各地接受调查的3001个人中，81.5%的被调查者听说过至少1项有关环境保护的概念，表现出公众对环境保护的认知总体呈现高知晓率的特征；但在对听说过这些概念的被调查者进一步询问概念的确切含义时，仅有10%的人能够正确指出他们所了解的环境保护概念的确切含义，从而呈现出公众对环境保护的认知的低正确率特征。① 观察《人民日报》对空气污染议题的报道，对环境知识进行介绍的报道只有29篇，仅占样本总量的13.2%。可以说，由于媒体对于环境知识缺乏全面的介绍，所以公众对环境保护认知程度较浅，停留在“知道”的层面。另外，调查还显示，就环境问题责任主体判定来看，公众认为地方政府、企业、中央政府、大众个人、新闻媒体、民间环保组织依次负有重要责任。② 而《人民日报》在空气污染议题上也主要从政府和企业层面来报道，由此也可以看出媒介议程对公众议程有一定影响。

总的来说，在环境议题上政策议程受中国空气污染状况的影响，同时一些国际事件的发生也会影响到政策议程的设置；政策议程影响着媒介议程，成为媒介在环境问题上的主要参照物；公众议程则主要受到媒介议程的影响。

五 对媒体环境传播的建议

1. 全方位立体报道

在本文开头已经提到，环境问题是一个复杂的社会问题，涉及到政治、

① 中国环保意识项目，中国社会科学院，2007年全国公众环境意识调查报告[R]，2007.7。

② 中国环保意识项目，中国社会科学院，2007年全国公众环境意识调查报告[R]，2007.4。

经济、伦理、道德、国际关系等各个方面。为了展现其全貌，就需要媒体对环境问题所涉及的各个方面都能照顾周到，以使报道更具有层次上的丰富性，构建更为完整和真实的社会生态。

2. 展现平民化、人性化视角

从《人民日报》对空气污染议题的报道中可以看出，该报的报道主要是对政府和中央声音的传达，主要起到宣教作用。报道以正面为主，即使报道了个案（如某地区的环境治理），也是从当地政府的角度出发来构建的。报道体裁以消息为主，突出对事实的陈述，而少有细节化、感性化材料。为了达到更好的传播效果，就需要以平民化视角，运用生动的报道手法来进行报道。

3. 加强与环保 NGO 的互动合作

环保 NGO 需要媒体的帮助，可以通过大众媒介这个放大器来促进公众在环境保护中的参与，这一点在上文已经提到。但同时，媒体也可以通过与 NGO 的合作来发展环境新闻。比如媒体可以通过环保 NGO 获得新闻资源，甚至可以将环保 NGO 作为培育环境记者的孵化器。其实现在已经有很多环境记者成为了环保 NGO 的重要成员。

4. 重视对公众环境意识的培养，呼吁公众参与

媒介需要深化传播内涵，加强对环保意识的强调，例如节约用水、随手关灯、尽量使用节能产品、垃圾分类等。对环保意识的推广能够使公众更好地参与到环境保护和环境传播的互动中去。

全球化传播中"受众同质化"现象初探

于　茜

【摘要】

"受众同质化"是当前全球化传播中一个值得关注的问题。本文用文化帝国主义的视角，追溯受众同质化现象的缘起，立足于全球传播中的技术和媒介发展状况重新审视受众同质化，认为：受众同质化中包含微观层面相对的"分众"；同时也是一个与文化同质多次抗争的动态过程。

【关键词】

受众同质化　全球化传播　文化帝国主义

【作者简介】

于茜，女，汉族，中国传媒大学传播研究院2011级传播学硕士研究生。

通讯技术的发展使得全球各地区的交流不断增进，正日益成为一个相互联结的整体。学者汤姆林森认为"全球化，简单说就是'复杂的联结'；这种'联结'，实际上就是指人们体验到了全球空间的亲近感，或者说是'时空的压缩'"。[①] 从麦克卢汉"地球村"的论断到联合国针对目前的世界政治语境创造的新词汇"我们的全球邻居"这些隐喻都在诠释着全球化所带来的全球亲近感。除了塑造前所未有的全球亲近感，全球化还预示着人们具有了某种单城性的感觉，即世界在历史上首次变成了一个具有单一的社会与文化背景的世界，但在更广泛的意义上说，这更多的是一种思维方式。

---

① ［英］约翰·汤姆林森，《全球化与文化》［M］，郭英剑译，南京：南京大学出版社，2002年2月版。

一 受众同质化的缘起——文化同质

在全球化传播中，通讯和传媒技术所传播的内容是文化的映射。从信息的流通和文化的交流看，全球范围的传播促进了不同地域、不同文化族群的交流和人类社会的长足发展。然而，在国际社会还存在着贫富差别和强权政治的不平衡发展的背景下，以“自由交流与沟通”为初衷的文化全球化在某种程度上却沦为文化帝国主义、新殖民主义等文化霸权主义的御用工具，进而造成了文化领域的新困境：文化的趋同性与文化的多元性、西化与东化、文化中心主义与文化相对主义的对立。

文化帝国主义关注的不仅仅是围绕文化产品的争论，同时还关注文化强国将其制造的文化产品强加于经济发展处于被动的弱国之上，而弱国又无力抗衡的事实。赫伯特·席勒认为“强大的传播通讯系统构成了一个帝国网络，这个网络反映出其强大的技术经济实力，它构成了一个权力金字塔，美国处于控制地位的塔尖，底层则是经济薄弱的新独立国家。”[①] “在现阶段，由于文化的“全球化”是一个由传统西方大国所掌握的文化殖民进程和战略；同时，服务于这一进程和战略的“球土化”策略，势必会促使跨国媒介公司携其雄厚的资本、规模经济以及强大的传播技巧，对进入国本土大众文化的游戏规则、内容形式甚至价值观念都产生重大影响。跨国资本主义在世界各地扩散其文化商品的权力就呈现出一种资本主义单一经营的特点，导致全世界的文化商品中出现了明显的‘趋同现象’和‘标准化’。”[②] 它进而使得世界不同民族文化的界限日益变得模糊并不断被改写，文化生态与文化实践的多样性和丰富性遭遇全球帝国主义“普世价值观”——文化霸权的威胁，使得国际传播过程中的受众在行为、结构与社会文化各层面上都出现了趋于同化的现象。

---

① Schiller, H. (1969). *Mass communications and American empire.* New York: A. M. Kelly.

② [英] 约翰·汤姆林森，《全球化与文化》[M]，郭英剑译，南京大学出版社，2002 年版，第 120 页。

二 受众同质化是一个相对的、动态的过程

基于现阶段的传播技术发展对于受众的影响，同时国际传播中的话语主导权仍被以美国为代表的西方发达国家所把持着的现实，笔者认为国际传播中的受众同质化是一个相对的、动态的过程。

（一）受众同质化是相对的

受众被发达国家制造出的“主流文化”控制，趋于同质化；然而传播技术的变革又使得受众这个群体中出现了不同程度围绕媒介使用的分化小群体。

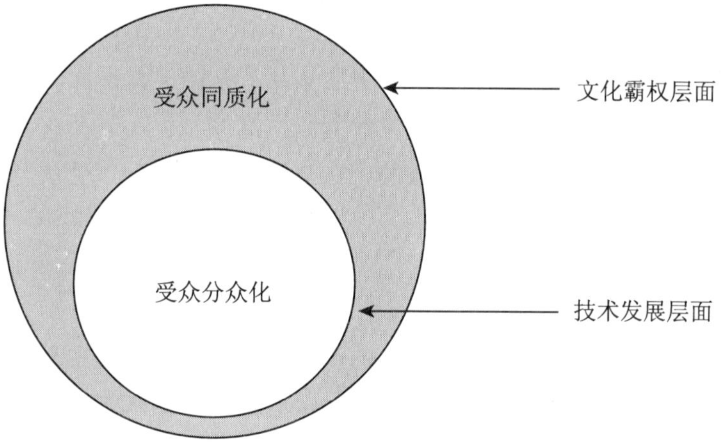

图1 “受众同质化”与“受众分众化”的关系

如图一所示，在目前国际传播背景下“受众同质化”是相对于“受众分众化”而存在着的，“受众同质化”是从文化霸权层面基于西方发达国家因在经济、政治等领域占主导地位而向在经济、政治上依赖于它的国家传播带有明显包含这些发达国家文化意识形态色彩的文化产品，进而促使这些被传播的国家在实现物质文化趋同的同时，其国家中的受众精神文化也显示出趋同，产生所谓的“受众同质化”问题。

从技术发展层面来说，传播技术的进步除了为社会带来形态、功能多样化的媒介，同时也塑造了丰富的受众类型。丹尼斯·麦奎尔在《受众分析》

中的“新媒介与受众的未来”部分曾提到“录像机和播放机的使用具有相当大的影响，它们将看电视和看电影的时间控制权，从传播者一方交给接受者一方，增强了选择性和丰富性。甚至连电视遥控器的使用，亦使观众能够更方便地查寻和转台，增加了人们的选择性。总体上看，这些变化都在降低受众经验的同质性和同时性，其结果是出现了更多、更短时的电视观众。”① 媒介所传播的不同类型的信息以及多样化媒介形态促使“受众分众化”现象的出现。

“受众同质化”虽然是一个基于文化霸权层面出现的具有相对性的现象，但它还是对技术发展层面的“受众分众化”存在不同程度的影响，这种影响主要是信息内容上的。由于目前世界的文化主导权仍被在经济、政治上占有优势的西方发达国家所掌握着，因此，通过各种媒介传播的文化产品一定程度上仍带有这些西方发达国家的文化意识形态。尽管，传播媒介形态的不断变革在某种程度上扩大了受众的信息选择权，但由于整个国际政治经济格局仍然是由以美国为代表的西方发达国家所主导，各国、各地区的受众很大程度上都只能被动地接收来自这些国家的文化产品倾销，久而久之，造成了受众对于主流内容的诉求几乎是一致的，在全球大部分地区，受众经验的同质化现象日益明显。②

（二）受众同质化是动态的

既然受众同质化是文化帝国主义的产物，因此文化帝国主义中各极势力的竞争也会对受众同质化产生影响。乔纳森·弗里德曼认为“帝国主义等级制度本质的一个方面，即特殊的中心文化逐渐建立起了霸权，美国人的价值观、消费商品和生活方式在四处扩散。”③ 但这种美国式的文化输出在一定程度上也会受到来自其他国家或地区的文化修整，经过了一定调整的文化产品同样会以文化帝国主义的方式向其他国家或地区输出，促使新一批同质化受众的出现。

真人秀节目《老大哥》自 2004 年一炮走红后，它的节目模板相继被 30

---

① 丹尼斯·麦奎尔，《受众分析》［M］，刘燕南译，北京：中国人民大学出版社，2006 年版，第 12 – 13 页。

② 刘燕南等，《国际传播受众研究》［M］，北京：中国传媒大学出版社，2011 年版，第 120 页。

③ Friedman, J. 1994: *Cultural Identity and Global Process*. London: Sage.

多个国家使用，使得这类真人秀电视节目已然是一种全球文化现象。真人秀节目从美国向英、法和德等欧洲国家传播过程中，西欧各国起初对于这类节目不无顾忌，一来担心它威胁本国文化，二是担心它还会影响本国电视的公共服务系统。于是欧洲各国在真人秀节目的内容和形式制作上都着眼于本国文化优势和适应当地观众。例如，由于法国观众不习惯接受美国的快速运动、行为包装、犯罪侵扰类的真人秀节目，因此，法国的真人秀节目生产转入关注爱情、性别、家庭关系等法国社会的现代语境内容，这一语境既包括文化对现代意识的呈现，还包括法国的一些传统价值观和愿望，如民主、真实和个人权利是如何在新节目趋势中被解构的。① 目前，各种包含本国文化风格的真人秀电视节目已经在欧洲各国出现，同时，这些节目又转变为全球真人秀节目模板的新输出主体，转而影响着亚洲等其他地区、国家的真人秀电视节目的发展。

此外，发源于美国等西方发达国家的电视节目模式还通过影响某一地区的节目给当地电视台带来可观的盈利，从而该节目模式成为该地区被各大电视台竞相效仿的热门节目，使得该地区的受众在收视选择上趋于同化。例如，美国 NBC 的唱歌类益智节目《合唱小蜜蜂》在 2007 年被浙江卫视首度引入中国市场，《我爱记歌词》成为了 2008、2009 两年全国综艺节目的领头军。之后，各大卫视都纷纷制作了各种相类似的唱歌类节目，例如江苏卫视的《谁敢来唱歌》，广东卫视的《今夜唱不停》，山东卫视的《先声夺人》，湖南卫视的《挑战麦克风》等。因此“受众同质化”的动态发展路径可以呈现为如下图二所示：

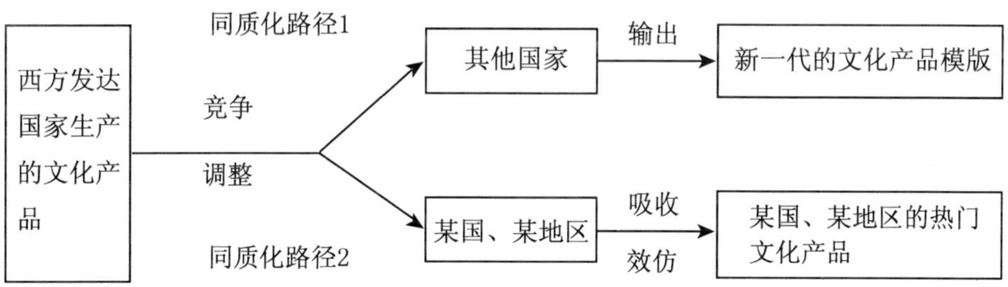

图 2 “受众同质化”的动态发展路径

① French “Reality Television”: *More than a Matter of Taste*? Hugh Dauncey. European Journal of Communication 1996 (11): 83 – 106.

"受众同质化"的动态发展路径有两条：其一，西方发达国家制造的文化产品输入其他国家，经过这些国家自身文化特点的调整，输出带有这些国家意识形态的新一代文化产品的模版，继续向其他国家输入这类文化产品，使该国受众日趋同化，更为准确的说是"二次受众同质化"；其二，西方发达国家制造的文化产品传入某国、某地区后，被该地所吸收制造出相似的文化产品，同时由于这类文化产品在该地颇具市场，又受到了该地范围内的其他制造商的效仿，最终使该文化产品成为该地的热门文化产品，使受众的精神文化日趋同质化。

三 结 语

媒介技术的进步和媒介形态的更新使得媒介环境日趋多元化，促发了不同程度精细分类的媒介受众群的形成。从微观层面，媒介技术通过改变受众媒介使用，塑造具有各类不同行为特征的"分众"群体；然而，从宏观层面，基于现实的全球传播环境中以美国为代表的西方国家仍然把持着文化产品的生产权和技术的制高点，这些"分众"群体仍被同质化的文化所包围，受众同质化问题依然存在。

此外，伴随着民族主义的多样性与文化帝国主义之间的不同程度和形式的较量，受众同质化现象也随之呈现出动态的演进轨迹。正如阿芒·马特拉认为"存在着多样性的地方就有"集团"，存在着粗糙的表面就会有抛光机，存在着文化复杂性就会有简单的一次方程式，存在着环型线的地方就会有单行线。"[①] 因此，全球传播中的受众同质化现象是一个值得在未来的研究中持续关注的议题。

---

① ［法］阿芒·马特拉，《世界传播与文化霸权》［M］，陈卫星译，北京：中央编译出版社，2001 年版，第 191 页。

国内健康养生类电视节目的传播之道

——传播学视角下《健康之路》与《养生堂》比较研究

张　萌

【摘要】

本文选取《健康之路》和《养生堂》这两档国内最具代表性的健康养生类电视节目，结合传播学与健康传播理论，从传者、内容、方式和受众几个层面进行对比研究，得出一些初步结论：两者的信源可信度都很高，但内容范围都很局限。《养生堂》需要丰富其传播方式，而《健康之路》则需要有更精准的受众定位，结论对于国内其他健康养生类电视节目具有普遍的借鉴意义。

【关键词】

传播学　健康传播　健康养生类电视节目

【作者简介】

张萌，女，汉族，中国传媒大学传播研究院2012级传播学硕士研究生。

随着人们生活水平的日益提升，人们对健康养生越来越重视。近几年来，国内电视节目中健康养生类节目赢来了一个又一个收视热潮。其中，央视主办的《健康之路》与北京卫视的《养生堂》脱颖而出，成为最受人们欢迎的两档健康养生类电视节目。本文从传播学的视角对这两档热播的节目进行对比分析，以找出它们的共同点及各自的优势与不足，在传播策略与运营模式上给国内健康养身类电视节目提出一些思考和建议。

一 《健康之路》与《养生堂》的基本情况介绍

最早的《健康之路》脱胎于央视节目“卫生与健康”，于1996年7月开播，为当时典型的“专家电视坐堂”式。2000年《健康之路》引入“直播”技术，2009年9月《健康之路》再次改版，调整至CCTV－10播出，时长精减至25分钟。2011年《健康之路》又一次改版，提出了“健康之路，医生天天来帮助”的口号，定位为“大型日播医学科普类节目”。节目除主持人与专家外，还邀请两位现场嘉宾共同探讨，并增加了“何嘉博士实验室”和现场问答环节。节目收视率稳步上升。

相比于《健康之路》的几经周折，《养生堂》可谓是一步升天。“2009年，《养生堂》在北京电视台科教频道开播，平均收视率为2.69%，单期节目最高收视率为4.68%，当年就将原时段的收视率提高了8倍。2011年，《养生堂》栏目移到北京卫视播出，全国平均收视率达到0.50%，与2010年同时段相比，提升幅度高达256%，增长两倍半。”①《养生堂》同样为专家访谈式，以“传播养生之道，传授养生之术”为宗旨，介绍日常生活中和人们息息相关的健康养生知识。播出时间为周一至周五17：23，持续57分钟。节目以宣扬中国传统医道为主，以简单易懂和亲和力得到了广大中老年观众的青睐。

二 《健康之路》与《养生堂》的对比分析

（一）传者层面

1. 专家：信源可信度的考量

根据Jackson1992年对健康传播所下的定义“健康传播应以大众传媒为信道靠传递与健康相关的资讯，以预防疾病、促进健康，其中又包括健康营销和健康政策制定”。② 由此可以看出，健康传播具有一定的说服性质。传播学

① 李宜璟，陶红，“养生堂热播的原因探析”［J］，声屏世界，2012（11）。

② 云斐，“健康传播视角下的中国电视健康节目研究”［D］，河南大学，2011年版。

四大奠基人之一霍夫兰在有关说服理论的耶鲁研究中提出了“信源可信度”的概念，即信源可信度越高，其说服效果越大，可信度越低，说明效果越小。[①] 健康养生类电视节目，自然是健康养生领域的专家最为可信，也最能起到说服的效果。纵观《健康之路》和《养生堂》的客座嘉宾，都是这一领域的权威人士。其中《健康之路》打着央视的王牌，自然聘请到了各大名医院的院长及科室主任。而《养生堂》也在信源上投入很大，针对节目养生的特性邀请了很多知名的中医专家。

2. 主持人：形象与风格的匹配

访谈类节目除了专家外，主持人可谓是节目的枢纽。有学者提出，访谈类节目的主持人应该为：善解人意的倾听者、敏捷温馨的驾驭者和互动交流的主导者。[②] 另外，主持人的形象设计也至关重要，符合节目风格的主持人形象会增强受众对节目的好感度。《健康之路》不是单纯的访谈式节目，互动环节较多，所以对主持人的全场调控能力要求很高。而节目的风格属节奏快话题新，很多是针对上班一族，主持人“小冀”年轻活力的形象和简洁利落的主持风格与节目很匹配。再看《养生堂》，节奏则相对比较缓慢，形式也比较单一，这更考验主持人的访谈技能。另外，《养生堂》的主要受众为中老年，需要比较耐心细致的引导。悦悦乖巧温柔的形象和极具耐心亲和力的访谈方式恰好契合了老年人的心理接受习惯。在传者方面考量，两档节目都有着权威的专家和适宜的主持人，是节目成功的主要因素之一。

（二）传播内容层面

1. 内容范围：健康传播的九个取向

作为健康养生类电视节目，肩负着健康传播的义务，健康传播涉及的范围很广泛。张自力曾提出过健康传播的九个取向，包括大众、组织、人际健康传播、健康危机、健康教育等多个方面，[③] 而这两档节目的内容取向却过于相似与狭隘。《健康之路》以内容的广泛著称，涉及疾病治疗与预防、运动养生、饮食保健、食品安全、心理健康等多个方面，但以播放频次来看节目还

---

① 沃纳·赛佛林 坦卡德，《传播理论：起源、方法与应用》［M］，北京：中国传媒大学出版社，2006 年版，第 138 页。

② 倪琼瑶，“访谈类节目主持人角色定位分析”［J］，新闻世界，2009（5）。

③ 张自力，《健康传播学——身与心的交融》［M］，北京：北京大学出版社，2009 年版，第 58 页。

是以“疾病”和“饮食”为主。《养生堂》内容则主要为老年保健、疾病预防和饮食养生等。由此可见，两者都跳不出疾病和饮食的局限。可以考虑充分发挥电视媒介的议程设置功能，多增加如人际传播（医患关系）、公益性质的健康传播（艾滋病等）、突发公共卫生事件的探讨以及心理、行为层面的辅导。

2. 内容性质：易读性和新闻性高，实用性不稳定

本文从易读性、新闻性和实用性三个层面对两档节目的内容性质进行对比分析。易读性，也即电视节目内容的可理解度。新闻性，指节目内容是否会随时宜改变。1948 年拉斯韦尔在《社会传播与结构》一文中，提出媒介的“三功能说”，即“监视环境、联系社会、传递遗产。”① 其中监视环境所指的即为媒介的新闻性。实用性，顾名思义即为电视节目是否有实用价值。最开始《健康之路》以医疗为主，节目中包含了大量的专业内容和词汇，比较晦涩难懂。但是新版《健康之路》进行了大刀阔斧的改革，不但换为选取常见的疾病，并且阐释方式也变得更为简易通俗。由于节目涉及范围广，所以实用性不稳定，如涉及妇科病对男性观众来说实用性就为零。《养生堂》针对中老年观众，节目内容必须是通俗易懂才能适应老年人的理解能力。由于节目内容涉及人体的心、脑、血、肝、肾等各器官的功能探讨，而多数老年人在这些方面的功能都会出现一些问题，所以节目的实用性还是很稳定的。两档节目均有着明显的新闻性，如入冬时的节目主题为“冬季火，你去对了吗”、“甲流——潜藏的杀手”等。

（三）传播方式和技巧层面

1. 传播方式：多个互动场的明暗交叠

“互动是电视传媒的新动力，电视节目最根本的就是要和受众形成良性的互动。”② 霍夫兰有关态度改变的研究也显示，受众的主动参与有助于信息的说服和态度的改变。新版《健康之路》与之前的最大区别在于节目传播方式的改革，节目请来了专家以外的另外两名客座嘉宾，作为受众的代表与专家共同交流探讨。这就把受众与传者的“暗互动场”搬到了明处，受众通过嘉宾代表实现间接参与。而节目另设有现场问答环节，现场观众通过手中的按

① 李彬，《传播学引论》（增补版）［M］，新华出版社，2003 年版，第 187 页。

② 邢彦辉，“电视节目中的‘互动’传播”［J］，声屏世界，2008（12）。

键来选择答案。通过这一互动环节，无论是现场观众还是电视机前的观众都实现了直接参与。多个互动场的明暗交叠使受众能够彻底融入到节目当中。相比之下，《养生堂》的传播方式较为单一，以座谈为主，节目期间也会穿插邀请受众到台前参与问答或做小实验的环节，但是总体来讲传播方式单薄、互动相对较少。

2. 传播技巧："情理结合"与"后说有利"

传播方式只是电视节目传播技能宏观层面的考量，而传播技巧则为微观层面。除了上文提及的"信源可信度"外，传播技巧中最为常用的是"情感诉求与理性诉求"、"先说有利，后说有利"。所谓"情感诉求与理性诉求"即，在现实的传播内容中往往既有情感因素，又有理性因素，前者改变其态度，后者改变其行为。"先说有利，后说有利"，指首先提出的论点在引起注意上是有利的，而最后提出论点在被记住上是有利的。[①]《养生堂》以讲故事为特色，每期节目都会有一个相关的个人情感小故事作为节目的情感诉求。在人性化的情感传播基础上进行理性疏导，更易于使中老年受众接受。而《健康之路》则很少说故事，却利用了"后说有利"的技巧，即每期节目的结尾，主持人都会要求专家对今天的内容做以最后的总结，起到了画龙点睛的作用。作为说教性质的健康养生类电视节目，两档节目使用的传播技巧其实并不是很多。

（四）受众层面

在传播由"大众"向"分众"过渡的时代背景下，电视媒介应该在受众细分基础上进行明确的受众定位，对目标受众进行"窄播"。《健康传播：个人、文化与政治的综合视角》一书将贯穿人一生的健康传播分为：生命开始的阶段、成人阶段、生命维系阶段、生命终结阶段。[②] 健康类传媒节目亦可以将年龄段作为受众细分的度量。《养生堂》从一开始的受众定位就很明确，据央视－索福瑞调查显示，收看《养生堂》的观众54%是45岁以上的中老年观众，53%以上为高中以下学历。[③] 而《健康之路》可谓是眉毛胡子一把抓，

---

① 德弗勒，《大众传播效果研究的里程碑》［M］，北京：中国人民大学出版社，2009年版，第105页。

② 帕特丽夏·盖斯特·马丁，艾琳·伯林·雷，芭芭拉·F·沙夫，《健康传播：个人、文化与政治的综合视角》［M］，北京大学出版社．2006年版，第151页。

③ 张丽，"养生堂的传播之道"［J］，中国广播电视学刊，2012（2）。

节目几乎涵盖了幼儿、青少年、上班族、中老年几乎所有年龄段的受众。模糊的受众定位容易造成受众的流失，不利于形成稳定的受众与品牌效应。其实，新版《健康之路》改版以来邀请的客座嘉宾多为上班一族，探讨上班族亚健康的话题也有逐渐增多的趋势，并且节目的紧凑节奏也适合年轻人，所以上班一族等青年和中年人的受众定位未尝不可作为其将来的发展方向。

三 结论与讨论：国内健康养生类电视节目的传播之道

从传播学视角下看这两档健康养生类电视节目，我们可以总结如下：两档节目均有的优势为权威专家与适宜的主持人，节目内容的易读性和新闻性高。《健康传播》使用了“后说有利”的传播技巧，但是受众定位模糊，内容杂而散。《养生堂》定位中老年受众，内容浅显集中，并适当使用了“情感诉求与理性诉求”技巧，但节目还需在传播方式的丰富上做更多的改进。另外，两档节目存在着共同的缺陷，即传播内容题材的局限，可加入更多有关心理辅导、医患关系、公益传播以及突发公共卫生事件应对的探讨。最后两档节目的传播技巧方面还有很大的拓展空间。

经过国内两个最具代表性的健康养生类电视节目《健康之路》和《养生堂》的比较和综合，笔者以传播学的视角，从传者、内容、方式技巧及受众四个层面总结出国内健康养生类电视节目的基本传播策略：首先，传者方面，应该提高信源的可信度，邀请知名专家，并选取与节目形象和风格匹配的主持人。其次，内容方面，争取拓宽健康传播的范围，突破疾病与饮食的局限。再次，方式方面，可以增加多种互动形式，形成明暗互动场的相互呼应；技巧上，除了常用的“情感诉求与理性诉求”、“后说有利”，可考虑“乐队花车法”①，正确发挥电视传媒的议程设置功能，带动“全民健康”意识的推广和提升。最后，在受众方面，精准的受众定位是前提，此外应最大限度地去满足受众心理与需求。

---

① “乐队花车法”一种宣传技巧（出自 Lee and Lee），就是“每个人——至少我们所有人——正在做它”。利用这种技巧，宣传者试图使我们相信，大家多在做，因此我们必须跟随大家跳上乐队花车。

中国外交部例行记者会的议题倾向性分析

——以 2012 年外交部发言人的例行记者会为例

李　杰

【摘要】

本文分析了 2012 年外交部发言人例行记者会的发言材料，运用内容分析的方式分析了记者会发言的倾向性。通过分析发现外交部例行记者会更倾向于关注钓鱼岛问题、南海问题和叙利亚问题等；总体上看是秉持着一种“国际问题需要涉事方共同协商解决，同时中国也不会推脱责任”的倾向；中方处理问题及建议他国处理问题的方式更多的是“对话、协商”，如果有必要就进行“谈判”。并就相关问题进行了思考。

【关键词】

外交部例行记者会　倾向性　内容倾向　态度倾向　行动倾向

【作者简介】

李杰，男，汉族，中国传媒大学传播研究院 2012 级传播学硕士研究生。

中国外交部例行记者会是中国对外交流的统一窗口。2012 年中国外交部例行记者会的议题倾向性反映了中国对特定外交问题的重视程度和中国对特定外交问题的态度，因此对外交部发言人的例行记者会所关注的议题和态度进行分析就有一定的价值和意义。

一 研究现状及进一步研究的假设

（一）研究现状

中国外交和新闻发言的窗口就是各级政府部门的新闻发言和记者会。因此学术界已经出现一系列针对外交部发言人的研究。通过对相关文献梳理发现，对新闻发言人的研究主要集中在以下几个方面：

1. 新闻发言的策略分析

外交部新闻发言人需要直接和外国媒体记者进行直接的、面对面的对话。而作为中国最重要的对外窗口之一，外交部例行记者会和发言人的发言策略应当予以重视。在这方面，已经有一定数量的论文对此进行了研究。包括如何使用“闪避”方式回避敏感问题：《外交部发言人答记者问的暗示闪避方式及功能》；如何积极使用“否定回答”：《外交部例行记者会的否定回答研究》；在适当时机使用精确或模糊的语言和词汇：《外交语言的精确性与模糊性》、《中国外交部新闻发言人在例行记者会上答记者问的模糊修辞策略分析》等。

2. 新闻发言的语用学分析

新闻发言的技巧性很强。已有的研究对外交部的新闻发布会、例行记者会等进行了微观视角的语用学分析，剖析了外交部发言人发言策略的微观层面，从微观角度重构了宏观的外交部发言策略。代表性研究有《中国外交部新闻发布会中的语用含糊策略研究》等。

3. 新闻发言的议程设置作用

另一方面的研究主要探讨新闻发言及新闻发布会对国外的话语内容和话语态度的影响，尤其是新闻发布会的议程设置作用，代表性研究有《中国话语的议程设置效果研究——以中国外交部新闻发言人为例》。对新闻发言的议程设置作用的研究表明中方发言人的话语内容和西方媒体的引用内容之间存在着相关性，这表明中方发言人的话语内容可以为西方媒体设置议程。此外，中方发言人的话语态度与西方媒体引用的态度之间没有相关性，这表明中方发言人的话语态度不能为西方媒体设置议程①。也就是说，外交部新闻发布会对

---

① 吴瑛，“中国话语的议程设置效果研究——以中国外交部新闻发言人为例”［J］，世界经济与政治，2011（2）。

外国媒体“怎么想”可能没有有效影响，但是对外国媒体“想什么”却有很大影响。

（二）研究假设——从“新闻发言的议程设置作用”出发

目前的研究现状已经关注了发言人制度和例行记者会的议程设置作用。因此有理由相信外交部例行记者会确实对外国媒体产生影响。这也意味着发言人的“议题倾向性”变得更加重要。在“问答”式的例行记者会中，如何巧妙地利用回答来构建议程，成为一个值得关注的问题。本文就基于目前的研究现状，从新闻发言的议程设置角度出发，试图关注：

1. 中国外交部的例行记者会是否存在议题的倾向性；
2. 中国外交部的例行记者会对哪些议题存在倾向性；
3. 中国外交部的例行记者会对哪些议题存在忽视情况。

二　研究方法和过程

（一）研究方法

随着互联网和新媒介的日益发展，互联网数据分析方法也逐渐发展起来。为了分析外交部例行记者会的议题倾向性，笔者从外交部官方网站获取了外交部2012年全年的例行记者会的发言实录作为分析对象的内容文本。采用的分析方法如下：

1. 对外交部例行记者会发言进行“词频分析”。外交部发言中使用的高频度的名词能够客观地反映出外交部发言的倾向性。在这里，不把涉及认知的“内容倾向性”和涉及态度的“态度倾向性”做区分，而是直观地观察外交部发言的总倾向。

2. 对外交部例行记者会发言进行“主题分析”。外交部发言的词频分析只能从一定程度上反映出外交部发言的倾向性。因此需要使用主题分析作为补充。通过对外交部发言的主题加以总结，可以更准确地判断外交部发言的倾向。在研究中不把主题分析单列出来，而是结合词频分析加以阐述。

（二）研究过程

中国外交部一年的例行记者会所使用的词汇，在一定程度上能够反映出中国外交的倾向性。利用 ROST 内容数据分析软件，对 2012 年度外交部例行记者会的问答作了用词频度的内容分析，以期观察外交部发言的倾向性。

在内容分析中，将出现频率最高的词进行的归类。主要归为以下几类：国家和地区；外交关系；外交行动与外交态度。

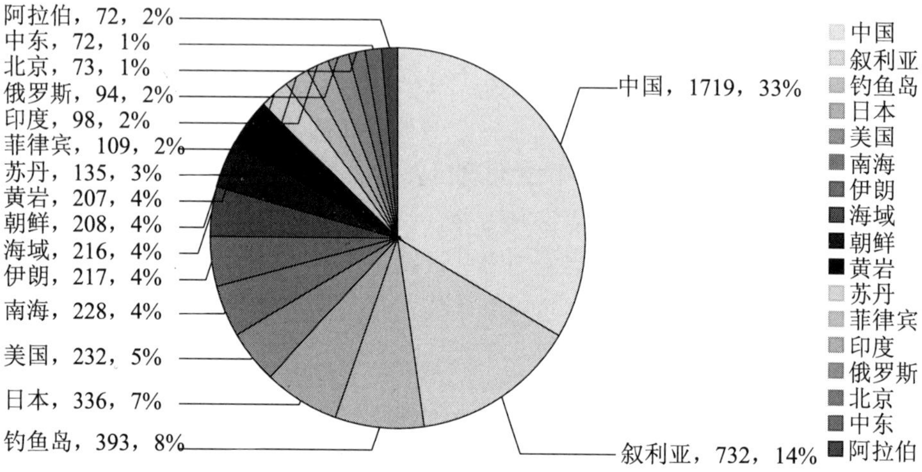

图 1　对国家和地区的词频分析

1. 国家和地区

通过对国家和地区的词频分析可以发现：作为外交部发言人主体的“中国”占 33%（1719 次）；“叙利亚”占第二位 14%（732 次）；钓鱼岛占第三位 8%（393 次）；日本占第四位（336 次）。其次依次为美国、南海、伊朗、朝鲜、黄岩岛。

从词频分析中可以看出两点：首先，作为外交部发言人主体，“中国”的议程重要性是最高的（达 1719 次）。这表明中国非常重视“以我为主体”的话语建构。在通过外交部例行记者会进行的议程设置中，更加注重以中国作为话语主体，构建话语内容和话语态度。

其次，除了作为话语主体的中国外，中国外交发言的议程重要性排序前十位是：叙利亚；钓鱼岛；日本；美国；南海；伊朗；海域；朝鲜；黄岩岛；苏丹。通过进一步归类发现：钓鱼岛和日本是同一个主题，可以归类为“钓鱼岛问题”，占 15%（729 次）；南海、海域、黄岩岛和菲律宾是同一个主题，可以归类为“南海问题”，占 14%（760 次）。在经过归类后，从国家和地区来看，中国外交部例行记者会的议程重要性排序应当是：

1）钓鱼岛问题 15%（729 次）；

2）南海问题 14%（760 次）；

3）叙利亚 14%（732 次）；

4）美国 5%（232 次）；

5）伊朗 4%（217 次）；

6）朝鲜 4%（208 次）；

7）苏丹 3%（135 次）。

由以上数据，我们可以得出如下结论：

首先，占据前两位的钓鱼岛问题和南海问题都属于中国领土领海主权问题，占据比例 29%。这表明中国外交部例行记者会在中国领土主权问题上予以重视。通过对发言内容进行分析发现，中国于 2012 年涉及钓鱼岛争端和南海争端。日本和菲律宾等涉事国的行为严重损害了中国的正当权益，并且涉事国态度强硬，不愿意和中国协商解决问题。因此中国有必要利用外交部例行记者会重申立场，并利用政治传播的议程设置效果影响国际舆论，试图达到使世界各国了解中国的立场和诉求："中国的领土主权不容侵犯"的效果。

其次是叙利亚问题，占据比例为 14%，在中国外交部例行记者会的词频排名中排第三位。通过主题分析发现，自爆发革命后，叙利亚立刻成为世界焦点，中国同样对此表示关切。通过主题分析发现，中国在叙利亚问题的立场上态度非常坚决，甚至和美国为首的大国意见相左。如中国代表团于 3 月 1 日在联合国人权理事会关于叙利亚侵犯人权问题进行的决议草案表决中投了

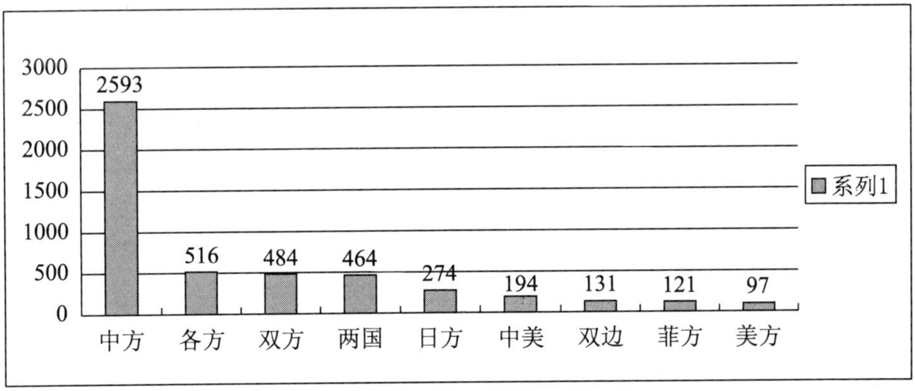

图 2　外交关系词频分析

反对票[①]（俄、中、古）导致中国在相关问题上受到了一定的指责和孤立。因为外交部记者会一再探讨叙利亚问题，发言人也一再地进一步重申并阐明中国的立场[②]，使叙利亚问题的议程重要性排序靠前。

2. 外交关系

在外交关系的词频中，除话语主体“中方”外，“各方”排第一位（516次）；“双方”（484 次）；“两国”（464 位）；日方（274 次）；中美（194次）；双边（131 次）；菲方（121 次）；美方（97 次）。

其中，各方、双方、两国、中美、双边可归类为“双方或多方共同对待问题”的一类；而日方、菲方、美方可归类为“对象国对待问题”一类。而中方则可归类为“中方对待问题”一类。因此外交关系可以分为三类：

1）双方或多方共同对待问题（1739 次）；

2）对象国对待问题（492 次）；

3）中方对待问题（2593 次）。

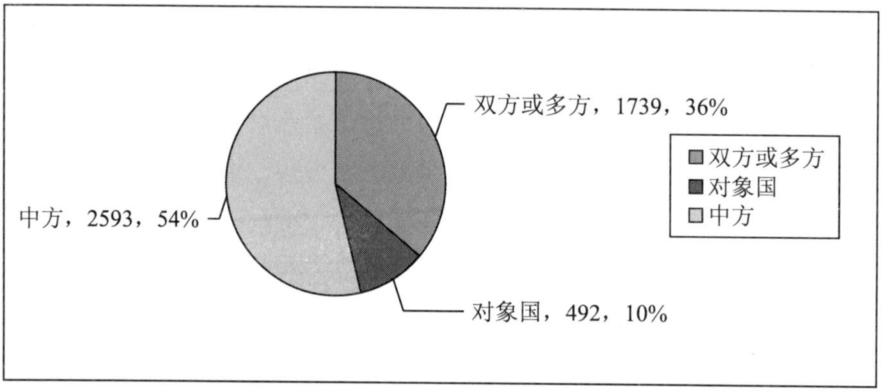

图 3　三类外交关系词频占比

结论：

“双方或多方共同对待问题”占 36%，表明中国对待问题的态度并不像美国式一味以己方意见为主。也不是一味地推诿，将责任推给其他国家。其诉求点是涉事双方或多方协商，共同寻求解决问题的办法。“中方”对待问题占 54%，表明中国同时也强调中方会承担相应的责任或义务，在国际外交活

① 外交部发言人洪磊于 2012 年 3 月 2 日举行外交部例行记者会上的讲话。

② 外交部发言人刘为民于 2012 年 3 月 5 日举行外交部例行记者会上的讲话。

动中更多地展现“中方”的角色。而对象国对待问题仅占10%，表明中国在阐述问题时并不会一味要求对象国单方面对待问题。

因此可以看出，外交部新闻发言所代表的国家态度是：首先是更注重多方合作；其次是在此基础上更注重中国自身的努力。在某些情况下会要求对象国也做出实践。

3. 外交行动与外交态度

外交行动的词汇和外交态度的词汇的区分标准：

1）当该词汇表达中国的态度时，归入“外交态度”；

2）当该词汇表达中国的切实行动时，归入“外交行动”；

3）如果该词汇为动词，但并非中国的切实行动时，也归入“外交态度”。如“相信”、“期待”等词汇归入外交态度。

经过统计分析发现，外交态度和外交行动的词频分别是6203次和3508次。即外交态度的词汇是表明外交行动的词汇的1.7682倍。通过数据可以发现一个比较严重的问题：“中国外交部例行记者会惯用态度词，却较少使用行动词。”从某种程度上说，它反映出中国外交部例行记者会存在过度表明态度，却很少表示付诸行动的情况。在外交部的发言文本中惯用空话、套话，却不常用切实解决问题的实际行动，证明中国在处理外交问题上存在着这样一种态度：传播（宣传）比行动重要。

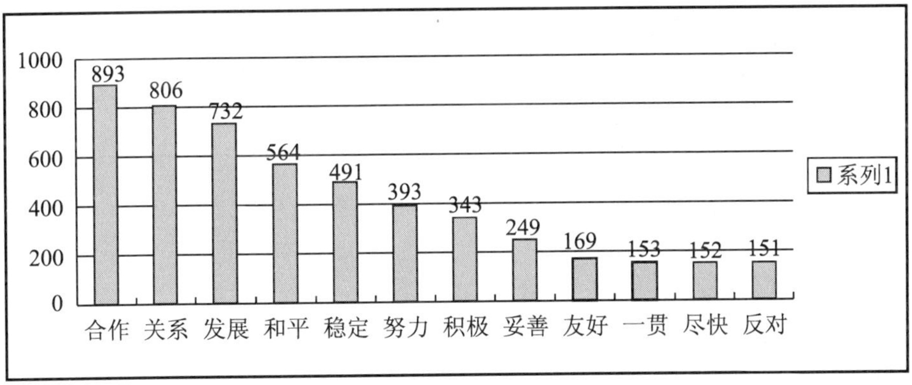

图4　外交态度词频分析

1）外交态度

从表明态度的词汇中可以看出，前十位分别是：合作、关系、发展、和平、稳定、努力、积极、妥善、友好、一贯。其中：

① 名词：关系（806 次）

② 动词：合作、发展（1625 次）

③ 形容词：稳定、努力、积极、妥善、友好、一贯（1798 次）

可以看出，中国的外交态度更注重“关系”。并且更注重“合作”与“发展”与“稳定”。同时中国将“一贯”“友好、妥善、积极”的努力维护“稳定”。

中国自古以来和他国的关系都强调“睦邻友好”，崇尚“天下太平”。而当代中国更是强调“和平发展”、“共同繁荣”的和平外交政策。中国的外交态度也很好地展现了传统精神。在对外交关系的分析中已经得出结论，中国更侧重于双边或者多边关系和问题的处理。这里排第二位的名词“关系”也证明中国既不完全依靠自己，也不完全依赖他人，而是谋求双边和多边“关系”，更注重多方的“合作”、“发展”和“和平”。同时中方在此基础上更重视“稳定”、“积极”和“努力”。

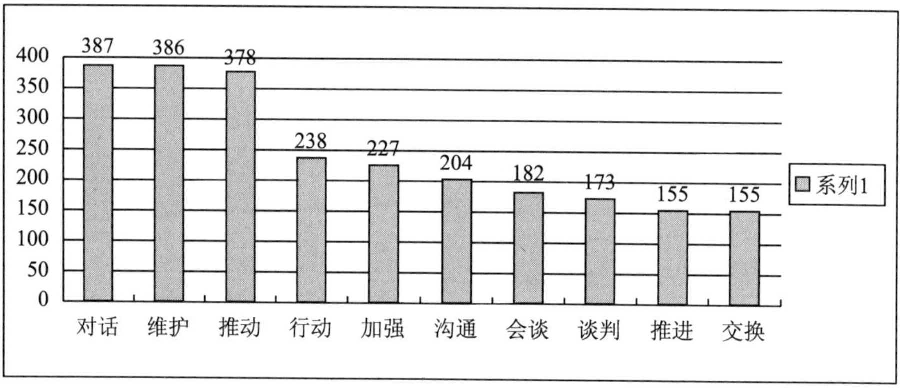

图 4　外交行动词频分析

2）外交行动

中国外交活动的词汇分为三个阶梯：第一个阶梯包括“对话”、“维护”、“推动”（ >300）。第二个阶梯包括“行动”、“加强”、“沟通”（200 – 300）。第三个阶梯包括“会谈”、“谈判”、“推进”、“交换”（ <200）。

第一阶梯，中国外交部例行记者会倾向于以“对话”的方式解决问题，以“维护”多方或多方关系，“推动”问题解决。

第二阶梯，中国外交部例行记者会倾向于采取“行动”，“加强沟通”。

第三阶梯，中国外交部例行记者会倾向于“会谈”、“谈判”，双方“交换”意见。

因此，可以清晰地看出，中国外交行动主要表现为三类模式：

① 以“对话”的方式维护关系或推动问题解决；

② 如果对话无法解决问题，就采取行动“加强沟通”；

③ 如果“加强沟通”仍无法解决问题，则进行“谈判”。

总的来说形成了“对话→加强对话→谈判”的形式。这成为中国外交部例行记者会的核心外交行动的逻辑模式。中国秉持对话协商，双方或多方共同解决问题的外交理念，因此无论是国际争端还是本国问题，中国都倾向于“对话”、“沟通”、“谈判”。中国外交部记者会的逻辑模式与中国对话协商的外交理念相符合。但同时也可以看到，在过度强调对话的同时，其他形式解决问题的可能性受到忽视。这使得中国的外交策略变得相对简单和单一，缺乏外交行动应有的幅度，使中国的外交行动容易被解析和预测，从而失去外交谈判的优势。

三　结论和讨论

通过对 2012 年中国外交部例行记者会的议题进行词频和主题分析，可以从内容、态度和行为这三个传播效果层面得出结论：

（一）内容倾向上：中国更关注包括南海问题和钓鱼岛问题在内的涉及国家利益的领土和领海主权争端问题，同时也关注国际的叙利亚问题；

（二）态度倾向上：在“如何对待问题”上，外交部新闻发言所代表的国家态度是：首先是更注重多方合作；其次是在此基础上更注重中国自身的努力。在某些情况下会要求对象国也做出实践。总体上看是秉持着一种“国际问题需要涉事方共同协商解决，同时中国也不会推脱责任”的倾向；

（三）行为倾向上：中方处理问题及建议他国处理问题的方式更多的是“对话、协商”，如果有必要就进行“谈判”。中方希望维护世界的和平和稳定，从而促进合作和发展。而不希望出现冲突和流血。

由于本文并没有使用其他国家的数据进行比较分析，所以难以直观判断中国外交部例行记者会的总体表现好坏程度。但是从直观上看，中国在外交问题上倾向于“对话、协商、谈判”，而忽视了适当强硬或者妥协。没有美国门罗主义式的扩张思想，也有别于欧洲式的均势政治思想，同时也没有威尔逊主义的道德原则高于一切的思想，只是单纯的强调对话谈判，是存在一定的问题的。虽然这是中方的“一贯”态度，但是相对单一而缺乏弹性的外交策略容易让他国根据该原则和策略主动制约中国，使中国的外交处于被动。例如中国在钓鱼岛问题上总是强调“钓鱼岛是中国的固有领土”，却没有在处理钓鱼岛相关问题时积极引用《1975 渔业协定》等具备国际效力的法案，不强调搁置争议共同开发（拖延和妥协）；同时也没有立即开战以解决问题的强硬态度；并且还没有走上谈判桌的暗示。① 只是简简单单你来我往的相互“对话”。或许按照“中国外交模式”：对话→进一步对话→谈判，中日双方最终会走上谈判席。但可能的外交战略时机会因此而丢失，中国或许难以在钓鱼岛问题上积极采取行动获得优势。

当然，这只是这篇论文的简单探讨。中国外交策略的优势和劣势（和外国比较）究竟在哪里，如何扩大中国外交优势，可以在相关论文中进一步加以探讨。

① 刘建平副教授在中国传媒大学传播研究院举办的学术沙龙上的分析，2013 年 1 月 10 日。

健康传播对青年健康观建构的现状与反思

——以《健康时报》为例

吕荣慧

【摘要】

随着食品安全、环境污染、慢性病增加等现象的出现，人类仅仅对于健康知识有所了解还远远不够，而是应当建构和培养一种健康的意识和正确的健康观念。笔者通过问卷调查法和文本分析法，分别对当代青年人的健康观念现状与健康类媒体中培养健康观念的报道内容进行了调查和分析，深入探讨了传播媒体与青年人健康观建构之间的关系，从而为健康传播在中国更有益的发展提出一些建议。

【关键词】

健康传播　青年　健康观　建构　反思

【作者简介】

吕荣慧，女，汉族，中国传媒大学传播研究院 2012 级传播学硕士研究生。

健康传播是传播学的一个分支。它是指以人人健康为出发点，运用各种传媒渠道及方法，为维护和促进人类健康的目的而制作、传递、分散、交流和分享健康信息的过程。自该概念被提出以来，全世界医学领域和新闻传播学领域的合作与融合让健康传播学这一交叉性学科的研究有了飞速的发展。但是，我们也应当看到，健康传播学领域的研究在质量上还有更大的提高空间。对于艾滋病等传染病、禁烟等公共卫生的研究占据了大部分的位置，而在健康观念和健康意识等根本问题上的研究和媒体的传播效果研究都有很多不足。健康传播本就具有公共性，媒体自身也具有维护公众公共利益的责任，因此，媒体对健康观念，尤其是对青年人的健康观念建构过程应当具有积极的影响作用，这样才利于人类健康的整体发展。

一 对北京地区青年人健康观念的调查

为了更好地调查与研究健康传播对青年人健康观念的影响与传播效果，笔者采用问卷调查的方式对现代青年人的健康观念及健康类媒体的接触与评价等方面进行了实地调查。

（一）调查对象和方法

本次调查的调查对象主要为北京地区 18 至 32 岁之间的青年人，以大学生与青年白领为主。采用随意抽样的非随机抽样方法，主要运用了网上调查与街头拦截访问相结合的方式进行问卷调查。本次调查共发放问卷 130 份，收回有效问卷 120 份。受访者中男性为 50 人，占受访者总数的 41.7%，女性为 70 人，占受访总人数的 58.3%。男女比例约为 1：1.2。本次调查所用数据运用 SPSS 进行统计分析，通过描述性统计与交叉分析对调查结果进行研究。

（二）调查结果分析

1. 青年人健康观现状

通过对问卷的第一部分与第二部分进行数据分析，笔者发现，受访者的健康意识还是相对薄弱的。首先，对于青年人对自身健康意识的评价这一题目，其中只有 50% 的人表示自己比较关注自身和亲友健康，而有 8.3% 的人明确表示自己不太关注健康问题。而且在受访者中，有定期体检习惯的人仅占到 30%。

由图 1 与图 2 可以看出，青年人对于健康习惯的养成存在很多误区。在受访者中，只有 16.7% 的人表明自己没有不良的生活习惯，并且有将近 17% 的青年人表示自己有不良的生活习惯但仍旧不想改变和克服。在被问及何时应当改变生活方式让自己更健康时，将近七成的受访者认为从工作之后甚至步入中年之后再开始改变就可以。这说明青年人并没有意识到应当从小养成正确的习惯和生活方式，健康的身体需要平时健康的生活才能慢慢积累起来。

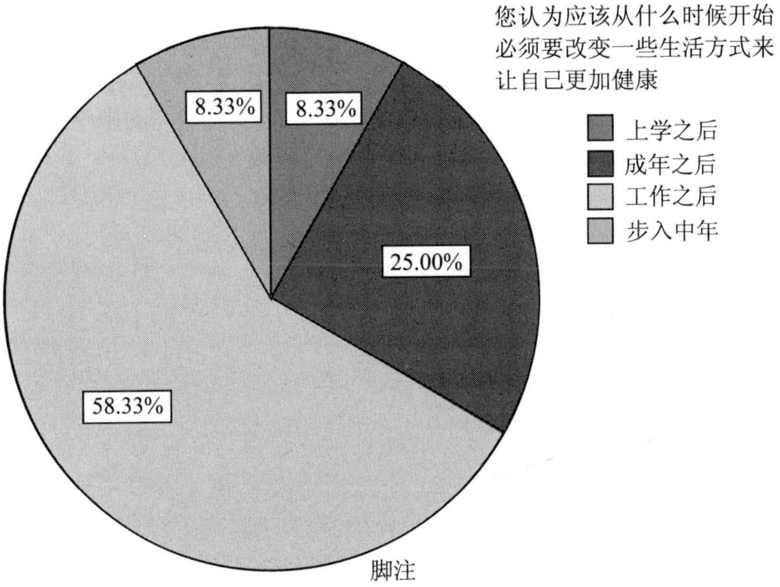

图 1　应该何时改变不良习惯

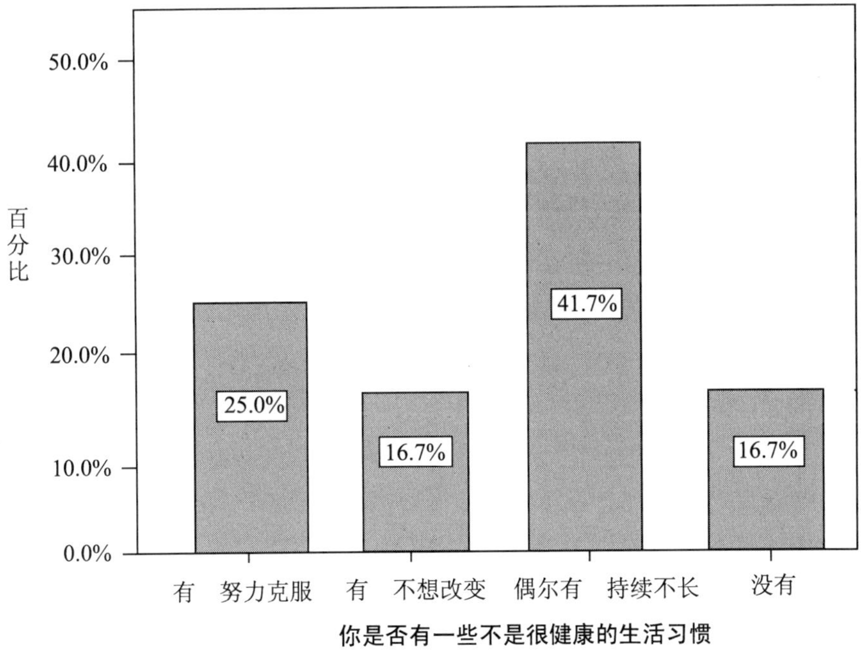

图 2　是否有不良的生活习惯

此外，大部分的受访者表示自己对于健康知识并不十分了解，对于自己在健康养生方面的素养表示不太满意。这说明青年人有学习和获取该类知识的欲望和动机，但是在现实生活中，他们并没有得到自己所需的信息。

2. 青年人对健康类媒体的接触情况及评价

问卷第二部分调查的是青年人对健康类媒体的接触、认知以及评价。首先，笔者对受访者对于媒体的总体接触情况进行了调查，发现有 83.3% 的受访者选择了接触网络最多，其余受访者则选择了移动终端。这说明随着媒介技术与新媒体运作的不断革新和发展，网络无疑已经成为青年人最常用的媒体类型，而移动终端的发展也不可小觑。

图 3 和图 4 显示的则是受访者中关注健康类媒体的频率与性别及年龄之间的关系。从图 3 中我们可以看出，从总体来说，青年人对于健康类媒体的关注情况并不十分理想，答案只集中在偶尔关注和从来不关注两个频率上。从性别的角度分析，偶尔关注健康类媒体的女性占女性总数的 85%，而偶尔

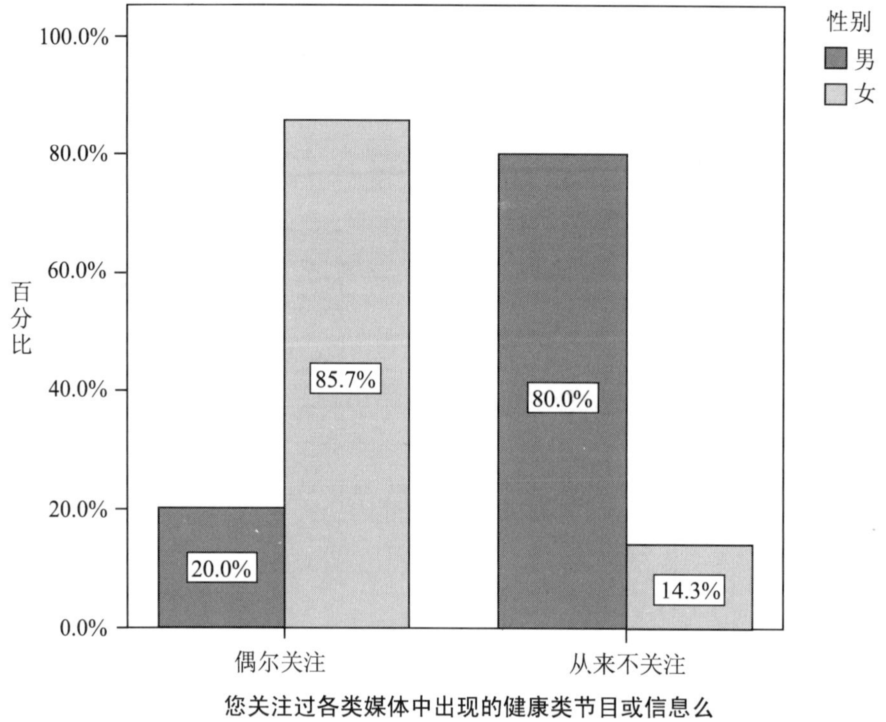

图 3 是否关注过媒体中的健康类节目或信息与性别交叉图

关注健康类媒体的男性仅占男性总数的20%，女性的比例要远远大于男性。从年龄来看，19至23岁和28至32岁之间的受访者对于健康的关注较多，28岁以上的受访者全部选择了偶尔关注，而在24至28岁之间的受访者则对健康类媒体关注最少，这同时也与该年龄段的青年人健康意识薄弱、生活与工作压力较大的原因相关。

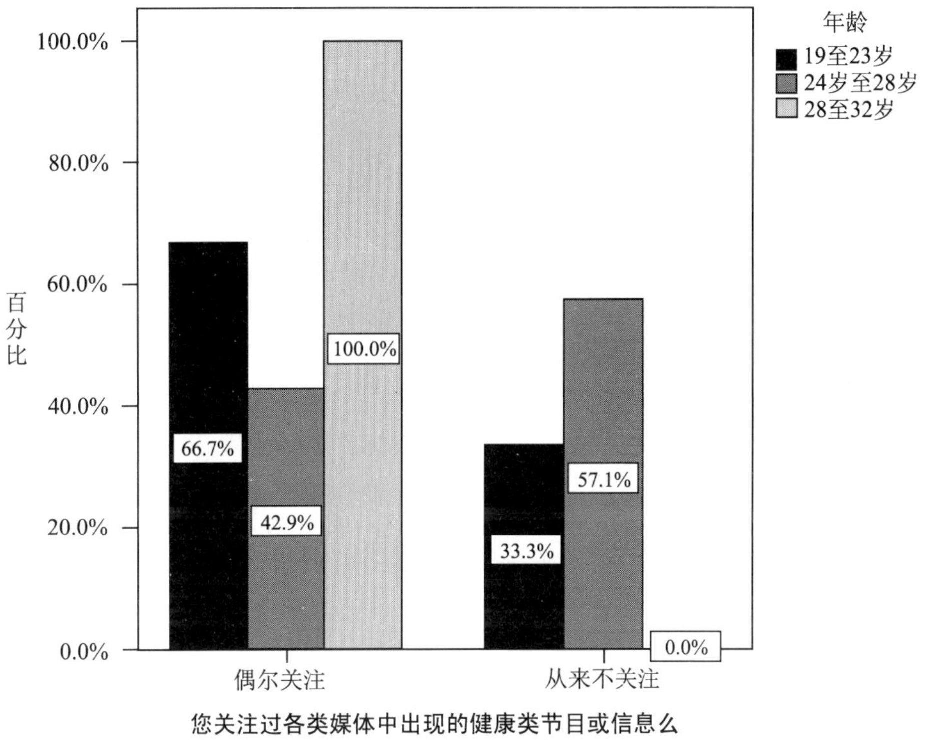

图4　是否关注过媒体中的健康类节目或信息与年龄交叉图

图5所显示的数据为青年人对于极大代表性的健康类报纸的认知程度。数据显示，《养生堂》是青年人最为熟知和了解的健康类节目，有58%的受访者选择了该节目作为自己认知度最高的节目，所占比例为30.4%；其次为网络健康类媒体的“好大夫在线”网站，该网站所占比例为26.1%；作为健康类的纸质媒体，《健康时报》成为青年人最为熟知的健康类媒体。

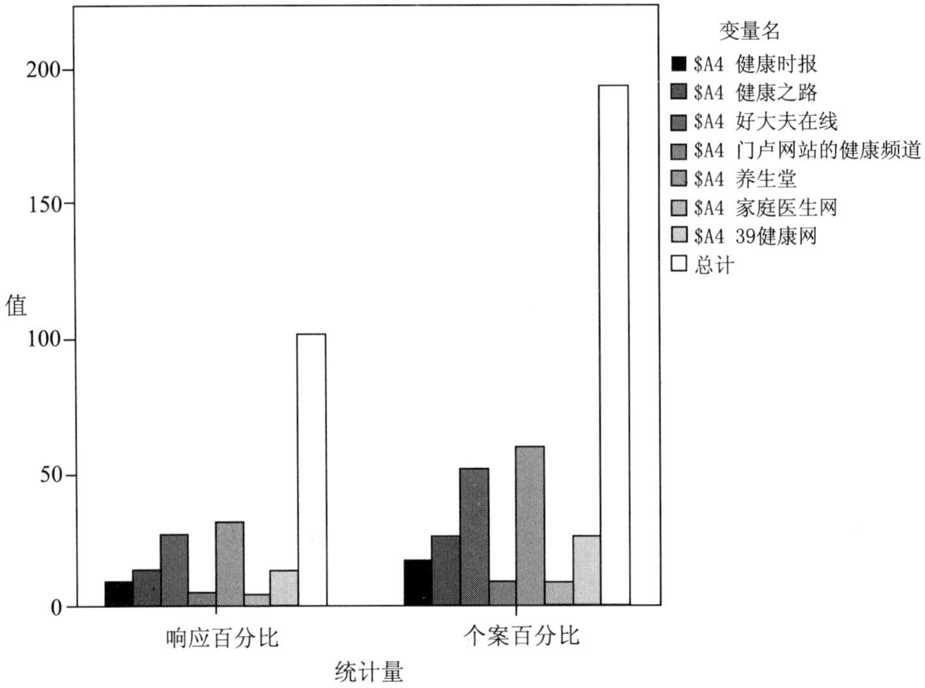

图 5 对健康媒体的认知程度

笔者同时运用态度量表调查了受访者对于现今健康类媒体的整体评价和态度。数据显示，40% 的青年人认为健康类节目与新闻具有科学性，60% 的人认为该类节目确实对健康具有教育意义，但是，将近 90% 的受访者认为，目前的健康类节目缺少趣味性，并且有 50% 的人完全认同或比较认同节目中的多数信息为软广告。同时对于节目内容的选取，受访者也提出了一些想法，74% 的受访者认为报道内容过于关注具体疾病的讲解和治疗，缺少常识的普及；57% 的受访者认为，健康类媒体中所谓的专家之言不可全部相信，这也说明了健康类媒体的权威性正在受到挑战。

通过以上的调查与数据分析，可以看到，现阶段 18 至 32 岁的青年一代，具有自己的想法和辨别力，但同时对于电影、电视剧、综艺等节目类型的关注要远远大于健康类节目。同时，由于青年时期正处于一生中最鼎盛的时期，身体并没有出现大的征兆和不适，因此青年人对于健康的忽视程度也颇令人担心。

二 健康传播与青年健康观建构

（一）《健康时报》中青年健康观念建构的相关文本分析

为了更好地探究健康类媒体在青年健康观念建构方面的作为与作用，笔者对我国健康类专业性媒体《健康时报》中的新闻报道进行了简要的整理和归纳。笔者首先抽取了《健康时报》2013 年 1 月出版的 7 期报纸中出现的新闻，又在每期报纸中抽取可以在官网中阅读的 5 版，即 1、2、3、23、24 版，对其中的新闻内容进行文本分析。

《健康时报》在所抽取的样本中共有新闻报道 78 篇，其中关于青少年健康的报道仅占 9 篇，其中包括养生类常识普及新闻 3 篇。在 78 篇报道中，大部分报道的重心仍然集中在具体病症的治疗上，包括疾病恢复过程中的注意事项等。有 7 篇报道的内容主要关注了女性健康，有 15 篇报道特别关注了老人在换季或特殊时期如何进行疾病的预防。从整体报道来看，其报道对象主要集中在中老年人，对于 30 岁以下的年轻受众来说，接近性不足。另外，在仅有的 9 篇关于青少年健康观念建构的报道中，还有 2 篇与少年儿童相关，总体上对于青年白领阶层的关注十分欠缺。

在《健康时报》的官方微博上，这一现象则好很多，笔者通过对近一星期《健康时报》微博内容的研究发现，该官微的活跃度很高，发布及转发微博的质量也较高。最为重要的是，在微博中，很多内容与青年人，尤其是职场白领、高校学生等健康问题相关。并且官方微博也会经常转发一些错误的健康知识进行辟谣，或转发普及医学知识、病例以及需要医疗帮助的故事，通过官微的影响力来传播健康信息，发挥公共效应。

这一分析结果说明《健康时报》作为中国目前领先的健康类媒体，正在努力地运用新媒体平台将关注点转移到青年人身上，但同时，我们也应当看到，在众多主流健康类媒体平台上，媒体对青年人健康意识培养的缺失。

（二）反思健康类媒体中健康观念建构的相关报道

著名传播学者李普曼曾指出，媒体通过报道和传播信息为大众创造了一个拟态的信息环境，使大众处于一种被媒体构建的社会中，他们在这其中的行为和态度又会影响到真实的社会现实，从而形成信息环境的环境化，不断循环。媒体的议程设置和把关功能都会将信息进行加工后传递给受众，对受众的态度、心理和价值观产生影响。对于健康传播来说，媒体对于某一健康问题或事件的集体关注和报道，必然会引起广大受众和社会各界的关注，同时，他们也会在潜移默化中对人们的健康观念产生重要影响。在当今社会，诸多健康问题围绕着我们，但是我们不能只看到疾病的表象，我们更应该从本质中来寻找问题的关键。健康的身体是一个不断积累的过程，青年时期的无限挥霍和不珍惜，必然会对以后的健康产生影响。当今青年人之所以对自己的身体缺少好好爱惜和保护的态度，除了健康教育的问题之外，媒体也存在着不可推卸的责任。

在现今的健康类报道中，还有许多可以改进的地方。笔者根据现今的媒体发展状况和社会现状，提出以下几点建议：

1. 媒体人应当意识到该议题的重要性，明确受众，细分内容和渠道。媒体人首先应当建立正确的价值观和健康观，对于青年人健康问题高度重视。运用多媒体和新媒介技术，将传播内容分类推广和传播。对于不同年龄段的青年进行不同内容的信息传播。

2. 提高健康传播者的专业素养，减少误导信息，提高权威性。提高传播者的自身素质，减少如不同专家不同说法的现象，对于传播内容具有科学严谨的态度，才能够使受众产生信任感，从而产生态度和行为的改变。

3. 减少说教性质或单纯疾病的报道，风格多样、与时俱进。除了相关医学知识普及等必须采用专业性较强的语言来表达外，对于青年人可以采用更加新颖的语言和语体进行信息传播，在社会热点或事件中寻找突破口，在潜移默化中将健康理念传播给受众。

4. 联合媒体与受众，多进行实际活动与交流。相关媒体与主流媒体可以联合，在高校、公共场所甚至工作地点进行与受众面对面的交流和沟通，使青年人摆脱电子产品以来的同时，切身体验到健康生活方式的好处，从而改变自身的不良习惯，形成正确的健康观念。

参考文献：

[1] 喻国明，路建楠，“中国健康传播的研究现状、问题及走向”［J］，当代传播，2011（1）。

[2] 傅磊，“我国健康传播的健康效应研究”［D］，大连理工大学，2007

年版。
[3] 韩纲，“传播学者的缺席：中国大陆健康传播研究十二年——一种历史视角”[J]，新闻与传播研究，2004（1）。
[4] 谢文芳，“日常生活中健康观念的媒体建构”[D]，华东师范大学，2008年版。
[5] 张自力，“健康传播研究什么——论健康传播研究的9个方向”[J]，新闻与传播研究，2005（3）。

浅析智能手机软件对健康传播的发展

牟文婷

【摘要】

随着现代生活品质的提高和重大突发性卫生事件的频繁出现，健康传播已经越来越被当代社会重视；而手机以其特有的传播优势参与大众传播，在当代大众传播中发挥了重要作用。作为传播学重要分支的健康传播也需要借助手机媒体扩大传播效果。近年来智能手机及其应用软件的兴起，为健康传播提供了一个新的用武之地。本文分析了智能手机软件在当代健康传播中发挥的作用，并对失范之处提出建议。

【关键词】

智能手机　应用软件　健康传播

【作者简介】

牟文婷，女，汉族，中国传媒大学传播研究院 2012 级传播学硕士研究生。

科技的进步带来了智能手机的普及，而随着智能手机兴旺起来的，还有专门为智能手机提供应用软件的第三方软件市场。在软件市场中，除了大热的游戏软件、社交软件，还有一类软件的分类为“健康”。汇集各种健康知识的应用软件，在拓展手机功能的同时，为健康传播提供了一个新的契机，为普通民众提供了方便接触专业健康信息的机会，为健康传播带来了新的发展空间。

一 智能手机软件与健康传播

（一）智能手机及使用现状

智能手机是指像个人电脑一样，安装了相应开放式操作系统，可以由用户自行安装软件、游戏等第三方服务商提供的程序，并可以通过移动通讯网络来实现无线网络接入的这样一类手机的总称。[①]

智能手机具有扩展性强大的第三方软件支持。因为可以随意安装和卸载第三方应用软件，智能手机有丰富的功能。而应用软件市场因其种类繁多和多数免费的特性，使广大智能手机用户可以任意下载。并且，随着智能手机技术成熟、更新换代速度加快，其价格也越来越趋于平民化，其中有些国产智能手机的价格甚至低于500元，智能手机已经越来越宽泛地惠及普通百姓。

（二）健康传播及其在智能手机上的发展

目前，电子市场中的软件分为游戏、系统安全、聊天通讯、网络社区、生活实用、书籍阅读、学习办公、地图导航、理财购物等种类。而健康知识作为大众普遍关心的内容，更成为手机软件开发的一大门类。

本研究选取百度移动应用和豌豆荚两大普及率高的软件应用市场进行分析。分别在这两大软件市场的搜索栏中输入“健康”关键词，出现的软件分别为439个、200个。这些有关“健康”的手机软件，大致可分为：

1. 医疗咨询类：如“好大夫在线”、“快速问医生”、“春雨掌上医生”等，可提供手机网络进行医疗咨询、预约挂号等活动。

2. 个人信息管理类：如“健康闹钟”、“喝水宝”、“化验单查询”、“月经跟踪器”、“戒烟助手”等，通过个人信息的输入、设置，达到了解个人身体状况、进行健康作息提醒的目的，从而在饮食、生活习惯方面得到改善。

3. 健康知识集合类：这一类中又包括三个小分类，第一类主要为大众健康养生知识，包括“家庭医学百科”、“老偏方”、“中医养生”、“全身经络”、“食物相生相克”等，普及中医中药、食疗养生等知识；第二类主要针对特殊人群的健康保健，如“健康宝宝孕周手册”、“老年人健康大全”、“青春期”

① 百度百科，智能手机 http://baike.baidu.com/view/535.htm。

和“两性知识”等；第三类主要针对特别病种的治疗和复健，如“血糖管理”、“视力宝”、“前列腺炎自检”、“深度睡眠”等，对高血糖、近视、失眠等常见疾病的恢复进行指导和帮助。

4. 美容时尚类：如“仰卧起坐教练”、“健康减肥”、“美容养生”、“瑜伽九式”等。

5. 环境定位监测类：如“空气指数”、“噪音计”、“药品通”，通过手机内置软件和GPRS定位，了解自己周围的环境质量，查找周边药店分布。

6. 心理健康类：如“心理健康”、“深度睡眠”、“右脑开发”等，旨在促进受众心理健康。

7. 健康新闻类：如“健康新闻”、“健康时报”，主要向大众传播最新医疗方面的新闻。

8. 其他：如“掌纹与健康”、“五行与养生”、“风水与养生”等。

二 智能手机软件健康传播的利与弊

（一）智能手机软件健康传播的优点

健康类手机应用软件通过智能手机这一普及率高的终端，可以帮助人们形成健康的生活观念和行为方式。健康传播也借助智能手机这一融入大众生活的新媒体，实现“为维护和促进人类健康而获取、制作、传递、交流、分享健康信息”的目的，实现扩散范围和创新采纳的最大化。①

1. 信息终端的移动性与伴随性

作为随身携带的通讯工具，人们在不断扩展智能手机功能的同时，更要考虑其使用的便捷性。如今的智能手机机身小巧，重量只有区区几百克，方便随身携带。同时，在信息时代几乎人手一部通讯工具，手机是一种真正的无时不在的媒体，通过建设完备的无线通讯网络，让受众可以随时随地接受信息。而基于手机的健康类应用软件，就可以随时方便地向受众传达健康信息。

---

① 吕姿之，《健康教育与健康促进》（第二版）［M］，北京：北京医科大学出版社，2002年版，第49页。

2. 信息内容的定制性和互动性

信息的定制性指的是用户可以下载所需要的个人信息管理类软件，如月经周期助手，可以通过输入女性生理期的时间、症状，来获得周期提醒、饮食建议、注意事项等个人化的反馈，从而得到更符合自己身体状况的健康信息。手机软件带来的定制性信息为用户提供了点对点式的个性化健康信息，可以节省时间、提高效率，信息精准、有效性高。同时个人信息会在软件上得以保存，有些软件还提供联网注册服务，使用户即使换了新的手机，原来的信息也可以通过网络转移过去。这样的特性使我们可以通过软件长期记录自己的身体状况，通过软件的统计分析，了解自己的身体状况变化。

手机媒介在传播中表现出了极强的互动性。传播中同时担任传播者和受众角色，可以通过联网使用医疗咨询类软件进行寻医问诊，也可以通过软件平台进行用户经验分享。①

3. 信息载体操作的简单性和灵活性

与电脑等新媒体相比，智能手机及其软件应用的操作更为简单，利用文字、图片、图像、声音、动画、视频等多媒体技术进行传播活动，使健康信息更直观、更生动，通俗易懂。仅需下载安装后，通俗易懂的界面和详尽的操作说明都会帮助用户尽快掌握使用方法。这种特性大大拓展了软件的使用人群，无论是农村务工人员还是中老年人，都可以很快熟悉软件操作。

健康类软件作为智能手机的一个附属性功能，先天具有灵活性的特点。并且手机应用市场健康类软件种类较多、自主选择、下载免费，受制约的因素少。启动便捷灵活，占用手机内存较小且不影响其他功能的使用。当用户的手机处于开机状态时，健康类软件可以通过后台程序工作，并在设置的时间向用户发出健康讯息提醒。

4. 信息受众的广泛性和年轻化

对于任何信息来讲，受众是基础。手机信号具有覆盖面大、使用频率高的优势。根据 CNNI 第 31 次中国互联网络发展状况统计报告，截至 2012 年 12 月底，中国手机上网用户的规模为 4.2 亿，若以比例来看，网民中使用手机上网的用户比例，由上年底的 69.3% 提升至 74.5 %。②

很多用户受工作环境、时间等因素影响，对手机上网的需求远超电脑上

---

① 冯琳，“浅析手机媒介在健康传播中的作用”［J］，新闻世界，2011（12）。

② CNNI 第 31 次中国互联网络发展状况统计报告，http：//www.cnnic.net.cn/hlwfzyj/hlwxzbg/hlwtjbg/201301/t20130115_38508.htm。

网。而且，智能手机用户的年龄主要集中在 18－45 岁，尤其是在年轻人群中，几乎人手一部。随着生活、工作压力增大，越来越多的年轻人开始注重养生保健，而方便快捷的健康类手机软件无疑迎合了他们的需要。

5. 对隐私的保护

从古至今，疾病一直都是一个敏感话题。虽然随着时代的变化，人们对大部分的疾病都持一种包容、开放性的态度来对待，但对于某些疾病或保健知识，人们依旧会感到尴尬和羞耻。如某些心理上的阴暗思想、性行为引发疾病、两性知识等。在这种情况下，手机健康传播环境的隐匿性，为人们对敏感疾病的健康信息的需求提供了良好的场所。当受众有什么难以向人启齿的身心健康问题时，通过智能手机连接网络，使用医疗咨询类软件，匿名寻医问诊，在不泄露信息的同时，对自己的病情有一个大致的了解。或者搜索到相关软件，匿名下载到手机上，随身携带着，若不再需要时，只需要点击卸载，信息就消失。①

6. 手机软件在消除“知识沟”上有积极作用

手机终端价格相对低廉，群体间普及率较高，手机上网现象普遍，具有无可比拟的终端优势。包含健康信息的手机软件使用也很简单，大多是下载到手机浏览，耗费的流量很小，每月上网费用价位较低，以中国移动为例，最低的上网费用一月仅需 5 元。并且大部分软件下载免费。手机及其软件使用的“傻瓜化”趋势，手机制作成本的逐渐下降以及高接触率和使用率，使手机用户可以方便地通过手机健康类软件接触到相对专业的健康知识，减小阶层间差距，相对削弱了“知识沟”。

（二）手机软件健康传播的缺陷

1. 信息的专业性、可信度难以保证

健康类手机软件多来源于商业类内容提供商，其健康传播具有和互联网健康传播一样的问题：健康信息虽内容丰富、广泛，但健康信息缺少专家把关，信息的质量良莠不齐，缺乏专业性和科学性，准确性难以保证，甚至多有相互矛盾之处。由于信息不对称以及专业知识的匮乏，极易形成盲信盲从。另外，一部分软件打着“健康”的旗号，宣传色情和迷信。如很多打着“两性健康”旗号的软件其实多包涵色情信息，而把健康伴之以“风水”、“手

---

① 韩小芳，“以手机为平台的健康传播研究”［D］，河南大学，2012。

相”或“星座”，则多带有迷信色彩。

2. 手机软件有泄露个人信息的风险

手机应用软件层出不穷、繁荣发展的同时，手机木马、手机病毒等各类恶意手机应用也开始出现，特别是近年来伴随手机软件下载市场的崛起，一系列诸如恶意扣费、曝光隐私、僵尸病毒等安全问题也随之而来。①

3. 相关部门监管的缺失

目前手机安全领域几乎是无法可依，还是比照个人计算机领域信息安全在管理。对健康类软件所包涵的信息也没有开展有效监管，从而被一些别有用心的人利用而成为伪科学的传播渠道。针对手机媒体的失范及负面影响，对智能手机软件市场进行管理和规制刻不容缓。

4. 处于市场边缘位置

健康类软件处于市场边缘位置，占软件总数比例小，下载次数少，受手机用户重视较弱。如今的软件市场以游戏、社交类软件居多，从百度移动应用和豌豆荚来看，首页都被游戏软件所占据，而“推荐”、“排行”等应用软件榜的前几页，也都难觅健康类软件的身影。

三　对加强智能手机软件监管和引导的思考

1. 政府加强监管

政府通信管理部门要对运营商和内容提供商加大监控力度，完善行业认证规范标准。专门审查、监管和评估手机软件所提供的医疗机构、医药、保健等方面的信息，包括软件健康信息的权威性、专业性、准确性、真实性、可信度的评估与监督。同时，完善相关法律、提高维权意识也应提上日程。从手机应用下载源头进行安全治理的探索与实践。

2. 技术安全监测

“把关人”缺失使得智能手机健康传播似乎更需要一个“第三方”的介入，进行全方位的监管。我国进行手机健康传播监管时应依靠多方面力量。如一些手机安全软件可以为用户提供专业的个人隐私保护服务，防止用户在

① “手机泄露个人信息：专家称应自主研发操作系统”[J]，中国青年报，2012-11-06。

上网浏览和下载安装应用时误入陷阱，泄露个人隐私。

3. 专家和传统媒体加强引导

健康传播的重要目的在于通过健康信息的有效传递，实现健康行为的改变，从而维护和促进受众健康。因此应该由有正规资质的医学专家顾问团为内容提供商制作健康类软件时进行把关定向，以保证传播内容的科学准确。专家、传统媒体同时也要及时发现健康类软件的专业性问题，发布正确健康信息，澄清大众误区，也可通过制作应用软件来传播健康信息。

4. 软件开发者加强自律

要加强移动互联网行业的自律工作，健全手机应用安全公众监督机制，保障广大网民的权益，从而推动移动互联网绿色健康的发展。健康类软件开发者要为自己发布的健康信息负责任，如果所提供的健康知识存在问题，并对用户的健康造成损害，则应受到法律和道德上的惩罚。

四 结 论

随着经济的发展，生活水平提高，人们对自身健康的关注日益增强，越来越倾向于主动寻求健康知识。报刊、广播、电视等传统媒体由于其运作机制和自身特点的限制，已远远不能满足人们对于健康信息的需求。健康类手机软件以免费、伴随性等特点，在流动性高、空闲时间相对较少、手机依赖性强的用户群体接触健康知识方面，扮演着越来越重要的角色。

小到一个社区，大到一个国家，要想有效地提高民众的生活质量和健康水准，必须将最先进的医学研究成果及时地转化为尽可能普及的大众健康知识。健康类手机应用软件通过智能手机这一普及率高的终端，可以帮助人们形成健康的生活观念，养成健康的行为方式。健康传播也借助智能手机这一融入大众生活的新媒体，实现扩散范围和创新采纳的最大化。健康类手机软件在医学研究成果转化为大众健康知识过程中越来越成为必不可少的中介和桥梁。

大学生使用社交媒体的特征分析及其媒介素养提升建议

左纤丽

【摘要】

本文以大学生使用社交媒体的现状为研究对象，从动机、态度、参与、认知四个维度总结大学生群体在新媒介迅速发展的大环境下所表现出来的社交媒体使用特征，如注重娱乐、人云亦云、参与不够深入以及批判认知需加强等。根据这些特征，笔者认为大学生要综合提升媒介素养的能力，不仅其自身需要努力，社会各方也需加大关注度与支持力度。

【关键词】

社交媒体　大学生　媒介素养

【作者简介】

左纤丽，女，汉族，中国传媒大学传播研究院 2012 级传播学硕士研究生。

如今媒介环境日新月异，相伴而生的是各种新名词，如新媒体、新新媒体、自媒体、全媒体、白媒体、第五势力、社交媒体、社会化媒体、社交网络等。不同的学者对媒介变化的新动态有不同的定义，可谓百家争鸣。变化和定义都是相对的概念，最主要的是要把握当下的形势。有学者认为如今以互联网、手机媒体为代表的新媒体已经成为了主流媒体；而且在不久的未来，手机媒体将超越第一代有线网络媒体，成为新媒体的主流。①

---

① 匡文波，“新媒体是主流媒体吗？——基于手机媒体的定量研究”［J］，国际新闻界，2011（6）。

一　社交媒体概念解析

社交媒体是一个从国外翻译过来的词汇，其英文是 Social Media。要追溯社交媒体的概念，需要从国外社交媒体的相关发展历程来探讨。社交媒体的开创者是一个名叫 SixDegrees 的网站。[①] 这是 1997 年成立的一个比较简单的向用户发送站内信件的网站。从网站名字我们可以联想到社会心理学家斯坦利提出的六度分割理论，即：你和任何一个陌生人之间所间隔的人不会超过六个，也就是说，最多通过六个人你就能够认识任何一个陌生人。这就是六度分割理论，也叫小世界理论。[②] 而社交网络的形成、社交媒体的发达也正是因为与这样一种思想相契合。

如今 Facebook 风靡全球并统治了 127 个国家，可见这种真实化的社交网络形势不可阻挡。从广义来说，社交媒体除了专业的社交网站外，还包括博客、视频网站、论坛等一系列有大量用户参与的网络社区和平台，用户既贡献内容，又参与传播并消费内容。[③]

关于什么是社交媒体，如今学界也没有一个十分确定的定义。如百度百科上所说："社交媒体（Social Media），也称为社会化媒体、社会性媒体，指允许人们撰写、分享、评价、讨论、相互沟通的网站和技术。所谓社交媒体应该是大批网民自发贡献、提取、创造新闻咨询、然后传播的过程。"外国学者 Sean Carton 从社交性和媒体性这两个维度对社交媒体做出了一个定义："社交媒体是方便人们使用信息和数据、促进交流的技术"，他认为新媒体只不过是新瓶装旧酒。

将概念简化，回归到真问题的本质，笔者认为社交媒体的核心是方便人的沟通，而不断发展的技术也证明了人类追求沟通的便捷性。不管智能手机、平板电脑多么发达与普及，最终所达到的效能是依托这些硬件的便捷性，达到方便人们的生活与交流的目的。

从中国的新媒体历史发展来看，90 年代后期 QQ 交友平台、BBS（论坛）

---

① 赵洁，"论社交媒体——基于'受众'视觉"［D］，武汉：武汉大学文法学院，2010。

② 同上。

③ 同上。

开始风靡，大学生们开始较少使用书信联络等传统交友方式。21 世纪以来，人人网、博客等进一步丰富了大学生的生活。2010 年新浪微博的强势突起，把中国的社交媒体带入了一个新的时代。2012 年又出现了一个非常流行的即时通信社交软件，就是腾讯公司推出的微信。就大学生而言，其作为社交媒体使用主体的一支主力军，可谓天时地利人和。一是时代的发展，技术突飞猛进，各种软件应用及载体的开发让人目不暇接。二是大学生思维活跃、接受能力强，社交需求多，所以这一群体是社交媒体发展推动的一个主要群体。

那么对于这样一个有活力有潜力的群体，他们在使用社交媒体的时候具体表现出什么样的特征，又会带给我们什么样的思考和启示，笔者认为是一个值得探讨的问题。

二 大学生使用社交媒体的特征总结

（一）休闲娱乐成主流

大学生使用社交媒体的动机或者目的是比较多元的，如了解新闻与资讯、搜索学习资料、消磨时间、人际交流等，其中比较突出的一个目的就是休闲娱乐。主要表现在听音乐、看视频、聊天等方面。有调查资料显示有接近一半的受访者表示出对娱乐休闲类信息的浓厚兴趣，折射出当代社会和大学生的一种生活状态及观念。① 从马斯洛的需要层次理论来看，娱乐以及社交的情感需求是个人生活必不可少的一部分。但是我们需要警惕的是任何事情都会有一个度，在消费时代、大众娱乐的大环境背景下，社交媒体的便捷性无疑会给娱乐动机提供肥沃的生长环境。

此外，社交媒体个性化的特点，为大学生提供了用武之地。对于大学生而言，他们既可以扮演信息传播者又可以扮演信息制造者。个人发布信息的方式呈现多样化，不仅可以编写文字，也可上传相片、音频与视频，丰富的发布方式能够更好地展示自我，传播的内容也更为丰富。同时，用户能够自主设置平台模板，社交媒体的应用平台提供许多个性化的应用选择，用户可

① 覃川，王磊静，张嵩印，刘浩宇，“当代大学生媒介行为和媒介素养实证研究”[J]，当代传播，2007（4）。

以据此打造独特的个人平台。[①] 由于互动和分享，极大的增强了受众的娱乐感。当受众的娱乐感提升，其对社交平台的依赖度也会随之增长。

此外，中国社交媒体的一个本土化特征就是，线上关系网与线下关系网的相似度较高。正如费孝通所说，中国是乡土化的社会结构，人际的关系就如同一颗石子投入水中后形成的波纹。所以人人网、QQ 等平台都是以现实生活中较稳定的人际圈为发展基础，微博这样的弱关系平台也带有明显的个人展示与交流的特征。因此，线上线下相类似的人际圈可增加使用者彼此的信赖感，提升互动的热度以及丰富交流的内容。在这样一种关系网的驱动下，互动效应十分明显，因此口碑营销也成为商家不二的选择。或许透过娱乐特征的表面，我们更应该看到商业利益的勾连。

（二）圈子效应较明显

大学生使用社交媒体的态度主要表现在两方面：一是大学生对社交媒体的选择态度，二是针对社交媒体中的内容所表现出来的态度。这两者都受到社交媒体的关系性、群体性特征的影响。从其对社交媒体的选择来看存在一种“圈子的效应”。周围的同学都上人人网，自己也上人人网；周围的同学都聊微信，自己也开始微信。此外，在载体和平台的选择上智能手机是一个发展趋势，使用三星和苹果终端的人越来越多。在现实与虚拟的环境越来越融合的背景下，这或许是一种发展趋势，大学生以其敏锐的适应能力顺应时代的发展，这也是属于一种积极近用的态度。但在具体的社交媒体使用过程中，比如对某些信息进行判断，由于受群体性特征的影响，人云亦云的现象比较严重。

在新的媒介环境下，我们必须认识到群体传播的风险性、集体性的态度会影响大学生整个群体的情绪。新媒介的传播风险根源于群体传播，而非媒介本身，但是新媒体的特性纵容了群体传播，尤其当人际传播和群体传播互相发挥作用的时候。网络中的人际关系有自己独特的特征，一是包括自己非常熟悉的朋友同学等，二是维系了不经常联络的“熟人”圈子。所以表现的是一种强弱关系的融合，而一种弱关系的特征要更加明显。

以谣言的传播来举例说明，2011 年 3 月的日本地震所引发的中国民众抢

---

① 赵洁，“论社交媒体——基于‘受众’视觉”［D］，武汉：武汉大学文法学院，2010。

盐事件就是一例。当微博上刚出现地震可能引发盐荒的信息时，由于信息源的不确定性，大家不会相信这样的谣言。但是当人际圈子中自己熟悉的人@你转发这样的信息，信息源确定，你的立场可能就会动摇。这样一种口碑连锁的反应最终会引发情绪的不稳定，从而引起恐慌，参与抢盐。这就是人际传播与群体传播的共同作用从而引发的一场危机。当然大学生基本素养较高，对于这类的谣言会有一定的判断能力。但是这种群体传播的机制与社交媒体特性的结合确实值得注意。尤其大学生中很多群体都有自己的微博，要防止此类的群体性事件的发生，避免发生群体情绪波动的恶性事件。

（三）浅尝辄止不深入

从参与的角度来分析大学生的社交媒体使用情况，即主要探究这一群体介入信息生产的行为。媒介参与的内容十分广泛，从提供新闻、表达观点、到娱乐投票，从单纯爆料、到个体维权、再到服务公益。但其共性都是超越简单“媒介使用者”的角色，更积极地利用媒介，对媒介内容施加某种程度的影响。[①] 如今大学生媒介参与的情况确实不容乐观，在微博平台上大部分同学只是进行简单的转载与评论，在真正提升自我和促进社会进步方面参与的行动少。讨论的话题也多是生活琐事、时事新闻、明星影视等，喜欢“晒 ”原创的记录或图片，这些行为举动一定程度上满足了大学生的虚荣心，弥补了大学生现实生活中归属感的缺失。但是大学生的新媒体社交很多时候都流于表面，限于虚拟的“浅尝辄止”的互动关系。[②]

这一参与现状与之前的娱乐动机也是相联系的。探究其原因，首先与社交媒体融合性的特征相关。随着数字科技的快速发展，社交媒体融合了许多不同的媒体，如微博客、流媒体、IM 播客等。这样的融合使其成为一种音视频及文本兼具的综合性媒体，同时使人们使用社交媒体变得随时随地，人们能够更自由地参与到社交媒体之中，享有随时随地投身其中的乐趣。[③] 这的确为大学生的娱乐动机提供了便利。

另一方面，社交媒体传播信息的碎片化、快餐式的特征也不利于大学生

---

① 陆晔，周葆华，“从媒介使用到媒介参与：中国公众媒介素养的基本状况”［J］，新闻大学，2008（4）。

② 李荔，“论新媒体对大学生社交的影响”［J］，赤峰学院学报，2011（12）。

③ 赵洁，“论社交媒体——基于‘受众’视觉”［D］，武汉：武汉大学文法学院，2010。

的深入参与。以阅读信息的方式转变来分析，纸媒时代的阅读本质上是一种深度阅读体验，它崇尚的是人们在对经典的反复阅读、揣摩、思考、探寻中培养人类理性思维和积极向善的能力，它试图寻求的是一种支撑人类不断向前发展的永恒的力量。新媒体则反之，新媒体阅读本质上是一种快餐阅读，它的表达方式决定了它在某种程度上是典型的浅阅读。[①] 大学生作为社会的精英群体，不可在这一环境下丢失自己的批判能力与思考能力。

（四）批判认知需加强

就传播的功能而言，大学生普遍能认识到媒体的重要性。据调查显示，在选择媒体具有哪些重要功能时，“传播信息”毫无疑问地高居榜首，紧随其后的是“舆论监督”，再其次是“娱乐消遣”、“倡导思想理念”和“传承文化”。这说明大学生明白媒体主要的功能在于传播信息与监督社会。

“但现代社会这种娱乐化的导向又导致了认知与参与行动的不协调。而且新媒体去权威化、去中心化的特征又在某种程度上消解受众已有或者正在形成的认知和判断能力。没有了权威的引导和说教，在爆炸性的媒介信息面前，受众更像一个无所适从的孤儿”。[②] 大学生若长期处于这种虚幻又逼真的世界，失去自我评判，不能形成正确的认知，将会导致非常严重的后果。

之前提到的群体效应也能反映这一点，受到态度和情绪的影响，认知问题产生偏差，再加上“沉默的螺旋”效应的影响，可能产生严重的后果。2012 年比较热议的一部电影《搜索》就表现了这种情况。女主角不让座事件导致了网民对她的人肉搜索，她的种种隐私曝光于众，女主角在极大的压力之下最后跳楼自杀。电影所表现的悲剧故事其实也反应了社会现象，社交媒体所带来的围观效应并不小于电影所呈现的杀伤力。大学生在受到良好的教育后，更应该在微博等平台上谨言谨行，对待各类事件需建立起正确清晰的批判性认知。

三 大学生社交媒体使用特征对提升其媒介素养的启示

从以上四个方面可以看出，随着社交媒体的流行，大学生群体使用社交

---

① 张苑琛，“新媒体时代媒介素养研究的转向”，［J］探索与争鸣，2011（8）。

② 同上。

媒体的能力也需要得到提升，如此才能更好地认识、参与媒介，也只有这样，才能引领时代的进步。上述四个维度也属于媒介素养研究的范畴，所以总的来说要提升大学生的媒介素养水平。问题可能在于如何提升，采取什么样的办法。

对于这一问题，学界、实践者都在摸索中前进。概括来说一是开设媒介素养教育课程。高校应该将新媒体素养教育纳入学校素质教育范畴，通过组织新媒体知识讲座和开设选修课，普及新媒体知识，将新媒体应用渗透到有关课程教学中，使媒介素养教育成为高校的通识教育和公共教育。[①] 第二就是培养专业的师资队伍。我们可以借鉴加拿大或澳大利亚等媒介素养教育成熟国家的教育理念和教育方法，由一些媒介素养研究机构或者著名大学的新闻院系提供媒介素养教育的专业培训和资格认证，以缓解师资匮乏的现状。[②]

从大学生角度来看，要坚持内外兼修。对于自身，要评判什么样的信息有利于提升自己，要提升自己的公民意识，树立正确价值观，做出积极正确的行动。

还有观点认为要健全校园新媒体信息的监管机制，加强新媒体的特征研究。媒介素养的提升的确需要多方的努力，也需要时间来探索，最重要的是把握当下的媒介环境，还要有一定的前瞻性。笔者认为，媒介素养最主要的是一种能力的培养，要服务于我们的生活。历史的车轮滚滚前进，如果做一个类比，过去人们用羊皮纸、石板书传递信息进行交流，今天人们用各种高科技的载体平台分享信息，相似之处就是它们都包含了一种媒介素养能力。从更深层的影响来说，一个好的方向是构建一个更好的社会，而青少年更是推动社会进步的动力。

---

① 张军，“新媒体环境下的大学生媒介素养教育” [J]，重庆教育学院学报，2010 (9)。

② 郑丽，“新媒介时代大学生媒介素养的培养和提升” [J]，新闻知识，2011 (4)。

从传播学角度看网络暴民到现实暴民

——以钓鱼岛事件为例

郑颖雪

【摘要】

网络暴民是近几年网络文化中的一个重要现象，而钓鱼岛新闻引发的事件中，暴民现象从网络走向了现实社会，本研究对暴民群体产生的时代背景和原因进行分析。通过研究分析，指出网络暴民群体是因特殊事件而形成的一个暂时性的群体，而现实暴民一定程度上是一个群体从网络到现实的扩大化，都是群体性行为。同时指出不仅现实暴民群体的负面影响应该引起社会和政府的重视，网络暴民同样应得到重视，以防因为突发事件从网络扩大到现实。

【关键词】

网络暴民　暴力活动　群体行为　现实暴民

【作者简介】

郑颖雪，女，汉族，山东师范大学文学院 2011 级新闻与传播学硕士研究生。

近年来，随着社会不断朝着多元化和高科技化发展，社会上出现了一种新的网络群体——“网络暴民”。他们不仅在网络上恶语相向，还总是通过“人肉”等手段，由虚拟的网络世界转移到现实生活中，形成“现实暴民”。不知情的网民常常是“宁可信其有”，用“道德审判”给当事人造成巨大伤害。《纽约时报》、《国际先驱论坛报》和《南德意志报》等欧美报刊曾相继刊发报道，质疑中国网民的做法是对个人隐私权、情感和生活方式选择权等的严重侵犯，激烈抨击中国网民的“暴民化”现象。

一 “暴民现象”及其成因

（一）暴民群体的特征

目前学界并没有专门的文章对网络暴民的概念进行详细论述，基本通用的定义是中国新闻研究中心的报告中指出的：“网络暴民是指有以下共同行为的人群：恶意制裁、审判当事人并谋求网络问题的现实解决；通过网络追查并公布传播当事人的个人信息（隐私），煽动和纠集人群以暴力语言进行群体围攻；在现实生活中使当事人遭到严重伤害并对现实产生实质性的威胁。”

2006 年，《三联生活周刊》第 4 期大篇幅地提到网络暴民一词。它解释说，“网络就是街头，聚合着无数人，但这些人还没有形成一个群体，一旦某个事件激起大家的兴致，他们就从旁观者变成了行动者。他们搭建自己的街垒、法庭、断头台，因为有意识人格的消失，无意识人格的得势，思想和感情因暗示和相互传染作用而转向一个共同的方向”。而现实暴民则真实地聚集在了现实的街头，因为某个事件，例如“钓鱼岛事件”激起了大家的兴致，人群从旁观者变成了行动者，在群体中丧失了有意识的人格，做出了过激的事情。

在研究群体心理学的经典著作《乌合之众》中，勒庞几乎是以批判的眼光来看待这种心理群体的，例如群体的暴力行为，群体的非理智行为等。他首先从心理学的角度对群体进行了定义，他认为，“在某些既定的条件下并且只有在这些条件下，一群人会表现出一些新的特点，它非常不同于组成这个群体的个人所具有的特点。聚集成群的人，他们的感情和思想全都转到同一个方向，他们的自觉的个性消失了，形成了一种集体心理。”暴民群体在当今的研究中一般看来也是如勒庞眼中的群体一样，“冲动，缺乏理性、夸大感情”。他们的特征可概括为：

1. 暴民群体是临时性的，不具有长期影响力

不管是网络上的暴民还是实体的暴民群体，他们平时并不相识并无交集，只是因为某一事件，对某一问题感兴趣而临时凑到一起，例如“铜须”事件中，是因为对出轨这一行为的声讨，一众网友积聚成群形成了网络暴民；而

在钓鱼岛新闻引发的打砸抢事件中，街头游行示威的群众中激进的分子因为对日本的仇恨或其它不良情绪，临时组成打砸抢队伍，打完之后和打之前相互之间并不认识。

2. 暴民群体的组织是散漫的，一拍即合，转瞬即散

所有暴民群体的聚合一般都是自发的，更多的是偶遇式的，看到了感兴趣的帖子就进来发表一些过激言论，或者看到一些会引起愤慨的行为或物品就加入一起行动，于是形成了暴民群。但是，散漫只是指这个群体中个体的组织性和联系性，这并不代表其行为以及目的的散漫，大多数情况下他们的目的和行为是一致的。

但是随着临时性群体的解散，他们逐步恢复为个体的时候，这种心理上的快感又会很快被空虚感、恐惧感取代，并且等待着他们的是法律的惩罚和内心的谴责，因此他们其实是得不偿失的。

（二）“暴民现象”形成的原因

不管是网络暴民还是现实暴民，他们成为群体的原因虽有虚拟与现实的差异，但从根本上看来却有诸多相似之处。

首先，素质低下引起的对正义的误读。古往今来，正义一直是中国人追求的重要道德标准之一，但是正义有着一张普洛透斯似的脸，变幻无常，随时可呈不同形状并有极不相同的面貌，而每个人的心中对正义都会有不同的理解。在目前这个物欲横流的现代社会，大多数人并不是追求事实的真相，只是单纯以自己内心最朴实的道德良心作为最后一道防线。就在追求自己的正义观、充分享受“透明度”给自己带来满足感的同时，那些渴望受到“隐私权”保护的公民却遭到了极大的人身伤害，也使整个社会秩序陷入了一个狂热而又混乱的地步。同时在追求自己认为的正义的过程中，许多人却懒于思考，以自己最感性的认识作为事实，并以此简单发表自己的见解，以为这样就实现了自己的人权。

其次，国人存在对个人权利的漠视。中国自古就存在国家、集体大于个人的认知，这种观点在封建社会被屡屡灌输并在文革期间达到了最大化。虽然近几年个人权利得到极大的重视并写入法律，但是人权法律化并非仅仅将人权用法律加以规定那么简单，人权法律化应该是明确规定侵犯人权所应承担的法律责任，使其具有震慑力，才能真正达到保护的效果。人权法律化不仅仅是出于人权没有得到切实的保障，还取决于人权的内在特性，而且也符

合人治走向法治的客观发展规律。

第三，个人对国家、法律、社会力量的极大不信任。生活中出现问题时，人们想到的不是求助于法律或是行政力量，而是通过在网络上自发组织拼凑成临时的群体，通过这样松散的群体向某一方施加压力求得问题的解决。这不能不说是国家、法律、社会的悲哀，人民是怎样一种失望才会产生这种求国家不如求同胞的心态。此时，网上或现实中聚集起来的大量群众有的是为了维护心中的公正，有的则是从众附和，达到一定数量时重要的就不是真相，而是群情激奋的状态，随之而来的人不会深究真相是什么，而是被这种情绪所感染，进入一种集体无意识中，此时个人的行为就全部受集体领导控制，个人再也难以控制自己的所作所为了。

第四，经济利益或个人心理上的满足感。对于网络来说，点击率就是网站经营的生命线，只要你点击，就能给网站带来经济利益。暴民群体的产生扩大了事件的影响力，同时也增大了其在网站的影响力，因此，在网站中多爆出几个具有吸引力的事件，对网站来说是有利可图的，它们乐得看见暴民们在网上打得不可开交，甚至可能策划类似事件牟利。

钓鱼岛新闻引发的打砸抢事件中，虽然街头游行的人们大部分遵纪守法的文明游行，但是一旦出现个别煽动者进行破坏活动，人群就会瞬间被点燃，所谓的暴民们有的砸车，有的毁店，有的甚至打人。表面上看这些人并没有得到实质性的利益，但是他们通过暴力行为得到了心理上的满足感，这种心理上的满足感带给他们的快感甚至比给予他们物质上的奖励更让他们愉快。

二　钓鱼岛打砸抢事件中“现实暴民”与“网络暴民”的关系

2012年9月初，日本政府不顾历史事实和国际法理，作出“购买”钓鱼岛的决定，严重侵犯了中国主权，也严重损害了中日关系，引起全中国人民的强烈愤慨。随着钓鱼岛事件在大陆和港澳台地区持续升温，先是出现“国民抵制日货”的高潮，在大陆很多城市更是出现多起非理性游行，在某些大城市甚至发生打砸抢事件，如西安和长沙等地，一些日本人控股的商场和店铺遭遇砸抢，不少行驶或停放在街头的日系车被捣毁。这些人以爱国的名义，成为了暴民，干下了害国的勾当，此类行为对日本政府和右翼势力毫发无伤，却给无辜的同胞造成财产损失，给国家和民族招来白眼和耻笑。

这些暴力行为与网络上形成暴民的情形有着极大的相似之处，网络上百度贴吧关于“钓鱼岛”共有主题69760个，贴子1026971篇，会员83898位。其中充斥着关于钓鱼岛问题的争论，对日本的态度，网民之间的对骂，对于打砸抢行为的支持与反对，言辞激烈，如果语言能成为武器，相互之间的措辞即可以置对方于死地。打砸抢事件一定程度上可以看做是已经大量出现的网络暴民现象的现实版，只是攻击和暴动从虚拟的网络中走向了现实，武器从语言文字变成了拳头铁棍，成为了现实中的打砸抢烧。

任何有常识的人都知道“打砸抢”属于严重的违法犯罪行为，可是为什么当许多人聚集在一起的时候胆子就都变大了，变成了暴民？这样的暴民行为不仅在中国存在，国际上群体性“打砸抢”事件，近几年也是屡见不鲜。例如，去年的“英国伦敦骚乱运动”，“美国占领华尔街”运动。因此，此事件不能简单归结为中国人素质低下。

三　对解决暴民问题的一些思考和建议

一是管理层面。政府发挥好“把关人”作用，加强对于网络言论和登记的管理，实行实名制，加强技术环节的把关和管理。

政府部门应努力提高自身行政能力水平，改变自己发生偏差的执政思想和传统的执政方式，学会灵活地处理公众事件和应急措施。既然网络是一个自由的平台，那么政府也可以在上面发布权威信息，向广大社会民众提供客观现实和真相，并且做到迅速、客观、全面。打好“网络平台”这张牌，积极与“网络暴民”作斗争，向公众展示一个公信力强、为人民服务的形象是当前政府应努力达到的目标。

而在现实生活中，对大规模集体活动进行有效的管理与疏导显得尤为重要。集体游行等活动需要有专人进行严格管理，如心理学专家全程跟踪等，保证文明有序游行。

二是立法层面。法治社会是中国社会发展的必然，应该加快关于网络侵权的立法、游行示威等群体性活动的立法，加强执法的力度。尤其需要完善相关法律法规的细节，不能有任何漏洞可钻，以免少数人抓住漏洞故意煽动不明真相的群众而引起麻烦。

法律完善了，当出现自己难以解决的问题时就可以更多地求助于法律和社会，而不是借助群体的力量。取得群众对法律和制度的信任是避免网络暴民事件产生的重要方法。

三是教育层面。应当加强教育，提高全民素质，并增加消释社会压力的通道，以缓和社会环境。道德的力量，舆论的压力对于每个生活在社会中的人都有重要的影响力，道德是一种强大的力量，它润物无声，是国家发展、社会和谐的重要因素，在物质文明高度发达的今天，更应该通过教育，重新用道德的力量感召我们每一个人。

参考文献：

[1] 勒庞，《乌合之众》[M]，北京：中央编译出版社，2005年版。
[2] 沃尔特·李普曼，《舆论学》[M]，北京：华夏出版社，1989年版。
[3] B. 瑞文，J. 儒本，《社群心理学》[M]，福州：福建教育出版社，1993年版。
[4] 郭良，《孤独的狂欢》[M]，北京：中国人民大学出版社，1998年版。
[5] 曹林，《群氓的时代》[M]，北京：新华出版社，2002年版。
[6] 埃里克·霍弗，《狂热分子》[M]，北京：清华大学出版社，2001年版。
[7] 王炎龙，《网络语言的传播与控制研究》[M]，成都：四川大学出版社，2009年版。

挣脱“哈哈镜”，重塑新形象

——从日本媒体关于对中国共产党十八大的报道探究对日传播策略

杨宏明

【摘要】

中国的不断强大在一定程度上冲击着一些传统强国的地位，而有些国家往往不能积极看待这样的事实，表现在媒体上就是把中国的形象放在“哈哈镜”下，在一定程度上误导了世界民众对于中国的了解。本文将通过分析《读卖新闻》在中国共产党十八大期间的涉华报道，针对性地寻找和把握对日传播过程中的问题，提出改善中国媒体对日传播的方法，从而使中国形象摆脱日媒的“哈哈镜”，还给日本民众一个真实的中国 。

【关键词】

十八大期间日本媒体涉华报道对日传播

【作者简介】

杨宏明，男，汉族，中国传媒大学传播研究院 2012 级国际新闻硕士研究生。

一　日本《读卖新闻》对于中国共产党十八大的报道与分析

（一）事件背景

中日两国作为一衣带水的邻邦，在漫长的文明发展史中经历过各种错综复杂的双边关系。有过相互借鉴，有过友好往来，当然更有过近代以来两次大规模的战争。而在当今世界形势之下，中日两国更是亚洲地区乃至世界范围内有着重要影响力的大国。近年来，中国综合国力不断提升，而日本的经济发展却因为国际金融危机、3·11大地震等影响不断恶化，面临着继续失去“一个十年”的危险。而随着中国GDP总量超越日本跃居世界第二位，日本人的“岛国根性”使他们无法正视这种挫败感，转而对中国产生一种嫉妒心态。而这也诱发日本国内出现各种歪曲中国的不和谐声音。所谓的“中国威胁论”以及中日之间的历史遗留问题等，都成为影响两国关系健康发展的巨大障碍。而迫于国内右翼势力的压力，野田政府在2012年9月11日一手策划了“购岛”的闹剧，将中日关系推向谷底。中国政府在第一时间给予了有力的回击，但是民间出现的一些不理智的行为也给了日本政府利用媒体抹黑中国的可乘之机。

而此时也正值中国共产党的十八大召开之际，作为中国未来发展方向的风向标性的事件，它自然也受到了世界媒体的关注。日本媒体所关注的，自然是党中央新一届领导人将如何对待钓鱼岛问题。在这一过程中，中国的形象是如何反映在日本媒体的镜像之中的呢？笔者重点关注了《读卖新闻》在十八大期间的涉华报道来做分析。“《读卖新闻》是日本的第一大报。而从政治倾向上来看，该报纸的观点是相对客观的。”①但是即便是这样一份影响力大，自诩为“客观公正”的报纸，在十八期间的涉华报道也十分耐人寻味。

(二)《读卖新闻》十八大期间涉华报道内容分析

11月4日该报刊发题为《习近平祖籍村庆祝氛围浓重》的报道。这篇报道中说：“习近平成为下一届中共领导人早已是板上钉钉的事实。而在他的家乡早已开始了提前的庆祝。自从习近平在十七大当选政治局常委之后该村就开始了各种庆祝。而村民更是从2009年起就筹集各方面资金花费65万元兴建习氏一族的纪念堂。”② 这一篇看似客观阐述事实的报道在字里行间无疑不透露出一个信息：那就是中国的领导人崇拜情节严重，进而隐射中国国内的民主政治问题。

如果说上一篇报道还是旁敲侧击的话，那么在2012年11月9日即十八大召开的的第二天，该报有关阿坝藏族自治区僧人自焚事件的报道就可谓是赤

---

① 百度百科，[EB/OL]，http://baike. baidu. com/view/323430. htm。

② 读卖新闻，[EB/OL]，http://www. yomiuri. co. jp/world/news/20121104-OYT1T00389，htm? from = popin，2012-11-4，14时18分。

裸裸地对中国的形象进行抹黑。文章说“藏族聚居区域自2009年以来接连发生以抗议示威为目的自焚事件，但是在两日内连续发生此类事件还是首次。在世界聚焦的十八大召开期间进行这样的举动，抗议中国政府的意图明显。而此次事件造成三位僧侣死亡，同时在青海也发生了类似事件，造成一名女性牧民和一位18岁男子死亡。”① 我们应该看到的是文章并没有清楚地指出这几起案件的真正原因和真正的操纵者，反而刻意强调这几名死者的普通身份，其目的无非是继续指责中国的人权问题。

而在十八大闭幕时，《读卖新闻》更是刊发题为《胡锦涛强调要坚决捍卫海洋权益》的报道，目的就是为了向外界传达中国对于争端问题表现强硬的信息。而提到的“海洋问题”自然也包含中日之间的钓鱼岛争端。“在胡锦涛的报告中提及的所谓‘海洋权益’包括日中之间的钓鱼岛争端问题以及与东南亚一些国家在南海上的领土争端。而从他的报告中我们也可以看到中国政府依然以强硬的姿态来处理这些问题。同时，胡锦涛也强调中国将在2020年实现军事上的机械化和信息化，特别指出要重视海洋、宇宙和外层空间的发展。”② 这样的报道对于日本民众和世界民众来说本身就是一种误导。中国的形象在不了解真实情况的受众心中，被刻画成了一个强硬对外扩张的大国形象。

另一方面，《读卖新闻》还报道关于党内政治集团斗争的相关新闻。这看似是在向受众爆一剂猛料，用异常真实的情节刻画让受众信服。但是，仔细分析其背后的用意，就会发现其险恶用心。

通过这几个典型事件的报道，我们可以大致看出《读卖新闻》涉华报道的偏激。在他们的报道中，中国的正面形象很少提及，但是负面形象却早已深入人心。不得不说，经过这一“哈哈镜”的反射，中国在世界的形象严重受损。

（三）《读卖新闻》涉华报道倾向性分析

综合之前的内容分析，呈现在《读卖新闻》上的中国共产党十八大这一盛会的形象在一定程度上被歪曲了。这段时间《读卖新闻》的涉华报道，向受众传达出的信息就是：中国是一个不太民主的国家，人权状况不如意；中

---

① 读卖新闻，[EB/OL] http://www.yomiuri.co.jp/world/news/20121109-OYT1T01116.htm?from=popin，2012-11-9，20时34分。

② 读卖新闻，[EB/OL].http://www.yomiuri.co.jp/world/news/20121108-OYT1T00682.htm?from=popin，2012-11-1，13时50分。

国的政治腐败严重，同时中国处理国际问题态度强硬，国家的对外发展战略是一条对外扩张的道路。

而这一系列的报道所带来的负面影响，最直接的就是使得日本民众对中国的误解进一步加深，也间接导致日本民众对中国的好感度下降。与其说日本媒体用报道呈现出镜像中的中国形象，不如说这种中国形象是被“哈哈镜”歪曲了的形象。而面对这样的情况，我们的对日传播工作就显得尤为重要，中国新闻走出去也就表现得更为迫切。

二 中国媒体对日传播的必要性和可行性分析

一直以来，受国内和国际形势的影响日本媒体都对中国有着极高的关注度。而在这些报道当中，能够客观全面地报道中国，使得日本民众真正认识中国的报道数量依然不足。相反，由于意识形态的影响，片面、负面的报道仍占大多数。“在日本 NHK 拍摄的纪录片《激流中国》，“南京大屠杀”的历史真相以及进口中国食品安全等报道中，一些极端、片面的报道就误导了日本民众对于中国形象的认识。这必将使中日双边合作发展蒙受巨大损失。因此，中日两国之间都需要通过实际的行动来重塑在对方眼中的形象。对于两国媒体来说，如何客观、全面、准确地开展对外传播必然会对本国国家形象的塑造起到其他方式无法取代的作用。”①

党的十七届六中全会明确提出了建设社会主义文化强国的战略主张。胡锦涛总书记在讲话中也对我国新闻媒体提出了“提高舆论引导水平”的新要求。对于我们外宣工作者来说，就是要提高我们的对外传播水平，通过新闻传播来塑造一个和平发展的中国形象，从而增强综合国力的软实力，在国际事务中争取更多的话语权，为我国的和平崛起创造和谐的外部环境。

因此，对日传播工作的重要性不言而喻，在报道中我们又将如何充分体现我国和平发展的内政外交政策，展示中国在国际事务中负责任的大国形象呢？这些都需要我们在对日传播过程中，从理论和实践两个方面着手并不断完善。因此，笔者认为应当对日本媒体涉华报道的关注点、报道方式等进行深度研究。从他们的涉华报道中，找出我们对日传播工作中的关键点和不足。

---

① 赵新利，“日本纪录片中的中国形象”［J］，青年记者，2009（10）。

这样，有的放矢地用日本民众熟悉的方式，将他们希望了解的真实的中国形象展现出来。加深日本民众对中国的了解，从而在日本受众心中构筑真正的中国国家形象。

三 当前中国媒体对日传播中存在的问题与应对策略

纵观当今国际社会，随着经济全球化和政治多极化趋势的日渐加深，各国在应对多边关系时将面临更加艰难的选择。而在和平与发展成为当今世界主题的大背景下，各国都在寻求更加巧妙的手段来开展外交。在这样的现实下，公共外交的作用就凸显出来。而传媒手段作为公共外交的一种手段，在国际舞台上越来越发挥着不可替代的作用。甚至有日本学者把传媒的作用比喻为各国之间的“舆论战”，并认为“一定要把握舆论战的实际情况，积极地参与进来，努力提高在国际关系中日本和日本人的地位。”① 虽然这种观点不免有些妖魔化了传媒手段在外交中的作用，但是这种重视利用传媒手段开展外交的思路还是值得我们借鉴。

反观我国的情况，不得不说今年来中国面临着最为严峻的周边环境：与周边各国的领土争端问题，在这一年频频发生。究其原因，一方面美国重返亚太给周边各国传递了错误信号；另一方面，我们自身在处理同周边国家的领土争端问题时似乎也缺乏对媒体合理而科学的利用。

我国媒体在应对这些问题时的表现还有待商榷。具体表现为：

1. 语言风格刻板严肃。外交辞令式的文风在一定程度上虽然可以体现出我国捍卫主权的立场，但从受众的角度来看动之以情、晓之以理的方式似乎更易被接受。

2. 报道风格单调。利用媒体手段进行外交活动之所以可以发挥出有效的作用，恰恰是因为其形式灵活，可以见缝插针地进行针对性的报道。而我们的有些媒体在报道时遵循固有模式，常抱着一种“不求有功，但求无错”的心态，反而延误了我们捍卫立场的最佳时机。

3. 缺乏具有外交领域相关知识的专业性传播人才。由于报道者自身外交知识积淀缺乏，导致其在报道相关问题时国际视野不够，甚至会误导国际国

---

① 加藤诚一，《日美舆论战》[M]，刘莉生译，北京：新华出版社，2007 年 5 月版。

内舆论。

综上所述，笔者认为我们面对外交对象国充分利用传媒手段开展外交这一新情况所要采取的应对策略有如下几点：

1. 进一步改善我国对外传播的体制和机制，使我国媒体在体制保障下充分行使公共外交的使命。中国的对外传播要坚持“与时俱进，实事求是”的精神，在对外传播上也要坚持“走、转、改”，将两难的中国告诉世界。具体到对日传播上来，就是要改变以往对日传播中空喊口号，大篇幅批判宣传语式的报道风格，做到客观真实，不卑不亢。

2. 通过形式多样的途径增强我国媒体在开展公共外交时的灵活性，做到“润物细无声”。在对外传播过程中要深入了解对象国受众的特点，根据传播对象国选择不同的报道方式。在对日传播的过程中，首先要了解日本的民族性和日本民众获取新闻的习惯。

3. 加大力度培养具有良好外交知识储备、国际视野开阔的对外传播人才。能够做好对日传播工作的新闻工作者在具备扎实的日语语言功底的同时也要对日本的内政外交有深入的了解。

总之，我国媒体在对日传播中应当诉诸更加多样化、专业化的方式，从而使得中国媒体的对日传播更加顺畅而客观，摆脱“哈哈镜”困境。

参考文献：

[1] 蔡拓，《国际关系学》[M]，北京：高等教育出版社，2011 年版。

[2] 姜宪明，何苗，《国际关系与大国战略》[M]，南京：东南大学出版社，2009 年版。

[3] 加藤诚一，《日美舆论战》[M]，刘莉生译，北京：新华出版社，2007 年版。

[4] 何兰，“中国的舆论环境与国家形象”[J]，现代国际关系，2006（9）。

[5] 战琦，刘妍，“从日本主要媒体的涉华报道看国家形象的树立”[J]，对外传播，2008（9）。

[6] 赵新利，“日本纪录片中的中国形象”[J]，青年记者，2009（10）。

[7] 赵新利，“中国对日传播与国家形象塑造”，[EB/OL]，人民网——传媒频道，2008-5-13。

[8] 贺潇潇，“如何改善对日传播——访人民日报记者于清”[J]，对外传播，2011（9）。

传播思想中的对话研究综述

翟明浩

【摘要】

西方关于“对话”的讨论和研究，大致经历了从苏格拉底的古典对话哲学到西方当代对话理论与对话学说的历程。20 世纪末，随着网络的迅猛发展，人类的传播方式发生着巨大的变化——从大众传播时代媒体的“独白”转向社会化媒体时代侧重人际传播的“对话”。因此，对话研究不仅有传播理论上的重要意义，而且对于处于媒体变革时代这一现实也有较强的指导性。

【关键词】

传播思想　对话研究　苏格拉底

【作者简介】

翟明浩，男，汉族，中国传媒大学传播研究院 2012 级传媒教育硕士研究生。

对话，作为人类交流和沟通的一种活动和方式，自从人类拥有了语言，进入了口语传播时代，就产生并伴随人类发展至今。古希腊文明时代，苏格拉底的“辩证法”最早体现了现代对话的某些特质，并逐渐形成了古典对话哲学，揭示了西方对话研究的起源。

一　古典对话哲学：苏格拉底的“辩证法”

从词源学上看，苏格拉底的“辩证法”与“对话”相关。“辩证法”来源于古希腊语词"dialektiktikos"，而它又来源于动词"dialego"：前缀"dia"，意为"通过"、"来自"、"达到目的"；而词根 lego 有"谈论"、"言说"的意思。由此可见"dialego"的基本意思便是"相互谈论"、"对话"、"讨论"，"dialektiktikos"即是一种通过辩论或对话的学问和方法。据 20 世纪英国思想家戴维·鲍姆考证，"对话"（dialogue）来源于古希腊语词"dialogos"。词根"logos"有"词"、"词的意义"的含义。对话"仿佛是一种流淌于人们之间的意义溪流，它使所有对话者都能够参与和分享这一意义之溪"①。

苏格拉底的对话指的是面对面、一对一、互动、临在的特定对话本身。彼得斯将这种对话看作一种交流的理想状态，仿佛天使那样心灵相通，融合无间。但彼得斯对苏格拉底的对话观持一种反乌托邦式的批评态度，他不相信有所谓的完美交流。

尽管学界普遍认为苏格拉底的对话最早体现了现代对话的某些性质，但也有人提出质疑和反思，对于苏格拉底的"辩证法"能否放在现代对话研究的框架中持审慎的态度。"我们并不同意苏氏的说话方法能被归纳为'对话法'。我们认为应该把'对话'与'问答'区分开来。苏格拉底的对话中所体现的是问答逻辑，是辩证法，却不是现代意义上的'对话'。将希腊与当代挂钩的做法本身很可能仅仅只是出于理论的线性发展的历史架构。"② 苏格拉底认为，真理是神赋予人心灵之中的，人类共享着一种"我思（cogito）"。而"他者"就只是指他人的心思，一种与我有着相同思维模式和同样理性的心思。这样真正的"他者"并为出场，苏格拉底的"辩证法"就只能是问答，而不是对话。

二　西方当代对话理论与对话学说：一种历史发展视角

19 世纪末以来，西方产生了一些重要的思想潮流，思想家们思考和关注"交流"、"交往"的热情伴随传媒技术的革命性进步被点燃和激发。西方当代对话思想便萌生于这个历史时期，后经思想家们的不断思索和发掘，形成了对话理论以及有关对话的一些学说。

---

① ［英］戴维·鲍姆，《论对话》［M］，王松涛译，北京：教育科学出版社，2004 年 6 月版。

② 林功成，"对话与独白现代交谈文化的两种模式"［D］，陕西师范大学，2005。

（一）对话思想的萌生和早期思想家的对话理论

对于早期传播领域中对话研究影响最大的是犹太思想家马丁·布伯（Martin Buber）。二战期间，被纳粹驱逐出奥地利的经历，使他反思对话之于人类交往的重要性。他最早提出人最真实的生活是“对话的相遇”这一观点。这一观点的得出基于以下的哲学认识：布伯将人的活动概括为两个代词，或者说两种构词结构——“我－你”和“我－它”；“我－它”指向的是一种分离的不相连的世界，而“我－你”指向的是一种融合的共生的关系，后者体现了人与人之间的灵魂交往；真正的对话是在“我－你”世界中“转向他人”（turning towards the other），不是身体上的转向，而是心灵上的转向。

对话理论的集大成者是前苏联思想家米哈伊尔·巴赫金（M. M. Bakhtin，1895—1975）。同时，巴赫金也是一位伟大的文学理论家，正是在他思考和挖掘文学的可能性时逐渐形成了他的“对话主义”的哲学思想。他认为“用词语表达真实人类生活的唯一恰当形式是自由的对话。生活的本性是对话。活着就是参与对话。”① 语言的本质在于交往，人们通过语言进行交流才是语言现实的基础，“语言一言语的真正现实不是语言形式的抽象体系，不是孤立的独白型表述，也不是它所实现的生物心理学行为，而是言语相互作用的社会事件，是由表述及表述群来实现的。”②

在巴赫金的对话理论中包括了三个关键词：参与、互动、对话关系。首先，从具体对话来看，参与是对话得以进行的必要条件，没有人参与的对话是难以想象的，而沉默也是参与的一种方式。巴赫金拓展了具体对话的意涵，进而提出了参与性思维。“参与性思维，也就是在具体的唯一性中、在存在之在场的基础上，对存在即事件所作的情感意志方面的理解，换言之，它是一种行动着的思维，即对待自己犹如对待唯一负责的行动者的思维。”③ 巴赫金认为，广义的对话将所有人都卷入其中，人们进入参与性对话和事件中，参与成为一种责任，也是人之所以存在的证明。其次，互动是人与人的交往交

① Bakhtin, *Problems of Dostoevsky's Poetics*, University of Minnesota Press, 1984, p. 293.

② ［苏］巴赫金，《巴赫金全集第2卷》［M］，李辉凡等译，石家庄：河北教育出版社，1998年版，第447页。

③ ［苏］巴赫金，《哲学美学》［M］，晓河、贾泽林、张杰等译，石家庄：河北教育出版社，1998年版，第45页。

流过程中必不可少的另一条件。广义的对话中互动更加复杂，除了交谈者和聆听者之外，可能还有“第三个人，则我引用他的话，援引他的论述，与他争辩，同意他的观点，这样他也变成了第二个人，因为我与他发生了对话关系，即他成了对话关系中的一个主体”①。第三，巴赫金所谓的“对话关系”不是字面意义上的语义关系，而是对话主体之间的关系，即对话中人与人之间的关系。“对话关系不是逻辑关系，也不是指物述事的语义关系。……逻辑关系和指物述事的语义关系，要想成为对话关系，必须获得具体的体现，亦即应该改换另一种存在方式—化作言语，即化作话语；还要获得作者，即这个话语的创造者；话语所表现的正是他的立场。”②

20 世纪英国思想家戴维·鲍姆（David Bohm）从影响对话的思维角度出发，“提出了对话中的人们之所以有冲突存在是因为人类意识中的‘思维假定’，以及思维本身的分裂性和紊乱性等特点”。③ 鲍姆认为，对话是一种“直接的交流”，对话的目的是要克服人类思维的碎片化和紊乱性，破除“思维假定”的束缚，通过整体思维考察事物——“对思维的全部过程进行探索，进而改变人类在集体中的思维进程和方式”④。

（二）西方当代传播学中的对话研究

传播学界有关对话的研究开始于 20 世纪六七十年代。这方面最早的著作是美国学者马特森（F. W. Matson）和蒙塔古（A. Montagu）于 1967 年出版的《人的对话：透视传播》（The Human Dialogue：Perspectives on Communication）。他们在这本书中对比了独白和对话两种传播观念，并认为前者将人类的传播活动看作是一种线性的、集中的传递行为，控制（control）是这种传播活动的最终目的；后者则被理解为代表了一种特殊的交流过程。由此可以看出，早期研究对话的传播学者对于这个概念的认识比较模糊，但正是他们首先提出了对话研究的重要性，开启了 80 年代传播学领域对话研究的兴起和

---

① ［苏］巴赫金，《文本对话与人文》［M］，白春仁、晓河、周启超等译，石家庄：河北教育出版社，1998 年版，第 214 页。

② ［苏］巴赫金，《文本对话与人文》［M］，白春仁、晓河、周启超等译，石家庄：河北教育出版社，1998 年版，第 242 页。

③ 沈亚鹤，“戴维·伯姆的对话思想评述”［J］，剑南文学（经典教苑），2012（4）。

④ ［英］戴维·鲍姆，《论对话》［M］，王松涛译，北京：教育科学出版社，2004 年 10 月版。

蓬勃发展。

20 世纪 80 年代，西方传播学研究的转向为对话研究开辟了广阔空间。随着对传统传播研究的反思和质疑——不仅是从“认知范式”还是从“理论视角”，传播研究的视野从关注“what”与“why”而转向“how”。描述的和定性的研究方法得到传播学界的认可，传播是如何构建现实的重大课题摆在了传播学者们的面前。正是在这样的背景下，对话研究的地位愈加凸显和重要了。

目前，对话研究已经涉及的内容包括对话思想家的文本研究、辩证关系的研究和媒介的对话研究三个方面。在文本研究方面，马丁·布伯的对话哲学是学者们热议的话题，相关的研究成果包括阿耐特（Arnett）的《传播与共同社会：马丁·布伯对话的含义》、费什尔（Fisher）的《叙述式的人类交流》、罗伯·安德森（Rob Anderson）和肯尼斯·希斯纳（Kenneth Cissna）的《马丁·布伯－卡尔·罗杰斯对话》（The Martin Buber-Carl Rogers Dialogue，A New Transcript withe Commentary）。有关对话的辩证关系的研究主要是从基本的传播现象入手，使用辩证研究的方法，在个人与关系的层面上，研究人们是如何处理交流问题。这个领域的研究专家以芭芭拉·蒙特哥马利（B. M. Montgmery）与莱斯莉·巴克斯特为代表。媒介的对话研究是当代西方传播学对话研究的另一个重要领域——援引圣·路易斯大学传播学教授约翰·波利（John J. Pauly）的观点——它涵盖了四个方面，或者说四个假设：对话理论可以帮助媒介思考如何促进人类选择一种好的谈话形式；对话理论可以使控制媒介生产的强大官僚程序与专业标准保持平衡；对话是流动的，而非用结构的方式固定人的互动空间；对话为媒介道德的研究提供优质土壤，突出传播实践以及对回应他人的认同。①

综上所述，哲学思辨层面，对话研究的理论构建已经渐趋成熟和完善。19 世纪末以来，西方哲学家、思想家和传播学者在对话研究领域所做的贡献为后继研究奠定了坚实的理论基础。而今随着网络时代到来，传播方式发生巨大变化——大众传播式微，人际传播兴盛——使得当代的传播学者们不得不对实际问题做出解答和回应。对话研究开始关注现实，从实践层面出发，但就目前的研究状况来看，这类对话研究与理论层面的对话研究相

---

① 王怡红，“‘得一门而入’——对话研究及其方法论指向”［J］，新闻与传播研究，2005（1），第 31－32 页。

比，还远远不够。值得欣慰的是，由于对话研究本身的特质（比如开放性、融合性），相关的跨文本、垮学科的研究方兴未艾。由此可以预见，未来的对话研究必定是朝着交叉学科的方向，以面向现实、指导实践为导向，继续发展。

微博在危机新闻报道中的表现研究

——以@人民日报在雅安地震后的微博为例

王　荣

【摘要】

以人民日报微博为例，探讨代表官方生意的微博在危机传播中的表现。通过抽样研究和文本分析等定量和定性的研究，得出了一些结论，并为微博提出改进危机新闻报道的五点建议，即及时报道现场、即时发布信息、话语方式网络化、适时鼓劲呼吁、做实官员报道。

【关键词】

危机传播　危机新闻报道　表现　对策与建议

【作者简介】

王荣，女，汉族，中国传媒大学电视与新闻学院 2012 级舆论学硕士研究生。

据 CNNIC《第 31 次中国互联网发展状况统计报告》，截至 2012 年 12 月底，我国网民规模达到 5.64 亿，互联网普及率为 42.1%。同时，手机网络各项指标增长速度全面超越传统网络。随着移动终端的发展，微博正悄悄改变着人们的生活方式。因为微博的影响力，传统媒体也纷纷开设了自己的官方微博，努力以新的传播手段继续维持和扩大自己的影响力。2013 年 4 月 20 日 8：02，四川省雅安市芦山县发生 7.0 级地震。受灾人口 152 万，受灾面积 12500 平方公里。地震发生后，各大媒体纷纷在第一时间进行了报道，网络媒体的应对尤为迅速，其中就有人民日报的微博。

本文以@人民日报官方微博在地震后十小时内所发出的微博为研究对象，力图呈现出微博在面对突发事件时的瞬时应对样态，并总结出其特色与不足，并为改进微博的危机新闻报道提出对策或建议。

一 案例选择的缘由

地震发生后，笔者借助微博应用“微指数”来寻找最具影响力的微博。影响力排名一直处于变化状态，通过对“媒体类·行业指数”进行持续关注，笔者发现以下三个账号的排名一直居高不下：@央视新闻、@人民日报和@头条新闻。其中@头条新闻多为转发微博，暂且不予分析。而相比于@央视新闻所依托的电视平台优势，人民日报这样的传统纸媒更需要借助微博平台来即时发布信息。且4月份新浪微博刚刚推出了首批内测媒体版，针对媒体账号进行呈现形式和内容聚合方面的升级，这三个账户中，仅有@人民日报是改版后的媒体微博。作为首批媒体版微博，笔者认为@人民日报的微博在此次危机报道中更具代表性。

媒体对突发事件的瞬时应对体现着其素质能力和风格特色。代表官方声音的《人民日报》，其微博言论是否具有网络传播力，能否在危机中有效影响舆论，人民微博在网络中又扮演着怎样的角色，这些问题都需要通过定量的分析来得出有说服力的结论。因此，本文以@人民日报对雅安地震的前期报道为研究对象，希望通过研究总结出微博在危机新闻报道中表达样态的一些特点。

二 对抽样文本的研究与分析

（一）样本选择

在@人民日报的新浪微博页面中，搜索其往期微博，找到地震发生后@人民日报发出的首条微博，再按照时间顺序逐条阅读分析。本文以震后10小时内，@人民日报连续发出的94条微博作为样本，仅作分析危机突发时的媒体瞬时应对用。

（二）分析单位

对于搜集到的样本，每一条微博被视为一个分析单位。

（三）研究的维度

本研究中，将研究内容分为内容、形式和影响三个维度，即三个一级类目，一级类目又包含有二级和三级类目，详情见表 1。

表 1　研究类目表

一级类目	二级类目	三级类目
内容	主题	
	图片	是否有图片
		图片类型
		图片来源
	链接	
形式	类型	
	长度	
	是否原创	原创、转发、转发加评论
		被转微博账号的性质
影响	转发量	
	评论量	

1. 内容类目

主题方面，通报伤亡及灾区情况的微博最多，有 42 条；为救灾提供寻人、疏导交通等具体帮助的有 18 条；报道感人细节、祈福鼓劲的有 20 条；领导人相关报道 10 条；还有关于地震逃生技巧的微博 4 条，这 4 条微博的平均转发量超过 3 万。

图片使用方面，88 条有图片。其中，33 张蜡烛、手掌、握拳等表示温情与力量的配图，24 张细节图，21 张地图，10 张长微博。这些图片 78.41% 来自人民日报，11.36% 来自其他媒体，10.22% 来自一些草根网民。

有无链接方面，仅 7 条带有链接，92.55% 的微博的仅有简单内容。

2. 形式类目

平均每6.38分就有一条微博。且连续不断地持续关注，其间没有插播任何与地震灾难无关的微博。

从新闻报道的类型上看，所有微博都是以具体信息发布为主，其中65条以简讯消息的形式发布信息。值得一提的是，在地震刚发生时，发出2条向网友询问灾情的微博，还有1条介绍媒体行程的微博；并在地震发生六小时后，发出首条以拯救生命为主题的人民微评。

从长度上看，没有明显分野，分布较为均匀。

从是否原创上看，原创微博有71条，即使是转发微博，也都附带评论。88%的转发微博都是再次转发@人民日报自己的微博，转发草根微博1条，专业机构微博1条。被@人民日报转发的自己的微博中，有10条是通报灾情的，7条是为疏导交通服务的。凡原创微博转发及评论量都远大于转发微博。

3. 影响类目

1条以紧急呼吁为主题的微博转发量最大，超过20万次。其余转发1万以上的有36条；75.53%的微博转发量都在1000条以上。转发量排在后十位的微博中，4条是与领导人相关的报道。

评论量过万的微博仅两条，都以紧急呼吁为主题。51.1%的微博评论都在500以上，少于100的仅12条，其中9条是与领导人相关的报道。

三　人民日报微博危机新闻报道中的特点与问题

（一）报道现场及时

地震刚刚发生，前方记者尚未到位时，@人民日报便在微博中向当地网民询问灾情。8：11即地震发生后9分钟，@人民日报转发并评论网友微博："重庆有震感，附近其他地方的朋友有没有感觉到？情况怎么样？//@这家伙很可爱：重庆有明显震感，还以为是大楼要塌"。14分钟后，又发布微博："【四川雅安发生7级地震 多地震感强烈!!!】中国地震台网正式测定：04月20日08时02分在四川省雅安市芦山县（北纬30.3度，东经103.0度）发生7.0级地震，震源深度13千米。四川、重庆、湖南、陕西多地震感强烈！大家那里情况怎么样？告诉我们，祈祷平安！（图片由网友提供）"。及时对地震现场的情况进行了反馈。

（二）发布信息迅速

危机发生后，受众最关心的还是即时更新的信息。媒体应该充分发挥微博碎片化的优势，即时发布信息。从8：09到17：58，@人民日报10小时内共发出19条关于伤亡情况的微博，平均每31.58分钟就有一条。且平均转发量过万，达10929.84，平均评论量达1297.95。即时发布信息得到了网民的普遍认可和关注。

（三）温情而有力量

在微博上，被视为官方声音的@人民日报接连发出祈福鼓劲的微博，温情而有力量。"雅安挺住！"、"今天我们都是雅安人！"、"让我们共同为雅安祈福！"、"生者坚强，雅安不哭！"、"携手同心，共渡难关"、"为同胞祈福！"……这样感性的声音，这种有力的文字，是以往的新闻报道中很难看到的。而在地震刚刚发生，人们心情沉重的这一时刻，这样的话语却可以起到心理安慰及动员鼓劲的作用。借助微博平台发出这样的呼声，是微博在危机新闻报道中发挥凝聚人心力量的最好表现。

另一方面，@人民日报在微博上发出呼吁并指导人们理性合理援助灾区，极具实用性。哪条路不通了，哪条路车流量太大了，灾区现在需要什么等即时性的消息，等到报纸第二天再刊登也就没意义了，在人们没法守在电视机前看直播的时候，微博成了最好的平台。"请大家暂时不要反复拨打四川的电话，多用短信联系，请把宝贵的通信资源留给生命救援"、"成雅高速开辟应急救援车道，请非紧急车辆尽量绕行"等实用性极强的微博，在救援中也发挥了应有的作用。

（四）话语方式网络化

网络有一套自己的话语体系，通行于网络的语言才能在网络广为传播。话语方式的网络化、口语化、情绪化是微博新闻发布的一大特色，也许也更加符合人们在网络上的接收习惯。

@人民日报对网络语言运用自如。使用小蜡烛、绿丝带、爱心等通行于网络的符号，其表达的象征意味传达出了不同于文字的韵味。同时，动态的符号还能营造出一种微妙的氛围，晃动的烛光、飘动的绿丝、跳动的红心都在无形中牵动着网民的心。

“又有余震！4.1级！大家小心！”、“揪心！”、“一张图教你地震时如何躲避自救”、“高清图”、“雅安，挺住！”、“小姑娘，不哭！”等网络话语的表达方式，不仅有浓浓的人情味，还亲切贴近，符合人们在网络平台的接收习惯，短、平、快的语言也契合了人们此刻焦虑的心情。

“目前，四川地区手机信号不好”、“又有余震！4.1级！大家小心！”、“请大家注意安全！不要反复拨打四川的电话，多用短信联系！”等人际传播中使用的语气句式，也使得信息更容易被接受并认同。这就形成了对话的氛围，达成了交流的效果。@人民日报就像你的亲人一样请你小心，给你提建议，这样的交流场自然更加亲切顺畅。即时反馈，同步交流，交流感参与感强。

（五）官员报道不务实

从总量上看，此次关于领导人的报道并不多；从产生的影响来看，此类新闻的转发量及评论量也都是最低的。其实，在这样的灾难面前，官员的信息也是人们关注的焦点信息之一。地震发生了，我们的领导人是什么态度，他们到现场了吗，他们是怎么指挥救灾的等信息都是人们想要了解的。这一点从网友评论中也能看出不足。

在微博“四川芦山发生地震后，中共中央总书记、国家主席、中央军委主席习近平对军队和武警部队做好抗震救灾工作作出重要指示……”的网友评论中，网友简单的红色说：“说重点”；小炮－孙鹤云说：“你这一条新闻总共才八行，光职位就一行多，超过了12.5%。我们都知道他是啥角色，别这么啰嗦行不?”类似的评论随处可见。

仔细阅读@人民日报关于此次李克强总理的微博，可以发现其信息含量并不高，总体看来报道不够务实。十条微博都在讲总理在干什么，从总理来灾区到总理去震中，就像是本行程流水账，对于与灾情相关的具体内容涉及较少。

总之，@人民日报在雅安地震后的信息发布有值得发扬的地方，也有需要改进的方面。但就其在地震发生后10小时内的应对而言，总体还是比较成功的。信息发布及时，传播效果较好，影响力大，同大家的交流反馈及时，值得借鉴。不足之处就是在报道内容的选择上，还需完善，进一步了解受众真正需要的信息是什么，针对性地进行有效传播。并应在形式上加以完善，做到精益求精。

四 对改进官方微博危机新闻报道的建议

通过对统计数据的解读和对这 94 条微博简单的文本分析，笔者认为在应对突发危机时，媒体微博应做到如下几点：

（一）及时报道现场

在第一时间第一地点发布第一手的信息。在前方一片混乱时，媒体官方微博可以转发网民微博、图片，并通过微博进行采访询问灾情，及时报道现场情况。并迅速派出一支精干的记者队伍，及时发回现场报道，即时发布危机信息。

（二）注重服务功用

及时互动反馈，完善服务类信息。在事件进行中，随时了解自己能为受众做些什么，能为事件的解决做些什么，以服务者的心态为危机事件的解决搭建桥梁。

（三）话语方式网络化

网络有自己的话语体系，微博除了要短、平、快地传播信息外，还应遵循网络的话语方式，适时表现自己人情味的一面。微博是一个偏向于人际传播的平台，口语化的表达较易为受众接受。同时，充分利用图片、视频、超链接等多媒体元素，运用网络独有的表情符号来传达不可言喻的情绪，能收到意想不到的效果。

（四）做实官员报道

官员报道应该务实，切勿做成流水账，行程表。官员在现场的表现是很有新闻价值的素材，应该站在受众的立场上，切实考虑受众究竟想知道什么，官员究竟是来干什么的，实实在在地报道官员。反之，按照旧有的套路模式，生搬硬套地进行报道，只能做成流水账式的行程表，并带有歌功颂德之嫌。不仅违背了新闻规律，更是白白浪费了一个具有新闻价值的素材。

危机发生后，最具瞬时应对潜力的就是微博了。作为训练有素的媒体，其微博信息发布也应该是专业的。对@人民日报的分析是为了给更多的媒体微博提供借鉴，力图使微博成长为危机新闻报道中的主力军。

新公共外交背景下民营电视台对外传播浅析

——以蓝海电视台为例

吴玉童

【摘要】

新公共外交时代背景下，非国家行为体主导的“去政府化”公共外交成为公共外交发展的重要趋势。本文从蓝海电视台发展概况、栏目内容和制播方式等维度对蓝海电视台的对外传播情况作归纳分析，以发现蓝海电视台在公共外交领域中的对外传播优势和不足，并对以蓝海电视台为代表的中国民营电视台的发展提出建议。

【关键词】

公共外交　蓝海电视台　民营　对外传播

【作者简介】

吴玉童，女，汉族，中国传媒大学电视与新闻学院 2012 级国际新闻与传播硕士研究生。

一　新公共外交背景下民营电视台的角色

1. 新公共外交

传统公共外交理论认为，公共外交是以政府为行动主体，以国外公众为目标受众，通过各种传播媒介实施的外交行为。随着世界政治格局的不断变化、全球化的持续深入和信息技术的飞速发展，公共外交的行动主体已从政府拓展为以政府为主导，以智库、利益集团、媒体和普通公众为主的多元行动主体。与传统公共外交相比，新公共外交的“新”主要体现在：强调行为主体多元化，并且更多聚焦非政府行为体在公共外交中的作用和职能。

2. 民营电视台在新公共外交时代的重要角色

电视媒体在发挥对外的信息传播和文化表达的作用上有着天然的优势，无疑是去政府化公共外交时代可以依赖的重要手段。在这样的背景下，中国在电视媒体对外传播方面不断加大投入，建立了一系列对外传播的电视频道，但是根据受众调查反馈，落地效果并不十分理想。由于一贯以来西方对中国政府监管媒体体制的质疑，中央电视台的国际传播公信力很难建立，国家媒体在公共外交中仍摆脱不了政府主导的嫌疑，因此目前所发挥的作用还十分有限。

因此，民营电视台在公共外交领域的天然优势便凸显出来。官方媒体消息得不到充分信任，而国际民众对于真实中国的好奇渴望又制造了认识中国的强大需求，有需求就意味着中国的对外传播有广阔市场。与此同时，民营电视台的对外传播也迎合了新公共外交的理念，改变了以往自上而下，由政府到民众的“垂直化”传播，成为两国民众“水平化”的平等对话，这样的对外传播无疑较官方媒体更有天然优势。

二 蓝海电视台的对外传播

1. 蓝海电视台概况

中国对外报道的队伍中，最有影响力的民间媒体是成立于2005年的蓝海电视台（Blue Ocean Network TV），它作为非官方英语电视台在中国公共外交方面发挥着不容小觑的作用。蓝海电视是24小时全频道英文媒体，主要向世界传播中国内容，传播方式包括卫星电视、有线电视、网络电视、手机电视和全球视频发行平台，是目前进入西方主流社会最具规模的关于中国内容的电视播出媒体。蓝海电视台的口号是“中国内容 全球传播”。主要频道定位在商务资讯、文化生活和中国新闻的播报。目前蓝海电视台的信号覆盖了北美、加拿大、墨西哥以及中美洲的古巴，其目标是最终形成一个全球联网的国际媒体。

2. 蓝海电视台栏目分析

蓝海电视台对北美地区播放的节目有15档，涉及中国的财经、新闻、文化、旅游和生活等内容。笔者对目前正在播出的节目主要信息进行了整理，如下表1：

表1 蓝海电视台的节目主要信息

节目名称	节目类型	主要内容	主持人	时长	播出频率
媒体摘要 Media Watch	综合新闻	中国媒体要闻解读，涵盖时政、财经、文化娱乐等，向西方观众介绍中国的最新动态，公布第一手调查数据。	Lionel Donovan 美国	30分钟	日播
微博热议 Microblog Buzz	新媒体互动评论	中国网民在微博中对国际事件尤其是对与美国有关新闻的看法与观点。	KenXu 加拿大华裔	30分钟	日播
百姓声音 China Take	新媒体互动评论	中国的网站、论坛、博客、微博中摘取网民有代表性的观点，把中国民众对全球热点事件的认识和评论传达给西方观众。	Fergus Thompson 英国	30分钟	日播
中国价格观测 China price watch	财经新闻	中国商品价格报道与分析，反映中国百姓的经济生活状态及购买力。展现普通民众对中国经济的观点和意见。	Matt Sheehan 美国	30分钟	日播
中国快报 China Beat	财经新闻	财经新闻节目，快速报道每天发生在中国以及涉及中国对外经贸关系的时事，展示中国在宏观经济、微观经济、百姓经济生活等各个方面发展变化。	Neal 美国	30分钟	日播
经济快线 Biz Wire	财经新闻	发布中国最新热门的商务资讯，及时介绍中国的经济政策、经济环境变化以及各行业及企业的新产品信息。	Joseph Nordstrom 美国	30分钟	日播
中西体坛 East West Sports	体育	东方视角解读中外体坛，精选每周中国体坛赛事要闻及世界赛事中国动态。	Aaron 美国	30分钟	周播

续表

节目名称	节目类型	主要内容	主持人	时长	播出频率
视觉青春 Our Vision	电影	每周三到五部中国青年独立创作电影短片作品。	Theodore Ribbon 美国	45 分钟	周播
中国民族 Faces of China	中国文化	中国少数民族文化。节目详细介绍各民族的生活习惯、着装、文字、舞蹈、音乐等风俗。	Nick Angiers 加拿大	3 分钟	日播
中华美食 Wok-n-Roll	中国文化	从西方视角系统而趣味地展现中华美食。主持人带领观众横跨中华，以生动的参与模式呈现中华美食的魅力。	Kyle J. Mitchell 美国	12 分钟	周播 2 期
触碰中国 Chinese Touch	中国文化	全景式介绍中国文化，包括风景名胜，民族风俗，历史名人等。	Laurence	8 分钟	日播
南希·梅瑞丽：富翁思维 Nancy M: Minds of Millionaires	人物访谈	经济类人物高端访谈，与中国顶级商业大亨对话，呈现其成功道路和日常生活工作状态。	Nancy Merrili 美国	40 分钟	日播
中国旅游新视野 China Travel New Links	旅游	介绍中国旅游胜地和旅游产业商机，吸引国际投资者。	Tianne	12 分钟	日播
旅游指南 Trip Tips	旅游	中国各地旅游攻略，旅游城市名胜介绍、风土人情、气候等。	Nicholas William Angiers 英国 Lisa Hoffman 美国	6 分钟	日播
老外在中国 Local Laowai	生活服务	面向在中国或者即将来中国生活的外国人，帮助他们解决生活中的问题，理解文化差异，习惯中国的生活方式。	Donny Newman 美国	6 分钟	日播

以下从节目类型、选题内容、语言表达三个方面对蓝海电视台的节目进

行分析：

2.1 节目类型

从表1中节目类型一栏可以看到，在十五档节目中，最主要的类型是财经新闻、中国文化、旅游和新媒体互动资讯，而生活服务和电影、访谈所占比例较小。

在财经报道上，三档财经新闻基本囊括了中国经济情况的各个层面，《中国快报》中主要介绍宏观的经济走向，政策法规，《经济快报》涉及企业投资、产业行情，《中国价格观测》贴近百姓日常生活，消费物价。

文化和旅游是对外传播的重要方面，这两类节目可以让外国人更好地了解中国文化、风景名胜，以自然和人文景观的魅力吸引更多的外国人关注中国。

新媒体互动资讯类的两个节目体现了蓝海电视台对新媒体的关注和重视，它通过了解并传达中国网民在网站、论坛、博客、微博中对国际事件尤其是对与美国有关新闻的看法与观点，向外国受众展示真实的中国民众声音，消息来源广泛，时效性、趣味性很强，生动活泼的语言内容在很大程度上体现了平民化的视角和声音。

2.2 内容题材

题材内容是各个栏目节目宗旨得以实现的具体体现，各栏目可以发现一些相似的共性。首先，内容重视满足观众需求，即提供西方观众想了解的内容。比如财经类资讯主要服务来华投资的外国商人，文化旅游类节目给外国驴友背包客提供有用的一手信息。其次，内容贴近普通百姓，走中低端平民路线。蓝海电视台在内容选择上更多贴近普通民众，所有的财政咨询、文化旅游信息、生活服务信息都是围绕普通百姓日常关切的事件，讲述普通中国"人"的故事。第三，重视生动呈现中国面貌，摆脱宣传片式的古板模式。在文化和旅游类节目中有主持人邀请嘉宾共同体验，在吃喝玩乐的生动过程中展现中国的文化，这大大增加了观众的参与感。

2.3 语言表达

语言表达能否准确地道直接关系到内容的传播效果，是电视外交中十分重要的一方面因素。没有观众听得懂的语言，再精彩的画面内容也无济于事。在语言表达上，蓝海电视台的节目语言全部为英语，符合目标受众的接受习惯。主持人良好的双语能力保证了节目在语言表达上能够正确传达中国的信息，符合观众的语言习惯，不会造成误解和歧义。

三 蓝海电视台对外传播的优缺点及建议

1. 蓝海电视台对外传播的优点

通过上述分析，蓝海电视台在对外传播上的优势和可取之处有如下几点：

首先，在语言表达方面的优势。通过聘用母语为英语并了解中文的外国人作为主持人并参与节目策划撰稿，其制作的电视节目在表达方式上更符合西方受众的习惯，这就首先扫除了对外传播中最主要的语言文化障碍，为良好的媒介传播效果打下坚实基础。

其次，在栏目内容上，蓝海电视台的节目力求平民化，主要传达软性新闻、人文类信息，并注重迎合美国主要观众群体如商人、旅游爱好者等的兴趣需求。这充分体现了媒介在公共外交上对国家软实力建设的积极作用。没有赤裸裸的意识形态宣传、政治宣传，平民化、水平式的平等对话模式更容易在对外报道中获得良好的传播效果。

第三，在节目风格上，蓝海电视台呈现出的是多元而生动活泼的节目样式，这与官方媒体一向严肃正经的节目风格有很大差异，也是其突出自己非官方特点的一种表达方式。尤其是一些年轻外籍主持人的风格十分清新活泼，节目趣味十足，符合美国娱乐化的电视氛围，更易于打入美国本土市场，赢得关注。

第四，蓝海电视台在网络新媒体与传统媒体的互动上做得很好，成为一大亮点。它通过微博、论坛等网络媒体搜集新闻点、呈现网民观点，在制播上易于获得材料并耗力少，但是收效很好，在其官网的观众留言板块也可以看到这类节目是十分受到外国观众的欢迎，他们很愿意参与相关话题的讨论。

2. 蓝海电视台对外传播的不足

与此同时，蓝海电视台在扮演公共外交中电视媒体角色上还有一些不足有待改进，主要有以下几个方面：

首先，节目安排上缺少时政新闻和深度报道，尤其是真正反映社会现实问题、典型事件和焦点人物的专题类节目，整个台风偏向于轻松娱乐。这种风格诚然有其平民收视优势，但没有真正优质深入的报道，只凭借表面功夫是很难在国际传播舞台上真正站稳脚跟。同时在财经以外领域新闻上的缺口使得整个频道覆盖领域不够全面，略显不平衡。

其次，在新闻类节目中很少有原创采编，导致大多数使用的镜头都是没有时效性的空镜头，很少有现场的记者出境，没有充分利用好电视画面来展示新闻，传递新鲜而真实的中国。对于这类新闻，观众久而久之会觉得枯燥乏味，而且也不利于传播真实的中国现状。

第三，从节目播出情况来看，蓝海电视台目前制作的节目数量还十分有限，没有直播节目，都为录播节目，并且多档节目循环播放，这使得观众在收看时的新鲜性大大降低。电视媒体的时效性没有得到充分体现。

第四，资金运作和盈利效果仍不是十分令人满意，资金的不足导致采编人员和电视制作人才的流动性很大，也是上述节目数量不足、原创性不足的根源所在。

3. 蓝海电视台对外传播发展建议

以蓝海电视台为代表的中国民营电视台成为中国新公共外交时代的新形式的媒体力量，它比中国官方媒体有着更多的话语自由空间，比西方媒体更能关照和反映中国的真实情况，在中国对外传播和新时期公共外交中有着得天独厚的优势条件。因此要充分利用自身优势条件，及时反思发展中的问题，不断完善。根据目前存在的优势和不足，笔者提出以下几点发展建议：

首先，要充分发挥其作为民营媒体自由度较大的优势，更多关注社会现实问题，增加深度报道的力度，增强栏目的多样性，平衡软硬内容。以优质的节目内容和思想深度夺得国际认可，从而能够真正让中国在公共外交领域获得话语权，让世界可以认真聆听中国的声音。其次，继续保持语言表达上的优势，讲外国观众真正“听得懂”的话。同时也要加强“用电视画面讲故事”的能力，加大采编拍摄的投入力度，改变传统中国式新闻解说词主导的风格，真正发挥电视媒体的特长——用画面吸引观众、打动观众。唯有这样才能在激烈的国际媒体竞争中脱颖而出、受到重视。

正如蓝海电视台主持人福格斯·汤姆森所说：“我们正在做一件史无前例的事情，我们在中国用英语向世界介绍中国，我们既不是中国的官方媒体，也不是西方媒体，我们比他们更有可信度。”唯有真正把握好自己的特殊角色，以蓝海电视台为代表的中国民营电视才能够实现在公共外交领域上的重要价值。

参考文献：

[1] 杨永民，蓝海电视："一个民间国际电视台"[J]，中国民营科技与经济，2010，(8)：第 58 – 60 页。

[2] 徐盟，"电视在公共外交领域的传播价值和策略"[J]，声屏世界，2011，(11)：第 12 – 13 页。

[3] 翟跃文，周新宇，"用世界语言讲述中国故事——从蓝海电视析中国电视媒体的海外传播"[J]，中国记者，2010，(8)：第 25 – 26 页。

[4] 赵鸿燕，徐扬，"电视外交：一种软实力的构建"[J]，现代传播，2009 (4)：第 140 – 141 页。

[5] 丁昊，"中国英语电视频道的对外报道研究"[D]，广州大学硕士学位毕业论文，2011.5。

[6] 郑华，"新公共外交内涵对中国公共外交的启示"[J]，世界经济与政治，2011 (4)：第 143 – 160 页。

微博问政：政治传播新模式探析

和　莹

【摘要】

互联网时代，信息快速流动，政民互动增多，政治信息的传播模式和传播效果又出现了新的变化。微博问政作为政治传播的新模式，从出现就表现出强大的生命力，各级政府和官员纷纷开设政务微博，主动向公众发布政治信息并回答公众提问。公众通过微博参政议政、融入到国家的政治生活中。本文将对微博问政的源起、特点、优势和局限性等几个方面的内容进行论述。

【关键词】

微博问政　政务微博　民主参与

【作者简介】

和莹，女，汉族，中国传媒大学电视与新闻学院 2012 级广播电视新闻学硕士研究生。

互联网时代，新媒体形式层出不穷，网络作为一个民众自由表达言论的场所受到越来越多的关注。2008 年美国总统大选开启了将政治融入微博与公众互动的先河。随后，俄罗斯总统梅德韦杰夫等多位国家领导人开通微博。在我国，也有众多政府机构和官员开设微博与网民互动。

“政务微博是指政府机构及其工作人员在主流门户网站上开设的微博，功能主要以政务公开、听取民意、回应质疑、表达观点为主。”① 作为开展微博问政的平台，政务微博成为各级政府机构和官员传播政治信息、理念和政治

① 李雅，“从政务微博看政府信息公开的发展”［J］，电子政务，2012（4）。

形象的新工具。2009 年，云南省政府新闻办公室建立了国内第一个政务微博——微博云南，实施“微博问政”。此后，广州、上海、江苏、北京等地的政府机构纷纷开设政务微博，并从早期只运用于“两会问政”逐渐发展到运用于全面的日常行政事务中，涉及公安、交通、旅游等多个行政部门。人民网舆情检测室发布的《2012 年上半年新浪政务微博报告》显示，截至 2012 年 6 月 10 日，通过新浪微博认证的各级政府机构及官员微博已经达到 45021 家，其中党政机构微博总数达 25866 个，公务人员微博总数达 19155 个。① 由此可见，政务微博发展势头迅猛，政府微博的发展使得政务管理形成新的模式，微博问政在这个平台下正蓬勃开展。

一 微博问政的特点

微博问政是政府主导的一种新型政治传播模式，在我国，这种传播模式也早有渊源，2006 年，奥一网就在全国率先搭建了以“有话问……”为雏形的“网络问政平台”，博客问政等形式相继出现。2010 年“两会”期间，代表委员们使用微博收集和听取民意，网络问政开始进入微博时代。微博问政这一政治传播模式又具有了新特点：

1. “被动”变“主动”

中国最早的网络问政平台是由媒体主导的。南方报业传媒集团为了适应媒介融合的潮流，进行报网融合，在网站上开办“有话问”栏目，鼓励网民在网站上提问，记者经过筛选后通过采访等方式让官员回答，再答复给网民；媒体也鼓励政府官员开设博客，与网民互动。但是，在这种传播模式中，政府和公众都具有被动性。公众被动地接受信息，并没有直接和政府官员进行互动；而政治个体因为这样的传播模式没有普及，并没有主动加入博客的意图。奥一网的工作人员在说服人大代表和政府官员开办博客参政时就多次遭到拒绝，或者官员开了博客后又退出。然而，在“微博问政”出现后，网络政治传播的两个参与者都由“被动体”转变为“主动体”。微博问政的开展首先基于政府的主动参与，政府通过微博传播政治信息，“邀请”民众参政议政。另一方面，社会大众由被动接受信息转变为主动的询问政务，提出疑问

① 人民网舆情监测室，2012 年上半年新浪政务微博报告［R］，

并要求解决。参与者的主动性证明微博问政的模式使政治传播向前迈进了一大步。

2. 传播双方的平等互动

政治传播所涉及到的内容多与国家事务和国际关系有关，因此，早期的政治传播效果从传播学理论上看，“枪弹论”效果明显。施拉姆曾对这种传播效果做过如下概述：“传播被视为魔弹，它可以毫无阻拦地传递观念、情感、知识和欲望。……传播似乎可以把某些东西注入人的头脑，就像电流使电灯发出光亮一样直截了当。”① 在传统的政治传播中，媒体的强大力量使大众更像是“靶子”，特别是在政党政论报刊时期，大众无时无刻不处于各种形式的宣传或说服活动的包围之中，使人们处处感受到传播的威力。微博问政赋予受众的话语权，使受众拥有了不论阶层、职业、年龄、性别等与信息发布者同等的地位，传播关系表现为一种平等的交流互动。

二　微博问政的优势

微博问政在兴起后，表现出了强大的生命力和影响力。从揭露食品安全到跟进甬温线事故处理，再到跟踪办理公安案件及中国式微博反腐，微博问政都发挥了独特作用。微博问政在促进政府政务信息公开，公民参与政治，提高行政效率，推动民主化进程等方面，有其独特优势。

第一，微博问政促进政务信息及时公开，提高政治生活透明度。2008 年《中华人民共和国政府信息公开条例》的颁布实施，使中国政府信息公开进入到一个崭新的时代。《条例》第 15 条规定：行政机关应当主动公开的政府信息，通过政府公报、政府网站、新闻发布会以及报刊、广播、电视等便于公众知晓的方式公开。②条例明确提出了政府应通过政府网站公布信息，而微博问政是政府网站发布信息方式的发展。微博因其传播信息快速和裂变式的传播特点，在政府主动介入下，民众得以及时迅速地了解政府公开的政务信息，避免信息发布不及时和隐瞒不报的问题，有利于增加政治生活的透明度，促进社会和谐。特别是在突发性事件中，政务微博成为快速发布最新信息和情

---

① 张隆栋，《大众传播学总论》［M］北京：中国人民大学出版社，1998 年版，第 156 页。

② 中华人民共和国中央人民政府，中华人民共和国政府信息公开条例［R］。

况的平台，如在2011年“7·23”甬温线动车事故中，浙江省副省长郑继伟、浙江省卫生厅主要领导等均第一时间通过浙江的政务微博群发布关于事故动态、现场救援情况、寻亲和遇难者名单等信息，回答网友的提问，保证了信息的快速流通。这种及时发布信息的方式，在一定程度上缓解了舆论压力，有利于建立秩序良好的社会公共环境。

第二，微博问政促使公民参与国家政治生活，推动社会民主化进程。“稳定的公共生活和繁荣的民主政治是以社会中多数人的积极参与为前提的。”① 早在延安时期，毛泽东就曾对黄炎培说过，只有让人民来监督政府，政府才不敢松懈。只有人人起来负责，才不会人亡政息。让人家说话，天不会塌下来，不让人家说话，自己难免有一天会垮台。微博问政互动性的传播方式使广大民众参与到政治生活中，根据自己的需要和困难直接向政府机构和官员提问。这种提问方式是公开的，公民通过@、转发、评论等功能，对即时发生的社会事件发表自己的意见和看法，扩大事件影响力从而引发社会关注。这是我国政治民主化进程的巨大进步，公民直接参与到了国家的政治生活当中，国计民生的议题在政治生活中所占比重越来越大，公众切身利益诉求得到了表达，程序却由复杂变简单，这无疑有利于社会民主政治的建设。

第三，微博问政有利于政府高效决策，提升行政效率。对于公民而言，通过微博开展积极的政治参与和话语表达是公共政策议程设置的强大源动力。而政府发布信息公开条例，开设政务微博“邀请”广大网民参与到国家公共事务中，有助于群策群力，高效决策。特别是当制定涉及到民众实际利益规则时，如各省阶梯水价、阶梯电价等政策的制定，政府通过微博调查、微博咨询、微博讨论等方式邀请广大网友参与讨论交流，对其做出决策提供了良好的依据。因此，微博问政有利于政府高效决策，提升行政效率。

第四，微博问政可以推进国家反贪反腐的进行。微博问政在2012年出现了一种中国式的微博“反腐反贪”。2012年8月，陕西省安监局长杨达才，由于在延安特大车祸事故现场不合时宜的“微笑”，引起社会大众的不满。有网友在“人肉搜索”的过程中注意到杨达才在不同场合佩带了多款名表，并在微博上公布，引发“表哥”讨论。最后，陕西省纪委认为杨达才存在严重

① 陈家刚，《协商民主与当代中国政治》[M]，北京：中国人民大学出版社，2009年版，第211页。

违纪问题将其撤职。这是微博问政发展过程中极具里程碑式意义的一次事件，微博问政的反贪反腐由此拉开帷幕。在之后的几起“表叔”事件中，政府都将信息发布与微博紧密相连。2012 年底雷政富等一系列高官落马的“色情反腐”事件及 2013 年刘铁军案，均由独立记者、媒体等通过微博的形式与政府互动引起社会广泛关注，最终对政府反贪反腐行动形成舆论压力。微博问政通过官民的有效互动，平等的信息交流，在一定程度上推进了国家政治生活中的反贪反腐，这也是中国微博问政呈现的新特点。但是，如何量其度而用之，是值得思考的问题。

三 微博问政的局限性

微博问政开展以来，这种新的政治传播模式在政社互动，改变党的执政方式方面获益良多，但同时，对微博问政存在的问题和局限性政府也要理性对待，注意将政府的实际工作与微博问政结合起来。从当前来看，微博问政表现出来的问题主要有以下几个方面：

第一，政府官员微博利用率低。我国政府组成人员年龄层偏大，对新媒体技术不能熟练运用，且由于工作繁忙没有充足的时间上网。许多官员并不愿意上网或者主动回避网络，搁置问题，民众提出的问题未被回复或解决。长此以往，不利于微博问政保持活力和实现长期发展。

第二，微博问政形式大于内容。虽然有数据显示，我国政务微博的设立如火如荼，形成了数量庞大的政务微博群，但是其中大多数并没有做到及时发布政务信息，民众提出的问题也未被重视，没有得到解决，政务微博只是徒有其表。微博问政没有真正“火”起来和大多数网民的微博力量弱小，转发评论少存在关系。纵观几次微博问政产生影响的大事件，都有意见领袖在其中推波助澜，调动媒体和社会的力量。而普通民众在与政府的直接对话中，取得进展者寥寥无几。

第三，网络暴民扰乱问政秩序，政府容易产生微博恐惧。广大网民作为微博问政的一个重要参与主体，并不是所有人都是网络公民，都是理性提问与问政的。一位网友这样定义过“网络公民”：“所有上网的人都可以叫做网民，但不一定是网络公民，网民是泥沙俱下、良莠不齐的，而网络公民具备着聪明、平等、理想、和谐的特征，他们有自己的思考，并期待这种有益的思考得以传播。”[①] 现在的微博上充斥着大量的网络暴民与网络水军，他们唯恐天下不乱，制造传播虚假信息，煽动网民情绪，造成微博运行秩序的混乱和拥堵，对建构有序的问政程序和真正的网络民主危害很大。同时，网络是公共事件的“放大器”和社会情绪的“发泄器”，而微博更将这两大功能无限地放大。[②] 在信息传播的过程中，虚假信息难以辨认，往往伴随着内容的随意性和结果的失控性。政务微博经常会被一些网友攻击，政府容易产生微博恐惧，害怕在网络上形成“群起而攻之”的情况，主动回避微博问政，给这种政治传播新模式的良性发展造成了不利影响。

四　对微博问政蓬勃发展的思考

诚然，微博问政虽然不可避免地存在局限性，但我们更应看到其在改变政治传播方式、促进政民互动、提高党的执政能力方面的巨大潜力。在现阶段，政府要更好地利用微博问政的方式促进政治信息、政治理念、政治形象三位一体的政治传播建设，着力点首先应该放在微博问政的开展平台——政务微博的建设上。从地区上看，目前开通机构微博数量最多的是江苏省，达279个。此外，开通数量超100个的还有福建、广东、浙江、四川、江西等五省，均为南方省份。[③] 现存的政务微博大多数集中于公安、交通这两大领域，其他领域较少。因此，政务微博应在地区区域和领域上实现平衡发展。其次，微博问政要真正为民所想、办民所需，不做表面工程；政府与官员要放下“官架子”，向“草根化”发展，将民众提出的问题落实解决。第三，政府和官员在微博问政过程中应接受人民群众的监督，促使政府对社会事件及时跟进，发布处理进度信息。第四，完善电子政务系统，合理有效地处理民众在微博中反映的问题。总之，我们要努力建立起微博问政的长效机制，切勿使之昙花一现。

综上所述，微博问政是一场不会结束的新闻发布会。从市民热线、市长信箱，到今天党政机构和官员纷纷进驻微博，微博问政是中国政务领域的一大创举，也是政治传播的一次巨大进步。如今，这种有效的政治传播模式只

---

① 南都报系网络问政团队，《网络问政》[M]，广州：南方日报出版社，2010年版。

② 陈潭，“网络时代的微博问政”[J]，南京社会科学，2012（11）。

③ 张志安、贾佳，“中国政务微博研究报告”[J]，新闻记者，2011（6）。

是刚刚起步，即表现出了强大的生命力和巨大的潜力，虽然不可避免地存在局限性，但在其不断发展探索过程中，相信其会扬长避短，摸索出一条中国式的政社互动新模式，真正形成一套以政府为主导、主要网站配合、有序高效的常态化、制度化的机制，实现社会更加持久有效、稳定健康的发展。

新媒体时代，一个传播主体多元化的世界

——从“被时代”到“我时代”

王诗淇

【摘要】

新媒体技术的产生为社会发展创造了条件，传播主体不再局限于传统的媒介机构，人人都可以成为传播者，多元化的传播身份使得人们从“被时代”走向“我时代”。本文通过分析传播主体的多元化，分析其社会影响，从而为更好地应对“我时代”提供建议。

【关键词】

新媒体　多元化　我时代

【作者简介】

王诗淇，女，汉族，上海交通大学媒体与设计学院 2012 级新闻传播硕士研究生。

人类社会发展历程自远古时代起经工业社会变革再过渡到当今的信息社会，历经数千年。随着经济，社会和信息技术的同步发展，人们的交往模式和对交往需求的变化也随之而来。基于信息时代的到来，新媒体技术的应用，古老的传播模式发生了翻天覆地的变化，引起了传播领域的重大变革，新媒体时代传播主体的多样化则是显著变化之一。

一　新媒体技术发展与传播者身份演变

人类传播发展的七座里程碑分别是：语言的出现；文字的创造；印刷术的发明；电报与电话的发明；摄影与电影技术的发明；广播与电视技术的发明；电脑技术的发明①。在第七个阶段，电脑技术的发明则是新媒体时代到来的基础。

15 世纪德国人古登堡，在综合了中国人的发明和自己的独创后，形成了金属活字排版印刷技术，印刷的效率大大提高，改变了人类传播的现状。随着经济和技术的不断发展，广播电视这种由电子技术装备起来的现代化传播媒介开始走入人们的生活，大众无需再面对一个只能看、不能听的纸质媒介，人们可以身临其境地感受这个世界发生的一切。而当今时代的新媒体是音视频技术与因特网等数字通信技术的结合，不仅仅综合了以往的纸媒和电子媒介可视可听的特性，而且由于网路的通达，大众不再是简简单单的被动接受，而是可以与陌生人进行互动的主动视听消费者。

杨继红在《谁是新媒体》一书中给新媒体下的定义为："新媒体是基于数字基础的非线性传播的能够实现交互具有互联传播特性的传播方式和交互传播的组织机构"②。新媒体最重要和根本的一点是数字化，新媒体技术加快了传播速度，降低了信息获取和传递成本。这对于生活在高速运转的现代社会的人们来说无疑是件省时省力的美事。

在关于新媒体定义中，"互联"的存在是对新媒体生态的重要描述，所有媒体联系的各端口都是互通交互的。新媒体打破了以往"以传者为中心"的传播模式，逐渐走向了"以受众为中心"的符合全球传播观念发展规律的全新传播模式，互联性的传播生态是新媒体的特性。美国《连线》杂志根据新媒体的传播特征把新媒体直接定义为"所有人对所有人的传播"，信息传播者和信息接受者的身份难以界定，当一个人上传内容时，他是传者，当他阅读时，他是受者，在互联的新媒体世界里人人都平等交互地享有无限的信息资源。

---

① 董璐，《传播学核心理论与概念》［M］，北京：北京大学出版社，2008 年版，第 69 页。

② 杨继红，《谁是新媒体》［M］，北京：清华大学出版社，2008 年版，第 22 页。

网络技术的发展和网络社会的健全离不开众多网民的参与和支持，如果没有了网民的存在，新媒体技术的发明都是徒劳无功。瑞典互联网市场研究公司 Royal Pingdom 在 2012 年发布研究报告称，2012 全球网民总量已经达到 22.7 亿，较 5 年前的 11.5 亿将近翻番。其中，在过去 5 年中，亚洲网民在全球新增网民中所占比率最高，达到 53.8%。美国企业管理咨询机构波士顿咨询集团公布的一项预测称，全球一半人口将变成网民。这项预测表明，随着未来几年网络经济的强劲发展，使用互联网的人口将大幅度增长，到 2016 年网民将从 2010 年的 19 亿增长至 30 亿。当今世界网民数量的迅猛增长使得“地球村”真正成为了可能，全世界各地的人们都有机会彼此互联。

网民的互联再加上网状传播的快速便捷，使得网络中信息传播者与受众之间形成了连通性，两者之间的界限模糊了，网民可以通过网络获取信息，亦可自己上传信息，视频等。一些新闻报道都有网民的参与。因此在普遍意义上，网民也成为网络新闻传播的重要力量。

二　新媒体传播中主体的多元化

网络的交互性和数字性带来的便利让网络传播中的传播主体发生了巨大变化，彭兰在《网络传播概论》中对网络新闻传播者构成的多元性是这样解释的：“从传播资源方面，随着网络时代的到来，过去只为大众传媒组织享有的‘特权’也开始被广大公众享用，传统的公共传播资源由大众传媒独享，但网络作为一种公共传播资源却可以为任何上网的人利用，技术的发展也使得新闻采访，制作和发布所需要的设备与成本等方面有了很大的变化，一些人形象地称之为‘门槛低了’。利用网络这样一种渠道，个体可以随机地无意地参与新闻传播，而且有时也能产生重要的影响。一些新技术：博客、播客、微博等，更是使个体可以用一种制度化的方式进行新闻传播，一些具有一定新闻素质的网民已经成为专业的新闻传播者”。[①] 网络媒体集合人际传播，群体传播，组织传播，大众传播一体，这意味着不同渠道传播的信息会相互交叉，渗透，尽管网络中的新闻传播是以专业新闻机构为主导的，但是网络中

① 彭兰，《网络传播概论》［M］，北京：中国人民大学出版社，2012 年版，第 230 页。

的新闻传播也是一个多种传播形态共同作用、多种信息源共同作用、多种信息中介共同作用的过程，这样一个复杂开放的过程，意味着传播者的多元性。这也是网络新闻传播与传统媒体新闻传播的一个重要区别。

个人媒体的出现使得传播主体多样化的实现脚步大大加快，这得益于新媒体技术日新月异的发展，新技术带来各种新的媒介形式，而使用这些技术的网民群体则成为了别样的传播者，产生了众多诸如博客、播客、维客等自媒体形式。如今传播信息的权利不仅仅局限在政府和各级媒介机构，普通的草根网民也可以成为传播者，这也是传播主体的多元化的一个重要体现。

传统大众媒介进行的是点对面的传播，在这个过程中传播者作为“把关人”处于控制地位，而受众很少有主动选择的余地，受众的个性化需求受到相当程度的限制。而新媒体时代中的“受众”不单单再是单向度的传播，新媒体的交互性打破了传统大众媒介的传播模式，从而使信息传播有了媒体对个人，个人与个人之间的双向交互和“一对一”的传播特点。这种传播特点决定了新媒体使用者获取信息的方式，一是主动的，二是个人的。新媒体使用者不是被动地接受信息而是主动地发现信息，选择信息，处理信息，使用信息，他们的媒体使用行为可以有更多的自主权和选择权，可以自己控制何时，何地，用何种方式获取何种信息。“受者中心”代替“传者中心”，这也就使得传播主体多元性得以实现。

个人媒体较有代表性的是美国的麦特·得拉吉，他的“德拉吉报道”由于在1998年披露了时任美国总统克林顿的绯闻而闻名于世。德拉吉虽然是一名自由撰稿人，但是确是一个职业化的新闻传播者。多年来一直被美国媒体认为是与专业媒体力量抗衡的个人媒体的代表。他的忠实读者称赞他为“公民的记者”。他主张“每个公民都可以成为记者”。

博客这一新媒介的出现影响了传统的传播方式，并对既有的传播学理论产生影响。博客的零技术门槛，让每个人都可以自由地参与到新闻的生产中，它们作为新闻信息的补充来源，作为新闻信息的再加工者，整合者以及读者，已经越来越显现出在新闻生产环节中的独特价值，某种程度上不再受“把关人”的限制，因此提出了“市民新闻学”或“公民新闻学”概念。

播客又称为“有声博客”，有时候也被译作“自助广播”。用户可以利用播客将自己制作的“广播节目”上传到网上与广大网友分享，就像博客颠覆了被动接受文字信息的方式一样，播客颠覆了被动收听广播的方式，使听众成为主动的参与者。

维客是指维基百科的用户，它是一种新技术，一种超文本系统，这种超文本系统支持面向社群的协作式写作，同时也包括一组支持这种写作的辅助工具。也就是说，这是多人协作的写作工具，维客的真谛是：人人贡献，人人编辑。在维客页面上，每个人都可以浏览，创建，更改文本，系统可以对不同版本的内容进行有效的控制管理，所有修改记录都保存下来，可以查验，追踪，恢复至本来面目，这就意味着每个人都可以方便地对同一主题进行探讨、写作或者修改扩展。通过互动维客，每个人都可以把知识分享给整个世界，每个人都可以自由创作感兴趣的话题，分享大家的集体智慧，迅速结识更多志趣相投的新朋友。

但是维基百科的存在并不是说完全没有争议的。《纽约时报》2007 年 2 月 21 日报道说，“维基百科容易受到错误、有时是故弄玄虚作假的影响”。也有美国的大学教授勒令学生不得在论文中和考试时引用维基百科，学生也“不得在将来利用维基百科或其他类似来源给自己的错误找借口”。①

三　新媒体时代传播主体多元化的社会影响与应对措施

熊澄宇教授在谈及媒体时代变迁的时候曾经这样讲到：“媒体是一个有时代烙印的概念。业界对历史上美国总统和媒体之间的关系有这样的表述：‘报纸总统’、‘广播总统’、‘电视总统’、‘网络总统’，这些称谓实际上反映了不同时代的媒体形态对不同时代政治的影响。”媒体和时代有着直接的关系，新的媒体代表着新的社会生产力，必定要推动生产关系的变革。新的社会生产力对社会的影响是多方面的，工业革命带来了工业文明但同时也带来了侵略扩张，新媒体技术也是把双刃剑，我们看到曙光和希望，同时也感受到隐藏的危险。

随着数字技术的飞速发展，互联网改变了旧有的信息传播方式，重塑了新的媒介生态和传播格局，我们曾经谈论的“受众”这个词体现了公众被动接受各类新闻信息的地位，但是在新媒体时代媒体人不再是专属的职业称号，自发，共享，互通成为了新时代的主题。我们通过新媒体的多种技术形态不断地去探索这个世界，无论是博客，微博，还是社交网站都带来了前所未有

① 胡泳，《众声喧哗》[M]，南宁：广西师范大学出版社，2008 年版，第 100 页。

的社会影响力，网友在微博上打拐，免费午餐让贫困山区儿童的健康问题提上议题，这些都是不可忽视的正面社会效应。但新媒体这把双刃剑不仅仅会给我们的生活带来正面影响，负效应也随之而来。互联网是一个自由且身份隐蔽的地方，“在互联网上，没人知道你是一条狗”。多元化的传播身份结合互联网的隐蔽性让网络欺凌与流言传播等恶性事件变得无比容易，随着网络技术的发展和上网人数的激增，网络舆论的影响越来越大，渗透到社会生活的各个层面。网络的高速传播效率和信息海量、匿名性等特性，也为网络流言创造了生存条件。从心理学的角度看，网络流言部分地满足了人的猎奇本能。网络流言就像南美洲热带雨林里的一只蝴蝶，其轻轻一扇，如果在网民中激起非理性共鸣，再通过网络以几何速度传播，在转载中又不断被添油加醋、加工夸大，产生“风暴”的可能性不小。

面对纷繁复杂的网络传播环境，信息接受者在选择与处理所得信息时应综合多方言论，辨别真假后再进行转发或者分享，提高对负面信息的免疫能力；对于信息传播者，所传播的信息内容来源要进行核实，不实信息与不确定信源的信息不能轻易传播，以防产生几何效应，增加社会不安定因素。由于网络传播者身份的隐蔽性，许多网民认为无人知晓自己的真实身份就无需对自己的言论负责，这就体现出部分网民的媒介素养意识不强。媒介素养不仅是使用媒介的需要，还应该是一个现代社会公民素质的一部分。这对于人们正确地判断和评估媒介信息的影响和作用，有效地创造和传递信息有着深远的意义。我们社会的目标之一是营造一个和谐的网络环境，提高公众的媒介素养则是一个必要条件。与此同时，国家应出台相关法律政策，以便加强对网络、手机等媒体的管理监督，营造一个良好的媒介环境。

参考文献：

[1] 杨继红，《谁是新媒体》[M]，北京：清华大学出版社，2008 年版，第 22 页。

[2] 胡泳，《众声喧哗》[M]，南宁：广西师范大学出版社，2008 年版，100 页。

[3] 保罗·莱文森，《新新媒介》[M]，何道宽译，上海：复旦大学出版社，2010 年版，第 188 页。

[4] 迪金森，《受众研究读本》[M]，单波译，北京：华夏出版社，2006

年版。

[5] 彭兰,《网络传播概论》[M],北京:中国人民大学出版社,2012 年版,230 页。

[6] 匡文波,《手机媒体:新媒体中的新革命》[M],北京:华夏出版社,2010 年版,第 43 页。

[7] Guobin Yang, *The Power of the Internet in China——Citizen Activism Online* [M], New York City: Columbia University Press, 2009.

[8] 泰普斯科特,《威廉姆斯,维基经济学——大规模协作如何改变一切》[M],北京:中国青年出版社,2007 年版。

[9] 匡文波,《新媒体概论》[M].北京:中国人民大学出版社,2012 年版,第 102 页。

[10] 方兴东,王俊秀,《IT 史记》[M],北京:中信出版社,2004 年版。

[11] 马歇尔·麦克卢汉,《理解媒介——论人的延伸》[M],何道宽译,北京:商务印书馆,2005 年版,第 33 页。

[12] 董璐,《传播学核心理论与概念》[M],北京:北京大学出版社,2008 年版,69 页。

[13] 闵大洪,《传播科技纵横》[M],北京:警官教育出版社,1998 年版,第 196 页。

社交媒体时代微博公关效果探究

——以麦当劳“3·15”危机公关事件为例

甘雯慧

【摘要】

当前，社会化媒体对于社会生活的每一个领域都起着重要影响，危机公关也因为微博的出现而拥有了全新的特性。本文研究发现在麦当劳“3·15”事件中，良好的微博公关起到了不可忽视的作用。

【关键字】

危机公关　微博公关　麦当劳“3·15”　效果研究

【作者简介】

甘雯慧，女，满族，中国传媒大学传播研究院 2012 级传播学硕士研究生。

当下，传统媒体的霸主地位摇摇欲坠，社会化媒体却悄然步入人们每日的生活。当微博成为大众传播中重要的环节，我们必须开始正视自媒体时代这一新兴的媒体形式。微博与传统媒体不同，微博传播方式的裂变式、传播内容的碎片化、传播速度的及时性、传受方式的互动性都在改变着当下我们的信息环境与思维方式。而借助于手机、平板电脑等终端，微博的信息传播具有鲜明的 5A 特点：Anyone，Anywhere，Anytime，Anything，Anyway。[①] 再加上与传统媒体掌控话语权不同的是，微博是准入门槛非常低的一种工具，

① 国家行政学院电子政务研究中心，2011 年电子政务微博客评估［B］，2012 - 02 - 02。

任何人在共同的语义空间里都拥有自主话语权。[①] 所以有观点认为曾经一统天下的传统媒体已经被以微博为代表的社会化媒体所制衡。

据2011年中国传媒大学网络舆情（口碑）研究所统计，微博已成为我国第二大舆情源头，形成了当前一个最重要的舆论场。那些涉及公共问题的事件和信息在微博上会快速引起共鸣，并有可能在短时期内形成强大的微博传播“信息流”、“评论流”或是转发热潮，以此引起公众的广泛关注，也使舆论的话语权不再被牢牢地把控在传统媒体手中。因此在当下，传统媒体与社会化媒体的激烈博弈在各个领域随处可见。

既然利用微博的优势，可以占据一定的话语权，那么利用这个话语权进行微博公关，尤其是在应对看重时效性的危机公关方面也就成为一种不可忽视的现象。[②]

一　移动互联网时代的危机公关

爱德华·伯尼斯指出：“危机公关是机构或企业为避免或者减轻危机所带来的严重损害和威胁，从而有组织、有计划地学习、制定和实施一系列管理措施和应对策略，包括危机的规避、控制、解决以及危机解决后的复兴等不断学习和适应的动态过程。”危机公关这一概念并不是在互联网时代才出现的，但是互联网时代却赋予了这一概念新的含义。移动互联网时代企业危机的出现以及公关维护都带有社会化媒体的独有特性，不仅面临着危机源头的不确定性和非中心化，危机传播呈现爆发性裂变扩散以及危机影响全方位、多领域等诸多挑战。在深陷危机时如何发出有利于自己的声音，如何借助微博化解危机，成为当下企业危机公关时所需要思考的重要问题。

当每一个人都自成一个媒体时，企业处于困境时所面对的“危”会更为花样百出，让人难以掌控，但同时危中也蕴藏着“机”。[③] 对于公共事件的处理，藏着掖着只会把事情越描越黑，抢夺第一时间的话语权是非常重要的。而微博拥有的即时性传播等特性正迎合了危机处理时所需要的一些重要特质，

---

① 刘运来，“微博时代政府在危机公关中公信力建设研究——以三亚‘天价海鲜事件’为例”[J]，今传媒，2012（05）。

② “微博与危机公关”[J]，国际公关，2011（05）。

③ “博时代的危机公关”[N]，中国联合商报，2012年7月2日，第B03版。

在危机控制时它可以凭借“及时性反应”、“灵活性应对”等特性制胜。① 因此，微博的异军突起无疑为危机公关增加了新途径。正因为微博的上述特性，有观点认为如果可以妥善利用微博，那么在社会化媒体时代，反而可以让企业从容对抗强大的传统媒体，从而转危为安。

纵观近些年来的种种危机事件，我们发现一旦遇到那些涉及公共话题的事件时，信息就能够很快地在微博上被扩散，尤其是当微博上的加 v 舆论领袖介入后，在他的人气带动之下，经过多级传播，意见就会被迅速聚合形成一种舆论场。而这种舆论场多数情况下，会在“沉默的螺旋”影响之下形成强大的合力，引起共鸣，形成一致的舆论导向。

那么在危机公关之时，利用微博进行公关（简称微博公关）能否起到挽救口碑的效果？而这效果究竟有多大？微博公关能否成功应对传统媒体的挑战？这些都是值得探究的问题。

二 麦当劳“3·15”微博危机公关效果研究

2012 年央视“3·15”晚会曝光了麦当劳北京三里屯店存在的食品安全问题，如牛肉饼掉在地上不经任何处理接着二次销售，鸡翅、吉士片、甜品派等存在超时存放问题。面对传统媒体的强势曝光，麦当劳迅速作出反应，利用互联网进行了一系列公关行为。

首先当天晚上 21 时 50 分，麦当劳成为被曝光的企业中第一个用官方微博发出回应的，称这是个别事件，向公众道歉。随后微博上出现了一项名为“央视‘3·15’晚会，麦当劳被曝光了，你还吃吗?”的调查显示，在参与投票的 1331 名消费者中，有 48.2% 的消费者表示会继续消费麦当劳。同时也有网友发起了一项名为“我信麦当劳胜过央视”的微活动，而选择相信麦当劳的比例高达 82.5%，在众多网友的回复中都用到了这句话，一时舆论风向似乎完全倒向了麦当劳这一方。②

事件过后，麦当劳危机公关备受赞誉，策划这次公关行为的公司还获得了年度金奖，很多观点认为在传统媒体一致的集体唱衰下，麦当劳的微博危

① 万国邦，“网络危机公关探析”［J］，职业时空，2012（5）。

② “国企业‘3·15’舆情案例分析”［N］，中国企业报，2012 年 3 月 27 日，第 008 版。

机公关成功逆转央视曝光，为微博危机公关树立了一个范式。我们会发现麦当劳在这次危机中利用微博采取了非常有效的措施，首先是开放评论。虽然最初一度禁止评论，但是后来马上开启了评论功能。主动认错不逃避，尤其相比于其他同时被曝光的企业，认错态度快且良好。其次是不删帖，不与网民进行“网络舌战”。[①] 然后是，利用微博活动主动出击，设置网络议程，引导正面舆论，利用意见领袖支持，模糊最初话题，转移话题，对网民进行影响和诱导，充分利用黄金48小时，从而影响了“意见酝酿”和“意见表达”，也最终形成了对麦当劳有利的正面舆论。

那么，麦当劳这次漂亮的微博公关是否真的起到了应有的效果？是否成功抵制了因为传统媒体的曝光而导致的口碑危机？笔者对新浪微博上网友对麦当劳事件的态度变化做了一项调查研究。这次调查的对象界定为新浪微博，以新浪微博为平台，在麦当劳认证的官方微博下采取不等概率抽样的方法，抽取了相关的回复共计830条。

首先对于网友回复设置了几个时间点进行随机抽取，并将抽取内容按从央视曝光到麦当劳发表道歉声明的两个小时之内，道歉之后的的两个小时，以及随后事件逐渐平息前五天之内的时间段分成几类，比如明确支持的，明确不支持的，赞扬道歉公关迅速的，质疑道歉内容的，联想到麦当劳的其他管理质量问题的，调侃讽刺麦当劳的，与国内食品安全问题对比表示理解麦当劳的以及围观和中立的。由其回复内容划分标准，其中出现明确出现“支持”“还会去”等词语的视为明确支持，在回复中出现骂人的话及“不会再去”“失望”等词语的视为明确不支持，出现“态度好”“快”等词语的视为赞扬道歉迅速的，对道歉内容回复“不相信”、“假”等语句的归为质疑道歉内容的一类，而爆料麦当劳其他问题的回复归为联想到麦当劳其他管理质量问题中，而用文明语言调侃麦当劳的归为讽刺一类，涉及“国内食品”等词语的归为与国内食品安全问题对比一类，剩余和其他发表情的视为围观和中立。

通过对上述分类内容进行分析，得到了以下几个数据。

针对网友回复的内容分析，我们可以将其回复内容主要归为三类，将表示明确支持的，赞扬公关能力强的，与国内食品安全问题对比而理解麦当劳

---

① 张萌，余芬芬，“微博时代企业危机公关应对策略——以西门子‘冰箱门’事件为例”[J]，新闻世界，2012（06）。

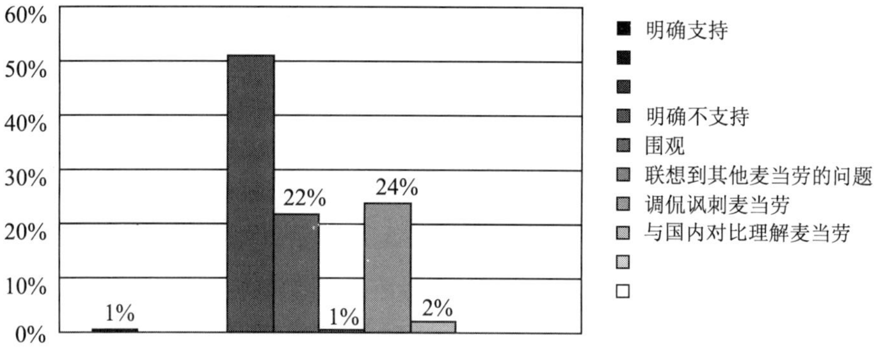

图 1 "3·15"当日央视曝光麦当劳之后，麦当劳发表道歉声明之前的 20 点到 22 点之间网友留言分析图表

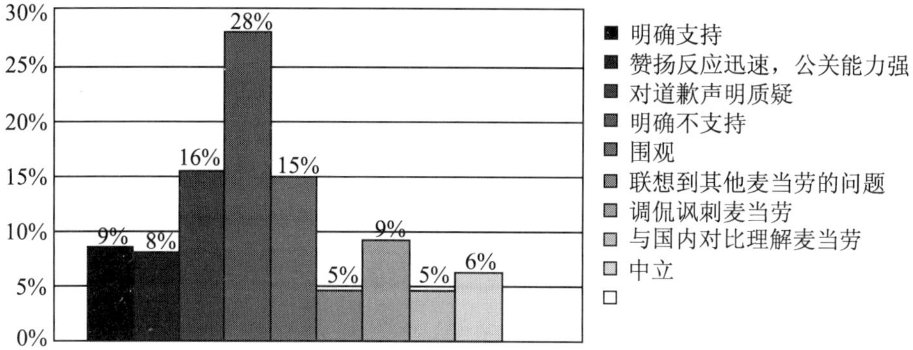

图 2 麦当劳发表道歉后 22 点到 24 点之间网友的回复分析图表

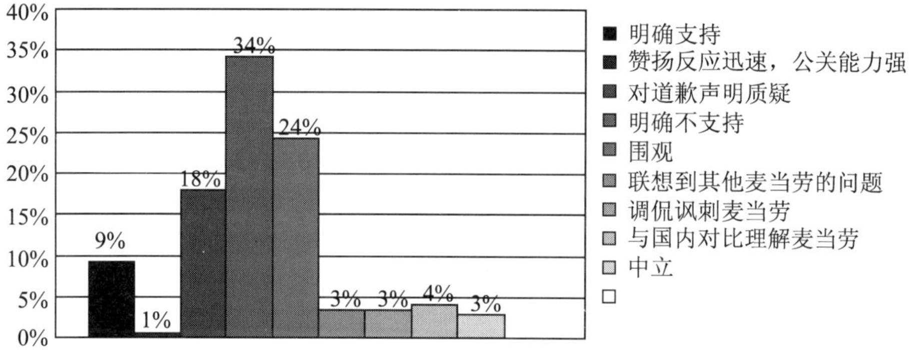

图 3 3 月 16 日网友的回复内容分析图表

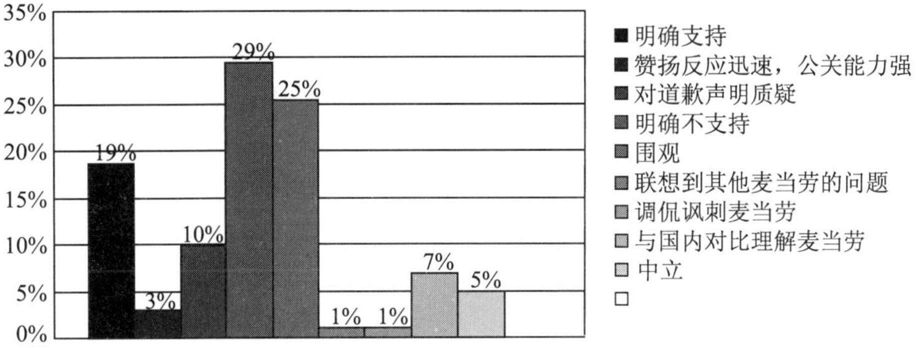

图 4　3 月 17 日网友的回复内容分析图表

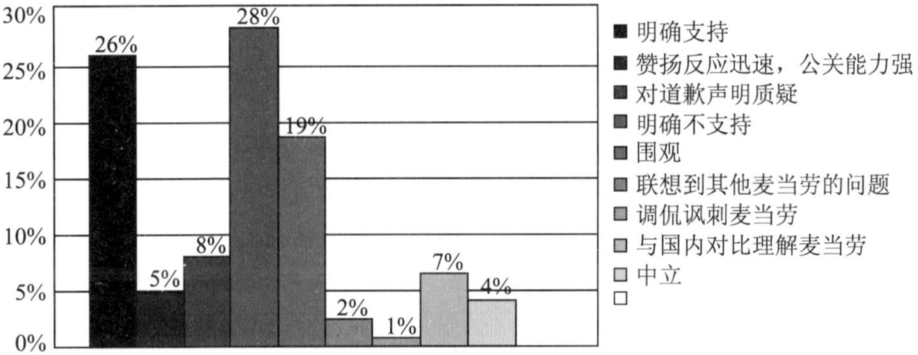

图 5　3 月 18 日网友的回复内容分析图表

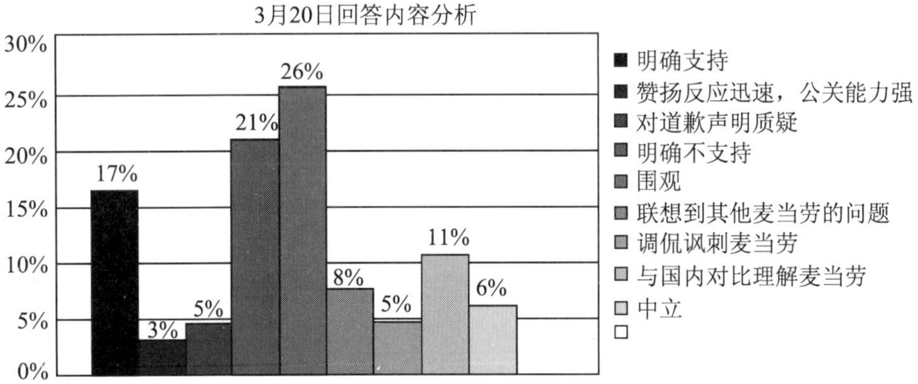

图 6　3 月 20 日网友的回复内容分析图表

的内容归结为对麦当劳有利的正面信息，将对道歉声明质疑，明确不支持，联想到麦当劳的其他管理质量问题的以及调侃讽刺麦当劳的内容归结为对麦当劳的负面信息，其他的内容归纳为其他类。我们会发现在央视曝光麦当劳之后的正、负信息比例和经过几天的微博危机公关之后的正、负信息比例有着明显的变化。并且需要说明，在这几天之内央视一直都是对该事件的负面报道，而其他传统媒体对麦当劳的报道也都少有正面的报道，大多是比较中立的报告事件的进展，工商部门的约谈检查等，麦当劳也没有积极地在传统媒体上进行公关行为。

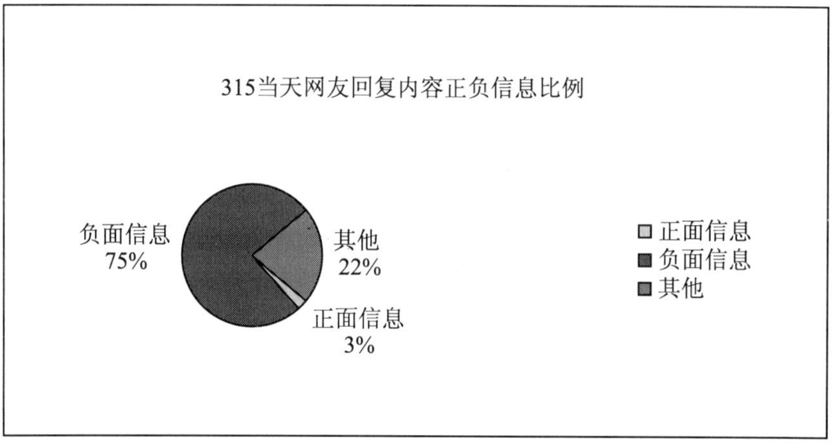

图7 “3·15”当天网友回复内容正负信息比例

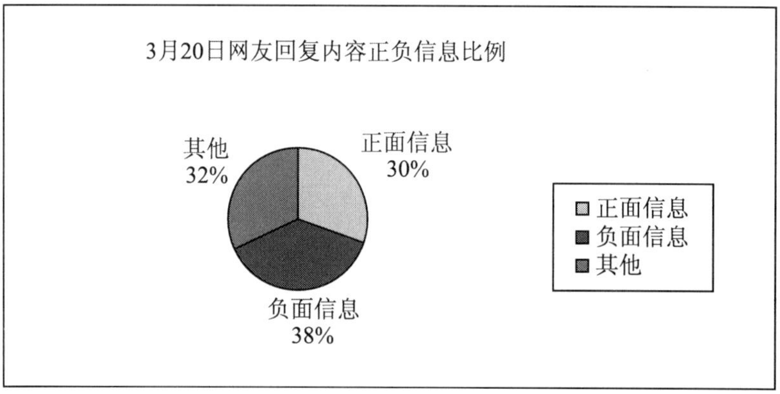

图8 3月20日网友回复内容正负信息比例

综合15日到20日这5天的正负信息比例，我们可以统计出以下的数据，从这些数据中可以发现对麦当劳有利的正面信息的总体趋势是上升的，对麦当劳不利的负面信息的总体趋势是下降的，也就是说在大众传媒持续曝光的情况下，微博公众舆论是逐渐倾向有利于麦当劳的。

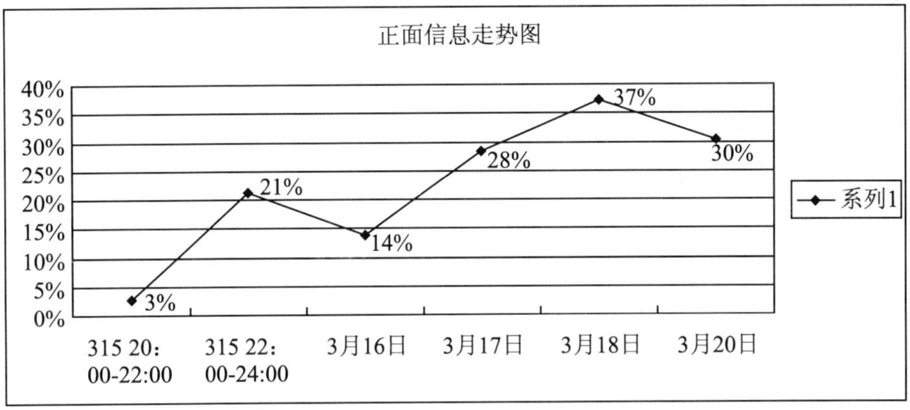

图9　正面信息走势图

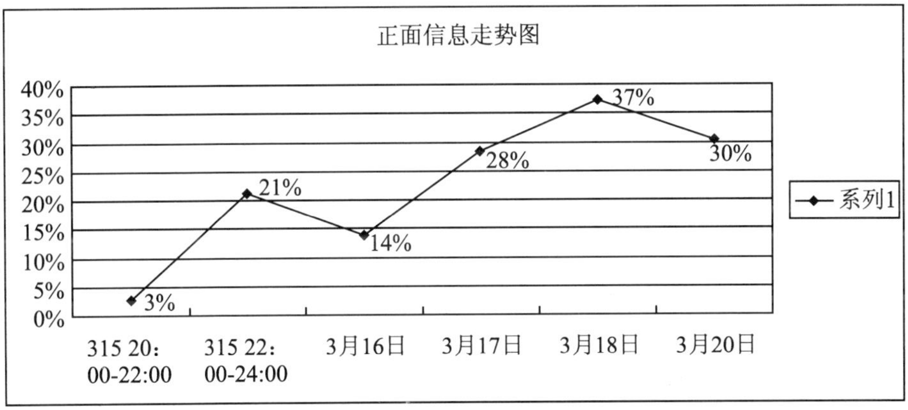

图10　负面信息走势图

三　其他变量的影响分析

通过以上的分析我们可以得出这样的结论：危机事件发生后麦当劳的微博舆论情况是逐渐逆势好转的。但是，这是否能说明麦当劳的微博危机公关可以称为一个成功的范例？是否说明微博危机公关效果显赫？是否说明新兴的社会化媒体已然可以战胜传统媒体？笔者认为，我们还不能忽略其他的变量作用于这一事件的影响。

不可否认，虽然这一次麦当劳的危机公关在很多地方是值得称道的，也确实起到了一定的效果，并且帮助企业在微博上挽回了舆论劣势。但我们需要清醒地认识到，这次麦当劳可以在口碑上逆势上扬，无惧央视的口诛笔伐，原因是多方面的，一方面央视这个超级传统媒体的形象近年来一直有下滑的趋势，公信力直线下降，公众对其颇有怨言，这一次的脱靶正好成全了麦当劳，让大家喊出“信麦当劳胜过央视”的口号。另一方面中国近年来食品安全问题频发，公众对这个问题积怨已久，被公关公司有效利用，这一次也正好充当了麦当劳的保护伞。

综上所述，笔者认为，在这次危机事件中，麦当劳的口碑保卫战能有如此成效，良好的微博公关确实起到了相当的作用。麦当劳的微博公关之战对其他企业起到了良好的示范效果，注重受众，及时沟通，利用传统媒体的脱靶，及时化解危机，这些都对以后的微博公关有着借鉴和学习的价值。但微博公关的具体效用究竟有多大？而其他的客观因素、中国特有的国情究竟又在其中起到了怎样的作用等问题仍然需要做进一步研究。

微博反腐视域下的政府应对策略

——以“雷政富事件”为例

李永坤

【摘要】

在中国，以人际交往为主要功能的微博，正在被赋予一种新的社会功能—反腐。微博圈正在成为最新一轮举报腐败官员的主战场。与传统的反腐败技术不同的是，微博传播速度的即时性、微博传播内容的自主性、微博传播方式的互动性等特点让群众举报的门槛越来越低。为此面对气势汹涌的微博反腐大潮，政府必须采取积极的应对策略，才能在微博反腐中占据主动地位，发挥其应有的作用。

【关键词】

微博反腐　雷政富事件　政府反思

【作者简介】

李永坤，男，汉族，中国传媒大学 2012 级思想政治教育专业硕士研究生。

微博，是微型博客的简称，因其与传统博客相比发布字数受到很大限制（大多微博平台规定每条微博不得超过 140 个字）而得名，网民昵称其为“围脖”，发微博也相应被称为“织围脖”①，具有发布、关注、转发、评论四大功能。在微博中，用户可以根据自己的兴趣转发或评论其他微博，只要微博

① 黄河，《政府新媒体传播》[M]，北京，光明日报出版社，2012 年版，第 109 页。

内容符合用户口味，信息就会以裂变的方式传播下去。随着微博的广泛应用，微博反腐也应运而生。一场“雷政富”事件，再一次震动重庆政坛。63 个小时，厅级干部倒台，如此短的时间内让我们看到了微博在目前反腐工作中的高效率，高质量。那么面对微博反腐，政府应该积极利用、正面面对而不是消极监管、侧面逃避。本文将以“雷政富”事件为例，探讨政府在“微博反腐”大势之下的应对策略。

一 “雷政富事件”事件回顾

2012 年 11 月 20 日下午，一家网站发表文章、图片及视频链接，称“重庆北碚区委书记包养情妇并与之淫乱”，之后迅速成为微博热点话题。

两天之后的 23 日 11 时，重庆市政府新闻办在微博上发布消息称，证实有关不雅视频中的男性为北碚区区委书记雷政富，并公布了重庆市委免去雷政富区委书记职务并对其立案调查的决定。从事件曝光至此只有 60 多个小时，被网民称之为“秒杀”。11 月 25 日，重庆市纪委承诺及时公布调查结果。

两个月后的 1 月 24 日，重庆市有关部门披露了对雷政富违纪违法问题调查中发现的敲诈勒索犯罪情况。当日还发布了中共重庆市委和中共重庆市国资委委员会免去 10 名官员、国企高管职务的消息。

1 月 31 日，重庆市纪委相关负责人在接受新华社记者采访时说，初步查明雷政富涉嫌巨额受贿和其他严重经济问题。

5 月 3 日，重庆市检察机关回应了雷政富涉嫌受贿案、肖烨等人涉嫌敲诈勒索案的进展。报道称，目前两案已侦查终结，检察机关正在审查起诉。

5 月 7 日重庆市人民政府新闻办发布消息称，重庆市纪委、市监察局拟对雷政富给予开除党籍、开除公职处分。发言人介绍说，随着调查取证的不断深入推进，重庆市相关部门又发现一些不雅视频线索。查明涉案党员干部为 21 名，其中党政干部 15 名、国有企业领导人员 6 名。

5 月 13 日，重庆市检察机关透露，雷政富涉嫌受贿一案已于 5 月 10 日由重庆市人民检察院第一分院依法向重庆一中院提起公诉。新闻稿还披露了检方立案侦查、雷政富被刑事拘留、依法逮捕和重庆市人民检察院将本案交由重庆一分检审查起诉的时间。

6月6日，重庆市一中院发布了该院公开开庭审理雷政富案的时间。6月7日，渝北区人民法院发布了敲诈勒索案开庭时间，并称因涉及个人隐私，法院根据法律规定将以不公开开庭的方式进行审理。①

那么重庆政府如此迅速的反应给正处在舆论风口浪尖的政府什么样的启示呢?

二 微博反腐视域下政府应对腐败的失策之地

（一）有的地方政府抱着侥幸心理，试图躲避公众质疑

大量的群体性事件的爆发，正是因为政府在危机发生时采取消极回避的态度造成的。如果政府能在事件发生的第一时间出来发声，很多事情都可以得到及时的处理，以避免造成更坏的影响。

（二）传统的举报渠道不畅通

传统的举报渠道不通畅表现在以下三方面：其一就是受理举报的机构多，群众不知向谁举报。我国存在着很多的举报机构，但是当群众对一些违法违纪犯罪案件的性质很难界定时，群众就面临该向谁举报的难题了。群众不得不一信多投，重复举报。其二就是有的政府对于上访的重视程度还不够。一旦发生上访，有的政府想的不是解决群众上访中反映的问题，而是想办法要解决“上访”这个行为，政府应该清楚没人不想通过正常的举报程序解决问题。其三就是举报受理的工作不规范。目前，一些地方和部门存在着推诿举报、堵截举报、有报不立、走后门举报等现象，严重地挫伤了广大群众参与反腐败斗争的积极性，同时举报案件层层批准，泄密现象严重。比如在内部没有严格的保密制度，举报材料没有专人专柜管理，举报材料有关无关人员都可以看到等问题。

（三）极度崇拜微博反腐，忽视微博反腐的弊端

“雷政富事件“的及时处理，无疑增加了人们对于微博反腐的支持度，甚

① 贾钊，“从不雅视频到出庭受审——雷政富落马实录”，新华网 http：//news. xinhuanet. com/legal/2013 -06/18/c_116194475. htm，2013 -06 -18。

至有人说微博反腐是万能的，只要微博一转发事情肯定会得到好的结果。笔者承认微博反腐是一种很有效的反腐形式，但从长远来看，“微博反腐”只能是一种制度反腐的补充，不能取代传统的制度反腐。随着微博在广大网民中的流行与我们通常的接触的实名举报方式相比，微博反腐凭借微博及时迅速的传播效果往往更能够迅速进入公众视野，形成舆论热点，进而倒逼有关部门启动调查程序。正因如此，举报人有必要对举报内容的真实性负责任，以免损及他人的隐私和名誉，造成二次伤害，浪费人力、财力、物力资源，影响社会的稳定。

三　微博反腐视域下的政府应对策略

（一）积极回应，第一时间掌握舆论主动权

回应一词，就是对某种行为、愿望和思想相应的反应与反馈。政府回应（government responsiveness）又称政府反应性，它有政府应答、反应的意思，“就是现代政府公共管理的过程中，对公众的需要和所提出的问题做出积极敏感的反应和回复的过程”。① 其基本意义是“公共管理人员和管理机构必须对公民的要求做出及时负责的反应，不得无故拖延或没有下文，在必要时还应当定期地、主动地向公民征询意见、解释政策和回答问题。”它在一定意义上是责任性的一种体现。美国学者格罗弗·斯塔林在其《公共部门管理》一书中提到，公共管理责任的基本理念之一就是回应。他认为回应是指一个组织对公众提出的政策变化这一要求做出迅速反应，也可以说是政府对公众所提要求作出超一般反应的行为。他认为，某些时候，回应可以是政府首先主动提出解决问题的方案，甚至是首先确定问题的性质②。微博的一个重要特点是传播速度极快，一条信息经过转发极短时间内会引起巨大的反应。为此政府决不能抱着侥幸心理，试图躲避公众质疑。在这里可能有人会质疑微博上所转发的贪腐案例的真实性，这就要求我们的政府工作人员一定要有相关的辨别能力，政府机关应该设立舆情监测机制密切关注网络舆情动态，防止谣言

---

① 何祖坤，“关注政府回应”［J］，中国行政管理，2000（7）。

② ［美］格罗弗·斯塔林，《公共部门管理》［M］，陈宪等译，上海：上海译文出版社，2003年版，第132页。

的产生。法国学者让·诺埃尔·卡普费雷说过，“当公众对一切都无法相信的时候，那么他们就会相信一切”。① 因此政府必须第一时间对微博上相关的腐败举报信息做出反应，及时的公开相关的信息，充分借鉴“雷政富事件”中重庆政府的做法，及时有效地回应民众质疑。及时利用“政务微博”这一平台发布信息，同时也要管理好政务微博——这一与网民第一时间接触的平台。第一时间掌握舆论话语权，而不是被媒体被网民牵着鼻子走，在事件中完全处于劣势，最终丧失了政府的公信力。

（二）畅通传统举报渠道，解决群众举报难的问题

目前为止，我国司法、监察、行政执法等许多的机关都设有受理举报的中心，其设立的举报电话也是数不胜数，但是为什么如此庞杂的举报渠道，却遭到摒弃，很多人选择在微博上举报呢？应该如何应对这个问题呢？乔德福先生在其《举报与反腐败》一书中，提到了以下措施：一要改革举报管理体制，包括健全和完善有利于发挥反腐败举报功能的领导体制，建立中央和省两级垂直领导的举报机构等。二是要创新举报方式，包括开通语音电话受理系统、推广密码举报、推广网上举报、实行流动举报、推行预约举报等。三是要加强现有举报机构的工作，包括中纪委、行政检察机关、人民检察机关、基层组织举报等的工作。为此，笔者建议政府应该畅通传统举报渠道，解决群众举报难的问题。多管齐下，有效打击贪腐行为。

（三）微博反腐纳入制度反腐

作为政府一定要树立“微博反腐不是万能的”这么一个观念。需要提醒的是，微博反腐存在着天然的不足，主要表现在以下三个方面：一是微博这种传播方式很容易道听途说。微博与传统意义上的媒体不同，用户自身无需考虑可信性进而维持良性的商业运营。大多数围观者抱着看热闹的心态也不会认真追究一个微博账号发言的所谓“可信任度”。同时作为微博运营方来说所配备的辟谣力量，面对每日上亿条的新发布微博，显得力不从心。很多微博使用者（尤其是那些拥有数以百万计粉丝的微博大号、V 字认证用户）用一个转发加上一句类似“求辟谣”的方式，就能轻轻松松摆脱责任。第二，

---

① 让·诺埃尔·卡普费雷，《谣言：世界最古老的传媒》［M］，上海：上海人民出版社，2003 年版，第 144 页。

微博问政更容易娱乐化。大家不难看出，微博反腐许多案例之所以引起强烈关注是由某些官员的桃色新闻引起的，这就引起我们的反思，人们究竟关注的是贪腐案件本身还是周边的桃色新闻呢？这样很有可能引起个人信息被严重泄漏等侵犯个人隐私的问题。第三，微博能否持续反映某个话题，也需要打个问号。这个碎片化、轻阅读的媒介，无法长时间吸引人们的视线。即便在一些传统媒体的议程设定下，阅读者在关注一个热点几天后往往会迅速把注意力转移到下一个热点上。而微博上的话题相对更容易“没有了下文”。围观天然如此：热点一来蜂拥而至，热点一过呼啸而去。“问政”却需要较长时间的关注以及理性分析。[①]

那么如何将微博反腐纳入制度反腐呢？中南大学廉政与法制研究中心主任李满春建议，一方面，有关部门需要把微博反映的情况进行多平台整合，从而扩大微博反腐的影响力，以实质性的效果来取信于民；另一方面，在制度层面需要设立明确有效的微博反腐制度规范，起到启发引导群众，推动国家政务公开和廉政建设的作用。最重要的是，“在法律层面，将一些弹性的规则变成硬性成文的微博反腐法律法规。”[②] 同时李满春指出，必须从法律上对个人和政府微博进行规制，防止出现一些滥用微博打击报复的现象，同时防止一些职能部门工作人员在面对微博线索的时候，不当行使自由裁定。[③] 因此，必须要提高政府相关人员的素质。

我们必须看到民众希望看见的是“法治反腐”，须警惕的是“运动式反腐”。因此必须回归理性，目前由于我国缺乏财产公开等从础性反腐制度，相关部门对贪腐线索的发现、汲取能力不足；立足于内部自我监督的体制设计，难免会产生制度惰性，导致反应迟钝、行动力不足等问题为此我们必须立足于制度反腐。将微博反腐纳人制度反腐的框架之中，健全反腐倡廉网络举报和受理机制、网络信息收集和处置机制，以使其发挥更大威力。

微博反腐终究要回归制度反腐的机制，对此对于反腐，我们不仅要有踏石留印、抓铁有痕的劲头，更需要一个不敢腐的惩戒机制、一个不能腐的防范机制、一个不易腐的保障机制，为此才能真正将权力关进制度的笼子里。

---

① 魏武挥，“微博反腐的天然不足”[J]，中国党政干部论坛，2013（6）。

② 盛岚，“微博反腐：理性回归与顶层设计”，新华网，http：//www. zj. xinhuanet. com/newscenter/headlines/2012 – 12/11/c_113986855_6. htm，2012 – 12 – 11。

③ 同上。

教育研究

我国高校通识教育认识和实践上存在的误区及对策

王志潇

【摘要】

通识教育一直高等教育探讨的重要课题，我国教育界提倡在本科阶段实施通识教育，虽然有部分高校已经展开不同规模的实践和实验，但是我国通识教育改革还处在起步阶段，尚未形成清晰完善的通识教育模式，在观念上和实际操作上还存在很多误区和问题。要深刻认识到通识教育存在的误区，及时进行调整和完善，推行正确的通识教育。

【关键词】

通识教育　认识误区　存在的问题　改革对策

【作者简介】

王志潇，女，汉族，中国传媒大学传播研究院 2012 级传媒教育硕士研究生。

通识教育是从西方传入的概念，在 19 世纪之前，General education 一般是中小学教育的总称，美国博得学院的帕卡德教授将它首次与大学教育联系在一起。“当时有不少欧美学者有感于现代大学的学术分科太过专门、知识被严重割裂，于是创造出通识教育，目的是培养学生能独立思考且对不同的学科有所认识，以至能将不同的知识融会贯通，最终目的是培养出完全、完整的人。”①

一 我国高校通识教育认识上的误区

(一) 通识教育的概念

“自20世纪80年代以来，我国高校的通识教育改革走过了一个从淡化专业，加强基础的教学改革，到以加强理工科学生人文素质培养的大学生文化素质教育，再到以美国顶尖大学为样板，把通识教育理念融入学校的课程与教学改革，乃至试图以通识教育理念来重新设计大学本科教育的发展历程。”②

对于通识教育的概念，自从这个词提出来以后，有很多学者从不同的角度对通识教育做了很多界定。1945年，美国哈佛大学委员会发表了《自由社会中的通识教育》，将通识教育定义为“学生在整个教育过程中，首先作为人类的一个成员和一个公民所应接受的那部教育”。③ 台湾大学黄俊杰教授认为，“通识教育就是一种建立人的主体性并与客观情景建立互为主体性关系的教育，也就是一种完成人之觉醒的教育”。④

有关通识教育概念的理解见仁见智，迄今还没有一个公认的、标准的表述。李曼丽、林小英在《后工业时代的通识教育实践》一书中从性质、目的和内容三个角度对通识教育概念内涵作出了初步构建。她们认为：就性质而言，通识教育是高等教育的组成部分，是所有大学生都应该接受的非专业性教育；就其目的而言，通识教育旨在培养积极参与社会生活的、有社会责任感的、全面发展的社会的人和国家的公民；就其内容而言，通识教育是一种广泛的、非专业性的、非功利性的基本知识、技能和态度的教育。

---

① 皮凤英，“美国大学通识教育改革趋势研究”［D］，华东师范大学硕士论文，2004(3)。

② 张东海，“通识教育：概念的误读和实践的困境”［J］，复旦教育论坛，2008。

③ 马骥雄，《战后美国教育研究》［M］，南昌：江西教育出版社，1991年版，第158页。

④ 黄俊杰，《大学通识教育的理念与实践》［M］，武汉：华中师范大学出版社，2001年版，第30页。

（二）通识教育概念认识的误区

对于通识教育概念的两个误区主要集中在以下两个方面：

首先，认为通识教育是“通通都是”、“通通都识”。我们一般认为通识教育是高等教育的重要组成部分，它区分于专业教育，但是通识教育并不是“通通都是”、“通通都识”。我们应该认识到通识教育是所有大学生都应该修习的，对所有受教育的人来说都是一样的，无论他们的专业是什么；通识教育应该是每个学生均应掌握的基本知识、基本技能的教育，这里强调的“基本”，它不是细枝末节，是指现代社会的一个受过高等教育的人所应掌握的文明的最低标准，而不是说什么都可以当作通识教育的内容去教给学生。因此，如果要找一个通俗的解释，通识教育应该被理解为“所有的学生都应掌握的基本知识和能力”的教育。①

其次，将通识教育和专业教育对立看待。“通识教育与专业教育都是大学本科的人才培养模式，它们是相对立的两种模式。前者的目标旨在培养既具有比宽厚的专业知识和能力基础，又对人类主要知识领域有所了解的高素质人才；后者的目标是培养在某一专业领域具有精深知识和能力基础的高级专门人才。”②

有些人以为，通识教育与专业教育是不相容的，这是一种误解。虽然通识教育是针对专业教育提出来的，但是通识教育与专业教育并非是完全对立的关系，两者反而相辅相成。首先，在现代社会，合适的岗位需要相关专业人才从事，我们需要有过硬的专业本领谋生。合理的专业教育，可以让学生拥有扎实的专业知识和丰富的专业技能训练，这样可以让学生更好地完成工作。同时通识教育贯穿始终，影响学生的综合素质，综合素质越好在生活工作中优势越大。其次，通识教育让学生掌握基本知识领域的知识，这样学生既广泛涉猎多门学科又致力于某一学科领域的深入研究，通识教育和专业教育综合培养的宽口径专业人才能够更好地应对职业变换。

---

① 李曼丽，林小英，《后工业时代的通识教育实践》［M］，北京：民族出版社，2003 年版。

② 陈向明，“对通识教育有关概念的辨析”［J］，高等教育研究，2006 年版，第 65 页。

二 我国高校通识教育实践上的不足

通识教育经过20多年来教育界的讨论和实践，虽然已经取得了一定的成绩，但是我国通识教育教育改革还处在起步阶段，不仅存在观念上的误解，在实际操作上还存在很多误区和问题，这种实践误区主要体现在通识教育的课程设置上。

（一）没有实施通识教育的高校在通识教育课程设置上的误区

我国目前大多数本科学校并没有实施真正意义上的通识教育，所以这些所谓的通识教育课程设置存在两方面的误区。

首先，没有真正实施通识教育的高校，将通识教育等同于“公共课程”。大多数高校将外语、体育、计算机、马列和德育这些“公共课程”充当通识教育课程，高校在这些公共课程中更是较多地强调政治素质的培养，对“公共课程”比例的合理性尚未深入探讨，这些课程的设置只是全校学生的共同修习科目，根本谈不上是通识教育课程。

其次，没有真正实施通识教育的高校，将通识教育等同于“公开必修、选修课”。还有的高校为了有通识之名，给“公共必修、选修课”披上了一件外套，这些公共必修、选修课程是学校统一选定覆盖多种领域的公共课程，学生要按照学校的学分要求选修、必修一定的课程，这种“公共必修、选修课”向学生填鸭式地灌输各种知识，课程内容的设置深浅不一，而且大多课程并不是从学生的角度设置而是老师能够讲什么就设置什么样的课程，学生从一门课程修读到另一门课程，他们并不能掌握不同领域知识之间的联系，这些课程的设置导致学生“统统懂一点”，但懂得的只是皮毛而已。所以“公共课程”和“公共必修、选修课程”根本不是通识教育的课程。

（二）实施通识教育的高校在通识教育课程设置上的问题

没有实施通识教育的高校，设置了一些所谓的“公共课程”和“公共必修、选修课”来填补空白，实施了通识教育的高校是怎样设置通识教育课程的呢？又存在什么问题呢？

1. 通识教育课程设置的目标不够明确

我国大多数高校在本科培养方案中并没有明确详细地提到通识教育的目

标，只是把通识教育作为“厚基础、宽口径”的培养模式，而美国大学一般都有明确的通识教育目标。例如，“麻省理工大学的通识教育目标是：同等重视工程、自然科学以及人文与社会科学三大领域，通识教育与专业教育相结合，培养学生的价值观，使他们具备独立的思考能力和判断力，并成为既懂高科技又有宽广深厚人文、艺术和社会科学背景的工业界及社会各个行业和部门的领袖。”①

美国的通识教育发展至今，日臻成熟。像哈佛大学、麻省理工学院的通识教育是经过多次改革和多年实践的，相比之下，美国大学对通识教育目标的认识是深刻的和与时俱进的，而中国大学的通识教育目标一般只是意义上的说明，有些泛泛而谈。

2. 通识教育课程设置缺乏技能课程，课程设置的合理性有待时间检验

通过资料显示，目前美国著名大学的通识教育课程有大量的培养学生读、写、交流等能力的技能类课程，而中国高校的通识教育课程的设置存在着明显的知识化倾向，缺乏对学生的表达能力、写作能力、实践能力等的基本能力的培养和训练。

我国的通识课程的开设一般参照国外的模式，但是在课程设置上具有较大的随意性，缺乏统一课程理念的指导，课程设置存在着“杂、散、乱”的特点，学生像置身于自助餐厅一样，有时是毫无头绪的随意选择食物充饥。美国高校的通识教育课程经过长时间的实践，进行了多次反复修订，有一定的合理性，而我国的通识教育课程一旦设定，后续的课程效果、课程价值评估并没有做到位，种种问题都会造成通识教育课程设置的不合理，我国通识教育课程设置要吸取美国高校的经验，在课程设置前期、中期和后期都要层层把关，综合专家评估意见和学生的反馈信息不断修正完善通识教育课程设置。

3. 缺乏专门的通识教育管理机构

尽管有的综合类高校已经实行通识教育，但是实施通识教育的高校并不全有管理通识教育的专门机构。通识教育需要有一系列的教学、管理制度作支撑，必须设置专门负责通识教育的机构，制定相关的授课制度、选课制度、学习制度、考试制度等来完善通识教育。所以没有专门的通识教育管理机构

---

① 朱燕飞，“麻省理工学院通识教育研究”［D］，中国科学技术大学硕士学位论文，2005。

有诸多问题。例如：高校只是注重通识课程的种类丰富，并没有对通识教育课程体系做出完善整体的规划，在实施通识教育的过程中并没有进行严格的把关和及时的调整；上通识教育课程的老师大多是用讲授专业课之外的业余时间来上通识教育的课程，上课的内容一般是老师擅长什么就讲什么，并不是按照学生需要来讲授；学校的管理机构并没有将通识教育摆在很高的位置，把通识教育看成是一种补充性的课程，将主要的精力还是放在专业课程的管理上；从上课的效果来看，目前高校采用的授课方式多数为大班上课，上课的氛围和师生间的互动都很有限，对学生素质的培养效果可想而知。

三　我国高校通识教育的改革与出路

通识教育一直是高等教育探讨的重要课题，虽然我国教育界都提倡在本科阶段实施通识教育，也有部分高校已经展开不同规模的实践和实验，但是具体的思路和做法并不清晰，理解通识教育与专业教育的种种联系与区别在实践阶段并没有做到位，所以并未形成清晰完善的通识教育模式。

综合以上谈到的我国通识教育在理念和实践上存在的误区和问题，笔者认为应该从以下几方面着手推行通识教育。

（一）通识教育的理念贯穿始终

通识教育在我国是一个需要不断思索和探讨的问题，我们应该及时纠正在通识教育上的认识误区，同时我们应该认识到通识教育并不是只需要在大学本科一二年级进行的形式教学，更重要是将通识教育的理念贯穿始终，高校、学生和社会都要深刻认识到通识教育的内涵和重大意义。我们要实施通识教育的根本目的是通过基本知识体系的学习，来弥补和减少学生因为专业学习可能带来的在知识、能力、思维和方法等方面的局限性，避免个人成为功利社会和从事专业的工具和奴隶，我们要进行的是“全人”的教育。

（二）完善通识教育的课程设置

通识课程是完成通识教育目标的主要途径。因此，要完善通识教育更重要的是完善通识教育课程，我们可以从以下几个方面入手：

首先，优化课程设置。第一，通识教育要设置核心课程。美国高校是通识教育学习的典范，经过多年的时间，核心课程被认为是实行通识教育的最好的课程模式。例如，哈佛大学的核心课程包括历史研究、文学与艺术、外国文化、道德思维、数量思维、科学与社会分析等领域。我国高校在通识教育课程设置上，要经过实践多次磨合、验证、修订、完善自己的核心课程。第二，设置主题课程。改变以往单一介绍某一学科领域知识的课程模式，以主题的形式切入，这种新的课程模式不仅耳目一新吸引学生学习，还可以通过一个主体贯穿各个领域，促进学生多种学科知识的学习。目前哈佛公开课、耶鲁公开课的形式都是设置主题课程很好的范例。第三，增加技能课程。美国许多著名大学经过多年时间，在通识教育课程设置中语言和写作类的技能性课程一直占有重要的位置，通识教育不仅要保证学生学习基本的知识，还要培养和锻炼学生基本的技能，所以我们应该加大技能课程设置的比重。

其次，提高授课老师的质量。在实施通识教育过程中，教师发挥了非常重要的作用。教师有没有能力完成通识教育的课程教学，教师的态度和积极性等决定了一所大学通识教育的成功与失败，这是通识教育课程中非常重要的环节。目前，我国高校的通识教育课程的老师一般都是利用自己专业课以外的时间进行授课，所以如何保证授课老师的备课质量都是很重要的问题；是否要请专门的老师讲授通识教育课程也是值得探讨的问题，这跟高校对通识教育的重视程度和通识教育的成熟度息息相关。

总之，中国的通识教育目前还处在起步阶段，只有一部分高校开始试点通识教育，高校要深刻认识到通识教育的重要意义，加快和深入通识教育建设的步伐。

英美澳加四国媒介素养发展历程以及存在的问题

袁　浩

【摘要】

媒介素养研究兴起于20世纪30年代，经过几代人的努力，媒介素养从理论走向了实践，成绩斐然，而英国、澳大利亚、加拿大、美国四国更是其中的佼佼者。20世纪90年代，我国学者开始涉足这一领域，时至今日，虽然已经取得了不错的成绩，但仍然存在一些问题。因此，加强对西方四国的研究，有助于我们更好地开展媒介素养研究和实施媒介素养教育。本文以英美澳加四国20位媒介素养的先驱最近的访谈录为基础，总结四国媒介素养教育的发展历程和当下所面临的挑战，为今后的研究提供一些参考。

【关键词】

媒介素养　媒介素养教育　启示

【作者简介】

袁浩，男，汉族，中国传媒大学传播研究院2011级传媒教育硕士研究生。

1933年，英国学者利维斯（F · R · Leavis）和他的学生丹尼斯 · 汤普森（Denys Thompson）出版了《文化与环境：批判意识的培养》（*Culture and Environment*：*The Training of Critical Awareness*）一书。该书论述了大众传媒与文化之间的关系，直言英国的精英文化在工业革命之后兴起的大众文化的“腐蚀”下岌岌可危。因此，他最早提出了“媒介素养”这一命题。此后，学者们从不同角度对“媒介素养”这一命题进行了深入探讨。他们或从符号学的角度出发，解构媒介文本，展现文本背后的意识形态；或从文化研究的角度出发，扩大了“文化”一词的外延，强调文化的多元性；或从媒介研究的角度出发，展现媒介本身对文化和受众的影响；或从受众研究的角度出发，分析受众在媒介素养教育中的主体性地位。除了在理论研究上的如火如荼，在实践领域，英国、美国、澳大利亚、加拿大四国也发展迅速。

进入21世纪，“媒介素养成为了一种帮助公民追求生活、获取自由和快乐的素养。”① 其重要性日益凸显，媒介素养的发展也成为学者们关注的焦点。正是在这样的背景下，媒介素养中心（Center for Media Literacy）发布了“*Voices of Media Literacy : International Pioneers Speak*”采访集，本文也正是建立在采访实录之上。该文集收录了自2010—2011年期间对英美澳加四国20位媒介素养先驱的采访稿。接受采访的先驱大多活跃于20世纪90年之前，他们的观点不仅揭示了媒介素养的发展过程，同时也展现了这一领域的现状和正在发生的变化，表达了他们对媒介素养未来的期许。

一 西方四国媒介素养教育发展的路径及成就

（一）加拿大

20世纪20年代，电影发展成熟为一种主要的大众媒介，成为每个市民生活中的一部分。② 60年代，美国电视发展也十分迅速，其在世界电影电视市场占有重要地位。被形象地比喻为“大象身边的老鼠”的加拿大受到了美国电影电视的冲击。一方面，这些节目背后强烈的意识形态和文化价值观念对加拿大造成了冲击。巴里·邓肯（Barry Duncan）在回忆自己投身媒介素养领域的动因时指出：“60年代，民权运动和越战充斥着美国电视。伴随着美国

① Tessa Jolls [EB/OL], http: //www. medialit. org/voices-media-literacy-international-pioneers-speak.

② 希伦·A. 洛厄里，梅尔文·L. 德弗勒，《大众传播效果研究的里程碑》[M]，刘海龙等译，北京：中国人民大学出版社，2009年版，第14页。

电视的进入，隐含在节目背后的意识形态也涌入了加拿大。”① 另一方面，电影电视的繁荣也动摇了传统印刷文化的地位，“视觉文化”开始走进大众的视野。克里斯·沃斯若普（Chris Worsnop）认为：“新的媒介建构了一种新的文化。现代文化不再仅仅局限于印刷文化，而视觉性的文化的比重大大提升。”② 由此可以看出，加拿大开展媒介素养是基于地缘关系、媒介环境变迁和文化变迁等因素。

在媒介素养发展的早期，草根力量发挥了重要作用。巴里·邓肯于1978年在安大略省创立了媒介素养协会（Association for Media Literacy）。经过巴里·邓肯等人的努力，媒介素养教育被纳入到了安大略省6年级至12年级的课程中，这对其他省产生了重要影响。此后，各种民间协会陆续在其他省份创立。1991年，加拿大成立了全国性的媒介素养教育协会，即加拿大媒介素养教育协会（Canadian Association for Media Education），集中了各方力量。随着媒介素养教育的推进，教材的开发也日趋紧迫。巴里·邓肯等人共同编撰了《媒介素养资源指南》（Media Literacy Resource Guide）一书，该书成为全国性的媒介素养教育的教学资料，为推动媒介素养的发展做出了重要贡献。

发源于多伦多大学的媒介环境学派为媒介素养的发展提供了理论支撑，特别是马歇尔·麦克卢汉（Marshall McLuhan）的思想。麦克卢汉开辟了另一个观察世界的视角，即从媒介本身的角度来考察世界，由此将文本研究转向了媒介研究和文化研究。巴里·邓肯作为他的学生深受其影响。可以说，环境学派为加拿大的媒介素养的发展提供了不可或缺的养分。

（二）澳大利亚

在开展媒介素养的国家中，澳大利亚的初衷和英国、拉丁美洲和美国各不相同。在英国，媒介素养只是为了区分高雅文化（high culture）与通俗文化（low culture）；在拉丁美洲，媒介素养是为了保护本土的社会观念；在美国，媒介素养主要是为了应对媒介的负面效果。罗宾·奎恩（Robyn Quin）指出：“对于澳大利亚而言，兴起于70年代的媒介素养更多地是为了解决学校教育中的一个问题。即学生在学校接受更长时间的教育，而大量学生没有进入高

---

① *Voices of Media Literacy*: *Interview with Barry Duncan* [EB/OL]. http: //www. medialit. org/reading-room/voices-media-literacy-interview-barry-duncan.

② *Voices of Media Literacy*: *Interview with Chris Worsnop* [EB/OL]. http: //www. medialit. org/reading-room/voices-media-literacy-interview-chris-worsnop.

校学习的打算，这造成了很多为大学阶段学习做准备的课程对他们而言没有相关性。为了解决这一难题，媒介研究被引入了课堂。"①

澳大利亚是一个移民国家，外来移民对课程中古典文学所宣扬的传统英国价值观没有兴趣。为了解决这个问题，作为西澳大利亚一个小镇的英语老师，巴里·麦克马洪（Barrie McMahon）开始将电影引入课堂。但这种新兴的教育模式最开始并没有得到教育部门的认可，因此，开展起来很困难。其实，这与澳大利亚的教育系统息息相关。巴里·麦克马洪指出："在澳大利亚，州政府牢牢控制着教育，西澳大利亚州尤为严重。"② 因此，他们成立了屏幕教育协会（Screen Education Association），积聚民间的力量推动其发展。从两位先驱的经历可以看出，澳大利亚最初开展媒介素养教育是为了解决教育中的问题，而新生事物刚开始总是遇到各种障碍，而障碍之一便是教育体制。

随着人口的增长，已有的媒介素养教育远不能满足现实的需要。但媒介素养教育仍然受到来自当权者和部分老师的反对，师资力量和经费严重不足。80 年代，媒介素养教育终于被纳入教育系统中。90 年代末至 21 世纪初，澳大利亚政府又推出了名叫 post-compulsory for schooling 的改革方案。该方案立足于学生将来的工作生活需要，强调各门课程之间的平等性。这间接地从政策上和理论上鼓励了媒介素养教育的发展。在澳大利亚，媒介素养的推广过程也是教育系统不断改革的过程，媒介素养最终进入了教育系统。时至今日，澳大利亚的媒介素养教育发展完备。除各级学校教育外，政府部门还提供专门的教育基金以培养教师的媒介素养教育专长。各地的教师团体也积极地通过政府鼓励机制，进行系统切多元化的研究来发展媒介素养教育课程。③

（三）英国

英国是媒介素养研究和实践都比较早的国家。1933 年，利维斯和他的学生汤普森出版了《文化与环境：批判意识的培养》一书，后来该书被认定为媒介素养的开山之作。莱恩·马斯特曼（Len Masterman）认为："利维斯对以

---

① *Voices of Media Literacy*: *Interview with Robyn Quin* [EB/OL]. http://www.medialit.org/reading-room/voices-media-literacy-interview-robyn-quin.

② *Voices of Media Literacy*: *Interview with Barrie McMahon* [EB/OL]. http://www.medialit.org/reading-room/voices-media-literacy-interview-barrie-mcmahon.

③ 秦莹，"媒介素养教育的中外比较研究" [D]，吉林：东北师范大学，2007 年版，第 20－28 页。

电影为代表的大众文化怀有敌意，而在此后很长一段时间里，该书成为了教师如何使用媒介和分析广告等内容的经典教材。”① 早期的媒介素养教育被打上了保护主义的烙印。

60 年代，莱恩 · 马斯特曼将媒介素养引入了“屏幕教育”阶段。他认为：“媒介素养的一个重大转变是将关注媒介内容的视角转向关注媒介本身，而‘再现’无疑是媒介素养的核心概念。”②莱恩 · 马斯特曼将电视看作为一个符号系统，他采用符号学和政治经济学的视角来解密电视，旨在展现电视节目背后的意识形态。“屏幕理论要求学生抛开其主观反馈和快乐，转而采用系统的分析方法以揭示隐藏在媒介背后的意识形态，从而将他们从媒介的影响中解放出来。”③ 大卫 · 帕金翰认为，莱恩 · 马斯特曼忽略了学生的媒介经验，而事实上，学生比我们想象中的知道的更多。20 世纪末，大卫 · 帕金翰提出了“超越保护主义”的理念。他认为：“媒介素养教育不再是站在学生媒介接触习惯的对立面，也不再是基于媒介必然给学生带来不好的影响的观点。相反，媒介素养教育更多的是以学生为中心，更加强调参与的重要性。”④

与澳大利亚和加拿大情况相似，英国在媒介素养教育的开展过程中也遭受了各种障碍，特别是来自政府的阻力。“70 年代，媒介素养教育被认为是一门激进的学科，给传统的知识结构和教育方式带来了冲击，特别是莱恩 · 马斯特曼的“*Teaching About Television*”一书的出版。与当时的政治环境格格不入。”⑤ 此后，无论是在教学内容还是方式上，教师的自主权受到了控制。1983 年，政府组织了一批老师考察流行电视和在校学生的关系，并发布了一个报告。这是一个重要的政治性文件，为一些学校开展媒介素养实践开辟了一条道路。1988 年，英国教育部将媒介教育纳入正式教学体系中，并规定在小学阶段和中学阶段要进行媒介教育。

---

① *Voices of Media Literacy*: *Interview with Len Masterman* [EB/OL]. http://www. medialit. org/reading-room/voices-media-literacy-interview-len-masterman.

② *Voices of Media Literacy*: *Interview with Len Masterman* [EB/OL]. http://www. medialit. org/reading-room/voices-media-literacy-interview-len-masterman.

③ David Buckingham. *Media Education*, *Polity Press in association with Blackwell publishing* Ltd, 2003: 8-9.

④ David Buckingham. *Media Education*, Polity Press in association with Blackwell publishing Ltd, 2003: 8-9.

⑤ *Voices of Media Literacy*: *Interview with David Buckingham* [EB/OL]. http://www. medialit. org/reading-room/voices-media-literacy-interview-david-buckingham.

（四）美国

美国媒介素养专家罗伯特·卡比（Robert Kubey）曾不无遗憾地感叹地说："美国在媒介教育这一重要领域里属于第三世界国家。"[①] 在谈到原因时，卡比总结了以下几点：第一，与加拿大、英国和澳大利亚相比，作为文化输出大国，美国并没有受到外来媒介文化的威胁，缺乏动力。第二，在媒介素养研究中缺乏定量的研究，如对参加了媒介素养课程的学生进行"前测"与"后测"以展示媒介素养教育的效果。这导致了媒介素养缺乏令人信服的证据，难以推广。第三，教师不愿意将其纳入已有的课程中。伊丽莎白·托曼（Elizabeth Thoman）指出美国的教育系统也阻碍了媒介素养的发展。因此，美国媒介素养在美国开展的时间比较晚。

20 世纪 50—60 年代，电影电视已经成为美国人民日常生活的重要组成部分。而这一时期，媒介的负面效果开始显现出来。伊丽莎白·托曼认为，在日益媒介化的世界中长大的孩子更加需要老师告诉他们如何应对媒介。罗维（Marieli Rowe）认为处在一个媒介环境中，媒介素养是一个健康社会的重要组成部分。我们需要接受关于媒介的教育，这种教育是一种终身的教育，并且越早开展越好。因此，从 60 年代起，美国各地先后展开了媒介素养教育。

在发展过程中，美国不断引进其他国家的媒介素养理论和教学方法。受马歇尔·麦克卢汉和莱恩·马斯特曼的影响，美国的媒介素养开始转向再现分析。道格拉斯·凯尔纳（Douglas Kellner）开始运用"再现理论"媒介中的意识形态和价值取向，伊丽莎白·托曼运用文本分析的方法来分析电视节目。这一时期的媒介素养教育旨在培养学生对媒介的批判性思维，让他们能更好地理解媒介。而到了 90 年代，美国媒介素养转向了新的阶段，更加强调学生的主动参与。

从最初的民间发展到国家政府层面的肯定，美国在媒介素养教育领域实现了快速发展。卡比和贝克（Baker）的调查显示：二十世纪九十年代以后进步非常明显，截至 1999 年，全美国 50 个州中至少有 48 个州的课程中包含了一种以上的媒介教育内容。[②]

根据 20 位媒介素养先驱对自己进入媒介素养这一领域的过程的回顾，我

---

① 陈国明、J. Z. 爱门森，"美国的媒介素养教育（上）"［J］，中国传媒报告，2008（9）。

② 同上。

们可以大致了解四国在媒介素养领域的曲折之路和取得的成绩。可以说，这是一个从无到有、从小到大的一个成长过程。尽管四国在媒介素养领域取得了不错的成绩，但仍面临着各种问题。20 位媒介素养先驱从不同角度评述了媒介素养的现状和未来的发展方向，这对媒介素养的健康发展来说是一笔宝贵的财富，值得我们深入思考。

二 四国媒介素养发展面临的问题

在谈到媒介素养现状的时候，无论是在理论层面，还是在实践层面，20 位先驱都认为媒介素养面临着各种挑战。

在理论层面，第一，新媒体对媒介素养的影响仍有待澄清。詹姆斯·波特（James Potter）认为："媒介素养的发展往往滞后于现实的情况。而当你对媒介的了解越多，你就越谦卑。"① 现在被广泛引用的关于媒介素养的定义是 1992 年美国媒体素养研究中心给出的，"媒介素养是 21 世纪的教育之路，它提供了一个框架，用来近用、分析、评估、创制讯息，不拘媒介形式……从印刷到影视到电脑网络，民众的媒介素养是基础，在于了解媒介的社会角色，并拥有民主社会公民所需的质疑和自我表达的基本能力。"② 这一概念描述了大众传播时代受众对信息的反应机制。Renee Cherow-O' Leary 认为："媒介素养需要同当前的新媒体和社会化媒体（social media）紧密联系，我们需要考察新媒体给文化带来的影响。"③ 亨利·詹金斯（Henry Jenkins）认为新媒体创造了一种新的文化样式，即参与式文化。他认为媒介素养应该更加着重培养公民的在新媒体中的交往能力，这些能力应该包括协同创作的能力、分布式认知的能力和尊重多元价值观的能力。除了在理论层面的探讨，我们也应该采用实证的方式去研究公民媒介接触习惯的变化，只有这样，我们的学术才不至于像空中楼阁，

---

① *Voices of Media Literacy*: *Interview with James Potter* [EB/OL]. http://www.medialit.org/reading-room/voices-media-literacy-interview-james-potter.

② 周典芳、陈国明：《媒介素养概论》[M]，台北：五南图书出版公司，2005 年版，第 213 页。

③ *Voices of Media Literacy*: *Interview with Renee Cherow-O'Leary* [EB/OL]. http://www.medialit.org/reading-room/voices-media-literacy-interview-renee-cherow-oleary.

而这无疑是我们应该努力的方向。第二，滥用媒介素养的概念。媒介素养往往被简单的理解为技术的掌握。大卫·帕金翰指出媒介素养不是用媒介来进行教育（teaching with media），而是教授关于媒介的知识（teaching about media）。这种知识包括近用媒介、评价信息、传播信息和创造信息的能力，对技术的掌握只是媒介素养的一个组成部分。其次，Renee Cherow-O’Leary 指出媒介素养被过分简单化了。“我们知道媒介会对人产生影响，却不知道为什么特定的故事元素会对我们起作用。”①克里斯·沃斯若普认为，“媒介素养教育对其他领域是有益的，但当媒介素养教育被用于禁毒治疗时，那应该是禁毒教育的范畴，而不是媒介素养教育的范畴。如果教育失败了，那不能算作是媒介素养教育的失败。”②而在中国，媒介素养的泛化也引起了学者们的重视。渤海大学教授何村认为，中国语境下的媒介素养泛化表现在概念泛化、对象泛化、内容泛化和功能泛化几个方面。因此，我们需要重申媒介素养的内涵。

在实践层面，第一，媒介素养教育的理念有待进一步推广。在国外，媒介素养被纳入学校课程当中，但仍然处在边缘的位置。尼尔·安德森（Neil Andersen）认为媒介素养教育并没有他理想中发展得快，原因之一便是许多人对这一领域的陌生。大卫·帕金翰在从事媒介素养教育的过程中也面临着同样的窘境。“我经常发现自己其实就是在整天忙着为媒介素养教育大声疾呼，向人们阐明媒介素养的重要性，声言孩子们能从中获得什么……什么知识和技能。”③ 第二，媒介素养教育需要得到政府更多的支持。政府一直都是影响媒介素养教育的一个重要因素。而目前，政府对媒介素养的教育的支持仍有待提高。尼尔·安德森认为教育系统没有给老师提供充分的支持，他们只能疲于奔命而没有得到学习提高的机会。凯特·穆迪（Kate Moody）认为媒介素养作为未来的基本素养之一，政府应该加大投入以保证教育的公平性。显然政府在这方面做得不够。如何说服教育管理者制定出有利于推广媒介素养教育的政策是学者们继续奋斗的方向。

---

① *Voices of Media Literacy: Interview with Renee Cherow-O'Leary* [EB/OL]. http://www.medialit.org/reading-room/voices-media-literacy-interview-renee-cherow-oleary.

② *Voices of Media Literacy: Interview with Chris Worsnop* [EB/OL]. http://www.medialit.org/reading-room/voices-media-literacy-interview-chris-worsnop.

③ 张开、林子斌，“媒介素养教育在英国（上）访谈与思考”[J]，现代传播，2006(5)。

由此可见，尽管以上四国在媒介素养领域取得了不错的成绩，但是无论是在理论，还是在实践方面都面临着各种挑战。媒介素养发展到今天更需要的是找到前进中的视野，保持一种积极的姿态。只有这样，媒介素养教育才能造福人类，让我们自由地在信息海洋中畅游。

高职英语词汇教学新探索

李聪莉　李国栋

【摘要】

词汇是英语学习的基础，本文分析了高职学生英语词汇现状及其学习特点，根据心理学记忆理论提出通过词汇分解联想、看电影、为学生的理解及回忆提供语境、充分利用网络多媒体教学资源等词汇教学新方法，旨在对高职英语词汇教学有一些促进作用。

【关键词】

高职英语　记忆　词汇教学

【作者简介】

李聪莉，女，汉族，上海思博职业技术学院医学英语教研室讲师、上海外国语大学访问学者，硕士，研究方向为英语教学。

李国栋，男，汉族，上海思博职业技术学院医学英语教研室副主任，副教授，博士，研究方向为英语教学法。

词汇是语言学习过程中的一个重要环节，是听、说、读、写、译各项语言技能发展的基础。没有足够的词汇量，学生很难表达他们的感情或理解对方的观点和想法，也就无法和别人交流。掌握的词汇越多，语言的运用能力就越强，听、说、读、写、译的能力也随之提高。正如Harmer说的：“结构构成了语言的骨架，而词汇则是为其提供至关重要的器官和血肉。词汇教学在英语教学中是至关重要的。”有学者谈到利用同义词或反义词联想词汇记忆策略，根据词源联想记忆，利用多元智能理论记忆以及图式理论等。但针对高职学生的词汇教学的研究较少，有效记忆并灵活运用词汇是高职英语教学的重要任务，高职英语教学应加强学生学习策略的指导，不断提高英语教学质量和学习效果，引导学生走上自主学习的道路。本文针对高职英语词汇教学中存在的问题，根据心理学记忆理论，探索切合高职英语词汇教学实际的方法，帮助学生扩大词汇量，为今后继续学习创造条件。

一 高职学生英语词汇教学基本要求及其学习特点

（一）高职学生英语词汇教学基本要求

高职高专学生英语学习基础差，自主学习能力不够，如何做好高职高专英语教学工作，一直是教师面临的难题。问卷调查发现，高考英语成绩不及格的占88%，由此可见学生英语基础普遍相当薄弱。高职学生词汇量小，学习兴趣不高，缺少持之以恒的学习毅力，对自己英语学习没有信心。

《高职高专教育英语课程教学基本要求》规定，学生入学时一般应认知英语单词1000个（较低要求）——1600个（标准要求），通过三年的英语学习，A级学生认知3400个英语单词（包括入学时要求掌握的1600个词），B级学生认知2500（包括入学时要求掌握的1000个词）。

（二）高职学生英语词汇记忆特点

1. 孤立地记忆字母和汉语

高职高专学生记单词时总是孤立地记忆字母和汉语意思，在听写单词时错误率高。还是沿用以前初中或高中的记忆方法。例如有的人记“accommodation”一词时，嘴里不断地重复字母“a-c-c-o-m-m-o-d -a-t -i-o -n 住处、膳宿”，就是读不出完整的发音［ə，kɔmə′deiʃn］来。有的还像小学生一样一边重复一边写，习惯于用这种方法记单词不仅记的词不准确，而且记得不牢固。

2. 不会把单词放在语境中记忆

高职学生词汇量小、单词记忆效果差的一个主要原因就是学生不会把词放在语境中记忆。要想从根本上提高学生的词汇量，可以从掌握一词多义的词入手，如“contract”一词就需要在具体的语境中判断是表示“合同”还是“婚约”。在英语中，一词多义的现象是非常普遍的，词在不同的语境中有不同的含义。例如：

a. He hiked down from the peak.

b. The teacher pared the term paper down to five pages.

c. She's down with a bad cold.

d. She's wearing a down-filled coat.

显然，down 这个词在上面四个句子中的含义都不一样，a 句中指“向下”，b 句中指“压缩”，c 句是指“病倒的；生病的”，最后一个指“羽毛，羽绒”。学生们常常有这样的经历：他们读到一个不包含任何生词的句子，但仍然不懂这个句子的意思，也许这就是一词多义引起的。因此，学生记忆词汇时应养成根据上下文判断词义然后通过查字典来确认的习惯。

3. 对单词学习没有兴趣，记忆单词缺乏毅力

许多高职学生英语水平一般，本身对英语缺乏兴趣，而单词的记忆较为枯燥。学习是一个复杂的心理过程，需要毅力和坚持精神。一部分学生缺乏毅力，既没有掌握单词记忆的方法，又没有良好的记忆习惯和意识，所以单词记忆对他们来说非常困难。

二　高职英语词汇教学探索

（一）词汇分解联想记忆

巴利特利的有意义学习理论表明：记忆是把记忆材料放置在一定的图式或者框架中，所以记忆不仅是联想，还是一个形成意义的过程。认知心理学的加工水平说认为，记忆痕迹是层次加工的副产品，那些经过深入分析、精深联想和表象的信息能产生较强的记忆痕迹，并持续较长的时间；而那些浅表的信息，产生较弱的记忆痕迹，并持续较短的时间。

分解联想就是把一个英语单词分解为所熟悉的几个联想单位（较好的单词记忆法是拆成两三个单位，而不是拆成一大堆字母符号），再加上这个词本身的中文意思。如：butterfly 蝴蝶，拆成 butter 和 fly 两个词就有了意义，蝴蝶在黄油（butter）上飞（fly）来飞去。与意义结合之后记忆单词就不再那么枯燥乏味。如图：

再比如：assassinate（vt. 暗杀）由 11 个字母组成，单靠死记硬背是比较困难的，我们如果把它拆分成几个联想单位，将个性与意义结合起来，就比

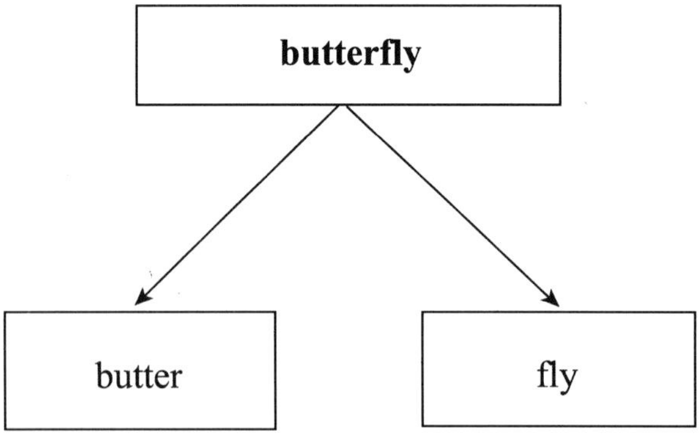

较容易记住：assassinate = 两头驴（ass + ass）+ 里面（in）+ 吃（ate），分解后联想：两头驴（ass + ass）在里面（in）吃（ate）草时被暗杀，学生很快就可以记住，经过重复记忆，就能牢记。

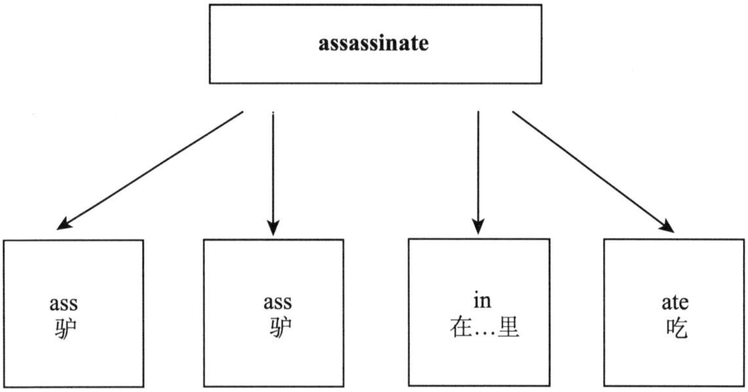

又如记 Shakespeare（莎士比亚），我们可以把它拆成 shake，spear，e，联想为一个老人摇着（shake）矛（spear）指向英国人（English）。如图：

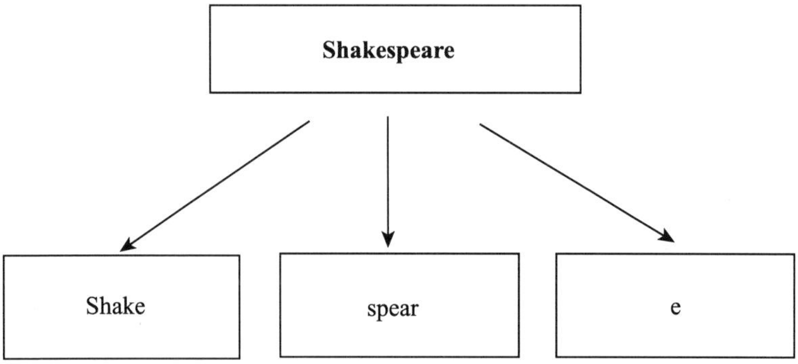

在这个名字中还可以学到 shake；spear；hake；ear；pea；are；pear；re 等单词。

联想记忆法使原先枯燥无味、孤立、毫无联系的词汇学习变成有趣、互为联系的深层学习，开拓了学生视野，对他们的兴趣与动机都有积极的影响，不仅增强了学生的自信心，而且增强了学生的分析能力与主动获取知识的意识，培养了在实践中运用知识的能力。

（二）看英文电影记忆英语词汇

据 Mayer（Mayer，1987）提出："人类对于听觉语言信息的加工比对视觉语言信息的加工更敏锐。在'图像资料 + 语音资料'模式下，学习者在视觉工作记忆区加工图像资料，而在听觉工作记忆区加工语音资料。然而这两个区是相对独立的，所以学习者的信息加工系统有条件同时处理图像和语音信息，继而建立图像和语言之间的参照链接。"这为增进对新词的理解和感知提供了理论依据。通过看英文电影记忆单词，就是根据图像和语音的结合，帮助记忆，尤其是一些专业术语，比如说在看 Doctor House（豪斯医生）中，几乎每集都有 MRI（ Magnetic resonance imaging ）核磁共振 ，BP（血压），pulse（ 脉搏），heart ，kidney（肾），liver（肝脏），lung（肺），vessel（血管）等，每集就是一种病症，可以学习到 hepatitis 肝炎，Osteoporosis 骨质疏松，pneumonia 肺炎等医学词汇，通过图像 + 语音把本来难记的医学术语轻松记忆，既掌握了单词，又学习了医学临床知识。学生兴趣浓厚，学好了英语又掌握了专业，体现了高职高专学校培养学生职业应用能力的教学目标。

（三）通过语境记忆英语词汇

语境是语言赖以生存的环境，语言离不开语境。大量接触真实的语言环境，培养语感和思维能力。如学 mangosteen 山竹一词，可以买些山竹，看着山竹讲解。先记 juicy 多汁的，edible 可食用的，Garcinia 藤黄属植物，Indian 印度的，rind 外壳等单词再吃山竹，这样学生兴趣很高，记忆也很深刻。要记工程类的单词，可在实训室指着模型学习 engine 发动机，mechanization 机械化，operate 运转，industry 工业，automatic 自动的等词汇。

Holliday 认为 context 指语篇外的语境，它可以指话语、情景和文化语境。这些语境知识都会影响单词的记忆。处在一定语境中的每个词或词组与同一语境中的其他词或词组具有一定的语音、语法和语义的联系，因此，从一定的语境中记忆词汇比单纯从词汇表中记忆效果要好，持续时间会更长久。在高职高专英语应用能力测试和四级考试中经常会碰到阅读理解中有这样的题型：考查某一句话中某一个词的含义。例如：The word “surplus” in Line 2 most likely means _。有时这个词有多种含义让你根据语境来选择，有时给你一个生词，让你根据语境所提供的信息对其含义进行推测。教师在教词汇时，还应注意切勿单个孤立地讲解词汇知识，而应把词汇置于一定的语境中，让学生通过上下文的语言关系来猜测词汇的意义，这样学生对词汇意义的理解会更加深刻。如 21 世纪大学英语第一册第一单元的 text A 中标题是 the secrets of A students 由文章内容得知 A 不是冠词，而是形容词，相当于 top、excellent 理解为优等生的秘诀。

（四）图式激活促进词汇记忆

认知语言学认为，人类的知识是以图式的形式存在于大脑中的。当人们学习新知识时，需要依靠大脑中已经存在的图式知识来帮助消化新的信息。图式理论与英语词汇习得关系十分密切，“图式的激活就是通过所接受的某些信息去判断该信息可能涉及的内容并同时从存储的图式中提取可能适合的相关背景知识。”词汇习得的过程是一个激活已有图式并构建新图式的过程。根据图示理论，词汇习得与人脑中已经存在的知识紧密联系。词汇习得的过程并不是单向接收信息的过程，而是新知识与旧知识双向互动的过程。当我们学习新单词的时候，大脑的记忆中心就开始搜索相关的图式与信息。图式理论强调的是词与词之间的联想，由一个词联想到其他的词，激活了大脑中的词汇网络。通过同化或顺应已有的图式，来认识并巩固新接触的词汇。

教师应该使学生通过语境将新单词与已经掌握的单词或其它知识相联系。这也是一个突破高职学生记忆难关的有效策略。通过激活和构建相关的图式知识，学生可以优化个人词汇学习策略，提高词汇学习效果。教师可以帮助学生建立起完善的词汇知识体系，培养他们的词汇预测能力，并激活学生头脑中原有的图式知识，使其与新学知识紧密联系，以此提高词汇教学的质量和效率。

（五）充分利用网络资源记忆单词

多媒体及网络环境给学习者提供了图像、视频、音频、聊天室和学习论坛等多种渠道，这些渠道能较大程度提高学习者的词汇认知效果。多感官通道加深词汇记忆理论认为，从视觉通道获得的知识，能够记忆 70%；从听觉通道获得的知识，能够记忆 60%；而把视、听觉通道结合起来，能记忆的内容可达 86.3%。也就是说，运用多种感官进行记忆，记忆效果更佳。在教学过程中，设法用新奇、甚至反常的方式呈现新词，可以调动学生的各种感官通道，给学生强烈的再现刺激，以引起学生的学习兴趣。例如在教“transportation”这个词的时候，可以在投影仪上呈现火车、飞机、轮船等多种交通工具的图片，让学生找出他们的共同点。此时屏幕上出现“transportation”这个词，学生立刻就能理解意思，并且印象非常深刻。因此，教师应充分利用多媒体和网络环境的优势，从学生的认识水平，学习兴趣出发，把要学生记忆的单词图文并茂地展现出来，使学生置身于最生动、最真实的环境之中。

网络词典是便捷有效的词汇学习工具，遇到陌生单词，随时就可通过网络词典查阅意思、用法、搭配、例句等相关资料。如 Lingoes，Coca 等，而且这些资料都有语音资料，学生可以边看边听边记忆，提高记忆效率。

实践证明，多媒体和网络环境提高了词汇学习效率。所以，多媒体及网络的发展给英语学习者提供了更为广阔的空间，学生在学习的同时，也获得了快乐。

三 结 语

英语教师在词汇教学中要遵循学生的认知规律，要从学生的认知结构出发，以培养学生能力为前提，通过分解联想，掌握词汇学习规律，并能举一反三地灵活运用；通过阅读看电影等激发学生词汇学习兴趣，视觉和听觉结合强化记忆；要为学生的理解、回忆提供语境，同时应注重学生词汇学习的心理过程，在词汇学习方法上进行引导；英语教学中，要充分利用网络多媒体教学资源，尽量提高学生学习兴趣，培养学生的毅力；学生应根据艾宾浩斯遗忘曲线，多记多重复，并学以致用，在实践中多应用，这样就能形成一种学习习惯，真正掌握一门语言，语言学习就不再是一种负担，而成为一种乐趣。

参考文献：

[1] Harmer, J. *The Practice of English Language Teaching*. [M], Longman Group Limited, 1991.

[2] 教育部高教司，《高职高专教育英语课程教学基本要求》[M]，北京：高等教育出版社，2002 年 1 月版。

[3] 徐良芹，“高职生英语学习动机调查研究 ”[J]，安徽电子信息职业技术学院学报，2004（2）。

[4] 喻柏林，“语言单位大小在短时和长时记忆中的效应”[J]，心理学报，1989（1）。

[5] 奥苏贝尔，《教育心理学》[M]，佘南星译，北京：人民教育出版社，1994 年版。

[6] 欣茨曼，《学习与记忆心理学》[M]，韩进之等译，沈阳：辽宁科学技术出版社，1986 年版。

[7] Mayer, R. E. *Education Psychology: A Cognitive Approach* [M], Boston: Little Brown, 1987: 57 – 58.

[8] 张乃玲，“大学英语词汇教学方法及其理据”[J]，太原师范学院学报，2004（3）。

[9] Sternberg, R. J. *The nature of vocabulary acquisition* [M], Hillsdale, NJ: Erlbaum, 1987.

[10] 梁建萍，“基于图式论的大学英语词汇教学”[J]，西安外国语学院学报，2006（2）：第 60 – 63 页。

[11] 李桂艳，“多媒体及网络技术环境下的大学英语词汇教学”[J]，科教文汇，2008（2）。

文化研究

从《唐顿庄园》解读英国“楼上楼下”式的主仆关系

孙　丽

【摘要】

《唐顿庄园》的热播，为全世界观众展现了英国贵族家庭中独特的“楼上楼下”式的主仆关系结构。本文通过对剧中情节分析总结出这一主仆关系的特点，并深入分析这种关系背后的制度与文化根源。

【关键词】

《唐顿庄园》　英国主仆关系　贵族制度

【作者简介】

孙丽，女，汉族，中国传媒大学传播研究院2012级传播学硕士研究生。

《唐顿庄园》中对楼上与楼下、主人和仆人两个彼此平行但却紧密相关的世界的生动刻画，使得英国这种独特的主仆关系结构引发了人们的兴趣和思考，这种关系究竟有什么样的特点，这种关系又是在怎样的社会文化背景下形成的。本文将结合《唐顿庄园》这部电视剧分四个部分展开论述。

一　《唐顿庄园》中的“两个世界”

《唐顿庄园》是一部由英国媒体公司 Carnivai Films 制作、英国独立电视台（ITV）播映的古装历史剧。该剧一经播出吸引了英国国内观众的广泛关注，平均收视率登上了英国电视收视第二名的宝座。并且，这部电视剧在世界范围内也引起了强烈的反响，不仅在63届艾美奖上横扫5项大奖，还荣膺吉尼斯世界记录大全中的2010年“全球最受好评的电视剧”称号。①

《唐顿庄园》讲述的是在1912—1914年，英国乔治五世时期，唐顿庄园的格兰瑟姆伯爵一家，由于家产继承问题而引发的种种纠葛和摩擦。这部戏几乎囊括一切英剧的“美好与必要”元素——日已落帝国与朝阳美利坚，中产阶级与旧式贵族，新思潮与旧传统，等等。

该剧以考究的细节，精美的镜头从日常起居、社交礼仪、阶级划分、文化冲突等诸多方面呈现了英国上层贵族与其仆人们在森严的等级制度下的百态人生。楼上的贵族世界不断地上演着爱情、争斗、虚荣以及金钱的故事。与此同时，楼下仆人们也形成了自己的小世界，他们不仅有自己内部的故事纠缠，也映射着楼上主人们的八卦轶闻。楼上楼下，一道地板，两个世界。英国贵族家庭中这种微妙的主仆关系值得我们去解读与推敲。

二 英国“楼上楼下”式主仆关系的发展历程

英国城市的传统房子，都有半个地下室。主人与仆人分别住在楼上和楼下，仆人工作的地方，进出口是街道边沿台阶而下的，而供主人宾客进出的正门是沿台阶而上。于是渐渐的，“楼上楼下”便成为英国主仆关系的代名词。

自中世纪英国的仆人制度建立以来，在很长的一段时间内，主仆关系是英国重要的社会关系之一。众所周知，英语中的“family”一词是“家庭”的意思，可是它最早在《牛津英语词典》中出现于十五世纪的用例却是指家中的仆人。英国主仆关系的发展历程可以分为三个阶段：②

（一）17世纪以前的英国，仆人是作为主人的家庭成员存在的，居住在主人家中的仆人、学徒、雇工等都被视为“家人”。在这个时期，仆人与主人之间存在着强烈的人身依附关系。除此之外，贵族家庭中的主仆之间还会形

---

① 张云，“20世纪初的英国风情画——英剧《唐顿庄园》时代主题之研究”[J]，华中师范大学学报，2012（4）。

② 刘晓玮，“试论19世纪英国的主仆关系”[D]，上海：华东师范大学硕士学位毕业论文，2006（5）。

成一种相互依赖的关系。一方面，贵族的日常生活、社会关系、社会活动以及各种政治实践均需要仆人的参与和纽带作用。另一方面，仆人通过在贵族家庭中服务，不仅获得较好的生活待遇和教育机会，还可以获得各种社会特权，并形成一些有用的社会关系网络，同时贵族家庭也为家仆的流动提供了较好的平台。

（二）从17世纪开始情况发生了变化，仆人开始变为一种职业，仆人与家庭联系的纽带也开始逐渐松弛。但是，这一时期的主仆关系并未成为现代意义上的职业关系，在社会传统的滞后力量之下，主人还一贯保持着对仆人的中世纪式的控制。

（三）直到20世纪，主仆关系才完成了彻底的转化，成为一种真正意义上的平等的雇佣关系。从“家人”从属关系到现代的雇佣关系，存在久远的主仆关系在近几百年里发生了本质的变化。《唐顿庄园》中所展示的主仆关系则是处在其演变的关键时期——19世纪末20世纪初。

三 从《唐顿庄园》看英国主仆关系的特点

（一）主仆间存在着森严的等级关系。《唐顿庄园》开场的第一个镜头中，女管家休夫人走到正在给壁炉生火的低级女仆黛西面前问道，“你这是生的第几个壁炉了?”黛西答道：“楼上的都已经生好了，这是最后一个了。”休夫人说：“生好后赶紧离开，不要让主人见到你这副模样。”最下层的扫壁炉的女工是不允许出现在主人面前的，伺候主人用餐的只有管家和男仆，厨娘和所有女仆是不得进入饭厅的。这些剧中的细节都是等级森严的最好注脚。下面我们将从三个方面来解读这种等级关系。

首先，这种等级关系体现在主人对仆人衣着打扮的严格要求上。主人会要求其所有的仆人的装束要严格区别于男女主人以及来访的客人，以通过这种标记来体现双方地位上的差异。在《唐顿庄园》中，相较于女主人丰富多彩的服装以及精美多样的配饰，女仆则必须穿黑衣服，扎白围裙，戴白帽子，极为朴素。由此，人们一眼就可以分辨主人和他们的仆人。这种衣着打扮的要求不排除职业需要的因素，但更多的却是等级意识在起着作用，不论女仆们是否在工作，她们基本上都要戴围裙。即使是非工作时间，她们也没有选择自己服饰的自由，只能被迫接受主人对她们生活的控制。

其次，主仆地位的不平等还体现在仆人的行为举止上。好人家的仆人的标准作风是：“走路时须始终悄无声息，不要让主人听到声响，除非必要；在屋内遇到任何女士和绅士，退后并站在一旁让他们先行通过；当与女士和绅士一同出行时，须始终跟在他们身后并与他们保持一段距离；不要加入主人家的谈话、他们用餐时的谈话或者主人与来访者的交谈；除非向你询问，不要随意说话，回答问话应尽量简洁。”这些仆人向主人表达敬意的方式，天天都在主人家上演着。时时刻刻提醒仆人他们的身份地位是低于主人的。①

最后，贵族家庭里的仆人之间也有严格的等级划分。唐顿庄园的仆人世界里有分明的四等阶梯：最上层的便是男管家卡森和女管家休夫人，他们掌握着最高的权力；第二阶梯上是男女主人各自的贴身仆人；第三阶梯则是仆人的领班、厨娘；最下层便是扫壁炉女工。他们各司其职，不允许有丝毫的僭越。

（二）主仆在对彼此的信息获取上是不对称的。历史学家斯通曾对上流社会家居生活做过一番描述：“主人的卧室和套房里，总要有仆人进来，川流不息。一早，他们来开窗户，生炉子，送早点，帮男女主人穿衣服。过一会儿，他们再来铺床，打扫房间。下午，他们要送茶，添壁炉柴火。天晚了，他们要来开灯，关窗，再添火。再晚一点，他们来伺候主人脱衣服。从早到晚，他们要来来去去地给主人传话，送信。仆人到处都是，主人对之习以为常。”在《唐顿庄园》中，有一大半的细节都是在演绎这段话。形形色色的仆人日日夜夜在卧室、套房、餐厅里川流不息，主人家的各种消息，仆人们都了如指掌。然而，相比较之下，主人对仆人相关信息的获取上是有限的。也许主人并不在意仆人们在做些什么，但是他们是绝对不允许贵族家庭的隐私被暴露。美国学者调查发现，在十八世纪英国人的离婚官司中，仆人的证词占了绝大多数。

（三）主仆之间都会遵循基本的准则与礼仪。在《唐顿庄园》里我们可以看到，尽管是主仆关系，主人并不会对仆人呼来喝去，相反，当主人误解、犯错的时候也一样要向仆人道歉，做了份外的事，也要道谢。在庄园偌大的房子里，仆人有他们自己的栖息容身之地，主人也不能越雷池半步。玛丽小姐就曾经因带客人擅闯仆人房被伯爵贴身男仆贝茨撞破，而非常紧张地向他

---

① 刘晓玮，“试论19世纪英国的主仆关系”［D］，上海：华东师范大学硕士学位毕业论文，2006（5）。

道歉。仆人们也有自己的下午茶时间，他们在餐桌前的聊天属于言论自由，受议会法律保护。而对于仆人们来说，为主人尽责是天职，如格兰瑟姆收藏了几个中国鼻烟壶，由贴身男仆贝茨看管，尽管每个鼻烟壶都价值不菲，当贝茨在遇到危机时，都未曾有过打老爷鼻烟壶的念头。

四 英国主仆关系背后的贵族制度与文化

英国特有的主仆关系是建立在贵族制度的基础上的。正如法国学者托克维尔分析的那样，在贵族制国家，仆人成为一个单独的社会阶级，它同主人阶级一样，向来没有变化。因此，在这种社会中便极易形成一种固定的秩序。在仆人阶级的世界中，很快便出现了等级、集团和显赫人物，而且世世代代相传下去，地位一直不变。主人和仆人是一个在上一个在下的两个社会，永远保持着差别，但却遵守着相同的原则。

就像英国贵族文化对于贵族家庭产生的深刻影响一样，仆人的思想和习惯也会受到贵族文化的感染。对于英国的男仆与管家，在大多数人的印象中，“他们是绅士身边的绅士——他的脚步总是轻而无声，他的姿态总是无可挑剔，他的声音总是那么轻柔温和，他总是那么精力充沛。鞋子总是被擦的可以照见他的面孔，领带被安排的整整齐齐，衬衫被熨烫的服服帖帖，帽子被掸的一尘不染……”。这种姿态与精神便是贵族文化熏陶的产物，即使是身处仆人阶层，他们也有属于自己的礼仪与准则，即使是身为一个被统治的阶层，他们内部也有严格的等级划分。

在贵族体制下，虽然主仆之间没有天生的共同性可言，而且财产、教育、观点和权利又使他们的处境有天壤之别。但是由于在英国的贵族家庭中，仆人为一个家族工作十年二十年的情况均为常态。因此他们拥有对过去生活经历的共同回忆，这使他们彼此熟悉甚至是依赖，岁月把他们结为一体。所以，主人总是把自己的仆人视为自家人和下属，并会主动地去关心仆人的命运。对于仆人来说，他们自己也有同样的想法，认为自己也是属于主人家族的一部分，他们在说话做事的同时在很大程度上都会考虑主人家族的名誉和地位。

在这种处境悬殊而又彼此相互融合的条件下，仆人逐渐忘记了自身的主体性存在，他们习惯性地以支使他们的人的财富来炫耀自己，以主人的荣誉来为自己增辉，以主人的高贵来抬高自己，并一直陶醉于这些仰仗他人而来的光荣之中。

因此，存在于英国上层社会中的主仆关系是其贵族制度及贵族文化的一种反映。随着贵族制度的瓦解，这种楼上楼下的主仆关系自然也会走向消亡。在未来的剧情当中，处在变革之际的唐顿庄园必定也会迎来一种新的主仆关系。

电影《喜福会》中华裔母女文化身份危机探究

杜　洋

【摘要】

本文简要地介绍了电影《喜福会》与其剧本作者谭恩美，并运用跨文化交际中的文化身份理论分析了母亲们和女儿们的文化身份危机，详述了在美国的华裔母女如何适应中西文化差异，消除彼此之间的隔阂，最终寻回自己的文化身份、走向和解的过程。

【关键词】

《喜福会》　谭恩美　文化身份

【作者简介】

杜洋，男，汉族，中国传媒大学外国语学院2012级英语语言文学硕士研究生。

一　电影《喜福会》的基本知识简介

（一）电影《喜福会》简介

电影《喜福会》由美国著名华裔女作家谭恩美的同名小说改编而成，故事围绕四对母女展开。母亲们成长在中国，深受中国大家庭环境和中华文化传统的影响，喜欢群居，家庭观念比较强，她们恪守中国传统观念中的“三从四德”，即遵循婚前从父，婚后从夫，身上已经深深地烙下了中国人的印记。在中国受尽磨难后，四位母亲移民美国，和她们在美国环境中长大的女儿共同经历生活中的波折。她们的女儿出生在美国，接受了美国式的开放教育，思想与行动都相对独立，虽说她们是母女，却代表着两种不同的文化：中国文化和美国文化。由于母亲和女儿成长的文化背景不同，生活环境也不尽相同，价值观念自然也不同，她们在交往中必然会有矛盾和冲突。

这部电影突出了母女间的直接冲突以及华裔社会中的种种关系。其中包括家庭关系、男女关系、女性之间（尤其是母女之间）的关系等。通过这些关系的探究，它再现了华裔女性及其后代的历史和生存现状。小说中的两代华裔女性大多挣扎在东方信仰和西方的价值标准、传统文化与现代文明之间的矛盾和冲突中，不断努力寻求自己的身份和位置，并用生理和心理传承自己的文化价值。而这一切，都与谭恩美的个人经历息息相关。①

（二）作者谭恩美个人经历对其创作的影响

谭恩美是当代著名的美籍华裔作家，她的第一部小说《喜福会》一鸣惊人，长期盘踞在美国各大畅销书排行榜榜首，获得众多奖项：全美图书评论家协会奖、全美国图书奖、洛杉矶图书奖、海湾区书评小说奖和英联邦俱乐部金奖等诸多文学奖项。小说《喜福会》还被改编成电影，由华裔导演王颖执导，并由一群杰出的亚裔女演员参演，成功打进好莱坞主流电影市场。

1952 年，谭恩美出生于加利福尼亚州的奥克兰市。像美国许多亚裔家庭的孩子一样，童年时期的谭恩美始终处于一种身不由己的矛盾与冲突之中。一方面，尽管她移民来到美国，中华文化的影响在家中依然十分明显，她对自己以及父母的华裔族群文化感到困惑。另一方面，她在努力理解和接受西方主流文化，却遭遇到被当成局外人的尴尬。

在她上学期间和毕业之后，谭恩美从事过许多截然不同的工作。在她专心致力于文学创作的时期母亲却突然病倒，这件事也使她重新开始认真反思与母亲的关系。母亲康复之后，她便开始聆听母亲讲述往事，还陪着母亲一起回到中国。这次中国之旅对谭恩美来说意义重大，使谭恩美更加深地了解了中美文化以及这两种文化之间不可避免的冲突与矛盾。这次经历也极大地

---

① 张金娣，“从《喜福会》的文化内涵看华裔的心路历程”［D］，黑龙江大学硕士学位论文，2005（13）。

促进了《喜福会》的问世，这部书一经出版就收获了巨大的成功，这也为她的文学生涯奠定了良好的基础。

二 电影中母女的文化身份危机

电影《喜福会》向我们讲述了曾在中国经历苦难之后赴美的四位母亲：吴素云、琳达·龚、许安梅、莹莹·圣克莱尔和她们四位在美国长大的华裔女儿：吴精美、薇弗莉·龚、罗斯·许、莉娜·圣克莱尔，由深陷文化身份危机到最终互相理解、找回自我、融通中美文化的故事。电影表现了华裔在面对本族文化和西方文化这两种迥然不同的文化时的困惑与迷失，并运用性别和种族两个视角深度剖析中国母亲与美国女儿的文化身份，使观众身临其境，见证了由文化冲突与迷失自我到文化和解、重新寻回自我的伟大历程。

（一）文化身份的界定

研究跨文化交际的学者们对到底何为文化身份给出了众多不尽相同的定义。加斯特·耶普认为文化身份是一个人在特定的社会、地理、文化和政治框架之内对于自我的概念，它能使人感受到自我和人格的存在。汀·图梅将文化身份定义为一种经过反思得出的自我认识和自我印象，它源于家庭、性别、文化、种族、个人和社会进程。马修斯指出身份就是如何理解自身以及如何将自身归类。尽管宏观定义文化身份的学者不胜枚举，但是还有一些学者愿意更为具体地去定义文化身份。比如，拉斯蒂格和寇斯特将文化身份视为个人对特定文化和种族群体的归属感。霍尔将文化身份分为三个层面：个人层面、关系层面、群体层面。他的这一理论中的群体层面与泰勒的社会身份基本上是一致的，刚迪坎斯特又进一步提出社会身份的详细分类：种族身份、民族身份、性别身份、国家身份、地区身份、组织身份、个人身份和网络身份等，这一突破在跨文化交际研究领域有着举足轻重的地位。

（二）母亲们的文化身份危机概述

电影中的母亲们既向往美国的和平、富有、自由和平等，又摆脱不了顽固的旧信仰、旧观念；女儿极力融入主流社会，却由于无处不在的种族歧视和性别偏见，感受到自己与这个白人社会之间无法消除的距离。①

琳达·龚从小就被卖给大户人家黄家作童养媳，虽然母亲尽其所能地去照顾她，但在泯灭人性的旧制度下，她却早已如同一件物品一样卖给了丈夫家，临嫁前，母亲叮嘱她以后不管发生什么事，都不要忘了自己是谁。婚后，她被束缚在封建大家庭这个桎梏里，但是她没有委曲求全，而是凭借着自己的聪慧和坚韧摆脱了恶毒的婆婆和根本不爱自己的“小丈夫”，最终来到美国。尽管之后她有了全新的婚姻，还有了女儿，但是在她心中根深蒂固的一些中国的行为准则与价值标准时刻都显得她像个局外人，并且经常与深受美国主流文化影响的女儿冲突不断。

莹莹也是在女性注定要成为贤妻良母、遇事只得沉默顺从的教诲下长大，这也为她悲剧性的婚姻埋下伏笔。她的丈夫风流成性，极度不负责任，还时常对她进行精神虐待，最后导致莹莹精神几近崩溃，竟亲手杀害了自己尚在襁褓之中的孩子以报复丈夫和这段悲惨的婚姻。即便日后到美国定居，曾经的梦魇令她久久不能释怀，又一次迷失了自我。

安梅幼时便目睹自己的母亲被外婆、舅舅赶出家门，走投无路的母亲只得投奔曾经诱奸过她的商人吴清，做了吴家的姨太太，受尽欺凌却一味忍让。由于母亲完全否定自己的价值，不懂得捍卫自己应得的权利，最终只能通过自尽来保护自己最后的自尊，用血淋淋的牺牲换回自己女儿在吴家的地位。由此安梅终于学会了怒吼，学会了人应当认识到自己的价值，永远不要自轻自贱，她不仅挽救了自己，也挽救了同样在文化身份危机和婚姻危机中挣扎的女儿莉娜。

吴素云在战乱逃难时感觉自己即将死去，就把自己的双胞胎女儿遗弃在路上，祈祷有人收养他们，免得她们跟着母亲饿死。可是，作为一个母亲，是不可以抛弃自己的孩子，因为失去了做母亲和后来做妻子的身份，她感到了自我身份的危机。② 到了美国之后她又将全部的希望寄托在了女儿精美身上，这使母女俩都对自身文化身份的定位感到痛苦不堪。

---

① Derald Wing Sue, “*Ethnic Identity*” *in Asian American*: *Psychological Perspectives*. Polo Alto: Science and Bhavior Book, 1973, pp. 140 - 149.

② 陈红霞，郭利民，徐珍，“从谭恩美的《喜福会》看中国人的家庭价值观”［J］，井冈山学院学报（哲学社会科学），2008（11）。

（三）女儿们的文化身份危机概述

薇弗莉深受美国文化影响，思想独立，行事果断，但却总是在母亲琳达无休止的挑剔之中无法自拔。她曾是位天赋异禀的少年棋王，可是却发现母亲总把她在棋界的成就当作炫耀的资本，从此心生怨恨，放弃了弈棋。即便步入成年时期，她还总在担心自己是否令母亲失望，只能在潜在的恐惧中惶惶不可终日。这一矛盾终于在薇弗莉试图嫁给美国人后爆发了。

莉娜虽然也是出生于美国，成长于美国，始终接受的是美国式的教育，并且极力想摆脱母亲，但是母亲对她的影响却是扎根于心底的，尤其是母亲在中国所接受的那种“三从四德”的传统文化教育，要求女性对于家庭和男权社会必须无条件地自我牺牲，也潜移默化地传递给了莉娜。所以在面对哈罗德这样斤斤计较的小气丈夫与名存实亡的婚姻时，莉娜也只会忍让，独自咀嚼痛苦。

罗斯嫁给了美国白人出版业巨头之子泰德，起初罗斯对泰德母亲的刁钻言辞和种族偏见还可以应付，但是在与泰德成婚之后，她一度失去自我，露丝的角色在美国重新被定位在家中，缺乏主动权和决定权，最后泰德反而对这种婚姻产生了厌倦。正如美国学者艾米·琳所说：“不管是新移民还是出生在美国的中国人，都发现他们被夹在两个世界之间。他们的面部特征宣告了一个事实——他们的种族是亚洲，但是通过教育、选择或出身，他们又是美国人。”①

吴精美承载了母亲吴素云全部的希望，深受美国文化中个人主义价值观影响的女儿并不希望自己按部就班地完成母亲设定好的目标，所以她故意在钢琴比赛上将练好的曲子弹得一塌糊涂；在母亲督促在她练琴的时候对母亲大声喊道：这不是中国，你不能逼我做任何事。由于女儿一直在美国的幸福环境中生活，对母亲在旧中国的艰难困苦知之甚少，母女之间的隔阂便显得愈发地明显，她们（女儿们）“吞咽的可口可乐比眼泪多。”②

---

① Ling, Amy. Between World: *Women Writers of Chinese Ancestry*. New York: Pergamon Press, 1990.

② Tan, Amy. *The Joy Luck Club*. New York: Ballantine Books, 1989. 4.

三 结 语

在听过母亲们的故事之后，女儿们开始接受、理解母亲以及自己民族的文化传统，愿意找寻自己的文化根源。薇弗莉放弃了与母亲琳达之间的你争我夺，与母亲重归于好，母女俩也终于发现无论各自的性格多么强韧，她们始终都是需要彼此的。莉娜也从母亲莹莹处学会了勇敢与决断，毅然离婚走出阴霾。罗斯在母亲安梅的鼓励下重新认清了自身价值，勇敢地拯救了婚姻，令泰德刮目相看。而精美最终也理解了母亲的良苦用心，在影片末尾回到了中国，与早年失散的双胞胎姐姐们相认，重新构建了自己的文化身份。

我们应以怎样的态度看待日本性文化中的“AV女优”

付箫然

【摘要】

部分人认为性文化是不登大雅之堂的，甚至很多中国人认为日本成人电影里的画面非常不堪，因此他们鄙视成人电影的女演员。但能否仅凭借日本风俗产业的发达就认定日本是世界上最色情的民族呢？文章通过文本分析以及对比分析，认为日本的性文化之所以非常开放有一定原因，跟日本民族的历史是息息相关的。本文阐述了我们应该怎样对待日本性文化中的AV女优，更重要的是怎样对待和发展中国的性文化，怎样解决由于不健全的性文化引起的一系列问题。

【关键词】

中日性文化　性观念　AV女优　态度

【作者简介】

付箫然，女，汉族，中国传媒大学传播研究院2012级传播学硕士研究生。

一　性文化是日本传统文化

（一）发展历史

关于日本的起源，有两个版本的神话。其中一个版本如下：根据《古事记》记载，日本创世神话认为日本列岛和其岛上的人都是天神乱伦的产物。日本人很早就认识到了男女交合是生命的源泉，他们享受着原始性爱的喜悦，自古以来就对性持开放的态度。①

中古时期，大和族将对生殖器的崇拜制成了各种艺术品，伫立在大街上或者作为保护神。江户时代受到理学影响，加强了对女性贞操的要求。男性的性则没有限制，更将寻花问柳视为身份象征。近代日本性文化的发展出现不同的路线，大和族认为性需求的满足可以提高军队战斗力，故而在第二次世界大战时期有日本军队的地方就有慰安所和慰安妇。

日本1945年无条件投降后，随着世界各地对性的观念日渐开放，日本性产业也盛行起来。日本的成人电影产业极为发达，是国民经济支柱产业之一。

（二）日本性文化的特点

1. 开放程度极高

日本人对性的话题不会像中国人一样扭扭捏捏，遮遮掩掩，在日本电车上有随意翻看黄色杂志的青年，日本人可以跟同伴谈关于父母的性隐私。

2. 情趣化

大部分中国人缺少情趣所以享受不到性带来的真正快感，但是日本不同：形象逼真的充气娃娃、画面唯美性感的情色影片，市场上随处可买到的各种男用女用的情趣用品，足见日本人的性生活充满情趣，激情洋溢。

3. 崇尚生殖器

自史前时期始，在日本随处都可见到用岩石和粘土雕塑而成的生殖器官图像。人们在十字路口和村庄旁边塑起具有明显的生殖器形象的浅红色神像，以祈保吉祥平安。现在，这类神像早已不复存在，但它们对日本性崇拜传统的影响却始终没有消失。

4. 借鉴国外，但仍保留自身的性观念

日本人吸取了很多国家的优秀文化，比如说中国，它接受了儒家思想，也吸收了相当一部分中国古代的性文化。但是对儒家的禁欲却没有接受，也就是说在关于性的方面他们还是保留了自己的传统。

（三）日本性观念开放的原因

笔者认为，首先，古代日本耕地少并且贫瘠，吃饭是一个大问题，而男

---

① 中日两国在性文化上的比较，http：//cn. yahoo. com/，2012年10月29日。

性却可以通过当武士解决吃饭问题同时也可以提高社会地位，因而很多男性选择当武士，为了生存女性只有通过多生育来增加劳动力，这时期女性通过野合生育，性观念也会变得开放。

其次这是积累财富比较容易的办法，直接的性文化，可节约社会资源；直接的人事关系，可以提高办事效率，可以提高社会生产率。所以在关于的性的问题上，他们采取直接的方式，并不会像中国人那样矜持。

最后，日本是一个男权观念严重的国家，在日本男性是处于绝对至高无上的地位，日本女性则是完全的服从，日本男性要的是一个完全任他们掌控的玩偶，而日本女性也乐于成为取悦男性的玩偶，AV 产业的兴起跟这一点也有一点联系。

（四）中日性观念差异的根本原因

笔者认为，最根本的原因是思想上跟道德上的，中国人受到的是儒学思想浸染，讲究的是禁欲文化。中国人强调性是私密的东西，只能是私下里跟另一人的活动，并且中国人认为要压抑内心的性欲，不能随意表现出来，因为那是违背道德的。而日本却不同，这里不能不提日本的本土文化——神道教。神道教信仰经历了从自然崇拜，祖先崇拜到至上神的过程。受到这些的影响，日本形成了以“诚”为中心的伦理观，即人们不会禁锢自己的思想，不会约束自己的性行为。日本人崇尚自然，认为性是一种自然生产力，因此，日本的伦理观非常富有色彩，尤其是在男女两性问题上很少加以禁忌和规范。

二　日本 AV 产业在中国被误读

（一）日本 AV 产业及 AV 女优

AV 是英语 Adult Video 的缩写，即成人电影。自从进入 2010 年以后日本 AV 女优的“外貌水准”越来越高，日本登录在籍的 AV 女优据称多达 6000 至 8000 人。AV 产业最大的贡献则是经济方面的，已经成为国民经济支柱之一，并且输出国外，产生了极大影响。其次它也维持了日本的稳定，我们知道日本的性犯罪率是很低的。最后，给日本带来了很多非议，例如在高中甚至小学普遍存在的援交现象，甚至认为日本的法律对色情产业宽容度太大。

（二）被国人误读的原因

首先，女优这个词被广泛误读。女优这个词其实是女演员的意思，AV 女优是 AV 女演员的意思。但是在中国一提到女优，首先想到的是从事色情行业的 AV 女优，所以在中国，很多人并不清楚 AV 女优其实只是女优的一种。其次，把 AV 女优等同于卖淫女，这是彻底的错误。日本女性中真正意义上的妓女是非常少的，日本法律是将卖淫活动以“生殖器接触”作为依据，在日本叫“本番”，这在日本法律中是明令禁止的并且惩罚力度很大。笔者认为有以下几方面的原因。

1. 与日本媒体的报道有关

在日本，虽然人们的性观念很开放，但是政界出现性丑闻，日本媒体会进行大肆报道，通过议程设置理论我们知道媒介议程会影响公众议程，因而会给大多数国人留下日本女性不自尊自爱进而等同于卖淫女的印象。

2. 中国的性教育缺失

中国的性教育是很不健全的，中国人的性开放概念是错误的，性开放不是指滥交，不是跟任何人都可以进行性活动，而是指以一种文明的健康的方式追求自己的性满足，并在此基础上获得快乐跟满足。

3. 不同体系的审查制度

在日本 AV 制品的审查是很严格的，影片中隐私部位是需要打上马赛克的，这是日本色情产业明确规定的，但是当这些制品流向外国时，它并不会受到规制。也就是说，在中国看到的 AV 影片都是赤裸裸的没有在私密部位打马赛克的，这也一定程度上造成了误读。

三　中国人应有的态度以及应有的性文化

当前黄色制品的泛滥，不健康的性价值观在社会的广泛传播以及艾滋病、性病的快速蔓延，从某种程度上可以认为是性文化建设的严重滞后造成的。而其中我们不得忽视的一个现象是去医院做流产的女性的低龄化，这是我们必须严肃对待的一个问题。人流低龄化的背后，是中国人对性话题的“羞耻”和性教育的“缺失”。从基础教育开始普及科学性知识，对年轻一代显得尤为关键。2010 年 4 月由国务院妇女儿童工作委员会办公室、联合国人口基金会和北京大学人口所联合发布的《中国青少年生殖健康调查报告》显示，接受人流的25岁以下女性约占50%，65%为未婚女性，54.3%是因未采取任何避孕措施导致意外怀孕，反复人流者高达50%。在我国15~19岁的青少年中，8%的女孩有过性经历，其中21.3%的人有过怀孕经历，4.9%的人有过多次怀孕经历。而最近两年，全国每年进行人工流产的未成年少女达到8000~10000人。①

（一）越是压制越容易出问题

现行的政策和措施多侧重在“堵”和“禁”。而在疏导方面，却拿不出多少富有成效的办法来，结果功效不甚显著。处在身心成长阶段的青少年充满好奇和迷茫，更容易接受不健康性文化的诱惑。在道德观念不强、自控能力较弱的情况下，极容易导致行为的堕落。所以在现有的正规的性文化产品极度缺乏的情况下，他们只有通过不正规的途径去满足自己的好奇心。

如果广大的性文化消费者的欣赏水平、道德评价能力提高了，失去了对庸俗、低劣性文化的兴趣，同时，社会又能以格调高雅的性文化媒体满足他们的需要，黄色文化就将失去传播市场。

（二）对待性的正确态度

著名社会学家刘达临先生对中国古代性文化和中国现代性文化有深刻的研究和广泛的调查。他认为绝大多数的中国人是有比较保守的性道德观念和性行为态度，不管是儒家文化还是道家文化，对性都持谈性色变的态度。但这并不说明我们需要全盘地学习日本或其他国家开放发达的性文明与性文化，对于诸如乱伦、猥亵、兽交等不科学不文明的性行为坚决批判与抵制。不过我们最起码应该做到的是抛弃现在的紧闭的性态度。

正确的态度应该是一方面要排斥不正确的性文明行为，另一方面也要自我解放对于性的看法，需要社会上的每个个体都把性看成正常的且可以拿上台面的东西。这不是指大家张口闭口谈性，而是积极健康的性观念，不是谈性色变，而是接触到性的话题不表现出脸红心跳。

（三）具体措施

1. 积极的疏导。针对目前屡禁不止的不健康性文化，更重要的是应在

---

① http：//lady.163.com/special/sense/misshu16.html#p=8KEQNNNU50N90026.

“疏导”方面下功夫。一个理性的社会，就应该为人们提供一些满足人们正常的性心理需要的产品。积极主动地提供相关的文艺规范的有关性的作品比一味的压制有效。同时也要注意网络环境的变化，防止通过不合法途径而进入市场的涉及性方面的产品。

2. 性教育是重中之重。向人们进行健康的性知识、性伦理及性审美的教育和引导。因此我们应提倡性教育课程亟待开展，应变被动为主动。假若青少年从小就开始接触正规的必需的性教育，那么对他们的成长是很有作用的。至少成人以后会使用避孕工具而不会去医院流产。

3. 政策方面，因地制宜。国家出台统一的政策不太可能，因为各地区的开放水平等因素不同，那么就要求有关单位进行多方面考量去指定规范的政策，在集思广益的基础上产生符合发展规律的有关性知识传播、性文化建设的政策。

中国性学会青少年性健康教育专业委员会名誉主任、中国社会科学院前研究员陈一筠曾在某次会议上发言表示：我国现在研究性教育的专家集中在生物学和医学领域，严格意义上说，中国没有性教育，只有健康教育，普及的是一些基本的性知识和道德教育。“安全套和简单的道德教育都是不完整的性教育。性教育应该和人文社会科学与心理学结合起来，是一个关系到精神人格、文化道德、社会价值等多方面的课题。①

四 结 语

在中国，AV 女优作为一种现象影响着中国的青少年，但是当他们对 AV 女优的表演赞不绝口时，他们仍把这些女演员当成不忠贞、不自爱的代表，这是很有意思的现象，也是很值得我们反思的现象。通过分析我们知道日本的性文化是一种传统文化，它有自己的形成原因，也有一定的历史因素。而对于 AV 女优我们存在着很多误读，这些误读也是有原因的。

当下中国未成年少女频繁流产的现象让我们反思我们的性教育的缺失带来了一系列后果。作为女大学生，笔者认为，正是由于性教育的缺乏导致了未成年人性知识以及自我保护的观念的缺乏。这是一个社会问题，但是也是

---

① http：//baobao. sohu. com/20101210/n278213978. shtml.

中国发展中遇到的大问题，随着网络越来越发达，少年儿童们正经历着“童年的消逝”，这样的环境下，我们的性文明建设是否应该排上日程了呢?

参考文献:

[1] 李涛,《大和魂——日本根性窥探》[M]，北京：中国友谊出版社，2007年版。

[2] 赫祥满,《日本人的色道》[M]，武汉：湖北人民出版社，2009年版。

[3] 王永娟、姜俊燕,《樱花的国度：日本文化的面貌与精神》[M]，北京：中国水利水电出版社，2006年版。

[4] 刘达临，浮世与春梦:《中国与日本的性文化比较》[M]，北京：中国友谊出版社，2005年版。

[5] 董华，黄可阳等，“对当前性文化的理性思考”[J]，广西社会科学，1995 (5)。

[6] 刘达临,“性与文明，古代艺术——东方艺术专题”[J]，2002 (2)。

[7] 赵继伦,“对性文化传播的道德审视，道德与文明”[J]，1997 (3)。

中俄社交礼仪的差异与文化分析

李天依

【摘要】

俄罗斯作为新任国家主席习近平首访的“第一站”，标志着中俄两国关系进一步提升。日后，中俄两国从政府到民间的交往也会越来越深入。与此同时，在两国的跨文化交流中，中俄文化差异造成的冲突也日益凸现。本文对中俄社交礼仪的差异进行探究，并深入研究冲突背后的文化根源，剖析中国和俄罗斯文化背景、价值观和民族特点，提出一些中国俄语使用者应对文化差异的策略和技巧，以便中俄在交往时尊重对方的文化和社交礼仪，避免发生误解和冲突。

【关键词】

中俄　文化　社交礼仪　差异

【作者简介】

李天依，女，汉族，中国传媒大学传播研究院 2012 级传播学硕士研究生。

当代科学技术不断发展，世界各国之间的经济联系紧密，世界各个地区的联系由于日益频繁的国际交流合作变得越来越密切，这为我们在跨文化交流中缩小甚至克服文化障碍提供了最快捷的帮助。但是，由于不同国家之间的不同民族成员的文化差异，在相互接触过程中影响友好交流甚至引发冲突也已是一个不争的事实。笔者在大学第三学年到莫斯科国立大学新闻学院进行学习交流。在莫斯科一年的学习和生活中，深深感受到了由于中俄两国社交礼仪的差异，造成了中俄两国人民在交际活动中经常发生冲突和误解，而中俄两国的文化差异是其根本原因。中俄两国都是礼仪之邦，在交往中礼仪尤为重要。随着中俄两国交往合作的加深，两国人的交往也日趋频繁，在日常交往中的礼仪冲突也愈明显。交往者只有充分了解两国礼仪文化差异，才能在交往中避免误解与冲突，保证跨文化交流有序进行。本文对中俄日常社交礼仪冲突背后文化根源进行诠释。

一　中俄社交礼仪的差异

人们在日常社会交往过程中，只要稍加遵循对象国家的社交礼仪，同时大致了解其国家的文化背景和民族习惯，就会有产生很好的效果。日常的社交礼仪包括打招呼、相互交谈、送礼、上门做客与款待用餐等几个方面的内容。

（一）中俄在呼语和寒暄用语上的差异

在跨文化交际中，呼语的准确度直接影响了交流的质量。人名呼语是有规则可循的，陌生人间的称呼用语也有其特殊用法。在中国，对于老年人，呼吁一般都是（老）爷爷，（老）奶奶。此外，对于中年人，叔叔和阿姨的叫法普遍存在。而在俄罗斯，这种称呼只适用于亲属之间。俄罗斯人非常忌讳“老”字，所以此字不能表示敬老之意，反而会产生年龄歧视之嫌。而且，像爷爷，奶奶，叔叔，阿姨这类呼语用在陌生人之间的交往中，会令人产生反感之情，近年来，在俄罗斯社会中较流行的先生，女士等称呼逐渐被越来越多的人接受。如果在正式场合或者仅是为了表示尊敬，应当将对方的名字和父称一起作为呼语去称呼。而在中国，人们总是喜欢在姓氏前加上“老”，“小”字，以表示对长辈的尊敬和对后备的爱护。由此可以看出，俄罗斯人注重培养双方的亲近关系，中国人更注意长幼尊卑和亲疏远近。

在中国，熟人碰了面都会相互问一声，“吃了吗?”，“最近忙什么呢?”，“干什么去啊?”，这是最常见的寒暄用语。相比之下，俄罗斯人较擅长抽象思维，俄语寒暄用语也近于“ 公式化”，具有简单化，抽象化等特点。例如，“Здравствуй（те）!”（您好!）与“Как дела?（最近过得怎么样?）”搭配可灵活运用于各种交际场合，而说话者实际上并未关注对方切身情况，只是一种交际“公式”用语，可以看做是近乎于虚无的关注。

（二）中俄在谈话内容上的差异

中国人通过拉家常来拉近人们之间的距离，使互相产生亲切感。话题不外乎工作、家庭和婚姻等个人情况，而这些话题在俄罗斯确是人们忌讳的私人话题。若将这些内容应用于中俄日常交往中则易形成交流障碍，甚至产生“文化休克”。而从中俄各自的文化角度去理解私人话题的定位却又是合情合理的。

俄罗斯人喜欢经常夸奖他人，在平时对话中对对方的表扬和感谢不离口。而中国人对对方给予的赞美会表示出过分谦虚。通常，大都习惯说“哪里，哪里，还差的远呢!”，“哪能比得上您啊!”等一系列谦词来自贬一番。中国人的这种过分谦虚让俄罗斯人感觉似乎不想接受他们的赞赏，令其费解。进餐时，中国人接受客人对菜肴赞赏的方式不同，一般会以“家里就这么几个简单的菜谱，尚欠周全哈!”；“哪里啊！朴素点了。”之类的话以回敬，充分表达对客人称赞的婉言接受，并表示主人的歉意。在中国人的意识中，这是合情合理的。相反，俄罗斯人则接受客人的称赞，有时甚至在客人面前夸奖自己的菜有何等的好，并讲解厨艺。俄罗斯人认为中国人的谦虚近于虚伪，有时甚至误解主人款待不周，而中国人眼中的俄罗斯人有点张扬。

二　中俄社交礼仪差异的文化原因分析

不同文化之间的差异是由于不同文化因素导致的，所以，在主观上承认并了解这些客观存在文化因素有利于促进对中俄文化差异的理解。

（一）文化背景

影响中俄两国社交礼仪差异的一个重要因素便是文化背景的不同。儒家思想在春秋之时就已成为中国哲学思想的基石。其核心思想就是“仁”。“仁”可以阐释为仁慈、友爱、好心肠等。孔子将它视为最高的道德原则、标准和境界，这对中华文明产生了深远影响。儒家学说强调天人合一，即人与自然的和谐。且注意的中心始终都偏向于人和人事一面，形成了以人为中心的人文主义传统，使我们产生了以人为中心来思考一切问题的方法；其次，儒家哲学是典型的实用哲学，它重经验，讲实用，这也使中国人形成了着眼目前，注重实际的直观思维模式。

与中国不同，东正教在俄罗斯具有十分重要的地位。斯拉夫语系的民族一般都把东正教作为自己的宗教信仰。俄罗斯的东正教观念是在继承拜占庭东正教传统的基础上，和俄罗斯民族文化相融合，经过长期的历史演变而逐渐形成的精神价值体系。在俄罗斯宗教信仰复杂的变迁过程中，东正教精神最终在民族性格中沉积下来，成为一种稳定的思维方式和生活态度。

（二）价值观

导致中俄社交礼仪的另一个因素是价值观念。中国几千年的封建文化已经给中华儿女打上了极深的宗法制度烙印。强调“家国一体”的宗法制度使人们产生荣辱与共、群体至上的观念，并将人的社会属性放在首位，特别强调人际关系的和谐，还强调社会群体对个人发展的制约性。

而俄罗斯人的价值观念受西方国家影响很大，其价值观念核心是个人主义。在俄罗斯，人们强调个体主义，认为个人利益应是决定行为的最主要因素，强调个人的自由和重要性，以及“自我独立的美德”、“个人独立”。所以俄罗斯礼仪文化的特点是张扬个性，强调以自我为中心，推崇个人的成就和荣誉。

（三）民族特点

由于中华民族深受儒家思想的影响，“贵和尚中”的观念早已深入人心，中国人十分重视实现和维护和谐的局面。着力维护群体利益，求大同存小异，做事不走极端，保持良好的人际关系是中国人普遍的行为准则。孔子的“中庸”思想使中国人很讲恰到好处，适可而止，既不过分，也不要不及。

而俄罗斯人很容易走极端。广袤的地理空间对民族性格的影响产生矛盾：从一方面形成心胸宽广、热爱自由、勇敢等性格优点，从另一方面，形成豪迈放纵、无忧无虑、不自律等性格缺点。俄罗斯人具有其他民族只能向往的自由，但他们有时却把这种自由演变成自由放纵和无所顾忌。热爱自由这种性格特点使俄罗斯人不喜欢形式主义和社会等级的局限。俄罗斯人喜欢朴素又不拘礼节的交际和毫不拘束的行为方式。

三 中国俄语使用者避免中俄文化交流障碍的策略

只有深入了解别国的历史文化、传统观念、宗教信仰、周边环境、发展状况等主观和客观因素，并了解彼此的意图及价值标准才能更好地进行文化交流，避免文化冲突和误解，促进人与人之间的认识和了解。作为中国的俄语使用者更应该提高对中俄文化差异的敏感性。

（一）俄语教学应注重俄罗斯文化背景知识的导入

语言是文化的载体，如果离开文化，语言也就失去了存在的意义，所以语言学习的最终目的和根本要求是汲取对象国的文化。在俄语语言知识的教学过程中必然伴随着俄罗斯文化的传播。教师在讲解俄语学习素材时应及时地补充有关文化知识，促使学生对俄罗斯文化知识进行不断积累

（二）开设相应的俄罗斯文化课程

文化课程不只包括文化知识（культурное знание），更应该包括关于社会交际知识（коммунологическое знание）的课程。如《俄罗斯国情》、《语用学》、《社会语言学》和《跨文化交际学》等。

（三）与俄语母语者进行面对面的交流

教师应鼓励学生参加俄语角、俄语沙龙等活动；或拜访俄语为本族语的老师，直接与俄语文化人面对面地交流；或观看录像电影，开展俄罗斯文化系列讲座；或大量阅读各种各样的俄语读物，尤其是俄语小说名著，从中感受到斯拉夫民族的文化精髓。

中俄文化上的差异使中俄社交礼仪产生很大差异，是我们在进行跨文化交流中面临的挑战。但只要中俄两国人民在日常社交中尊重对方国家的文化和生活习惯，留心两国社交礼仪的差异，采取尊重、包容的态度平等相待，提高跨文化差异的敏感性，就能更好地交流与学习，从而使中俄关系日益巩固。

参考文献：

[1] 程家钧，《现代俄语与现代俄罗斯文化》[M]，上海：上海外国语教育出版社，1999 年版。

[2] 李钊，“俄罗斯礼仪”[J]，国际市场，1996（9）。

[3] 周力：“中西方思维方式的差异及对跨文化交流的影响”[J]，辽宁工学院学报，2006（12）。

[4] 李英男，《语言与文化》[M]，人民教育出版社，2006 年版。

[5] [俄] 布尔加科夫，东正教：《教会学说概要》[M]，徐凤林译，北京：商务印书馆，2001 年版。

[6] 顾曰国：“礼貌、语用与文化”[J]，外语教学与研究，1992（4）。

由传统礼仪看中英传统人伦道德观念异同

——以英剧《唐顿庄园》为例分析

尹芊又

【摘要】

“礼仪”一直以来都与道德、法律和制度互为表里，深深维系着社会人伦道德观念，影响着人们生活的方方面面。本文通过对英国古典时代剧《唐顿庄园》的观察，来比较中英传统社会里“与人交往之礼”的一些不同。笔者从中英礼仪的异同来看礼仪背后所反映的道德，从跨文化的角度来比较中英的一些传统人伦观念，亦寻找到了中西文化中的一些“共鸣点”。

【关键词】

礼仪　传统社会　人伦道德　爱　唐顿庄园

【作者简介】

尹芊又，女，汉族，中国传媒大学传播研究院2012级出版专业硕士研究生。

礼仪是人际交往中的一系列人际规范，是人类社会为妥善处理社会关系、建立必要的生活秩序而建立的一种调节外在行为方式的社会规范，主要作用于：“使我们作为个人在为自己营造的生活中能够平和地、有成效地与他人相处。”① 一个国家或民族的传统礼仪，是由历史的沿袭和发展而来的重要文明，往往也可以反映出其国家或民族的人伦观念和道德文化。

---

① 孙英春，《跨文化传播学导论》［M］，北京：北京大学出版社，2008年版，第136页。

中国和英国都是素来有“礼仪之邦”美誉的国家。在中国的传统礼仪中，不同交际场合的各种礼节、礼数繁多；而英国也是一个非常注重礼仪的国家，生活中的每个细节都要严格遵从一定的礼仪规范，这点在其旧时贵族家庭中尤其表现突出。

从跨文化传播的角度来观察分析中英礼仪文化，有助于我们正确理解中西文化的一些共通点与差异之处，促进我们的文化交流，助力中国文化“走出去”。笔者试图从对《唐顿庄园》这一具有典型的时代背景和浓厚的英国传统色彩的影视剧中，观察传统英国庄园主家庭中的生活细节和不同场合的礼仪规范，并同中国传统社会礼仪进行比较，并由此来观察和分析这些传统礼仪所反映出的中英人伦道德观念。

一 《唐顿庄园》的剧情概括及其主要特点

英剧《唐顿庄园》正是一部透过1914年前后一个英国贵族庄园主的家庭故事，细腻展现当时的社会百态的时代剧。它反映的是英国乔治五世时期，拥有唐顿庄园的格兰瑟姆伯爵家族由家产继承权引发的种种纠葛和摩擦，巧妙细腻地呈现了英国上层贵族与其仆人们在森严的等级制度下的人间百态。而这个格兰瑟姆伯爵家族正是英国传统贵族的一个典型，第一次大战后，人们的思想更为开放，这样一个英国的古老贵族家庭也受到了新时期新思想、新观念的考验，在这样的种种矛盾冲突之中，等级制度下传统英国贵族家庭中人与人之间的关系和道德观念更为凸显。

这部时代色彩突出的电视剧颇具英式古典之风，典雅庄重的格兰瑟姆伯爵家族一家和处在当时社会底层的仆人，以及思想更为开放的可说是当时的中产阶级的表亲克劳利一家在那个欧洲动荡不安的年代中，在旧有的贵族体系受到新派资产阶级的全面冲击的时代下，真实地表现出了当时处于社会不同阶层的英国人的生活态度与观念。《唐顿庄园》也在这样一种真实的表达中很好地呈现出了传统英国的各式礼仪，从待人接物到一个人的很小的生活行为，每个人的一举一动都必须符合其身份，而从这些人物的这些生活态度和细节中，我们也可以看到在传统英国家庭人们所持有的人伦道德观念。

二 《唐顿庄园》中传统英式礼仪与中国传统礼仪的比较

我们常用温良、谦恭来形容中国人的气质，而英国人则是“彬彬有礼，优雅得体”的典范，在这两个国家，尤其是在封建社会的传统家庭中，不同的人伦关系之下，所遵循的礼仪也不同。笔者在本文中通过《唐顿庄园》中所表现出的各式英国传统礼仪与中国传统礼仪尤其是儒家的礼仪规范进行比较，从不同人物关系角度来比较中英传统礼仪。

（一）家庭成员之间

一个大的家庭中，即便是与跟自己共同亲密生活的人的相处，也有礼数可循，无论是在《唐顿庄园》中那样的英国传统家庭还是中国的传统家庭，所谓“君臣上下父子兄弟，非礼不定”（《礼记·曲礼》）。

1. 父母子女之间

在《唐顿庄园》中，子女对父母的尊重是显而易见的。无论是格兰瑟姆伯爵夫妇的三个女儿玛丽、茜玻、伊迪丝对伯爵夫妇还是伯爵夫妇对老格兰瑟姆夫人，虽彼此非常亲昵，但仍处处表现出尊敬。如格兰瑟姆伯爵在赶到房间见自己母亲时，就先为让母亲久等而道歉，在坐下时，也是由母亲先坐自己再跟着坐，在因不同意见同母亲有了争执而妻子和女儿进入房间后，伯爵首先做的就是为自己的母亲辩解，在妻子女儿前表现出虽意见不一致但仍对母亲恭敬尊重的态度。

在中国传统礼仪中，子女对父母所表现的“恭敬”则更是有过之而无不及，若是帝王之家或士族之家，则更讲究礼节。《礼记·内则》中对侍奉父母之礼的描述就是“父母有过，下气怡色，柔声以谏。諫若不入，起敬起孝，说则复谏，不说，与其得罪于乡党州闾，宁孰谏。”认为父母有过错时，要低声而和颜悦色地劝谏父母，父母不听则要更恭敬和孝顺，等父母心情愉快的时候再行劝谏。所以比起英国传统家庭中对父母感恩而生的敬重，中国传统道德里的父母则被放在了更威严的地位，子女不仅要“恭”还必须“顺”。

“为人子者，居不主奥，坐不中席，行不中道，立不中门，食飨不为概，祭祀不为尸，听于无声，视于无形，不登高，不临深，不苟訾，不苟笑。”……这些繁复礼节都是《礼记》中“为人子之礼”。而在英国的传统贵族家庭，也严格遵守着这样一些礼仪，只是并不是这么严格，吃饭时虽可以闲聊家常但却不能不庄重或是有失身份，子女和父母可以平行而坐，只是在父母在的时候，也是应让父母“坐中席”、“走中门”、“行中道”的。我们不难看出，英国这个贵族家庭之中，子女对父母的尊重是在平等基础上的，他们彼此之间非常亲密，时常会用亲吻表达爱意，彼此之间坦诚相待，子女可以如实地表达自己的意见和想法并依自己的意愿行事。而在中国的传统家庭中，父母为尊，且为上，子女在下，必须要恭顺，听从父母的话。在《唐顿庄园》中，伯爵的三女儿伊迪丝要与一位在一战中断了手臂的老绅士结婚时，虽伯爵和老夫人等都极力反对，但他们最终仍尊重了伊迪丝的意愿，而在中国，所谓“父母之命，媒妁之言”是不可抗的，要以“父母之命”为准。

3. 兄弟姐妹之间

相比于对父母，伯爵的三个女儿之间的相处则随意得多，并没有“以长为大”，实际上，像大女儿玛丽还跟小女儿伊迪丝彼此非常不认同，常常私下还有争斗。同辈之间，兄弟姐妹是平等而无需繁杂礼节的。不过在中国传统礼仪中，对“兄”是有“恭”的，而“兄”对“弟”是有让的，“兄弟”之间，是有长幼之序的，如周代的宗法就是调整家庭内部关系，尤其是兄弟之间长幼之序的制度。我们熟悉的“长兄若父”的说法，正是家中父母不在时，兄长要担当起父母之责；而“兄友弟恭”，兄长教训弟弟是为“教导”，弟弟是不能反抗的，如在《红楼梦》里，作为长嫂的李纨可以打趣讽刺手握大权、威望甚高的王熙凤而不遭记恨，贾宝玉可以斥责弟弟贾环而贾环只得听训。不过兄弟之间的和睦友爱是被东西方都推崇的，“冬温而夏清，昏定而晨省，在丑夷不争”，“丑夷不争”就是说平辈之间不要有争斗，要和睦相处；而在西方道德观里，家庭成员是要相互爱戴的。

4. 夫妻之间

夫妻之间最受赞誉的一种关系可以说就是“相敬如宾”，而在《唐顿庄园》中，格兰瑟姆伯爵夫妇正是如此。在这个家庭里，也是“男主外，女主内”的，家中大事总是由一家之主也就是伯爵来决定，这与中国古代传统的大家族是非常相似的。但英国是“一夫一妻制”的，夫妻之间平等相待，而且女士还是优先的，这是英国绅士的风度。这与中国传统社会里的“男尊女卑”和“男人三妻四妾”都是截然不同的。我们对比格兰瑟姆伯爵那样的英国贵族家庭和中国古代士官家庭，虽然他们在嫁娶上都重视门当户对，但在中国出嫁从夫之后，即使娘家再显赫，从道德礼仪上，她都应是从属于夫的，男人可以休妻，也可以纳妾，而在西方就不同，夫妻双方可以自由恋爱而结婚，感情不和可以离婚，夫妻双方是平等的，在基督教精神中，上帝设立的婚姻制度是一夫一妻制的，夫妻在上帝面前是平等的。双方都应平等相待，各尽夫妻的义务和本分。

（二）主客之间

“重要客人到访，主人带着一众仆人会先到大门外迎接，要对客人一致行礼，以示欢迎和尊重。而客人也会跟主人家没有认识的小姐或是夫人握手示好。”这便是《唐顿庄园》最为直接地展现在我们面前的待客之礼。而在唐顿这样的旧时庄园里，管家式的待客服务更是体贴入微，管家们会照顾好客人的方方面面。这些待客之礼，在主人眼中，既是对客人的尊重和欢迎，也是把对客人的礼数周到看作是自己身份的体现，一个高贵体面的家族，是必须匹配这样的礼仪的，若对客人稍有不周而失礼，都被看作是毁家族声誉之事。

中国古代“五礼”① 之中，就有“宾礼”，对于待客之道，也甚是讲究，光是相见礼，就有“朝聘”、“朝觐”、“揖让”、“长揖”、“拱”等等，对待不同之客，亦施以不同之礼。如在清代，士庶相见，则主人要出迎，相揖而入，登堂再拜行礼。饮茶叙语完毕，客人退，要行揖礼，主人将其送到大门外，相揖而别。卑幼见尊长时尊长不送。也就是说，虽在不同文化下礼仪的具体表现有所差异，但中国和英国历史上都是深谙待客之道的国家，主客之间的礼仪，代表的是主客各自的身份，可以充分反映出他们与不同人交往的态度。

（三）主仆之间

由于所谓身份的巨大差距，主仆之间的礼仪往往是表现得非常突出而引人注目的，《唐顿庄园》里，我们还可以通过仆人们用餐时的场景看到他们之间也是有礼仪规矩。首先，主人在楼上用餐，仆人要在一旁站着侍奉并听候差遣，主人用餐之后仆人们才可以在楼下仆人的用餐房间里吃饭，仆人是不被允许与主人同桌吃饭的。然后佣人用餐时，管家坐在中间，而仆人则分坐两侧，厨房的厨娘还不能跟其他仆人一起上桌吃饭，只能在厨房里吃。管家

---

① “五礼”：祭祀之事为吉礼，冠婚之事为嘉礼，宾客之事为宾礼，军旅之事为军礼，丧葬之事为凶礼。

和其他仆人之间可以理解为一种上下级之间的关系，而厨娘是为主人和其他仆人侍奉食物的，所以即使是与之平等的其他仆人在一起吃饭，她们也不会一起上桌用餐。而主仆之间的这种楼上楼下的活动领域，则为我们彰示了主人的高高在上和仆人的屈从地位。主人回家时，必须有仆人迎接并侍奉，主人每天的穿衣梳洗，仆人都要悉心伺候。所以在伯爵的表亲克劳利初到唐顿附近定居时，伯爵为他雇佣的贴身侍从莫斯利对早上主人自行穿好了衣服都感到不可思议和难以接受，这种服侍，被视为是一种必须履行的“礼”。

在中国的传统家庭中，仆人几乎是同样地毕恭毕敬地侍奉主人，听候差遣，但相比之下，中国传统社会里的仆人是更没有地位的，他们甚至没有尊严和自由，可以被任意买卖，可以说现在我们社会上一些对保姆、勤杂工等职业的不当歧视也是源于自古以来侍者地位低下的思想。而在仆人同样低下的英国传统社会中，等级固然森严，但主人对仆人也是有起码地尊重的，基督教精神中，人与人之间是有一种关爱维系的，所以主人对仆人的关爱施予是一种“德”，即使在主人眼里，仆人是“卑”的，但绝不是“贱”的。

三　传统礼仪背后的中英人伦道德观念比较

孔子说，“君子义以为质，礼以行之，孙（逊）以出之，信以成之，君子哉”（《论语．卫灵公》），儒家构建了一系列引导社会成员行为的礼义制度，形成了仁、义、礼相结合的多层次的立体型社会规范体系。在“伦理本位”①和以道德趋从为序的中国传统社会，“礼”也一直是与道德、法律和制度互为表里，“礼”深深维系着我们的传统人伦道德观念，影响着生活的方方面面。如孟子就说：“父子有亲，君臣有义，夫妻有别，长幼有序，朋友有信”，而所谓的“亲”、“义”、“别”、“序”、“信”就是“礼”，也是一种人伦，是人们思想行为的一种道德准则。

《唐顿庄园》故事里的英国传统社会，是一个封建等级制度下“有礼有序”的社会。虽今天资本主义的英国社会同《唐顿庄园》所处那个时代的英国已截然不同，但现时英国人的思想仍深受历史影响，表现出跟美国和其他西方国家的不同风范。当然，从古至今，基督教思想对英国人的道德观念的

---

① 梁漱溟，《中国文化要义》［M］，上海人民出版社，2011 年版，第 81 页。

形成和发展都产生着重大影响，英国传统礼仪所反映出人伦道德观念，我们常可追根溯源到基督教精神。

中英两国都是在很长的历史时期内处于封建等级制度之下的国家，所以等级制度之下，不同身份地位的人在交往中的“礼”更是严格和谨慎的，这也使得中国和英国的传统礼仪里，往往反映出特定人际关系下的相同道德观念，而在不同的文化背景下，种种礼仪背后的道德观念又不同。笔者通过对中国传统礼仪和《唐顿庄园》中所描绘出的英国传统礼仪的比较，来观察和分析这两种不同文化中人们人伦道德理念的相同和差异，并以孟子的“父子有亲，君臣有义，夫妻有别，长幼有序，朋友有信”为指引对应分析，寻找到了中英两国传统人伦道德观念中的一些异同点。

（一）“男尊女卑”与“忠信平等”

前文提到在英国和中国的传统家庭里，都体现出一种“男主外，女主内”的秩序，男人是一家之主，但凡重要的决定最后都要都应由一家之主来定夺。这也一定程度上显示着在家庭中，男女双方的地位和相处之德。但在西方的观念里是“男为尊，女无卑”的，男性应尊重、爱护女性。如在基督教教义中就要求夫妻之间，丈夫专心、珍爱自己原配的妻子，爱妻子如同爱自己。这里的专心、珍爱原配妻子也说明了基督教是重视夫妻之间的彼此忠诚的，夫妻之间的关系，应是“亲”、“忠”、“信”的。而在中国传统社会里的一贯思想是，女的依附于男的，女方必须忠诚，而男的可以三妻四妾，在这样的不平等地位之下，“忠”似乎成了单方面的，夫妻之间便难言“信”。西方的道德观深受宗教影响，每个人都是上帝的儿女，人人生而平等，西方的忠诚信义是人与人之间皆有的，而相比之下，中国传统人伦道德之中的序，则界限更为清晰，如“信”是对朋友，“义”是对君王，这些在儒家道德礼仪制度中都是有严格的规定的。

（二）“孝悌”与“亲密”

“孝悌”是中国传统文化中所提倡的对父母之礼，而在英国的传统文化里，这种孝则表现为一种血浓于水的亲密和非常突出的家的观念。“其为人也孝悌，而好犯上者鲜矣，不好犯上而好作乱者，未之有也。”，孝是对父母和长辈的尊重与孝敬，悌是对兄长的敬爱之情，儒家认为在家对父母尽了孝，对兄长顺服，那么在外尽忠国家，统治者内部就不会有那么多“犯上作乱”

的事情。“孝悌”是“仁”和“忠”的前提，是一个社会的“序”的基础。而西方也是讲究“孝”的，据《圣经》记载，基督徒造物主定下十条戒律，第五条就是“孝敬双亲”。但西方是有“孝”无“顺”的，儒家的“孝悌”是单向的，父母兄长都为尊，对其要顺从，而在西方人的独立平等观念里，父母兄弟姐妹之间的感情更多的是一种亲爱，是双方的，表现为一种平等基础上的亲密。儒家的“孝悌”可谓是“仁爱”中的一个部分，而西方的“亲密”则是“博爱”的一部分，所以西方亲人之间，是有着血缘关系的最最要好最最亲近的共同生活的朋友之间一样的关系，而中国亲人之间，则是有序的爱。

（三）宽恕与爱

《唐顿庄园》中的人之爱，在家庭成员之间、主仆之间还有主客之间可说是无处不在的，有敬爱，有怜爱，也有同情。中国传统道德观念里的爱体现为一种儒家思想中所提倡的“仁爱之心”，这种仁爱体现为“推己及人”，由“亲亲”推至泛众①。而孟子提出的“仁政”则是在政治层面上，人也要有这种同情仁爱之心，“老吾老以及人之老，幼吾幼以及人之幼”，君王才能得民心。而西方的爱人，倡导的是一种博爱，以自我为中心，只是不像儒家思想中的爱人那样由自己一层一层向外推，而是超越是非的广博的爱，上帝爱人，人要回报上帝之爱，但人不能直接回报上帝的爱，而以人之间的互爱为间接回报上帝的途径。“仁爱”是有差等与层次的，其根本是“孝悌之爱”，儒家思想认为人们对不同血缘关系的人是区别对待的，这与西方基督教提倡的要“爱人如己”、“人人平等”的博爱思想有鲜明的区别。基督教把这种爱”认为是是一种坚强的信仰，教导人们尊重、爱护他人，勤勉守信，宽以待人。而这种思想也与儒家所提倡的“恕”有共通之处。“己所不欲，勿施于人”是“恕”，而“恕”也是一种爱，“推己及人”也是一种“爱人如己”，在这一层面上，中国的“恕”，待人以宽大之心，也是与西方宗教所提倡的宽恕思想相通的。所以中国传统文化中的儒家之爱与基督教之爱都包含了一种人道主义的精神，一定程度上认识到人的价值和尊严。

---

① 费孝通在其《乡土中国》中论述“差序格局”时，指出“孔子最注重的就是水纹波浪向外夸张的推字”，认为在中国的乡土社会结构里，“从己到天下是一圈一圈推出去的”。

三 结 语

在本文对中英的传统礼仪和道德的比较之中，礼仪和道德是互为表里，紧密联系着的，这些礼仪和道德观念是深存于人与人的交往之中的。而选取英剧《唐顿庄园》作为观察传统英国礼仪的例证，是因其本身对1914年前后英国庄园生活栩栩如生的描绘和对细节的考究，而《唐顿庄园》也因对历史的尊重和对传统英国贵族家庭的生动刻画而广受赞誉。这部高贵庄重，优雅细腻的英国电视剧，深深地震撼了中国观众。中国观众一方面为20世纪初磅礴壮丽的大英帝国风情所惊叹，另一方面更是为其中人物之间的情感所动，即使是平淡真实生活的描绘，也是细致入微的，甚至能令观众身临其境般地体会到剧中人物的心态和想法。笔者认为这样一部时下优秀的英国时代剧，是具有典型性，可为观察英国传统贵族家庭的礼仪作风，从而透视出不同身份人物的道德观念的例证。

此外，我们中国的观众也可以在《唐顿庄园》所反映出的人伦关系和道德观念中找到很多共鸣，不仅是人性中共通的“爱”与“善”等，还可以看到封建等级制度下英国传统家庭和中国传统家庭很多的相似之处。而在《唐顿庄园》所引发的共鸣中，我们也可以寻找到中英传统文化中很多微妙的共通点，这也为我们的中英文化交流带来启示。虽然中国能不能复制《唐顿庄园》，像《唐顿庄园》引发“中国热”那样引发“英国热”尚未可知，但我们也可以从英剧的细腻手法和典雅风格中学到一些成功经验。

参考文献：

[1] 伊佩霞，《剑桥插图中国史》[M]，赵世瑜等译，济南：山东画报出版社，2001年版。

[2] 杨伯峻译注，《论语译注》[M]，北京：中华书局，2009年版。

[3] 马克斯·韦伯，《儒教与道教》[M]，洪天富译，南京：江苏人民出版社，2010年版。

[4] 杨伯峻，杨逢彬译注，《孟子译注》[M]，长沙：岳麓书社，2009年版。

[5] 孙旭培主编，《华夏传播论》[M]，北京：人民出版社，1997年版。

[6] 特瑞·伊格尔顿，《文化的观念》[M]，方杰译，南京：南京大学出版社，2003年版。

[7] 张云，"20世纪初的英国风情画——英剧《唐顿庄园》时代主题之研究"[J]，华中师范大学学报（人文社会科学版），2012（1）。

企业研究

“王老吉”品牌之争再审视：不平坦的品牌租赁之路

罗雄伟

【摘要】

曾被誉为“中国商标第一案”的“王老吉”品牌之争，其核心事件是由品牌租赁引起的一系列利益纠纷。广药力图紧紧掌控品牌资产并充分获利，加多宝投入巨大却不掌控核心资产，也未有效培育自有品牌。“王老吉”品牌租赁双方展开利益博弈，租赁关系终止后，可谓两败俱伤。作为一种企业战略选择，品牌租赁虽可能显露各种弊端，但本身并无对错。合作双方如能建立一套真正共赢的机制，并与自身发展的长期战略有机结合，品牌租赁仍将是重要的市场法宝。

【关键词】

王老吉　品牌租赁　品牌共建　自有品牌

【作者简介】

罗雄伟，男，汉族，中国传媒大学广告学院2011级广告学硕士研究生。

自2011年开始的“王老吉”品牌之争，虽然于2012年5月以香港鸿道集团停止使用“王老吉”商标，广药收回“中国饮料第一品牌”的经营权而告一段落，但广药集团与加多宝之间的各种恩怨纷争，至今仍未完全平息。纵观“王老吉”品牌之争以及双方仍在持续的各种交锋，其中既有历史造成的资产纠纷，也有商业竞争的利益驱使。到目前为止，围绕“王老吉”事件的各种解读声音已经很多，但不可否认，该事件的核心是企业的“品牌租赁”

行为，以及围绕这种租赁关系而引发的一系列商业甚至法律问题。因此，“王老吉”事件的戏剧性发展，无疑对目前市场上存在的“品牌租赁”现象敲响了警钟，并且极富样本意义。

一 “王老吉”品牌租赁纠纷事件回放

公开资料显示，“王老吉”凉茶始创于清朝道光年间，至今已有170多年历史。1997年2月12日，广药在大陆正式注册申请了“王老吉”商标，并于第二天与香港鸿道集团签订“王老吉”商标的使用许可。① 2000年双方签订了第二次合同，约定香港鸿道集团对“王老吉”商标的租赁期限至2010年。2002年至2003年间，鸿道集团与广药集团签署补充协议，租赁时限延长至2020年。② 因此在2012年5月以前，国内市场上为消费者所熟知的红色罐装“王老吉”为广东加多宝生产，其母公司为香港鸿道集团。而广药集团保留生产另外一种绿色盒装“王老吉”。但在2011年，广药集团以加多宝董事长陈鸿道向原广药集团原副董事长李益民行贿为由，认定最后一次授权无效，并对外公开表示加多宝使用和经营“王老吉”品牌商标的权益已于2010年5月到期，由此打响了双方围绕“加多宝”品牌的争夺战。经过多轮口水战和司法调解之后，最终在2012年5月由中国国际经济贸易仲裁委员会裁决“加多宝”商标回归广药。商标争议最终尘埃落定。

二 “王老吉”品牌租赁背景下的利益纷争

一般而言，品牌租赁即品牌出租方授权或特许承租方有偿使用品牌名称与无形权益的合作行为，其中承租方需要向出租方支付品牌权益金。③ 从上面的事件回放可以看出，广药与香港鸿道集团及其所属的加多宝公司之间的合

---

① 丁解，“谁的王老吉”［J］，中国品牌，2011（5）：第20－22页。

② 财经网，消息称广州检察院已撤销鸿道集团陈鸿道案件，http://industry.caijing.com.cn/2012－06－21/111907592.html。

③ 贾昌荣，“不好玩的品牌租赁‘游戏’”［J］，《中华商标》，2012（5）：第66－68页。

作关系就是一种典型的品牌租赁关系。

品牌租赁可以看作是合作双方的一种“资源置换”，其目的就是以最少的资源投入获取最大的利润，因此被众多企业看作是在短期内获得快速成长的一个重要市场手段。品牌租赁当事双方一般具有“优势互补”的基本特征，即一方拥有比较成熟或强势的品牌，另一方没有成熟或强势自有品牌，但拥有较强的市场推广及执行能力。在这样的背景下，双方互相借力，品牌共建，既能节约投入，又能实现短期利益最大化。因此，一些企业为了快速占领市场并获得回报，在自身短板明显的情况下，往往会伺机寻求品牌租赁的方式进行业务拓展。加多宝向凉茶饮料市场的拓展，正是走的这样一条“借船出海”的品牌租赁之路。

品牌租赁在中国并不少见，如台湾统一租赁广东健力宝生产饮料，合肥三洋租赁日本三洋品牌生产洗衣机，深圳飞翔达租赁“万家乐”空调品牌等。在“王老吉”案例中，广药和加多宝分别扮演了“王老吉”品牌的出租方和承租方。在过去近十年的时间里，双方一直共生共荣。但 2011 年以来的纠纷，则彻底揭开了双方品牌租赁关系中的利益纷争。

（一）品牌出租方：如何管理出租品牌并合理获利

在品牌租赁的合作关系中，品牌出租方往往是合作关系的主导者，控制着合作关系中最具价值的资源——品牌，“王老吉”纠纷案中的广药扮演的就是这一角色。纵观市场，企业进行品牌出租往往有以下两大类：一类是有较好的品牌基础，但遇困难自身经营无力，被迫通过出租品牌维持其长远发展，同时提升经营收益；另一类则是本身欲进行战略扩张，但是在某时某地缺乏经营资源，所以通过出租品牌引进战略合作者。但是无论那种情况，品牌出租方都需要考虑一个问题，即如何管理出租品牌并合理获得利益。

“王老吉”纠纷案中的广药基本属于后一类情况。1997 年，有着国企背景的广药是以广州羊城药业股份有限公司王老吉食品饮料分公司的身份与香港鸿道签署的合作协议，这就意味着广药本身有着发展食品饮料的业务。但很显然，广药的优势业务在药品而不在饮料。而通过出租品牌引入战略合作，授权加多宝生产和销售红罐王老吉，自身保留绿盒王老吉，广药和加多宝就能在市场上实现品牌共建，协同作战，共同御敌。事实上广药绿盒王老吉就曾宣传“王老吉还有盒装”以借力红罐的宣传攻势。

对于品牌出租方而言，品牌在租赁之后仍需管理，但是广药的目标或许远不只简单管理。有数据显示，2009 年在“王老吉”品牌 160 亿元的市场份额中，红罐王老吉就占据了 90% 的销售份额。[①] 同时，通过 2010 年广州亚运会的承办，红罐王老吉在亚洲乃至全球的知名度也在不断提高。正如外界分析，广药或许不满于绿盒王老吉的市场状况，力图最大化利用加多宝红罐王老吉所带来的品牌效应，因此于 2011 年提出了“大健康产业”概念进行业务拓展，利用“王老吉”品牌的声威打开诸如药酒、保健品甚至是运动器械等相关领域。而就是这一举动，点燃了与加多宝“王老吉”纠纷的导火索。这表面上是广药集团与加多宝关于品牌发展规划出现重大分歧，但本质上是广药在出租品牌之后对品牌的过度掌控及获利行为损害了加多宝的根本利益。而加多宝在公开提出异议之后，广药以 2001 年香港鸿道贿赂续签为由决定收回对加多宝的品牌授权，就成了一个必要的理由而已。

（二）品牌承租方：如何建设承租品牌并服务自身？

在品牌租赁的合作关系中，品牌承租方利用已经成熟的品牌直接开拓市场，换来的是经济效益的迅速提升。从品牌建设的过程来看，省去了品牌成长期的战略投入和时间累积。但是也必须清醒地看到，任何租赁合作都有时间期限，租赁协议到期之后是否续约、如何合理续约都面临诸多未知因素。因此品牌承租方必须考虑如何在租赁期内建设承租品牌并服务于自身的问题。

建设并利用承租品牌，可能出现两种极端情况：一是利用不足，无法实现价值最大化，造成租赁投入的浪费；二是过分倚重承租品牌，如后期无法续租又无适当的替代品牌，就面临品牌空缺危机，直接危及企业战略布局。显然加多宝是陷入了第二种困境。

加多宝过去十多年对“王老吉”品牌的投入可谓用心良苦，当然效果也很显著，这值得肯定。红罐王老吉在国内的销售曾一度超过可口可乐，2008 年“5·12”地震时向灾区捐赠 1 亿元的举动，更为其赢得了极高的市场关注度和品牌美誉度。在短短的数年间，加多宝将“王老吉”从一个岭南地域老字号品牌打造成为“中国第一饮料品牌”。

但正是这种集中投入造成了加多宝今天的困境。正如前面所分析，由于双方在品牌战略方面的分歧，或者说双方的利益博弈，即便不存在当年租赁商品时的贿赂行为，加多宝之后能否续租“王老吉”，本身就存在很大风险。

---

① 王志灵，“‘王老吉’商标之争”[J]，中国经济信息，2011 (9)：第 64－65 页。

加多宝在过去十多年的租赁期中，并没有有效培育自有品牌，将市场优势有效转换为自身的品牌积累。而在失去“王老吉”品牌的使用权之后，前期的所有投入除了获得可观的资金回报之外，品牌资源方面几乎只能“为他人作嫁衣”。

不能说加多宝完全没有忧患意识，在商标之争结果确定之前，加多宝事实上也正在做寻求新项目、孵化新品牌的积极准备。一方面是推出定位高端的“昆仑山”矿泉水，意欲在饮料行业多一条腿走路，但市场影响力远不能和“王老吉”相提并论；另一方面是在商标判决生效之前，加多宝已经在红罐王老吉凉茶的包装上强化了“加多宝出品”的信息，力图“去王老吉化”，以便在仲裁出不利结果之后，可尽快过渡到“加多宝”的商标上来。而从商标仲裁结果公布之日开始，加多宝也开始对自有品牌进行大规模，包括冒着法律风险铺天盖地地打“凉茶改名”广告、重金赞助“中国好声音”等，以尽最大努力来降低此次商标纠纷所带来的负面效应。但是品牌建设非一日之功，加多宝被迫换标所带来的内伤冲击，远不是短期之内就能恢复的。

三　“王老吉”品牌租赁两败俱伤背后的教训

“王老吉”品牌之争虽以广药收回经营权而有了法律上的基本定论，但广药和加多宝双方都还有很长的路要走。而持续到现在的各种纷争可谓导致双方两败俱伤。谁是最后赢家，一切还难以预料。

对于加多宝而言，除了要持续厘清与广药在商标纠纷上的法律责任，应对广药在市场上的各种竞争动作之外，更是面临着几乎等于重新打造一个品牌的艰巨任务。由于市场还处于向消费者传递品牌关系并构建独立品牌形象的阶段，加多宝目前面临着营销投入和渠道挤压的双重压力。

而对于广药而言，由于在凉茶经营上相对经验欠缺，因此面临稳定“王老吉”现有市场份额以及维护品牌形象等诸多迫切问题，具体说来至少有以下几点：首先，广药集团在未接稳“王老吉”品牌的情况下，已向八宝粥、龟苓膏、儿童药甚至运动器械进军，①，可能严重透支其品牌价值；其次，广

① 陈玺撼，“‘王老吉’争夺战的样本意义”[N]，解放日报，2012-06-08（10）。http：//newspaper. jfdaily. com/jfrb/html/2012-06/08/content_820017. htm。

药要在凉茶业务上无缝接入，必须在“王老吉”品牌和营销上持续投入，才能避免给消费者以“断档”印象；最后，以和其正、邓老为主的一线品牌加快市场份额的掠夺，二三线品牌如黄振龙、口炎清等品牌也会趁机群起而围攻，[①] 此外还要与“加多宝”短兵相接，广药将面临巨大市场竞争压力。

不过“品牌租赁”本身就是错么？笔者的观点是否定的。在现代商业中，本质上而言，“品牌租赁”只是一个工具，关键看企业如何运用。以“王老吉”品牌租赁纠纷案为教训，为避免弊端出现，笔者认为企业之间的品牌租赁合作应该遵循以下几个宏观原则：

第一，租赁权益明确原则。即品牌租赁双方在达成租赁协议时，必须非常明确规定双方对于品牌的使用、管理的具体权限，以免在租赁期发生同业竞争、品牌内部侵权等情况，造成品牌“内讧”。做不好这一点，往往是双方分道扬镳的开始。

第二，品牌共建互利原则。即品牌租赁双方以共同做大做强品牌为基本价值导向，任何涉及品牌的重大战略调整都应共同协商，建立相互信任。出租方应谨慎并避免过度干预承租方内部事务，而承租方也切忌为短期获利而将品牌“竭泽而渔”，做出有损品牌长远发展的事。

第三，品牌合理过渡原则。任何品牌租赁合作都有终止的时间，合作双方应该充分考虑到租赁到期之后的品牌建设、市场业务及企业战略调整。尤其是对品牌承租方而言，需要有系统的品牌发展解决方案，做好自有品牌的接替和过渡，处理好与合作方的利益关系。

以上原则在具体落实上必然存在实际困难，不过当合作双方能切实建立起一个互利共赢的机制，并与自身发展的长期战略有机结合时，品牌租赁仍不失为企业发展的重要法宝。

---

① 新华网，“红绿‘王老吉’之争谢幕 商标保护再迎‘大考’”，http://news.xinhuanet.com/fortune/2012-05/15/c_111953709.htm。

论提升企业文秘信息工作质效的方法与途径

彭朝霞

【摘要】

文秘信息工作是办公室文秘工作者的一项重要职责，也是发挥参谋助手作用的重要渠道。为进一步提升企业文秘信息工作质效，本文阐述了企业文秘信息的分类、内容及评价标准，并针对企业文秘信息工作中存在的不足，指出了影响企业文秘信息工作质效的主要因素，进而从文秘信息工作者应具备的基本素质、建立健全文秘信息工作机制、文秘信息工作的切入点、开展文秘信息工作的基本“招法”等四个方面论述了提升企业文秘信息工作质效的方法与途径。

【关键词】

文秘工作　信息　质效　方法

【作者简介】

彭朝霞，女，汉族，中国铝业山西分公司职员，大专。

文秘信息工作不是全局但关乎全局，不处中心但影响中心，不作决策但服务决策，是促进企业生产经营目标实现的一种方法和手段。文秘信息工作具有服务管理层、服务决策的功能，同时还肩负着指导全局、服务基层的任务。为更好地发挥文秘信息在辅助决策、促进交流、服务大局、推动工作方面的积极作用，文秘信息工作需要围绕企业中心任务，以为管理层出主意、当参谋作为工作的出发点和落脚点，推进企业文秘信息工作的改进和创新。

一 文秘信息的分类、内容及评价标准

（一）文秘信息按照篇幅大小和侧重点不同，大体上分为简讯、动态类信息和综合类信息三大类：

1. 简讯：条目性信息；

2. 动态类信息：反映企业重大活动情况、重要工作进展的简要信息；

3. 综合类信息：对某一方面重点工作进行全面汇总、肯定成绩、总结经验，或发现问题、分析原因、提出对策建议等信息。

（二）文秘信息内容主要包括七个方面：

1. 企业、部门重要方针政策出台后的贯彻、落实情况和重要工作部署的落实情况；

2. 本企业的重大活动、特色性工作和大型会议等；

3. 本企业重点工程、技改项目、科技研发及有关重要工作的开工、进展和完成情况；

4. 本企业在改革发展过程中出现的新情况、新问题及相关措施、建议；

5. 本企业在生产经营活动和基础管理方面的成功经验及典型做法；

6. 本企业获得的荣誉与奖励情况，以及在管理、科技等方面的创新、达标验收情况；

7. 领导要求报告和本企业认为需要报告的重要信息和重大事项。

（三）文秘信息的质量必须符合全面、及时、准确、规范的评价标准，具体包括五个方面：

1. 信息内容要求重点突出，文法规范，逻辑严谨，言简意赅，要素齐全，可读性强。

2. 重要情况坚持一事一报，随有随报，并注重跟踪落实报道。

3. 情况、问题、数据要真实、客观，不夸大、不缩小，有时效性和可比性，动态类信息尤其要注重时效性。

4. 举措、经验要有新意和参考性，对策、建议要有针对性和可操作性。

5. 综合类信息要反映事物的全貌和发展全过程，喜忧兼报，防止以偏概全。

在具体实践中，要按照“领导需要知道的”和“需要领导知道的”原则，及时、准确地报送相关文秘信息。

二　目前企业文秘信息工作中普遍存在的不足，主要包括四种情形

（一）存在着信息功利主义，报喜不报忧，夸大浮报

文秘信息具有一定的宣传功能，但其目的不仅仅是为了宣传，而是要反映真实情况和问题，因此，上报文秘信息时要喜忧兼报，并且要注重真实客观，不夸大浮报。

（二）为了完成考核任务，有些企业只片面追求文秘信息的数量，而忽视信息的质量

数量只是文秘信息工作的表象，真正决定文秘信息工作水平高低的是文秘信息的质量，因此，上报文秘信息时不能只求数量而不考虑质量。

（三）文秘信息报送不及时、漏报或滥报，缺乏时效性和可读性

究其原因是文秘信息工作者有心无力，采编文秘信息时不得要领，文秘信息工作仅停留于上报“流水帐”。

（四）领导审核把关不严，重要信息存在漏报、失实、失密的现象

有些单位领导对文秘信息工作不够重视，从不过问，因而文秘信息工作者积极性不高，工作中疲于应付。从企业文秘信息工作中存在的不足，可以暴露出影响企业文秘信息工作质效的主要因素有：

一是文秘信息工作者自身素质和能力有待提高；

二是文秘信息工作机制不够健全；

三是文秘信息工作的切入点把握不住；

四是文秘信息工作的基本“招”法掌握不够。

三 对提升企业文秘信息工作质效的几点建议

（一）提升企业文秘信息工作质效，文秘信息工作者应具备三方面基本素质

第一是要有责任心。责任心是做好任何事情的基础，做好文秘信息工作尤其需要责任心强。如果责任心不强，好的信息就会在我们的眼皮底下视而不见，熟视无睹。而责任心的培养，一要尽职，要务一行勤一行，要注意细读、细品、细钻、细研各种结构和格式的文秘信息，取人之长，为我所用。二要敬业，进行文秘信息写作，经常需要加班加点，只有“耐得住寂寞，守得住清贫”，甘愿付出，才能把文秘信息工作干好。

其次是要有热情。热情是做好文秘信息工作的原动力。热情的构成，有两个因素：一是要环境适宜，只有上级重视，员工关注，才能有一个想干事、能干事、干成事的人文环境。二是要愿意干，就是主观上十分热爱这份工作，工作中充满激情，不畏惧挑战，只要是愿意干的事情，就会随时想着干，主动干，卖力干。

再次是要有能力。要有一定的政治敏感性、政策水平、全局观念和新闻嗅觉、综合分析、文字表达能力。1. 政治敏感性、政策水平、全局观念从何而来？这需要有很高的站位，要站在企业的高度，紧紧围绕企业中心任务，要对上级部门和本企业的重要工作情况了如指掌。只有这样，才能增强敏感性，随时捕捉到适宜题材，提供、反映出管理层和员工真正想看到、想知道的文秘信息。2. 有了政治敏感性、政策水平、全局观念，还要有很强的新闻嗅觉，什么事情有新意、什么题材很新颖、什么题目很新鲜，文秘信息与“新”闻有着天然的联系。要想使自己的文章出“新”，就要在信息角度求新，信息质量求精上下功夫，这样才能出“精”品、出“新”闻。3. 提高综合分析、文字表达能力，则要养成“三勤”，即勤动手学习、勤动脑思考、勤动笔实践，只有多学多思多练，才能日渐提高写作能力。而且随着时代的发展，还必须增强超前意识和主动意识，努力学习新知识，研究新情况，考虑新问题，勤恳工作，勇于探索，力争能够与时俱进，赶上时代发展的步伐。

（二）提升企业文秘信息工作质效，应建立健全五种文秘信息工作机制

1. 信息审核把关制度。文秘信息稿件的报送要层层把关，严格审核，以

保证文秘信息内容的真实性、数据的准确性。二级单位向上级文秘信息工作办公室报送文秘信息时，必须经与文秘信息内容有关的领导审核，必要时须经本企业负责人审核把关，防止漏报、失实、失密的现象发生。

2. 重要信息约稿制度。根据工作需要，针对企业中心任务、近期重点工作以及热点、难点问题，文秘信息工作办公室可以向有关单位和部门进行重要信息约稿，各单位应认真组织编写，严格审核把关，确保质量，并按时间要求完成。

3. 网络资源共享制度。加强和加快办公自动化建设，扩大其应用的覆盖面，是提高文秘信息工作效率，优化服务质量的有效措施。合理使用综合信息平台局域网作为网络平台，发挥局域网功能，实现文秘信息资源成果共享，更好地为各级领导和上级部门了解情况、科学决策、指导工作提供科学、有效的信息资源。

4. 信息工作激励制度。一是建立绩效考评机制，对各单位的文秘信息上报数量、采稿数量、得分、排名等情况，实行月考核、月兑现、月通报制度。并采用单位绩效考核与个人奖励相结合，文秘信息采用层级越高，可加倍奖励，一条信息多处录用可累计奖励。二是年终评先表彰，对文秘信息意识强，报送文秘信息数量多、质量优、时效性强、采用率高、工作表现突出的单位和个人开展年终评先表彰活动，进一步调动起文秘信息工作者的积极性和创造性。

5. 信息培训学习制度。发挥文秘信息以文辅政的功能，关键是要有一支高素质的文秘信息人员队伍。以增强文秘信息意识、提高写作水平、促进交流学习为宗旨，通过举办培训班、召开经验交流会等形式加大培训学习力度，不断提高文秘信息工作者的政治敏感性、综合分析和文字表达能力，从而为文秘信息工作储备坚实的后备力量。

（三）提升企业文秘信息工作质效，应把握好四个切入点

及时报送真实、鲜活、生动的文秘信息。具体地说，就是要随时掌控和抓住上下级的关注点，报送上级部门和领导者想知道的，想让上级部门和领导者知道的文秘信息，即要把握好四个切入点，归纳为重点、热点、难点、亮点。

所谓重点，就是一个单位一个阶段的中心工作，就是领着者重视、员工关注的事情。例如，确保完成下半年生产经营任务，就是这个时期全厂的中

心工作，是重点工作。

所谓热点，就是一个时期上下都在议论，成为焦点的事情。例如，中国铝业山西分公司最近开展的“生产运营转型”和“业务重组流程再造”管理创新工作，管理层和员工都很关注，对媒体来讲又具有“新闻眼”。

所谓难点，就是上下级都认为不好解决的事情，而这恰恰是文秘信息工作需要研究、需要交流、需要沟通的重点，当难点的事情解决了，文秘信息工作的质量和水平自然也就提升了。

所谓亮点，就是一个单位一个阶段工作中的闪光点，好的经验和作法，同时，对于别的单位和部门的工作又具有借鉴和推广意义。

只要我们时刻关注重点、抓住热点、探究难点、培养亮点，并深刻理解四者之间的内在联系，这样我们的文秘信息工作就会做到有的放矢、事半功倍。

（四）提升企业文秘信息工作质效，文秘信息工作者应下功夫掌握和运用好的六种基本“招法”

一是登高望远法。也就是我们所说的要具备政治敏感性和全局观念，要高站位，胸怀全局，不仅要有前瞻性、预见性，还要有时空概念、时效性。要熟悉掌握企业当前的中心任务和重点工作，仔细研读、深刻领会各级管理者的一些重要言论讲话精神，自觉把握全局，保持清醒头脑，从大局宏观上分析和考虑问题，坚持围绕企业领导关注的重点工作出信息。

二是深入调研法。坚持调研出信息，就是要利用一切下基层的机会，了解和掌握职工对上级决策的贯彻执行情况，了解基层的工作动态，了解广大员工的所思所想所盼，通过亲自调查研究，发现有价值的线索，掌握第一手资料。只有围绕着领导人关注、员工关心的的焦点、难点和热点问题深入调研，切实贴合实际采编信息，才能提高文秘信息报送的对路性和实用性。

三是典型引路法。典型事例始终是文秘信息的“文眼”，任何工作没有典型，就不可能被有效推动。发现典型就要及时跟踪报道，寻找工作的闪光点，找准切入点，这样才能挖掘出好的经验、好的作法，提炼出好的文秘信息，使典型富有活力，并充分发挥出先进典型的辐射力、影响力和带动力，从而起到典型引路的作用。

四是群贤会诊法。亦即“三个臭皮匠，顶个诸葛亮”，或者说“开诸葛亮会”，发挥集体的智慧，对一些重要的、重大的文秘信息进行会诊研究，集思广益，博采众长，综合提炼，及时、准确地报送对领导决策、指导工作有参考价值、借鉴意义的优质信息，这样才能真正发挥出文秘信息以文辅政的功能。

五是链接拓展法。就是由此及彼、由表及里、举一反三，进行发散性思维，由一点拓展成若干点，将文秘信息触角延伸到企业经营的各个层面，使有关联的事物牵上手、拉上线。也就是要紧扣领导人思维脉搏，将领导急于掌握或预警性情况及时搜集，并且破题立意，变换角度写信息，反复比较，推陈出新，从而达到事半功倍的目的。

六是库存提取法。就是要围绕领导关注、员工关心的重点、难点、热点问题，从小处着眼、大处着手，不断拓宽文秘信息来源，对于现实存在的、不太成熟的好题材、好资源，注重日常的收集积累，并且要掌握动态，从而起到“蓄水池”的作用，等到时机成熟时，就会做到有米下锅，随时提取，不会捉襟见肘。

四 结束语

进入后经济危机时代，新的形势和任务给新时期的企业文秘信息工作提出了更高要求。要做好新形势下的企业文秘信息工作，文秘信息工作者必须紧跟时代步伐，紧紧围绕阶段中心任务，增强责任感和使命感，迎难而上，勤奋进取，扎实工作，高效率、快节奏地圆满完成文秘信息报道工作，当好参谋助手，为各级管理者和上级部门了解情况、科学决策、指导工作发挥出积极作用。

商业银行企业文化建设反思及建议

陈琳珊

【摘要】

随着全球化进程的不断加快，银行的资本、技术、品牌、人才、财务等基础管理要素均可以在短时间内实现快速复制，唯有企业文化难以复制。本文对商业银行的企业文化建设的必要性、文化建设中存在的问题进行分析，并给出商业银行企业文化的建设策略，希望能够帮助我国商业银行通过企业文化的助力而获得更好的发展。

【关键词】

商业银行　企业文化　品牌　传播

【作者简介】

陈琳珊，女，汉族，中国传媒大学广告学院 2011 级公共关系硕士研究生。

一　企业文化是商业银行的核心竞争力

商业银行没有实体的产品，只有虚拟的价值符号。它所具有的特性，如负债经营、高风险性、产品的虚拟性、高度社会关联性等使得其与一般的企业有很大的不同。商业银行更需要信用的支撑，更需要人们对其形象和声誉的认可，而这些价值取向、道德规范和经营理念等因素的合成就是我们所说的企业文化。

我国加入WTO后，外资银行大量涌入，商业银行不仅面临着国外跨国大银行强大的经济压力，也面临着它们成熟的企业文化理念的压力。我国商业银行的企业文化在生成、发展、进步和变化的过程中，核心价值观受到了周围不断变化的环境的冲击。我国商业银行的冲击首先来自于行业环境，中国经过国有商业银行股份制改造后，银行市场竞争更加激烈；再者是来自西方文化价值观的冲击，这使得中国文化在一定程度上受到了冲击和否定；最后来自于人文环境的改变，追求时尚、快速、不断改变和享乐的人文环境使得人们开始更关注非物质的精神满足等。这些冲击使得商业银行必须与时俱进，调整企业文化以更好地促进自身的可持续发展。企业文化是决定企业组织竞争力的核心所在，商业银行需要企业文化这个核心竞争力的有力支撑才能在这个不断变化的市场中立足。

二　商业银行企业文化建设存在的问题

在第十七届斯德哥尔摩国际企业文化年会上，很多管理学家举出大量案例证明，“在企业发展的不同阶段，文化再造是推动企业前进的原动力，品牌和文化是企业的核心竞争力。”① 我们也看到在金融改革之后，“许多商业银行意识到建设企业文化的重要性，并着手建立自己的企业文化，以区别于其他金融机构。”② 一些商业银行也统一了企业内部的价值观，如招商银行“因您而变”、兴业银行“服务源自真诚”等，逐渐形成了以客户为中心的经营理念和“以人为本”的文化氛围。但是，我国商业银行的企业文化却存在很多的问题。

首先，多数商业银行的企业文化建设缺乏个性，大同小异。许多商业银行的核心价值观非常类似，例如，团结、求实、竞争、诚信之类的企业精神比比皆是，同质化严重。

其次，总行、分行、管理层、各级员工对于企业文化缺乏统一认同。商业银行内部不同员工，因为专业素养、知识技能、所处岗位不同，所接触到的企业有关信息也不一样，对同样的信息理解也存在差异，那么，他们

① 刘光明，《企业文化发展的最新动向》[M]，北京：企业管理出版社，2005年版。

② 禹海慧，刘智蕊，“浅议商业银行企业文化”[J]，湖南涉外经济学院学报，2007(1)。

对企业文化的认同与认知也存在差别。虽然有一套明确的企业文化体系，但是一些员工的行为却与企业文化传达的价值观不匹配，并没有将企业文化内化到日常的工作中，这就使得企业文化无法对银行业绩起到正面的作用。

再者，我国商业银行企业文化传播缺乏合适的途径。要获得银行内部员工的认同就需要内部的交流和沟通，但是很多商业银行却还是通过领导讲话、专家讲座、撰写体会等老套的方式进行单方面的信息传输，往往得不到员工的共鸣，反而引来反感。不仅如此，一些商业银行在对外传播过程中，仅注重金融产品的推介和宣传，而不是对企业精神、社会责任、员工价值取向等企业软实力的宣传和推广，无法形成公众对银行品牌的认同。

商业银行企业文化建设问题大多源于内部机制缺乏系统的建设筹划，各层级相关部门管理水平不高，对企业文化建设指导不足，总行与各级分行的权责划分不明确，缺乏一套科学的行之有效的考核办法。商业银行企业文化建设需要从大入小，层层深入。

三　商业银行企业文化的全方位建设策略

品牌和文化就像一块硬币的一体两面，对内是文化，对外是品牌，相谐共生。文化与品牌，凝聚在企业竞争体系中的每个链条与环节中，赋予了企业竞争体系以灵魂和活力。没有文化和品牌，照猫画虎建一个企业体系，这个体系只能空有其表、虚张声势，竞争力不足。反之，脱离了这个体系，文化就成了虚无缥缈的空中楼阁，品牌就成了一个空洞的符号更谈不上所谓的竞争力。因此商业银行在建设企业文化的过程中，不能只强调内部的文化建设和传播，也要强调外部品牌的建设和传播，只有文化和品牌交相辉映，才能演奏出美丽的企业文化乐曲。

（一）文化强力渗透提升商业银行品牌发展潜力、拓展品牌发展空间

1. 树立正确的商业银行企业文化再造战略目标，建立长效机制

企业文化是经过长期经营形成的，不是一蹴而就的。随着世界的发展，信息的全球交流，外来文化的进入，传统文化的复兴，社会的主流文化也在悄然改变。商业银行需要正确对待传统文化、外来文化和企业原有文化，只

有处理好继承与发展，借鉴与创新的关系，才能使再造的文化不仅具有时代性，还具有银行原有的特色。社会总是不断向前发展，银行也必须与时俱进，发展企业文化以更好地促进银行可持续发展。

企业文化再造战略是一个系统的工程，要考虑到方方面面。首先，商业银行需要通过制定发展规划、考核办法，加强企业文化再造的系统性、规范性；再者，银行要通过建立责任制，明确职能部门，为企业文化再造提供组织保证；最后，银行要通过加大资金投入，为企业文化再造提供物质保障。商业银行要把培养优秀的企业意识，培育卓越的企业精神，创造积极健康的企业氛围，树立生机勃勃的企业规模，塑造良好的企业形象，建立具有活力的企业机制作为自身重要任务，通过抓宣传教育、规划制定、共建网络来实施企业文化再造。

企业文化再造战略目标必须在指导思想上服务于商业银行的发展战略目标，日常活动上紧贴战略目标、考核评价上突出战略目标。企业文化再造应坚持以员工为主体，发挥员工的创新精神，有员工参与创造的企业文化更能得到员工的认同和发扬光大。同时商业银行还要选准切入点，持之以恒地开展此项工作。

2. 用企业文化激励员工，树立典型的员工形象

银行的员工，尤其是一线员工，因为直接与顾客接触，企业的文化、企业的精神在他们的行为举止中得到了最真实的写照。商业银行应通过文化激励员工，培养员工的精神文化，有规划地开展精神文化学习和感悟活动等手段，引导员工对银行的精神文化产生共鸣，让企业精神深入人心。

精神文化的深入人心能够在员工的行为上得到反映，可以通过考评等方法评价员工的行为是否符合文化理念。例如，光大银行聘请独立的第三方机构实施顾客满意度调查和研究，每季度对所有网点进行“神秘人”检查，大规模和深入地开展服务评价，不定期到银行柜台通过业务的办理来了解员工的工作状态，并为此打分，对员工进行绩效考核等。通过考核的方法，银行员工逐渐了解属于银行自身所特有的银行文化，再通过考核评选的方法评选出典型的员工，树立一个可供借鉴和学习的对象，从而促进员工对商业银行企业文化的学习。

（二）传播造就品牌，升华商业银行企业文化

商业银行加强企业文化的外部传播，能够推动内外部各种观点的和谐统

一，增强员工对银行的归属感，将员工的自我追求与商业银行的长远发展紧密联系在一起。商业银行的外部形象是其提高知名度和美誉度的基础，直接影响消费者的第一印象和消费意愿。商业银行加强企业文化的外部传播，有利于规范企业文化的运作方式，改善服务方式，优化服务流程，强化服务质量，塑造品牌，还能增强社会公众对商业银行的认同感和信任感，进一步扩大银行的社会影响。

1. 建设传播网络，深化企业文化传播的长效机制

对于企业文化的传播并不是领导心血来潮的一次展览和观摩，而是要积极探索能够将企业文化传播制度化、长效化的方法，将企业文化传播纳入专业培训范围，使企业文化的理念融入到银行的经营发展当中。银行可以通过组织员工学习、讲评和讨论，使文化理念在潜移默化中转变为员工的思维方式和行为习惯。

对外传播可以使企业文化成为企业对外的一扇窗口，从而塑造品牌，提升美誉，并强化责任。外部传播的网络构建要比内部网络复杂得多，运用的媒体资源也不同。在新旧媒体融合的年代，商业银行可以运用多种传播媒体，如通过社会化媒体进行情感沟通、传播文化、打造品牌形象，通过自有媒体向公众提供了解企业、与企业互动的窗口。

在对外传播上，招商银行“人人皆媒体，事事皆传播”的做法就使其获得了良好的品牌形象。招行董事长马蔚华善于利用每一个机会向公众传播招行品牌。到大学授课、去论坛演讲、下分行会见当地媒体……只要是这种公共场合，他总会不失时机地把招商银行的品牌理念、价值观传播出去。不仅行长如此，招行员工亦复如是。在招行员工看来，客户生日时送上鲜花、开车接送客户来招行办理业务，这些都不仅仅是为客户提供好的服务那么简单，这还是传播招行形象、与其他银行形成差异化的方法。招商银行对品牌建设与传播的认识已经内化到招行的企业文化当中，形成了一种从上到下、覆盖全行的品牌自觉。

2. 良好体验造就口碑传播

在体验经济时代，服务与产品已经不再是一些功能特征的混合体，而是意味着提供并提高客户体验。如今，顾客把功能性的特色和益处、产品质量和积极的品牌形象看作是应该的事情。他们需要能够刺激感官、触动心灵和激发灵感、带来体验的产品、宣传和营销活动。“他们把某种产品或消费体验

看作是某种意义，而这种意义完全超越了普通的产品本身。”① “一家企业能够在多大程度上传递顾客满意的顾客体验——利用信息技术、品牌和整合传播、娱乐活动——将决定这家公司在全球市场上的成功程度。”②

商业银行通过提供个性化或特别服务、开发提高顾客忠诚度的项目可以为顾客创造更好的体验。花旗银行就通过提供特别服务，给顾客带来了良好的体验。花旗银行对中高收入阶层客户提供支票账户、周转卡、优先服务花旗金卡等服务。凡持金卡者，无论何时何地在任何一个花旗银行分行都无需排队等候服务，随到随办。花旗银行非常重视“精选客户”，通过客户信息管理系统对客户产生的效益进行分析、鉴别客户的价值，对不同的客户依据收入、消费习惯的不同分为不同的客户类别，确定重点服务的客户群体。

3. 营造履行社会责任的企业文化氛围

在市场经济体系中，企业在市场经济调节下，自觉不自觉地、最大程度地承担了他们的责任和义务。企业应该更进一步深化社会责任，而企业文化的意义就在于不断加强社会责任。商业银行作为市场经济的重要支柱，它们所推崇的企业文化更应该强调社会责任建设。

商业银行的社会责任建设首先应体现在关心员工上，为员工提供学习机会，采取创新的培训方式，给员工提供开发、掌握新技能与积累经验的工作机会。还要举办活动丰富员工的生活，号召员工参与志愿活动，为银行的慈善事业奉献自己的力量。如光大银行针对员工推出了“三倾政策”，倾听员工心声，对合理化建议进行奖励的“行长基金”；倾心：倡导各级领导在员工生病住院、遇到特殊困难及重大节日时做好员工家访；倾力：培训员工，实现员工与银行同发展，“同享光大 智慧人生。光大银行以此提高员工对银行的满意度，激励员工，使员工更努力工作。

其次，商业银行应该扩展社会责任建设范围。商业银行和其他许多国际企业一样，自身经营规模愈来愈大，金融企业的活动也随之变得多样化，渗透到社会经济发展的各个层面。因此商业银行的社会责任建设范围也应该扩大。如中国工商银行建立爱心银行，通过扶贫助困、助老助残、助学支教、

① 瑞瑟·贝克（Russell Belk），米拉尼·沃伦道夫（Melanie Wallendorf），约翰·舍瑞（John Sherry），*Time and the Other*: *How Anthropology Makes Its Object*，Columbia University Press，2002。

② Berng H. Schmitt，《体验营销——如何增强公司及品牌的亲和力》［M］，刘银娜，高靖，梁丽娟译，北京：清华大学出版社，2004 年版。

社区服务、金融宣传教育等多种方式回馈社会。

最后，为获得公众的认同，赢得良好的社会声誉，商业银行应强调公益传播，将社会责任建设传播出去，以此提高社会公众的慈善意识，促进更多的公众加入慈善行业，从而实现整个社会的和谐发展。例如，光大银行支持“大地之爱母亲水窖”项目已有十年，期间不仅面向社会公众发行了“母亲水窖公益理财计划”，还选择多家网络媒体进行强力宣传，选择首页、财经等大流量高曝光的频道，发售产品的同时也提升了全社会对" 母亲水窖" 公益项目的认知度、支持率以及公众的参与率。

综合研究

《寻城记》系列丛书的重塑历史之旅

刘嘉程

【摘要】

“寻城记”系列丛书为读者展示了一种观照城市历史的特别方式。一般的城市史研究更注重文献材料，而这种田野调查式的寻访，注重的是实时实地的发现，也就更关注历时性的变化。这种方式更适合反映城市演进过程中的变化，尤其是在近年来各大城市大兴改造、大搞拆迁的背景下，这种方式为城市遗存的历史价值再评价和城市改造的方向，提供了可借鉴的思路。

【关键词】

人文旅游　城市史　寻访

【作者简介】

刘嘉程，男，汉族，商务印书馆，本科。

旅游类图书大体上可分为两类。一类图书偏重于实用指南，旅途中带上一册，无论是当地的历史演变、地形风貌、风土人情、物产出品，都在其中，虽不尽详细，但好在丰富齐全。再加上编者精心收集的有关名物古迹、交通食宿、娱乐购物、气象物价等信息，真是旅客的贴心导游。另一类图书则不追求信息量大和方便实用，而是针对旅游给人带来的文化和精神上的愉悦，在叙述内容和描述风格上追求深度、多角度与个性化，尽量满足不同旅客人群的心理需求。对喜欢历史文化的，就谈古论今，名流轶事，皆成话题；对醉心风景的，则专讲山川河流、雨雾霜雪、动物植被，更少不了文人墨客的诗文佳句，山河锦绣，景物怡人；再有那对民俗风情感兴趣的，可介绍些习俗故事、风物传说，所谓一地一俗，美食、建筑、方言、礼俗，都有得说道。

在后一类图书中，有一种图书的写法更加特别，即围绕某个主题谋篇布局，比如书店之旅、咖啡之旅、电影之旅，等等。下面要介绍的这套书则是以“寻城”为主题。

一 《寻城记》系列丛书提供了独特的城市视角

这套以“寻城记”系列丛书，在人文旅游类图书中有着与众不同的新意。“行走中的乐趣”往往更多地是体现在山野、乡村或边疆这样遥远和偏僻的地域。而这套书却把旅行的疆域限制在了一个城市中，杭州、武汉、广州、南京、成都和重庆，无一不是人口聚集、交通便利的大都市。作者选中这些城市来展开自己的行走之旅的初衷，并非因为其历史地位、风景名胜或地域文化特色，而是因为这些城市，在近十年的城市改造进程中接受了大拆迁的洗礼，在旧貌换新颜的热闹中伤痕累累。作者在本套书中只是想用自己的文字和图像尽力为城市的历史保存一些记忆，以免那些建筑外观、城市规制和地貌特征在这场大变迁中过快地消失，随之而逝的将是附着在它们之上的历史意蕴和文化内涵，那才是这座城市无形的人文财富。

武汉三镇，曾是中国近代工业的诞生之地，也是中国现代交通的枢纽站，京汉铁路的终点就在这里。汉口段的老车站中，有一座1932年建成的车站，时至2009年，仍保持着原有面貌，红砖站房，铸铁挑棚，麻石铺的月台，四组爱奥尼亚式的双柱，朴实中透着几分优雅，更让人怀想当年通车时的辉煌。这就是循礼门车站。就在作者拍摄下这座老车站后几个月，循礼门车站被拆除。一座原汁原味的老车站终成了纸面上的历史。

城市改造并非今人的创造，自从这座城市诞生之日，规划改造的步伐就没有停歇过。人们在意的只是，在一轮又一轮的规划改造中，拆掉的是什么？建起的又是什么？在改造的喧闹声中，城市史在更新，同时又在遗忘。在正史中，后人一定可以读到，哪年哪月，那条街上出了哪个重要的事件，或有哪位名人在此出现。至于提到哪件事、哪个人，就要看修史者的眼光和立场了。但历史不是仅凭某种眼光和立场就能完满记录下来的，为了还原历史原貌的丰富、复杂和矛盾，需要更多的视角和更深层次的思考、分析。这套丛书的作者就为我们提供了他的视角，但更有价值的是，他向读者展示了一套“田野调查”式的考察城市史的方法。

二 《寻城记》系列丛书还原了城市历史真貌

为寻找而行走，在行走中惊喜!

任何城市景观，都不是一个孤立的存在。它们都有着自己的来历，或为实用，或为纪念，有的甚至只是偶然。建筑一旦开始建设，就开启了它的岁月旅途，围绕着它的诞生、发展与变迁，有许多故事发生。而它就那样静静地矗立着，任历史长河流淌，不管是辉煌的历史瞬间，还是默默无闻的平凡日子。几十年，几百年，上千年，岁月流痕改变了它的外观，而那些在它身边发生过的故事却渐渐被人们遗忘。这套丛书的作者就是要把被岁月淹没了的记忆重新发掘出来，给无言的建筑、佚失的地名，作一份小传。

在广州天河区濂泉路上，大小成衣市场扎堆儿之间，立着一座农贸市场，如我们熟悉的那般嘈杂而忙碌。就在那菜市大棚的中间，立有一座八角攒尖、琉璃覆顶的亭子，无匾、无碑、无题记。就在六十多年前那场壮烈的全民抗战结束之时，这里曾是陆军新一军赴印缅作战阵亡将士陵园，这个亭子就是当年纪念为国捐躯的两万七千余烈士所立的记功亭。公墓早在建立十多年后就被废毁，多年后的今天，作者找到的残存遗迹，只剩下这记功亭是完整的。原公墓大门的两根柱子及门楼已隐入服装市场，还有当年由四根巨柱组成的巍峨纪念塔，仍然孤零零地立在那里，却无人知晓其当年的用途，还曾被占用的酒店一度改为厕所。在赴印缅抗战英雄的悲壮故事被广为传播和消费的今天，这座烈士墓园仅存的遗迹却静默于蔬菜杂货之间。对历史的这种选择性遗忘，实在发人深思。

在那些具有漫长建城历史的城市，朝代的更迭和商业的兴衰都为它带来天翻地覆的变化，而几百年、上千年后的我们，到城市中去作考古调查，却往往能有惊人的发现。因为那些历史名城在规制上成型已久，又较少经历战乱损毁，所以能保留下很多历史遗迹，确实值得探究。广州是具有千年历史的港口城市，在清朝更是世界货品汇聚的中心，十三行的繁盛，今人只能在文献中看到。但在今天的海珠区龙溪首约、龙溪二约一带，却存留着“漱珠涌”这样一个古水道名。河涌南起马涌，北入珠江，长约八百米。据记载，沿岸名园密集，“桥畔酒楼临江，红窗四照，花船近泊”，是洋商游玩的必经之道。涌之两边，还坐落着被称之为“潘家花园”和“伍家花园”的十三行富商潘家和伍家的连片宅院，那些令洋商们连声惊叹超过西方皇宫的楼馆庭院，曾被绘制成图画，大量外销欧美，人们今天还能从这些图画中一窥当年的繁华。如今的“漱珠涌”早已被铺上石板，成为地下水道，潘家占地数千平的大宅院也被分隔占用、办厂建楼。当通过仔细寻访，那道边的百年古榕、嵌着半圆形露台的西洋小楼、启着雕花木窗的河房、耸着镬耳高墙的青砖大屋，仍能给我们展示当年盛景的一角。

这样的城市景观在作者的笔下经常出现，它们的名号在旅游手册中找不到，区级的保护单位也排不上，可是通过作者的实地寻访和钩沉历史，竟能“挖掘”出重要的内容及内涵，历史上的一段沧桑，城市发展的一段历程，家族的辉煌与坎坷，甚至是引领时代的一个象征。它们一直都存在于城市中，却已渐渐湮没于历史的主流叙述中，发现它们，还原历史原貌，将为研究城市史提供更深入、多层面的资料。而读者眼中的城市形象也会更加丰满、厚重。

三 《寻城记》系列丛书带来了更新鲜的旅游体验

对于同一个地方同一处景致，每个人看过去却不尽相同，这是因为大家观察的角度各异，产生的观感又受到知识、阅历和情感的影响，自然会有差别。这套丛书的作者对城市的重新发现是以田野调查的方式为基础的，通过实地考察、采访老住户，再参照文献记载，才能得出令人信服的结论。这种小心谨慎的城市考古方法却并未带来枯燥的描述，反而因为极强的现场感和作者个人的思辨风格，使得城市之旅的内容更加丰富，呈现出更高层次的趣味。一般文献上的描述多是高度概括、富于理性化的，但跟随本书的作者，读者就能体验到从寻访的曲折到柳暗花明的惊喜，从令人感叹的触动和发人深省的思考的整个过程。历史书上的几句平实话语，会因为一堵残墙、一块界碑或几处雕饰而立刻变得鲜活生动起来，时代巨潮的新鲜气息扑面而至，让我们收获色彩丰富的体验。

有些故迹曾令世人震惊，现在却默默无闻。位于汉阳南麓的这两段老码头，红砂石垒砌，高约七八米，形如堡垒，上仍存铁制缆桩和铸铁圆环，仔细察看周围环境，仍能让人想见当年铁索牵引、大船靠岸、忙碌装卸的场景。这里就是近代名臣张之洞的呕心之作——汉阳铁厂的东码头遗址。1893 年汉阳铁厂建立，成为中国乃至亚洲第一家集冶铁、炼钢、轧钢于一身的现代钢铁冶炼企业，曾被西方人视为中国觉醒的标志。不远处龟山脚下的荒草丛中，还藏着一块重达200吨的暗红色大铁坨，据说那是汉阳铁厂铁水未能流出的一炉废铁，据访问到的一位国棉一厂的老工人说，1958年他们进厂时这砣铁还在炉座上呢。

杭州武林门外，于清光绪年间建有一弥陀寺，清末成为杭州香火最旺的寺院之一。此寺今已无存，但建筑仍有遗存。前去探访的作者在民居和单位间寻找寺庙的遗迹，却意外地发现了一面镌刻于百年前的巨大摩崖石刻《佛说阿弥陀经》。这面石刻位于已改为晶体管厂的原中路大殿之后，紧靠着的是一座明显是当代所建的两层居民楼，最近处也就一米左右。长40米、高6米的石壁上刻满了2194字的经文和附记，经查为清末桐乡名士沈善登所书，历时三年于光绪七年（1881年）刻成，为当年佛界一大盛事。这面石刻，曾是当年香客们从松木场河离舟登岸参拜的第一站。而今虽紧邻省府大院，却被残破的居民楼所遮蔽，加之壁上满布青苔，连久居院内的居民都不曾知晓。经历了130多年的风雨，石经有幸完整保留下来，但不知如此杂处闹市无人识的状况何时才能改变。

这样的相遇在作者的寻访中举不胜举，每一处都能带来令人惊喜的发现和令人唏嘘的感叹，对历史的了解每进一步都足够颠覆你对眼前景象的认识，这才是“寻城”的真正意义所在。

近几年，人文旅游爱好者的个性需求，已经催热了城市旅游图书的市场，不同以往的思路、方式及趣味，将是这个领域中不断出新求变的追求。这套“寻城记”系列丛书，以其对城市历史的特别眼光和深度思考，为文化旅游开辟了一条新思路，也提供给读者一份极富个性化的导游指南。

参考文献：

[1] 田飞、李果，《寻城记·武汉》[M]，北京：商务印书馆，2012年版。
[2] 田飞、李果，《寻城记·广州》[M]，北京：商务印书馆，2012年版。
[3] 田飞、李果，《寻城记·杭州》[M]，北京：商务印书馆，2012年版。
[4] 朱桂凤，《中国人文旅游资源概论》[M]，北京：中国林业出版社/北京大学出版社，2009年版。
[5] 刘建国，“城市考古学导论”[J]，南方文物，1995（4）。

如何积极应对社区老年抑郁症

仝　殷

【摘要】

抑郁症是老年人中最常见的一种心理疾病，随着抑郁症发病率在逐年增加以及危害程度之严重，使我们逐渐对这个疾病有了更多的认识和了解，因此更需要引起我们足够的重视。本文从老年抑郁症的主要发病原因、老年抑郁症的特征性表现、易感人群及如何积极预防和应对老年抑郁症等方面阐述社区老年抑郁症的发生及其应对，以期减少老年抑郁症的发生率和对早期的抑郁症进行尽早的干预与预防。

【关键字】

老年　抑郁症　应对

【作者简介】

仝殷，女，汉族，北京市怀柔区敬老志愿者协会会长，本科。

抑郁症是一种常见的心理疾病，也是老年人最常见的精神障碍。北京市怀柔区怀北某社区的李大爷和李大妈是一对高龄空巢老人，虽然李大妈因瘫痪常年卧病在床，但她性格开朗爱说爱笑，非常喜欢邻居到他们家串门。2011 年 11 月份李大妈像变了个人似的，老是心烦，情绪低落，脾气越来越暴躁，动不动就骂老伴，有时候李大爷动作迟缓些李大妈抓起老伴的胳膊就咬，后被医院诊断为老年抑郁症，这种情况持续了几个月后，老人于 2012 年 3 月 4 日在家中自杀身亡。无独有偶，北京市怀柔区另一社区的王大爷和老伴两人也是高龄空巢老人，王大爷以前在单位是领导，自退休以后性格变得有些孤僻，生活有些封闭，从两年前开始他早晨起来心情还不错，中午以后就老想哭，容易激动，火气大，心烦不能保持平静，经常感觉自己是个累赘，他曾经吃过安眠药并开过煤气自杀，后因药量小和被家人及时发现而挽救回生命，2011 年冬天因多种疾病并发综合症拒绝治疗而离世。在这些例子中我们不难发现这些老人都是空巢老人。

据世界卫生组织统计，有抑郁症的人占全世界人口 3% ~5%，而老年期抑郁症占老年人口的 7% ~10%。国内有资料表明，在综合性医院就诊的各科病人中，约 10% 患有不同程度的抑郁症，老年情感性精神病患病率为 0.34%，可见发病率之高。它因此被称为“心理疾病中的感冒”。值得注意的是，抑郁症最严重的结果是自杀死亡。国外有资料显示，老年人群自杀和有自杀企图的 50 –70% 继发于抑郁症，而孤独和歧视、生离死别和躯体疾病是主要原因。因此，学习和了解老年抑郁症基本特征和原因等有关知识，并积极预防和应对老年抑郁症，就成为老年人以及有关社区工作者的一项重要任务。

一 老年抑郁症的特征

抑郁症主要表现为长时间（两周以上）持续的情绪低落，兴趣下降，乐趣丧失，精力体力降低。其它常见的症状是：集中注意和注意的能力降低；自我评价和自信水平降低；自罪观念和无价值感；对前途暗淡悲观；自伤或自杀的观念和行为；睡眠障碍；食欲下降等。老年期抑郁障碍除了具备一般抑郁障碍的主要症状外，还具有如下特点：

1. 疑病症状：表现为以自主神经症状为主的躯体症状。常以某一种不太严重的躯体疾病开始，虽然躯体症状日益好转，但抑郁、焦虑却与日俱增。整天感到心烦，不知所措。

2. 焦虑、激越：担心自己和家庭将遭遇不幸，大祸临头，搓手顿足，坐卧不安，惶惶不可终日。担心的事情多是一些不必要的小事以及不可能发生的事情。

3. 躯体症状：主要表现为植物神经功能障碍或有关内脏功能障碍，如厌食、腹部不适、便秘、体重减轻、胸闷、喉部堵塞感、头痛和其他躯体各部的疼痛、性欲减退、失眠、周身乏力等。此外，入睡困难，尤其是早醒更多见。

4. 精神与运动性迟滞：思维迟缓，思考问题困难，思维内容贫乏、缄默、行动迟缓。重则双目凝视，情感淡漠，呈无欲状，对外界动向无动于衷。与别人聊天时注意力不能集中，表情茫然。与家人情感交流变少，变得不关心家人。

5. 妄想：尤以疑病（坚信自己患了一种严重的疾病，虽经各种医学检查未发现异常，却仍感觉自己浑身“有病”，整日陷入莫名的恐惧中）及虚无妄想（认为自己或者身体的某一部分不存在了）最为常见；其次为被害妄想（认为有人要害自己）、关系妄想（别人的言谈及与自己无关的事情都认为和自己有关）、罪恶妄想（认为自己犯了严重的错误，对不起别人以及怀有深深的负罪感）等。

6. 认知损害：可变现为各种不同类型的认知功能损害（计算力、记忆力和理解力等），严重时与痴呆相似，患者对自己智能降低表现出特征性的淡漠，即对自己的认知功能下降并不关注，也不担心。常有较好的定向力，且无病理反射。

7. 自杀倾向：老年抑郁障碍自杀的危险比其他年龄组大得多。有报告说，55%老年患者在抑郁状态下会采取自杀行为。自杀往往发生在伴有躯体疾病的情况下，且成功率高。导致自杀的危险因素主要有孤独、酒精中毒、疑病症状、激越、谵妄等。自杀也是抑郁症最严重的结果。

二　老年期抑郁症的主要原因

老年期抑郁症的病因可能与机体老化、特别是脑细胞的老年退行性改变有关，也与老年人频繁遭受的精神挫折有关。许多老年人在退休之后，突然从忙碌的工作岗位上闲赋于家中，尚未形成退休生活的习惯模式，尚未能接受社会角色的转变，老年人容易感到自己的地位、能力、健康状况、经济等各方面都不如过去，失去了很多东西，社交圈子一下缩小，有些空巢老人儿女不在身边，每天只能独自或面对老伴儿，不免会怀念过去充实而忙碌的甚至辉煌的工作生涯，回忆过去的黄金时代，最后感到今非昔比，反差极大。加上疾病、丧偶、孤独、子女问题等，又由于机体日益衰老，各器官功能下降，于是失落、孤单随之而来。此外，老年人的抗压能力要比中青年低，一旦遇到情绪的刺激，很容易产生悲观心理，如果又缺乏家庭和社会的支持，缺乏家人的关爱和理解，那么心理活动的平衡更难维持，这样，抑郁症发生的可能性就会增大。

虽说抑郁症犹如心理疾病中的感冒，却不能掉以轻心，它不同于一般的“情绪不好”之事过境迁即可自行调整，而是需要得到专业人员的心理疏导和药物治疗。老年人的抑郁伴随而来的是心烦、坐立不安、担心、恐慌等焦虑情绪以及各式各样的躯体化症状如烧心、胃疼、头痛、腹痛等身体各部位的不适，但经过医院检查却结果正常。长期情绪低落又容易引发心脏病、高血压和癌症等身体疾病，不能等闲视之。

三　老年抑郁症的易感人群

（一）人群之一：身体素质“自然滑坡”者

有些老年人年轻时身体素质很好，甚至没怎么去医院看过病，但随着年龄的增长，身体的器官和机能开始渐渐衰退，时不时就会犯一些小毛病，老年人开始意识到自己身体“老”了，于是变得担心起来：未来该如何是好？最后衍生成恐病情绪，变得稍有不适就怀疑自己得了什么疾病。同时又不愿意接受自己生病的现状，甚至有不舒服也不愿意去医院看病，怕被诊断为严重的不可治愈的疾病。矛盾的心情终有一天无法承载而引发抑郁的发作。

（二）人群之二：敏感多虑好钻“牛角尖”者

常有老年人一知半解地看了某篇医学科普文章后，就会联想到自己的病痛，把自己身上的不适症状，与书本上讲述的某种疾病来个对号入座，比如有些老年人平时有头疼的毛病，且喜欢翻看一些医学保健类的报刊，于是将自己的头疼现象对号入座，感到自己患了严重疾病。尽管社区医生多次诊断后表示“不要紧，情绪放松就可以减轻，乃至消除”，但自己仍习惯地自以为是。继续按照某些报刊上介绍的病症去联想，结果越想越焦虑，不但症状没有减轻，还徒增了莫名的恐惧。

（三）人群之三：容易触景生情者

老年人随着年龄的增长，患躯体疾病的比例也会增加，老年人中不免会有一些同龄的患严重躯体疾病的朋友因医治无效而死亡的，在参加追悼会的场景中会使老年人感触颇深，于是联想到自己，开始长吁短叹人生短暂，联想到自己今后也会如此这般。如果老人不能够及时梳理这种不良情绪，久而久之，就真的病倒了。因此触景生情会使许多老年人在暗示和幻想之下增加抑郁症的发病率。

四 老年人如何远离抑郁?

(一) 接受年老的现实

人到老年，机体逐渐老化，易生各种疾病本是意料之中的事，符合事物的发展规律，因此老人一定要保持开朗的心情，接受年老的现实。预防老年人患上抑郁症就要懂得“越怕老越老得快，越怕病越老得病”的道理，老年人要记住这样一句古诗：“畏老老先至，忧病病弥缚，无畏复不忧，是除老病药。”就是说，老年人不要整天想着自己老了该怎么办，也不要害怕疾病，这才是对抗疾病最管用的良药。

(二) 加强饮食护理，增进营养

人到老年，健康就成为老年人最关心的问题，老年人在生活自理、家庭照料、外出行动等各个方面总是不如中青年人，很多老年抑郁症患者都是因为脆弱的身体才导致了心理疾患。因此，要积极处理伴发的躯体疾患。

(三) 识别习惯化的消极观念

对于抑郁症，也需要了解诱发心理问题的原因。人们在对外界刺激产生情绪反应前的一瞬间，脑海里会出现一些习惯化的自动性观念，患有抑郁症的人往往习惯用消极的观念去诠释外界的刺激，要识别这种观念，就需要分析在抑郁状态出现时脑海里的自动性观念。例如，整理房间时看到以前拍的家庭合影，想到现在孩子都离开自己搬出去住了，常常感到空落落的，顿时寂寞和孤独之感涌上心头，感觉这个家不过是个空壳子，这就是习惯化的自动性观念。如果换一个角度想，子女长大成人，成家立业，从父母身边独立出去开拓自己的生活空间，这正是子女成熟的标志，也是自己教育的成果。如果孩子长大了，事事都离不开父母，变成“啃老族”，反而才是家庭的不幸，这样想，心里自然就会觉得好些。所以，老年朋友如果能在情绪不好的时候，问自己在想什么，你一定会发现你的想法是悲观、消极和错误的。如果你能够告诉自己一种能使自己情绪好转的想法，那么这个想法一定是乐观的、积极的和正确的，也就是用乐观的看法代替悲观的看法，及时识别并改变对他人、对事物不适当的想法。换一种方式去看问题，用微笑去面对身边的人和事，身边的人和事也会对你微笑。

（四）平衡心态

“人生不如意事常八九”，古代农耕社会，也有“田中禾苗半枯焦”、“卷我屋上三重茅”之类的烦恼，问题的关键在于如何应对。对于挫折，可以“一分为二”地看，“塞翁失马，焉知非福”。换一个角度思考，平衡心态，常能柳暗花明。老年人不断改变自己的不良习惯，提高自己的心理素质，如果真的碰到倒霉的事情，也需要修改想法来改善情绪，学点自嘲、阿 Q 精神都是不错的自我调整。

（五）每天积极的自我暗示

努力锻炼自己的性格，心胸放宽，克服老年性格的弱点，正确对待自己和他人。把自己的优点写在卡片上，当心情不好时取出来看，不断进行积极的自我暗示“我这人并非一无是处”、“我其实很优秀”。过了一段时间，如果还能总结出新的优点来，也记在卡片上，久而久之，卡片就会越积越多，看事物的态度也会变得越来越积极。每天多给自己一些积极的暗示，有助于建立良好的心境。

（六）及时疏导负面情绪

在遇到挫折后及时宣泄心中的不满，不要使它堆积在心里。多与别人交谈，倾诉自己真实的感受，一个人闷在心里反而更会胡思乱想，可以听听自己喜欢的戏曲和歌曲，做些自己喜欢的运动。

（七）适当参加活动

多参加老年活动及集体活动，如社区有老年大学及活动室，要积极利用这些为老年人提供的资源。在参加集体活动和体育运动的过程中，也可以学习主动与人交往，培养自己的兴趣，构架良好的心理支持系统，正确对待“老化”及慢性病，树立乐观的心态。

总之，老年抑郁症是一个发病隐匿但自杀死亡率较高的疾病，需要我们社区工作者及大家的共同努力，开展多层次、多方面精神卫生专业人员培训。加强宣传和健康教育，提高群众对抑郁症的认识知晓率，开展重点人群心理行为问题干预，遏制发病率，降低复发率，提高老年人的生存质量，使他们度过一个幸福健康的晚年。

参考文献：

[1] 王惠人，《老年心理保健100问》[M]，金盾出版社，2005年版。

从历史和现实的角度看中华逻辑之于当代大学生

——《中华先哲的思维艺术》读书报告

阮　艳

【摘要】

逻辑学作为一门基础学科，既有悠久的历史，又有现代的活力。《中华先哲的思维艺术》是一本将先哲思维艺术升华为逻辑观点的优秀书籍，本文基于其关于逻辑思维、概念、命题、论证和思维方法的历史性梳理分析，具体阐发一下中华逻辑对于与当代大学生现实生活密切相连的自我表达、他人互动、社会发展三方面的影响，以期大学生提升逻辑思考的主动意识，并将其转化为实际行动。

【关键词】

思维艺术　中华逻辑　自我表达　他人互动　社会发展

【作者简介】

阮艳，女，汉族，中国传媒大学传播研究院 2011 级传播学硕士研究生。

逻辑学是一门有着悠久历史，又有现代活力的基础学科①。中国、印度和西方，是世界逻辑的三大发源地，他们各自的逻辑学派（名辩、因明和逻辑）自成体系，却又互相映衬，其理论意义和应用价值一直保留至今。逻辑学有

---

① 据联合国教科文组织（1974 年）定义，基础学科包括数学、逻辑学、天文学和天体物理学、地理科学和空间科学、物理学、化学、生命科学。

如此旺盛的生长力，与其同时具备工具性和人文性的特点密不可分。首先，任何科学思维和日常思维，都要应用逻辑，在这一点上，逻辑学与语文、数学等基本工具性学科具有完全相同的性质。其次，逻辑学在培养人们独立思考的习惯、追求真理的精神、揭露谬误的勇气等方面的作用，是任何其他学科不能替代的。① 本文基于《中华先哲的思维艺术》② 一书中着重探讨的我国传统思维艺术及其升华为逻辑思想的历史性梳理，具体阐发一下中华逻辑对于与当代大学生现实生活密切相连的自我表达、他人互动、社会发展三方面的影响及应对之策。

一 写作表述的逻辑性——自我表达利器

仔细想来，《中华先哲的思维艺术》这本书本身就是逻辑性写作表述的典范，作者孙中原先生围绕逻辑核心内容，以思维规律、概念、命题、论证和思维方法（篇名）为主轴，由典型案例（包括故事、成语、典故、寓言和文章等类型）升华逻辑观点，以逻辑观点统帅案例资料。不仅如此，正如作者在前言中介绍说，他对典型案例的加工务求通俗性（正文援引古籍，多径用现代汉语解释）、科学性和真实性（援引古籍多标明篇卷）的统一。另外，作者于其行文中配以与印度因明学和希腊逻辑学的对比表格和总结化诗词，从而以丰富多样而又清晰易懂的阐述方式使读者在短时间内对于中华逻辑有了大致的了解。事实上，逻辑思想的准确运用与我们的生活息息相关，首当其冲的表现便是如何进行逻辑性的写作表述来表达自我。放眼现代生活的各个角落，不论是法律条文、经济合同、决策论证、广告说明，还是官员讲话、教师授课、传媒报道、学生写作，几乎时时处处都能看到概念不明、推理不正确、论证不科学、语言不规范的现象。这些逻辑语言方面的问题妨碍着人们的正常生活，有时甚至造成极为严重的后果。③ 在此背景下，《中华先哲的思维艺术》及其蕴含的逻辑规律对大学生进行富有逻辑的写作表述具有很多启发意义。

---

① 杨树森，《逻辑学》［M］，北京：高等教育出版社，2010 年 4 月版。

② 孙中原，《中华先哲的思维艺术》［M］，北京：北京大学出版社，2006 年 12 月版。

③ 肖国忠，“逻辑需要关怀生活”，［EB/OL］，http：//theory. people. com. cn/GB/40553/4411338. html，2006－05－29/2012－05－26。

在作者看来，中国逻辑规律的总结遵循着这样一种发展脉络：具体故事——理论升华——规律总结。作者在第一章节中通过上述层层递进的方式归纳了四种思维规律，分别是同一律、矛盾律、排中律和理由律。可以说，这四种思维规律贯穿在本书所有章节思维艺术梳理过程的始终，并与诸如墨家主张的“譬、侔、援、推”论证技巧和荀子提出的正名论的逻辑体系说进行了对照分析，堪称最基本的逻辑学习要点。若是把这些思维规律联系到大学生自身的写作需求和过程中便可发现，写作能力其实是学生必备的一种基本技能，它要求我们要时刻注意以逻辑思维为主，并进行提炼主旨、选择材料、设计布局等细节的精雕细琢，具体策略总结如下：首先，围绕一个主旨集中表达，把问题分析透彻、讲解清楚。在这个过程中，不仅需要对现象进行由表及里的分析探索，还应该对现象进行实质性的归纳和总结。其次，面对众多材料，应进行仔细鉴别和筛选，从而实现去粗取精、去伪存真、有效论证主题。最后，要注重文章整体结构的条理性和一致性，由开头到结尾、由原因到结果，由正面到反面，由主体到从属，有条不紊、脉络清晰。总之，要严格尊重同一律、矛盾律、排中律和理由律的要求，做到上下一致、有理有据、清晰易懂。

二 信息传播的负责性——他人互动前提

在思维和语言现象中，谬误与真理相反，诡辩和逻辑相对。根据作者的表述，广义谬误，指不符合实际的错误认识；狭义谬误，指违反逻辑的无效推论，属于诡辩。所以，这本书除了关注逻辑性的写作表达，同样对与其相对的谬误（或称诡辩）传播给予了足够的重视，它通常具有如下特征：论据、论题虚假，推论方式无效。事实上，谬误（诡辩）有深厚的社会基础，与人类历史同在，因而具有一定程度的不可避免性。人类认识对象的复杂性、多样性，人类实践和认识的相对性、局限性，不同利益的需要，观点、方法的各异，是谬误（诡辩）产生的温床。面对上述复杂的情况，孙老先生启迪我们切不可知难而退，而是给与了真诚的鼓励：识别谬误是有方法的，战胜诡辩也是有技巧的。自觉遵守逻辑，勤于实践、调查和研究，树立科学和理性精神，掌握科学知识和方法，有助于在一定程度上避免谬误（诡辩）。从这个意义上来说，作为身处信息时代的大学生来说，只有掌握了上述要领，才能更好地搜索和传播信息，做一个负责任的传播者，从而更好地与他人互动。在这里，以谣言传播——身处信息时代的大学生经常会遭遇的问题之一来举例，说明作者提出的克服谬误方法对于大学生运用批判性技能参与群体互动所具有的警醒作用。

一般来说，谣言是指非正式的、未经认可的话语，是某个传播系统中历经若干发展阶段而未加证实之信息的最终结果。① 有学者经过研究发现其产生的心理机制分别是信息控制和宁信心理、归因心理和次级控制。②也就是说，心理谬误在其中起到了很大的推动作用。本书作者通过曾参杀人和三人成虎具体案例总结了心理谬误的形成原因，即话因说的人多，容易被人相信。如某物事实上并非如此（S 不是 P，实然否定命题），十人说某物可能如此（S 可能是 P，或然肯定命题），百人会说成某物事实上如此（S 是 P，实然肯定命题），千人会说成某物必然如此（S 必然是 P，必然肯定命题）。事实上，它只是凭借论据与论题在心理上的相关性而进行的牵强论证，实际上违法了充足理由律，犯了推不出的逻辑错误。而一种意见若是为众人所认可，便会对其他人产生一种心理上的影响。可以说，盲目从众心理是其产生的认识论根源。而依据作者的观点，对不同种类的谬误（诡辩），有不同的克服方法。比如，对与上述所讲的心理相关的谬误（诡辩），应注意用事实和理论论据，逻辑地导出论题，避免心理因素的干扰。具体来说，对于宁信心理，我们应进一步培养自身的是非观念，遇到问题时采取兼听则明的态度，主动结合具体的语境来考察信源的可靠性。对于归因心理，我们应减少错误归因的可能，下结论之前进行认真辨认和思考，并进行及时针对性的辟谣。此外，对论据不足的谬误（诡辩），应注意提供充分支持论题的事实和理论依据，避免无稽之谈、强词夺理。对语言歧义的谬误（诡辩），应注意握紧逻辑的方向盘，驾驭灵活多变的语言，避免歧义暧昧的迷障遮盖逻辑的慧眼。不容置疑，在谣言遍及、他人互动失信的网络社会，上述建议若是能转化为具体行动，它们起到的作用将远远超越警醒的意义。大学生作为知识分子的重要代表，有责任也有义务为诚信网络公民的崛起、良性群体互动的开展扮演引领者的角色。

---

① 胡正荣，段鹏，张磊，《传播学总论》[M]，北京：清华大学出版社，2008 年版。

② 郑保卫，陈建平，“谣言的传播机制及阻断策略”[J]，中国记者，2010（5）：第 42－43页。

三 为人处世的辩证性——立足社会保障

在众多的思维表达方式中，有一种“正言若反”的形式，看似谬误，实则思想深刻，却是真理。它故意使用似乎谬误的形式，表达科学真理，产生了妙趣横生的语言效果和令人深省的哲学意味。也就是说，它和上述所讲的诡辩有根本的不同，需要我们主动进行区别对待。此外，它和同一律也有本质的不同。同一律的公式是“A 是 A”，而正言若反的命题形式是“某种特定的 A，是非 A”，它反映的是事物本性内在的对立统一，是巧妙的思维表达艺术，典型例子包括大方无隅、大器晚成、大音希声、大象无形等。在一个判断中包含了对立概念的流动、转化，体现了概念的灵活性。事实上，这种辩证法也体现在人的感情方面、生理方面以及心灵方面。最熟知的例子，如极端的痛苦与极端的快乐，可以互相过渡。心情充满快乐，会喜得流出泪来。最深刻的忧愁常借一种苦笑以显示出来。① 对于感情易波荡起伏、遇事易冲动行事的大学生来说，作者提出的上述为人处世的辩证性思考，对于帮助大学生平衡自己的心情和情感，自信饱满地立足社会有重要的借鉴意义。

辩证逻辑是人类特有的高级思维方法，在外国，佛教徒和希腊人曾多有创论，在中国，创始人应归于老子。辩证逻辑是以概念本性的研究为前提的。老子的“道”便是一个贯穿一切的基本概念，在其思维方法论中是一个带有支配性的概念，在其丰富内涵中包容了动和静、变和常、多样性和统一性、无限和有限、整体和局部等诸多规定的相互依存。② 在日常生活中，我们很容易发现事物同时具有的两面性，但是在面对具体的状况时，却顿时忘了方寸，不知所措。事实上，喜忧义利是生活必不可少的一部分，人要经常意识到喜中有忧，忧中有喜。当我们受好事礼遇时要看到忧的影子，当我们遭遇坏事时也要预见到喜就在眼前。好事与坏事从来都不是绝对的，更多的时候，它们会结伴同行。再者，喜忧无不与名利相伴。同样，在对待名利时，我们不能因获得名利而得意，也不能因失去名利而失意；我们更不能被名利所累，将其完全等同于喜忧的来源。真正的名利是要靠真心付出换来的，并将其置

---

① 黑格尔，《小逻辑》[M]，北京：商务印书馆，1980 年版。

② 孙中原，“道的概念与正言若反”[J]，中国文化研究，1994（1）：第 2 –6 页。

于社会的大背景中，这样来能换来发自内心的喜悦之情。同样，和他人相处要真心实意，做的每一件事都不能有半点虚假。只是在具体的处理方式上，我们可以结合具体的情况，采取动静相宜的形式，或是通达变通的态度。也就是说，明白了事情的辩证性存在，并不等于放弃同一律的标准，前者针对的是同一事物的对立统一性，后者针对的是同一事物的前后一致性。大学生作为即将踏进社会的一份子，一定要明确自己的志向和坚定自己的内心，同时采取灵活的方式对待之，这样才能在广阔天地中有所为，正确地善待自己，帮助他人和服务社会。

哲学家弗兰西斯·培根曾说："读史使人明智，逻辑修辞使人善辩。"孙中原先生在总结评述众多中华先哲思维艺术的同时，揭示了其与逻辑的联系，把中华先哲的典型案例同现代逻辑方法融为一体，从而以历史的角度切入分析了中国古代（尤其是先秦时期的名家、墨家、儒家）逻辑发展的脉络和精华，不仅实现了形式逻辑和辩证逻辑的统一，而且很好地辨识了逻辑和诡辩之间的区别。作为生活在当代的人来说，这是一笔宝贵的财富，逻辑工具对于日常生活自我表达、他人互动、全面社会化发展都有着重要的借鉴意义和警示作用，我们可以还未对其予以足够的重视，甚至直接忽略，但只有从意识上感知到中华逻辑带给我们的意义，切实吸取历史的教训和经验，才能真正将逻辑诉诸实践，真正做到持之有故，言之有理、对自己和他人负责，并更好地立足当代社会。

青年文学

樱花时节话樱花

张家勇

【作者简介】

张家勇，男，汉族，教育部教育发展研究中心副研究员，教育学博士，主要从事教育体制改革研究。

春天来了，日本樱花时节也就到了。此刻，樱花前线成为各种媒体每日必报的新闻，全国樱花地图也会出现在电视、网络、报纸等媒体的显著位置，黄绿色为嫩蕾期，黄色为初开期，浅粉色为半开期，粉色为七开期，红色为满开期，紫色为散落期，蓝色为叶樱期。日本赏樱有染井吉野樱、红枝垂樱、淡墨樱、山樱等品种之分，有单株樱和并木樱之分，有池边樱和夹道樱之分，更有夜樱和昼樱之分。与此相应，日本各种樱花排行榜各有侧重，榜单不尽相同。最具人气三甲是神奈川县鹤岗八幡宫、京都府清水寺、京都府天龙寺；单株樱三甲是福岛县三春瀑樱（树龄1000余年）、山梨县山高神代樱（树龄2000余年）、岐阜县根尾骨淡墨樱（树龄1500余年），均为国家指定天然纪念物；夜樱三甲是青森县弘前公园、东京都上野恩赐公园、新泻县高田公园；夹道樱三甲则是青森县弘前公园、岩手县市立公园展胜地、秋田县角馆。

东京都井头恩赐公园是池边樱名所，岸边锦簇与水面倒影相映成趣，自有一番神韵。由古城白壁、苍松绿针、山樱赤蕊连缀而成的鹤岗八幡宫更被誉为压卷绝景。樱花时节京都府的哲学道、岚山和仁和寺也会吸引无数游人。如果白天兴未尽，还可以接着赏夜樱，华灯初上樱花满枝随光摇曳，那该是怎样一幅梦幻般仙境美景啊。赏樱，满开期花团锦簇不容错过，散落期散花吹雪也别有滋味。

日本人喜欢赏樱同时品美食、泡温泉、起舞放歌、登山望远，尽情享受大自然的馈赠。商家不忘提醒游人必备赏樱十大件：便当果子、三得利全麦啤酒、便当箱、便携音响、充气座布团、一贴热、数码相机、围脖、湿纸巾、暖水壶等。日本皇室的象征是菊花，日本国民却异常钟爱无臭无果的樱花，让人颇费思量。樱花之美超越了其自身，而是同日本宗教信仰、民族精神、国民性格、哲学观念等掺杂一起，成为错综复杂的对象物。一是依附超自然神秘力量，二是隐喻人生悲喜，三是契合日本国民精神。

樱花之美依附超自然神秘力量。日本很多赏樱名所本身就是神社或寺庙，樱花之美和宗教神圣完美结合，神社和寺庙所聚敛的神秘力量赋予樱花神秘之美。京都府清水寺、银阁寺、仁和寺等世界文化遗产，都是赏樱的绝佳圣地。神社和寺庙在日本人日常生活中占有重要地位，人生中的所有大事都要到神社或寺庙去请求神灵保佑。樱花或半隐于神社曲线形茅草坡屋顶一角，或斜出自寺庙钟楼、宝塔、经堂、山门、回廊之间，给人宁谧静穆幽雅的异样美感。在这里，樱花已被对大自然充满信赖感的日本人视为神灵替身。

樱花之美隐喻人生悲喜。人生如白驹过隙，日本人对此更是感受敏锐。樱花满开的壮观和辉煌仅能持续 4 - 10 天，令人感叹青春易逝韶华易老。樱花散落的悲壮和凄婉，更会让人顿生怜悯和伤感。无论多么显赫，人生终究是一场悲剧，生老病死是所有人的宿命。樱花的凄美典型地呈现在日本风俗店聚集地（色情场所）。京都府河原町有条色情街，形形色色的风俗店沿着一条溪流自然延伸出去。溪流两边都是樱花树，三月底樱花就在枝头攒动。尚余寒意的春夜，樱花在朦胧灯光里随风摇曳，妩媚如同烟花女子，给人一种淡淡的忧伤，却又极尽繁华。樱花和身着和服的日本少女浑然一体，构成一幅非常和谐诱人的画面。校园里，三五个女学生身着和服，像蝴蝶一样在樱花丛中穿梭流连，她们增添了樱花智慧、青春、知性的美感。更有同级、同研究室、同导师的先辈和同辈们选择在樱花树下聚餐饮酒谈笑，他们赋予樱花团结、友情、进取的美感。公园里，一家老小在樱花树下铺上一条毯子，摆上美酒果子，享受着亲情的温馨和家庭的幸福。

樱花之美契合日本民族精神。如果樱花在世界其他各国开放，估计很难能和日本樱花媲美，因为日本国民性格与之契合。樱花之美美在云霞满树，美在紧凑有序，美在含蓄柔和，美在稍纵即逝，这些都和大和民族精神神似。樱花成片栽植，相拥绽放，紧凑有序，很难想象一朵樱花的美景，同样很难想象个体日本人的存在。日本国民喜欢集体生活，不喜欢特立独行，不喜欢游离集体之外，热衷于操办各种各样的集体庆典。樱花美在宁静而不是喧闹，日本国民内敛低调，很少热情奔放激情四射，在公众场合多是低声细语很少喧哗。樱花花期深受台风等不确定因素影响，往往满树芳华顷刻间飘零殆尽。如同日本多灾多难、资源匮乏，国民危机意识强，总有朝不保夕的不确定感和不安全感。在日本超市，看到家庭主妇像抓兔子一样敏捷地挑选商品，总让外国人惊讶莫名。

诗二首

王　芃

【作者简介】

王芃，女，汉族，北京市朝阳区科学园小学英语教师，英语教研组组长。

梅

梅
暗香，吐蕾。
花为魄，雪来陪。
横斜疏影，淡月云微。
寂寞凌寒开，雪落玉笛吹。
冰心玉蕊晓白，含风泣露为谁?
朝伴落红迎春晖，暮遣观者吟诗回。

四季回文诗

春

盈盈杏落花弄影，
落花弄影星舞萤，
萤舞星影弄花落，

影弄花落杏盈盈。

夏

天碧云微雨映莲，
微雨映莲戏蝶鸳。
鸳蝶戏莲映雨微，
莲映雨微云碧天。

秋

秋叶秋雨秋心幽，
雨秋心幽梦荷残。
残荷梦幽心秋雨。
幽心秋雨秋叶秋。

冬

晓色初寒梅映雪，
寒梅映雪迎春到，
到春迎雪映梅寒，
雪映梅寒初色晓。

相忘·江南

李　婷

【作者简介】

李婷，笔名为“珍妮苏”，女，汉族，山西省永济市农业综合开发办公室科员，硕士。

一

轻翻照片。

他的眉毛在某一瞬微动。

他看到，有某种隐匿在深层的东西浮现出来，便是，这一路来，她的脸庞逐渐生出花来，竟伸延至偶过的路人眼睛里、面孔上，他们眼波莹莹，面如朝日。这种景象就如同在湖中播散开一片涟漪，碧波荡漾。

恩。她着实是这样的女子，世间少有的，简洁华贵的女子，洞穿一切，空灵剔透，于有形的无声和不作为中便不知觉地进到旁人的心里，遗世独立，宛如19世纪法国印象派画家莫奈在暗夜中笃定画就的莲花画作，不动作，只是兀自静静开着，看到它的人心中便生出波澜。

“你确定吗?”

……

她发出这条迟疑的短信，半晌，空气凝结。待复。

“你确定吗?”他回复同样的内容。

他却是如此笃定。

一直蜷缩在沙发一角，盯视着手机，收到短信，她明了了，起身，收拾行囊，决定离开这里，前往他所在的城市。

在空落的客厅里慢慢踱着步，考虑要带的东西。

随身衣物，就带两套，因是炎热的夏季，那就拿上最轻便的一条白色短裤，搭两件无袖背心，简单，通透，至于化妆品，迟疑片刻，她转身走到墙角的全身镜前，镜子里的自己面容清索、眼窝凹陷，略显憔悴，就带那支廉价的 BB 霜，那是她只花了 50 块在廉价彩妆店里买的，那个女推销员说："这支可以遮住你脸色的暗黄。"

二

独自背着背包，抵达机场，尚有 40 分钟登机，却被告知航班晚点 7 个小时，预计在半夜 1 点起飞。这是什么概念，她想起了一句话，"出师未捷身先死"。这预示着什么，还没出发，这么倒霉。

只能等，她也习惯了这种漫长的等待。记得去年也是这个时节，她携着一肚子委屈在成都的双流机场耗了一夜，飞机因为机器故障晚了 12 小时，只记得当时，把装有手机充电器和外套的背包早早办理托运了，半夜，窗外下着雨，候机室异常地冷，伴随着饥肠辘辘，她双眼深陷，用机场发的薄毯把身体裹了个紧，大口嚼着临时发放的粗面包，就着冰水，和着苦涩，再将这些混合物一股脑地送到胃里，那是她的人生最阴的发霉的时候，这次呢？又是什么不祥的暗示？

"好事多磨。"他的短信很平静。

好饿，记忆中每次等待什么的时候，总是伴随着强烈的饥饿感，胃里仿佛被掘开一个深不见底的沟壑。

举目望去，四周竟没有小商店或饭馆什么的，也难怪，机场远在市郊。只好，在候机大厅的柜台买点能充饥的食物。10 块钱，买了包平时在超市里只售 3 块钱的面包，哼，先对付一下吧。

坐在机场外面的长凳上，好多人的目光投过来，他们一定在想"这个身形孤鹜的女人独自坐在机场大口嚼面包，她男朋友呢？怎么如此狼狈？是航班也晚了吗？"

而她在想，此时，要是能有杯热腾腾的 Black coffee 就好了。不禁留恋起独自在家烹饪，煮咖啡，放着 Bob Marley 的雷鬼，而后胡乱地扭动臀部，又或者在落雨的天，倚窗而立，身穿将腰线衬托得玲珑有致的红色毛衣、卡其色长裙，轻拢发束，半杯 Wiskey 擎在半空，闲淡、沉醉。

哈哈，生活就是这样子，人必须活动，出来动作，来到扰攘的世界中，听嘈杂的人声，看他们不耐烦的表情，看够了再回到规则和平衡中，玩味个中滋味。

机场地勤为此航班的客人发放晚饭，宫保鸡丁，米饭，饼干，花生豆，橙汁，榨菜，她只吃了榨菜，喝了一口橙汁，那米饭无论怎么看上去就是没胃口。晚饭后不久，又被安排坐机场巴士，去酒店，航班所有的人，包括坐头等舱的人。在非常状态，人是没有阶层的。

到酒店已是晚上 8 点钟，客人们被安排两个人住一个房间，她躲在后面，等其他所有男男女女被分好房间后，女的只剩她一个，机场女服务员在用电话请示了上级后，告诉她她一个人住一个大房间。心中暗喜，但是还得表现得略微沮丧，“那半夜航班起飞前一定记得告知我啊。”对方态度恳切地点头。

进到酒店房间，不想太早休息，奇怪，一点也不累，或许，是因为明天就要到一个未知的城市了吧。

对，未知。不知名的阴谋与虚无。

跑步，即使动荡在外，也不打破原计划，她喜欢坚持某项基本原则不动摇。

在房间慢跑半个小时，看着镜子里奔跑的自己，眼神通透，不悲不喜。

简单冲了澡，躺在床上，不知不觉睡着了。半夜，房间的座机响了，是航班女服务员通知航班要起飞了，迅速收拾好东西，所有的人都集合在酒店大厅，退房，钻进机场大巴，在凌晨，微寒的空气中，这一群要赶机的人。

三

有条不紊地过安检，登机，换乘的是一架非常小的客机，竟有单排座位，不曾见过，新鲜，她坐在最后一排靠窗的座位，窗外是空旷的机场，微光中，夜正黑。皮肤姣好的空姐面带训练有素的微笑，飞机开始动起来，逐渐上升，向浩瀚的夜空飞去。

机上提供餐食，但在半夜她没胃口，即便是在旅途中，因此只要了杯热咖啡，打开头顶的阅读灯，翻阅杂志，内容均有关江南名吃、古都、历史文化名人之类。有一篇这样写道："江南名妓董小宛洞穿世间男子，自甘落入风尘，只为寻觅真正知己，后终嫁与乡试落第的大家公子冒辟疆，甘做小妾，将冒家上上下下打理得井井有条，包括大太太也是心欢喜得很。"

"小宛最令人心折的，是把琐碎的日常生活过得浪漫美丽，饶有情致，天性淡泊，不嗜好肥美甘甜的食物。用一小壶芥茶温淘米饭，再佐以一两碟水菜香豉，就是她的一餐。在自然平实的日常生活中领略精微雅致的文化趣味，在卑微的生命中企慕超脱和清澄的诗意人生。"

董小宛该是怎样一个空灵秀明的女子，怎能如此参透一切？她透过遮光板望向漆黑的夜空，思忖着即将迎来的未知。

凌晨3点，江南古城，抵达。

他没有来，她按照事先告知的路线，独自搭乘的士，的士司机是个性格粗粝的中年胖女人，车子一路在黑夜疾驶，车内寂静，司机差点睡着，于是就打开劲爆的迪斯科以提神，到达市中心，与他联络。

他让她在酒店大堂等。背上背着背包，手臂挎着耐用的帆布包，长发及腰，她高挑，瘦削的身影立在酒店大厅，异常突兀。

片刻，他带着倦容下楼，唤她："你？"

她转身，他高大，壮硕，黑色T恤，短裤，运动鞋，运动帽，金框眼镜后是一双温和明亮的眼睛。他有着细长的眼角。

"恩。"

"给你的房间已经订好了，这就上去吧。"

"不必破费，简陋点亦可。"

"怎么能？住一定要好的。懂？"他接过她沉重的双肩包，跟在他高大的身影后，她只觉莫名得踏实和厚重。

四

坐电梯，16楼，他把背包还她，嘱咐她好好休息一下，简单道别，回自己房间，他几乎连一眼都没看她的房间。

她用房卡廾门，开灯。房间超出预想，干净素雅，设计考究，家具现代，壁纸是暖色调的，墙上竟会挂着高更的《两个塔希提妇女》复制版，是她痴迷的印象派，浴室有吹风机。显然，房间很贵，一晚的费用恐怕都足够维持她一个月的饮食。

“这是为什么?”她疑惑，伴随隐隐不安。

要知道，之前一个人旅行，能省则省，只在民宿或小旅馆里对付一夜，从不住这类昂贵酒店，亦无必要。人是应该扎实地体验粗简的生活方式，居陋室，吃清淡的能饱腹的食物，在自我最简单的状态悟道，她是这么认为的。

早晨7点，房间电话铃响，他从隔壁打来。

“睡醒了吗?”

“当然。”她轻快地答。此时，她已经舒服地补了一觉，冲毕澡，在敷面膜。

“那半小时后见，酒店早餐貌似不错。”

“OK。”她放下听筒，揭下面膜，淡妆，素衣，出门，他已在她门口等候多时。

餐厅在5层，7：30，有几桌已有人在用早餐。

食物很丰富，热牛奶、热咖啡、即冲燕麦、煮蛋、小包子、小馒头、香肠片、扬州炒饭、花生豆、青菜，烘烤机器上还翻滚着正烤着的几片面包片，还有黄油和果酱。

他盛了扬州炒饭、咸菜、煮蛋、热牛奶、馒头和包子，她则只接了半杯热咖啡，两片被烤的泛黄的面包片、小袋黄油、少量花生豆和香肠。

“你怎么吃那么少?”他扶了一下金框眼镜说。

“我早上咽不下太多东西。”她把黄油涂抹在烤面包片上，夹了香肠和几颗花生豆，小口咀嚼起来。

“我不行，我早餐要是不吃饱，就会异常饿。”他用勺子大口吃着扬州炒饭。

简单对话，餐毕，到市区。

一路，他用渊博的知识为她讲解这个古都的历史和文化，同时，颈上挂着专业单反相机，为她留下清丽不俗的剪影，高大的身影在人群中格外显赫，口才不坏，语速适中，思路清晰，时不时自我调侃，路人频频侧目，他们一定在想：“这女子，真有福气，男朋友此般风趣渊博。”呵，人们看到一对貌似花好月圆的青年男女，经常会这么想，只是，他们又怎会知道她来此只是要同爱人的灵魂做最后告别。

她已然被身边这个高大温暖的男子照顾得妥当、安全。

"可，为什么?"她的疑惑开始加重。

她不知道在这温煦的表象背后将会是什么不知名的阴谋和陷阱在等待着她，不禁加了提防。

他却是一如最初地说话、动作，传达给她的讯息直白、明了，双目直视。

"晚上带你到秦淮河畔，我们租艘船，就我们两个，叫船家做最地道的太湖鱼，喝江南酒酿，会有穿着古装的民间乐手在船上弹琵琶，唱评弹，感受一下古时江南文人的情怀雅兴、家国、天下。"他饶有兴味地说。

呵，他居然懂她，不用一字一语，便明晰她。

五

夜风微凉，秦淮河畔，悠悠小船，灯火明灭，自船上飘出恬淡悠扬的秦淮小调——《醉江南》，她和他，倚窗对坐，古朴的红木方桌，桌上摆放着清蒸太湖白鱼、小灼太湖白虾、叫不上名的江南才有的烧青菜，雅致的小酒壶里装有黄酒，她不自觉地望向窗外，烟波浩渺的河面，耳畔沁人的江南小调时扬时抑，如在雾中、梦中。

"你?"她正望着窗外出神，他轻唤她。

"嗯?"她扭转头来，迟疑，眼里充满泪水。

"为什么?"他不解，面对如此画般美景，她该是雀跃的，然后会滔滔不绝地告诉他，她是多么地开心，一如往日，她会不羁地大叫："大胖子，我要发财了，哈哈。"

"没。"

一个字。她仓惶，要掩住忧伤，以免被察觉，可眼泪却径直滚落下来，在忽微的灯火映照下，闪着细碎光芒。

他看在眼里，默然，旋即端起桌上的古朴酒杯，"来，饮一杯，为你不远万里的到来干一杯。"他效仿古人，将酒杯举在半空中，等待她的回应。她即刻收起眼泪，做豪爽状，粲然："来，可爱的四眼胖子，为你胖得恰到好处干一杯，先干为敬!"她举起酒杯一饮而尽，混杂着泪水的咸涩。

在友人面前不能失了态。

"给你讲个故事。"他平静地发出声音。此时，宽阔的秦淮河中央，小船悠悠荡，夜更深，评弹小调依旧若有若无地飘散在河面上。

“传说，苏东坡曾经在某一日突然异常想念友人，于是，他立刻划着小船，去见友人。当划了一天一夜的船，终于见到朋友，朋友感动得热泪盈眶，要大摆筵席，为他接风，但他却说出一句话：“我这便要回去了。”朋友不解，怎么刚来却要回去，苏东坡说，：“乘兴而来，此刻，我已见到你，便要回去了。”他说得津津有味，仿佛在用苏东坡的口吻讲述着。

“这便是古时文人的洒脱、不羁和他们之间友情的真挚。”他总结道。

“就如魏晋时期的竹林七贤，酒仙刘伶也曾赤身裸体地在广袤的丛林间饮酒对诗，誓与天地自然同畅。”她想起了这个典故，和他道。

那该是怎样的胸襟和散淡，他们竟有此般共识，在这悠悠江南夜。

默然。

良久，各自忆着往事。

忽而，他起身，带她出船舱，立船头，桅杆高耸至夜空，月色洞明，风徐徐。

她在夜色笼罩的船头，吞吐着江南湿润的空气，这一派月色光华，长发随风拂动，忽觉心前所未有的畅达，过往的阴霾在不知觉中不知去向了。原来，环境这个外因确然可以在一定程度影响心情的走势。

望着他的身影，他的双肩在夜色中更显宽阔，她忽然忆起小时候，自己被邻居家的小孩欺负，大哥总会把她藏到身后，转而奋力修理敌人，而她记忆里最深刻的便是大哥高大的背影、宽阔的双肩。

六

“为什么?”她认为是时候揭开谜团了。

他撇转身，看着她，眼睛里是确定和光芒：“你知否？其实我一早就辨认出你了。”他的语调平稳。

“什么?”

“小宝，其实，其实前辈子，你救过我，你是我的救命恩人，只是几经轮回，你不记得了，也不被允许记得。”他开始哽咽，眼角湿润。

“但是，我一定记得，我能识别，当你一出现，我便有感应。”他笃定地继续道。

“可为什么我丝毫不知，什么都不记得，而你却可以?”

“因为我在轮回路上做了标识，我强迫我自己这样做，即使下次轮回穷困潦倒，也要冒这个险做好刻度，把你刻进我的轮回路，在这一世找到你，报答你。”

“我怎么救的你?”

“我要进京赶考，参加皇帝亲临的殿试，可是，路途中，遇强盗，被洗劫一空，盘缠、干粮、御寒的衣物统统被抢，腹中饥饿难耐，衣不蔽体，屋漏偏逢连夜雨，我又患上严重风寒，倒在路边，奄奄一息，半遮着晦暗的眼睛，我想我可能将要以这般凄形、这般惨状离开世界，不会有人知晓，而我奋力挣扎、十几年的挑灯看剑，都将不久归零，我的死将对这个世界没有丝毫影响，树上的蚂蚁还是会一如既往地忙着觅食、搬家。”

“就在我已经放弃与命运抵抗，静等死亡吞噬我的时候，你出现了，你灵动地闪耀在奄奄一息的我面前，问：“路人，你怎么了?”

“我就要死了。”

“你饿？还是病了?”

“我渴，我饿，染了严重风寒，快死了。”

“‘我可救你。’你雀跃着对奄奄一息的我说。接着我看见你撇转身，手里忽然现出一个精致的白色瓶子，只见你轻捻瓶子里的绿叶，在我身上轻洒了几滴液体，我浑身一机灵，仿佛有什么东西一瞬间脱离身体了，人重新清亮起来，饥渴的感觉也消失了。我扑通跪地，连连叩首，感谢你的救命之恩，并发誓，要穷尽一生报答你。你默然，低下头，你说你恐怕犯下了滔天大罪，要受到重罚，因你是观音身边一个小童子，整日清规戒律，甚是无聊，而你生性清灵，总喜欢挑战规则，便趁观音午休的时候，偷拿了宝瓶，下界玩耍，不巧救了我的命。我听到后，瞠目结舌，原来你……

果然，正说着，一阵青烟飘来，观音身着素衣，神情肃穆，道：“童儿，你可知罪。”

四周静得异常，小鸟的叫声也突然消失了。

‘念你乖巧，追随我多时，今我只将你贬下界，你好自为之吧。’菩萨的话音回荡在空灵的旷野中，说着，便用手指轻点你的额头，之后我眼前一阵晕眩，知觉时，你们已经没了踪影，只留下我，焕发新生的身影在旷野中矗立着，我用力一遍遍在心中确认着，我要报答你。

之后我高中榜眼，一生顺遂。我铭记你额头有颗痣，那便是你被贬时留下的印记。”

他双目炯炯，语音流畅，就像在清晰回忆刚刚发生在昨的故事。而她，不自觉地用手去摸自己额头那颗痣。从开始记事一直到现在，她一直觉得它很丑陋，因此，总是用厚厚的刘海力图遮住它，不被人看见，嘘，也从不为外人道。

“我说过，我一早就能识别你，现在是我报答你的时候，你的前世今生，我都知晓。”他的声音清晰坚定。“我负责一路护送你，为你挡开鬼魅的侵袭，无论你在何时何地，我都能做到。因为你给我洒的是圣水，带着魔力，能实现一切。”

她诧然：“原来如此，我说怎么每次遇到不好的事情，总会没缘由地平安度过。”

“所以，此生，你尽管做自己想做的事情，无论做什么，你都会一生畅达，我都会在暗中指引你，助推你。”

“那么，我为什么会经历此前非常人所能忍受的磨难呢？几乎掏空了我。”她的表情苦痛，无尽哀伤。

“那就是前辈子的因，这一世的果，不过，你放心，此后都不会有了，你的难已完结，余下的全是好，且，好的会让你难以置信，而你生命中真正的那个人，已在某处静静等候，一切已经安排妥当，你只需轻盈地跳着房子唱着曲儿，便会撞见，他自会识别。”他仿佛一尊佛像，声音笃定。

此时，秦淮河上已经能略微看得见泛着的青光了。

七

回到酒店，她关上房门，回忆刚才的对话，这一切真的如在梦中，亦真亦幻。

浴室的镜子里，她面容略微倦怠，眼睛却越发深邃，突然回忆起了熟悉的旋律：“天涯呀，海角，觅呀觅知音。小妹妹想郎，直到今，爱呀爱呀，患难之交恩爱深。”这是老上海的曲调，虽是写情，可怎么听起来却是此般悲戚，眼泪不自觉又溢出来。

“不要，我不要，我不要这样，你走，你快滚，滚出我的脑海。”泪眼婆娑时，她突然用力握紧拳头，狠狠的砸向镜子，镜子裂开缝隙，自己的脸在破裂的镜子里四分五裂。

血，殷红的血，顺着镜子里的缝隙向下流，仿佛抽象派的画作，“血染的风采”她想，拳头渗出血，这已经是她数不清第几次砸镜子让自己流血了，可还痛？呵，这痛感早已被习以为常的心脏的剧烈抽搐麻醉、打磨、刨光了。

此时，脑海中那首熟悉的秦淮小调《天涯歌女》又在突兀的寂静中响起：“人生呀，谁不，惜呀惜青春，小妹妹似线，郎似针，郎呀，穿在一起不离分。爱呀爱呀，郎呀，穿在一起不离分。”

接着，她掩面，失声痛哭起来，任凭拳头渗出汩汩细密的血线。

“你只管老实地盗你的墓，盖你的楼，干吗要得罪什么狗屁政要的司机呢?”她默默自语着，仿佛是在说给一个房间里看不见的人听。

是的，她曾是他们那个地方势力最大的黑帮老大的女人，他只认定她，因为她的眼睛永远清透，没有杂质。他如父，成就她，她如女、如子，提出要求，由他实现。他送她远赴法国留学，去巴黎最好的音乐学院进修钢琴，要星星也能设法摘得到。

然，他是拿命在赌，盗古墓，挖古董，而后交易，取暴利。一次，行踪暴露，有卧底供出了一切，遂被抓进监狱，谁都以为这次他难逃一死，但，人们低估了他的能量，忠诚的马仔花了一百万买了一个替罪羊，那人愿意替他死，交换条件是用一百万保他贫寒的家今后衣食无忧。

钱能通神，捡了条命，但自此，他转而投资房地产，摇身变成一名正经的生意人，誓与过去的一切血污挥手告别。从头至尾，她都被照顾得妥贴入微，仿若艳丽的孔雀，出入皆有黑衣保镖随时候命，一人之下，万人之上，气场强大不必赘言，俨然威风凛凛的伊丽莎白一世。

但，世间一切皆有因果，天欲取之，无人可挡，且将会以何种形状实现，不被预知，倘若到来，猝不及防。

他携马仔在外地谈生意，路遇一嚣张跋扈的小角色，便将对方狠狠修理了一番，那人一条腿被打瘸。

当时，她还远在巴黎，正值暑假，电话告知他要先去罗马、苏黎世，她热爱艺术，想知道这些世界级的文化殿堂与她之前未见时朦胧的认知是否吻合，而后会从苏黎世直飞新加坡转机，回归他侧。

可不久，一日清晨，她正在苏黎世一家露天咖啡馆吃着简单的早餐，突然接到马仔电话。

他被逮捕了。

“立即执行枪决，不得有误。”这是政要的命令。

原来，在外地被他们修理的那人，是一个政要的司机，他拖着瘸腿向主人哭诉了遭遇，政要火冒三丈，眼珠通红："打狗还得看主人!"他想，誓要端掉他。在与警方、法院和检察院做了周密部署后，一日凌晨1点，夜黑如墨，几辆警车悄悄停在他的别墅门口，一干全副武装、身手敏捷、训练有素的特警举着武器突然冲进他家，仅几分钟便结束战斗，如探囊取物，他被戴上头套，塞进警车。

"当时，我们谁都没得到任何消息，与他素有来往的警察局长、法院院长等都事先被秘密羁押起来，只几分钟，他便轻而易举地被捕。"马仔在电话那端声线微弱。

她得知，他在郊外一处荒凉的砂石厂被一枪击中额头，脑浆崩裂，血飞溅，未留下只言片语。

就这样完结了，他的财产被全部没收，没有留给她任何东西，而她因有牵连，被判拘役一年零六个月，警方最后查清她只是一个被他供养过的最得宠的情妇，不曾有任何犯罪事实，释放出狱，她却仿佛过完了一生，心被掏空，越发清瘦，薄如蝉翼，何去何从，被宠惯了，一直养尊处优，手指如葱，无论去什么地方都坐头等，咖啡永远是用最好的咖啡豆现磨的，奢侈的香水、名贵的鞋子和那只被她取名 Princecess 的天价猫咪，还有，还有那架古朴的美国施坦威牌三角钢琴，统统都遗弃了她。

她得重新学习。试着把饭做熟，节俭，买菜、购物，都近乎锱铢必较，自此远离头等舱的虚幻感，甚至要为订不到经济舱的特价票而懊恼，还要学会忍受没有咖啡豆只能用即溶咖啡对付一下的滋味，就连悲戚到不能呼吸时也只能坐在廉价钢琴前疯狂地弹奏直至手指刺痛、键盘灼烫、泪奔流，等等，一如新生婴儿，但竟渐习惯，迷上此状，简单透明。

只是，他会经常出现，突兀地立在她的梦里，显现在她独自远行时小旅馆晦暗斑驳的墙壁上，隐没在深夜不知名的暗处，形影单薄，瞳孔哀伤，窥视着她……。

"够了，你给我滚，我已经学会了生活，我属于现在，不再属于你。你不要再来扰我，我与你的前世已经完结。"她开始激动起来，声音颤抖，无限悲楚，来势汹汹。

"我的人生就是这样被你捣毁，你为什么不老老实实盗你的墓，盖你的楼，为什么要得罪什么狗屁政要的狗腿子，为什么把我养得像个白痴，你却决然地丢下我，一个字也不留，他们说你等待枪决的前一秒在大笑，眼角挂着泪。呵，现在，你过瘾了，你满意了，你的女人，我，苏小宝，现在人鬼不像，死对我来说很容易，我想过很多次，该选择哪种方式死，是爬上82楼的天台向下漂亮地纵身一跃，四肢粉碎，亲人们都不能将它们完整拼接在一起？还是吞食大量安眠药在睡梦中毫无知觉地死去？或者，用廉价、破洞的丝袜套住脑袋窒息而死？又或者躺在浴缸里割破细腕，任凭浴缸的水被渐渐染成鲜红色，最后无声无息吞没我？但，你知道的，我生性胆小，连只蚂蚁都不敢碰，所以，你知道我不会死，更害怕看到血，怕闻见血的腥味，它会在空气中弥漫，挥之不去。所以，你就磨折我，让我生不如死，看穿万物，最后声息微弱，渐渐陨灭，无影无踪。”她对着空气，喃喃地倾诉，没有听众，或者，也许，有的。

八

座机铃声清脆如昨，又是在扭曲的心理折磨中睡着，惊醒。

他的声音奏着轻快的单音符，温暖明亮，仿佛清晨柔和的阳光清淡地投射进她的耳廓。

晚餐时，在秦淮河边一家考究的餐厅，他带了最好的朋友来与她认识，他的朋友有二，彬彬有礼，阶层显赫。他对她说：“小宝，你听好了，这一世，我的任务就是报答你的，我的朋友同我，所以，今后，无论至于何地，你都不要再惧怕了，我们会在你需要的时候出现，帮助你，你的人生正豪迈地向前开掘着。”

她静静地坐着，“我的人生就此展开了吗？”她想，此时，秦淮河怡人的清风飘进来，河面上映着餐厅幽暗的灯火，有光，风吹着河面微微颤动。

在历经了几日如梦般的生活后，她该离开了，要去到一个古镇。因为，他说过，你本是江南女子。

这一路来，一个莫名的前世的男子，清醒、自持，不希求，亦无索取，却一路为她安排妥当，甚至细微到她的喜好和品味，这到底是不是前世的因，此生的果，她不解，却是要告别了。

简单告别，没有太多客套，一切尽在无声中。

“回忆存储。”他说。

“谢谢。”她答。

是，记得他的话，不再惧怕，面朝大海，有好的花，有美的艺术品。你将看到春华秋实，一片繁华，似锦，如日月华光。

古镇，整齐排列的黑白色调的房子、安静的小桥、流水，如同一幅天然挥就的水墨画卷，在她的面前兀自展开，这里的人牙齿洁白、吐气如兰，面上总是绽放着简单的微笑。

而这里的女子大多身着及地的长裙，步态轻盈，泰然，安静，宛若水中白莲，和着这浑然天成的风景，简直美得一塌糊涂。

“我亦是江南女子呵。”她心底生出涓涓溪流来。

留宿在一家民居小客栈，典型江南小镇的房屋构造，她选择住在阁楼上，早晨，推开阁楼的窗户，江南民居错落有致的屋顶隐现在晨光中，她习惯起早，有小鸟叫声，如吴侬暖语，一缕阳光像从天外投射进来一样，空气格外清透，“我居然此刻置身于一个不知名的江南小镇了。”淡泊一笑。“呵，我是谁，清晨的万物生灵，你们好，我是苏小宝，我在重新活一回。”

简单梳洗，手捻罗裙，目光似水，自木梯袅袅而下，她心底不禁升腾出一句话：“此后，我，苏小宝，将会是这场戏的绝对主角、导演，我的演技已纯熟，更不会有谁会再粗暴地对我喊‘Cut!’，不，绝不。”

下楼用早餐，古镇的人常吃的早餐，清透、爽口、可饱腹。

中小学媒介素养教育专题

高中传媒素养课程教学的目的、宗旨、理念、原则及其反思

——以北京市广渠门中学传媒素养课程教学实践为例

秦学智

【摘要】

北京市广渠门中学是一所示范性普通高中，该校具有开放性办学思想，积极拓展大学教育资源。2011 年 10 月，笔者牵头成立的“优质高中传媒素养课程开发和实施”项目组，开始为广渠门中学高一年级学生开发和实施校本选修课程——《传媒与现代生活》。本文即是对广渠门中学传媒素养课程教学的目的、宗旨、理念、原则及相关问题进行的总结和反思，希望能为进一步进行中学传媒素养课程开发和教学提供可资借鉴的基础。

【关键词】

传媒素养教育　教学反思　目的　宗旨　理念　原则

【作者简介】

秦学智，男，汉族，中国传媒大学传播研究院副教授，博士。

前苏联作家高尔基曾经说过：“书籍是人类进步的阶梯。”如今“书籍”的面目已经发生了很大变化。我们已经身处于一个有着各种各样“书籍”形态的世界，譬如，电视书、电影书、网络书、手机书等的世界，这些“书籍”无时不刻都在影响着我们。我们需要对它们有深入的了解和认识以便更好地适应，甚至改变我们周遭的世界。当今是个知识和信息爆炸的时代，我们在接触周遭的信息时会应接不暇，甚至有时候会手忙脚乱，茫然无措，不知如

何选择。更有甚者，会将错误的信息错认为正确的而加以接受。与此同时，电子媒介，特别是网络媒介凭借其声光电技术的吸引力和文字、声音、图像一体化的能力，令几乎所有接触到它的人不知不觉地沉迷于其中而不能自拔。因为在网络媒介上的时间和精力花费，使人们的学习、工作、生活甚或身体都受到了严重不良影响。很多网瘾综合症问题，甚至由此导致的生命丧失悲剧都在昭示着：人们需要通过不断地学习来提升他们的媒介素养，即提高他们应对复杂媒介环境的批判性思维能力，培养他们正确接触和使用媒介及其信息的习惯。孟子曰："尽信书不如无书。"可见，提醒和教育人们要批判地思考一切知识和信息，是每个时代教育者都会做出的努力。2011 年下半年，应北京市广渠门中学之邀而为其开发和实施的传媒素养课程——《传媒与现代生活》，即是针对北京市优质高中进行的一次传媒素养教育。那么，在课程开发之初，我们如何去定位本次传媒素养课程教学的目的、宗旨、理念和原则？实施的结果是否完全实现了这样的目的和遵循了这些宗旨、理念和原则呢？如果存在着不足，那么又是什么因素造成的呢？本文希望能对这些问题做些梳理、思考和总结。

一 课程教学的目的和宗旨

北京市 60 所示范性普通高中之一的广渠门中学为中国传媒大学优质生源基地校之一。因为两校签有互助合作的协议，所以中国传媒大学有义务为广渠门中学提供大学资源的校本课程。当双方商定在 2011 年 10 月 25 日正式启动"优质高中传媒素养校本课程开发与实施"项目后，作为项目负责人，笔者结合多年来在传媒素养教育研究方面的思考和高中生的心理特点，在给广渠门中学提交的面向高一年级学生的《〈传媒与现代生活〉校本课程简介》中将本课程的目的和宗旨确定为："本课程旨在引导学生正确地认识包括报纸、杂志、广播、电影、电视、网络等大众传媒在内的传媒世界现象和本质。通过与学生直接生活经验的结合，让学生不仅认识到传媒世界（如网络世界，游戏世界）生活与现实社会生活的区别和联系，而且让他们正确地认识到自己的身份、地位、条件和境况，培养他们关于传媒世界的知识、技能和辩证批判思维能力，培养他们科学生活和健康生活的情趣和情感，以及利用传媒服务自己成长和社会发展进步的现代公民意识、态度、价值观和行为习惯。"

在逐步确定《传媒与现代生活》的目的和宗旨后，笔者随即组建了由四名研究生组成的项目开发和实施团队。明确了开发和实施的具体步骤，分工协作机制，并确定了课程教学主题。该课程共分八讲（每讲两课时，每课时50分钟），涵盖传媒、传播、传媒再现、传媒组织等主题，以贴近学生日常生活经验、与传媒世界有关的教学议题为主要研究对象。主要采取启发式、探究式与互动式教学方式方法，启发引导学生积极参与课堂实践和互动，使学生在对话、讨论、思考、发现和活动中，获得对传媒世界现象和本质的深刻认识。强调学生社会问题反思能力、传媒批判思维能力和传媒创作实践能力以及团队协作精神与优良人文品质的培养，讲究通过生动活泼的教学形式和引人入胜的教学内容，更好地促进学生的社会化成长，使学生启智开悟，锤炼性格，健康身心，提高传媒批判思维能力，并具备民主、科学、平等、开拓和进取精神的现代公民品格。

可以说，《传媒与现代生活》是在北京市优质高中推广和实施的首个现代传媒素养教育意义上的传媒素养课程。这是传播研究院传媒教育研究中心在东城区黑芝麻胡同小学、朝阳区定福庄第二小学进行传媒素养教学实验和实践之后的又一重要实践推广举措和教学实践活动。我们希望有一天能够做到面向全国中小学开发和实施具有很强思想性、艺术性、实践性和人文性的传媒素养校本课程，为推进我国传媒素养教育事业做出积极努力。

二　教育教学理念

教育教学理念是如何从事某一方面教育教学的根本出发点和要遵循的基本思路和思想精髓。我们知道，加拿大安大略省《媒介素养资源指南》中曾提出一个广为流传的八大理念，这八大理念受到了莱恩·马斯特曼八项原则等思想的影响，它们是：

第一，所有的媒介讯息都是建构的产品。媒介并不提供外部客观世界的简单映像，而是向我们提供经过人工精心建构的产品，媒介素养教育致力于分解和辨析媒介的建构。

第二，媒介构建现实。我们对于外部世界的多数观察和体验都是通过媒介获得的。

第三，受众个体的需求、渴望、情绪、态度、身份、家庭和文化背景等因素影响他们对媒介所传递信息意义的选择、理解和讨论。

第四，媒介总是暗含商业意义。媒介生产说到底是一种商业行为，除了媒介本身需要承担的社会责任之外，媒介存在自己的特殊利益，因而在信息报道或宣传方面具有一定的利益导向。

第五，媒介包含意识形态和价值观信息。传媒是信息和思想的载体，蕴含着丰富的人生价值观念和生活方式等思想，因此，在与媒介的接触当中人们总免不了会受到其意识形态或思想观念的影响。

第六，媒介暗含社会和政治诉求。媒介势必涉及政治、民权、民族、民生、民主、社会热点和难点等问题，因此，媒介包含的社会和政治意义是显而易见的。

第七，媒介中的内容和形式总是紧密相连的。不同的媒介都有自己的语法和编码方式，这种形态或形式的不同决定了其对同一内容的表现会有各自的特点。

第八，每一种媒介都有其独特的美学形式。①

严格来说，这八大理念是关于媒介和媒介受众性质与特性的思想和观点，是我们在媒介素养教育教学过程中应当把握的有关媒介及其受众的基本观点，是属于媒介素养教育教学理念中有关教学内容的一部分。换句话说，这八大理念仅仅谈到了有关媒介及其受众的一些根本思想和观点，而并没有全面地探讨或讨论有关媒介素养教育教学的基本理念。全面意义上的媒介素养教育教学理念应当包括教育教学目标、对象、内容、方式方法、师生关系等诸多方面，是一种对媒介素养教育教学过程各个基本组成部分或环节所应遵循的基本思想的概括和总结。

基于对媒介素养教育教学理念的基本思考，笔者将媒介素养教育教学的理念暂且确定为："以学生感兴趣的与传媒世界有关的教学议题为主要研究对象，以学生对话、讨论、思考和活动为中心，注重思想性、艺术性、情感性、知识性和信息性的表达和启迪。启智开悟，锤炼性格，健康身心，以培养积极乐观，开放进取的现代社会公民为最高教学目标。"具体而言，我们可以从以下几方面来谈：

---

① Barry Duncan. Media Literacy – Resource Guide. Toronto: *Ministry of Education*, 1989: pp. 8 – 9.

（一）以培养积极乐观、开放进取的现代社会公民为最高教学目标

培养积极乐观、开放进取的现代社会公民是一切教育的共同价值目标和最高教育目标。作为一种现代教育的形式，传媒素养教育也自然会把它作为自己的最高教育目标。特别是作为现代性、人文性极强、学科知识复合性和综合性都很强的传媒素养教育更应如此。那么，针对高中学生而言，他们正处于未成年人向成年人过渡的青春期，他们急切地想寻找自己未来的定位和理想目标，同时有着巨大求知和了解社会的欲望。此时，培养他们对于国家和社会的责任感，与民主、科学和遵纪守法的公民意识，特别是利用媒介服务社会和自身的科学习惯，正是合适之机。

（二）面向全体，面向现代化，面向世界，面向未来

邓小平同志曾经提出了“三个面向”的教育方针，简而言之就是要“立足传统，面向现代化；立足中国，面向世界；立足当今，面向未来。”这是我们必须坚持的基本教育方针，也是我们必须遵循的一个教育教学理念。要“立足当今，面向未来”，就必须以人为本，面向全体学生，为了全体学生，并做到因材施教，激发潜能。

这一教育教学理念，具体应用到高中生身上，就是要面向全体高中生开设传媒素养课程。就目前现状而言，许多高中领导和教师尚未对传媒素养的重要性和意义有真切和深刻的认识，因此，要争取说服他们同意在他们所在的学校以选修课的形式开设传媒素养课程，有条件的学校可争取将这类比较成熟的课程开设成为必修的校本课程。

（三）要让学生尽可能了解和掌握中西方有关媒介、传播和受众等研究方面的成果，培养他们的媒介批判思维能力和媒介制作能力等媒介素养

在教育内容方面，要吸收中西方关于媒介和受众研究方面的一切文明成果，将媒介和受众与社会和学生自身发展的关系知识通过讲授和讨论等多种形式让学生掌握好。譬如，安大略省发表的《媒介素养资源指南》中的八大有关媒介和受众的观点，莱恩·马斯特曼提出的八项媒介素养教育基本原则，艾迪·迪克提出的传媒三角教学框架思想等，都应被借鉴和参考，只有这样才能更好地更快地把握传媒素养教育教学的真谛和要领。

（四）在教育教学方式方法方面，实行启发式教学和探究性活动教学

苏格拉底提出的“产婆术”，即问答教学法，到今天仍是极好的启发式教学方法。通过情境引入，观察现象，提出问题，启发学生的讨论和思考，最终使学生获得多元化的认识和丰富。除了问答教学法之外，教师还应设计一些探究性的学习活动，让学生在项目学习中获得观察、发现和解决问题的思维技能和习惯。

（五）以学生日常媒介生活经验为基础，坚持以教师为主导，学生为主体，强调师生平等、积极互动

高中生正处于心理学家埃里克森所说的“自我同一性和角色混乱的冲突”阶段。这个阶段的学生正是初步确立自己身份形象和社会角色的时期。这个时期，如果能够给他们以更多的人生志向、社会生活和理想方面的精神引导，那么就能比较顺利地获得社会化成长，度过本能骚动比较激烈的时期。所以，这一时期的传媒素养教育教学要尽可能贴近学生的日常媒介生活体验，要教师根据学科教学的基本要求和学生身心发展的阶段性规律和特点，主导性地设置课程内容和教学路线，充分发挥学生的主体性、主动性和积极性，以便获得更佳的教育教学效果。自然地，在追求民主、博爱和平等的现代社会，师生人格平等，互相尊重和互相支持，积极互动就成为教育教学的内在基本要求。

三　教育教学原则

要更好地实现教育教学的目的和宗旨，遵循教育教学基本理念，就必须制定和执行相对更加具体的教育教学原则。“教学原则是根据教育教学目的、反映教学规律而制定的指导教学工作的基本要求。它既指教师的教，也指学生的学，应贯彻于教学过程的各个方面和始终。它反映了人们对教学活动本质性特点和内在规律性的认识，是指导教学工作有效进行的指导性原理和行为准则。教学原则在教学活动中的正确和灵活运用，对提高教学质量和教学

效率发挥着一种重要的保障性作用。"① 笔者认为，传媒素养教育教学的原则，除了符合现代教育教学的一般性原则之外，还应有自己特色的教育教学原则。长期以来人们总结的一般性的教育教学原则有：直观性原则、系统性原则、巩固性原则、循序渐进原则、启发式原则、统一要求与因材施教结合原则、教学最优化原则、教学相长原则等。而自己特色的教育教学原则主要有三方面，即紧紧围绕传媒生产生活教育教学的原则、使用媒介框架教学理论进行教育教学的原则、知识传授服务于智力发展原则和通过媒介进行教育教学的原则。现重点对以下笔者在传媒素养教育教学中感受较深的几个原则进行论述。

（一）理论联系实际原则

理论来源于实践，指导实践并接受实践的检验。在课堂教学中，传媒素养教学的理论和原则必须与教学的实际结合，必须与社会的实际结合。首先，这里教学的实际，包括学校整体的状况、校风学风、教学管理模式、课时长度、教学纪律和制度、教室的设备和组织形式，学生的基础、素质和兴趣，以及教学过程中学生的反应和教学时机等实际状况。我们在给广渠门中学实施课程的时候，发现因为学生来自于不同班级，各班上节课下课的时间各有不同，所以组织学生安坐下来就花费一定时间，这样原先设计的课程内容就显得过多；即使课程内容容量设计得合适，但教学过程中学生的反应和教学时机的随机性都很强，每一教学环节实际的时间花费不可能完全与原先设想的教学时机相同，还有教学内容的难易程度是否适合，等等，这些都需要理论与实际状况的结合。其次，应当让学生尽可能广泛地了解社会生活的各个方面，包括所在区域社会发展方面的问题，并通过一定的探究活动探索问题的解决策略和办法等。这个原则适用于所有学段。

（二）科学性与思想性统一原则

什么样的教育才是好的教育？2011 年 10 月 11 日，清华附中、东北师大附中、绵阳外国语学校等全国知名中小学校的 200 名校长齐聚绵阳，参加了以“和谐校园、特色发展”为主题的校长论坛。论坛上，校长们的智慧对话激起了思想火花，就基础教育、学校特色等问题展开了讨论。有的校长认为

---

① http：//baike. baidu. com/view/616455. htm.

偏科并不是坏事，有的校长重视“非智力品质”，如东北师大附中校长李桢认为，“……基础教育更重要的是对学生心理、身体、知识的培养。中学阶段培养学生的非智力品质十分重要，即‘情感、态度、价值观’。应该做到德育为先，培养学生正确的世界观、价值观，自主能力、自信品质和健康的心理，要诚信、热情。”还有的校长强调全面、多元地开启学生智能潜力，激发学生多元智能和自我发展的自信与原动力。①

教育的科学性和思想性是一对相辅相成的概念，二者之间既有差别也有内在的统一性。譬如，我们曾经一贯强调所教知识的科学性和正确性，但这种科学性和正确性如果不与思想性结合起来，很难说我们的教育教学活动是科学性的和完全正确合理的。学生的学习过程既是一个追求科学知识和技能的过程，也是一个情感、态度、价值观和道德品质不断发展和培养的过程，这种过程特点决定了我们的教育教学活动必须遵循科学性与思想性统一原则。这个原则适用于所有学段。

（三）教师主导性和学生主体性协同原则

教育教学的成功需要师生两方面力量的参与和配合。在课前，为了弄明学生既有的媒介生活和文化经验状况和求知欲，传媒素养教师需要通过问卷调查、访谈、座谈等方式向学生了解，然后确定优先和重点教学的基本议题和方面。在课堂教学中，教师根据精心策划和准备的教案进行教学，密切关注学生的反应，学生也要积极发言和表达自己对教学议题和问题的观点或看法。在课堂教学结束之后，教师和学生还要就教学效果、教学内容、教学方式和教学艺术等方面进行沟通和交流，以便师生双方理解彼此的教学关切，消除不必要的误会或误解，达到彼此满意的教学效果。总之，在教学各个环节，都离不开教师的主导和学生主体性的发挥。这个原则在传媒素养教育教学中表现得非常明显。

（四）传授知识服务于发展智力原则

教育史上一直有实质教育论和形式教育论之争。这种争论的焦点就是知识和能力在教育过程中谁先谁后的问题。尽管具体到某一节课堂的教学，是

① “什么样的教育才是好教育”，http：//sichuandaily. scol. com. cn/2011/10/17/20111017318023990227. htm.

主要以知识传授为主还是以能力培养为主，很难有明确的结论，但是，随着知识爆炸和信息时代的来临，人类创造知识和信息的爆炸性增长和知识淘汰率的上升，使得发展智力和培养能力的急迫性和重要性在总的教学目标中越来越凸显。而传媒素养教育教学所面对的巨大知识层面、范围和领域，使得传媒素养教育教学不得不以发展智力和能力作为优先考虑的对象，而所传授的知识应当和必须服从于这一目标。

（五）紧紧围绕传媒生产生活教育教学的原则

传媒素养教育教学是关于传媒知识、技能、信息、情感、态度、价值观、道德品质养成的教育教学活动。传媒的知识领域包括传媒生产、消费、交换和分配等各个生产生活方面，因此，必须围绕传媒生产生活而设计、组织和实施教育教学活动，这是传媒素养教育教学区别于其他教育教学活动的地方，是传媒素养教育教学特色的集中反映。

（六）使用媒介框架教学理论进行教育教学的原则

因为传媒是一切文化知识和信息的载体，又是一个常新的事物，所以关于传媒的传媒素养教育教学内容领域非常广阔。一方面，内容如此丰富、领域如此广阔、议题层出不穷；另一方面，大中小学校教育、社会教育能够容纳或承载的传媒素养教育内容和活动比较有限。面对如此的情势，传媒素养教育教学必须根据学校和学生生活的实际，根据急迫、重要的、有时候又是阶段性的目标和任务，按照一定的逻辑框架进行教育教学。国外在传媒素养教学方面的实践比较早，已经摸索和总结出了一些媒介教学框架理论或思想，如英国艾迪·迪克的传媒三角理论、帕金翰的四关键概念框架教学思想、美国的五关键问题和五关键概念教学组织模式等，国内一些实践工作者也逐步摸索出了从媒介技术、媒介组织、媒介再现、媒介受众等方面入手展开传媒素养的教育教学活动。“杀猪杀尾巴，各有各的杀法”。只要对媒介教学艺术烂熟于心，教师完全可以摸索和形成自己一套独具特色的教学实施模式，得心应手地开展教育教学活动。

（七）通过媒介进行教育教学的原则

现代教育技术的进步和数字化媒介设备成本的下降和广泛应用，使得投影仪、PPT 教学、视频短片、图片、摄影以及哈哈镜等软件在课堂上的使用成为可能和趋势。在有关传媒的教育教学活动中，根据直观教学等原则教师现场呈现媒介实物、模具或图像展示，或媒介文本，对于调动学生的兴趣和提升教学效果无疑是关键和必须的。我们在广渠门中学的课堂教学中，使用过报纸、电视短片、视频片段、截图、哈哈镜软件等媒介，这些举措的确起到了引人入胜、调动兴趣的效果。与其他科目教学相比，尽管其他科目教学有时也应用了 PPT 教学，但很难像传媒素养教学这样对媒介及媒介技术使用的要求这么广泛和重视。

四　对广渠门中学传媒素养课程教学实施情况的反思

这次在广渠门中学实施传媒素养课程，由于领受任务和课程教学的准备几乎同时，项目组老师和学生也都在百忙之中进行工作，再加上只有 8 讲的教学时间，所以在教学目的和宗旨的达成、理念的实现、原则的应用等方面仍有许多需要不断改进的地方。

（一）部分地实现了传媒素养课程预定的教学目的和宗旨

通过传媒、传播、传媒再现等 8 讲课堂，向学生介绍和讲授有关媒介的基本知识和理论，让学生耳目一新，他们第一次认识到大学还有这样密切联系他们日常媒介经验的启发人们媒介批判思维和开阔人们知识视野的课程，让学生普遍认识到了虚拟世界和现实世界之间的反映和被反映的关系，促使他们初步具备了对传媒信息的批判思维意识，有一些学生反映说他们所学的某些知识确实有助于他们的日常学习和生活。但是，受限于有限教学时间和精力，未能对学生自身的身份、地位、条件、境况和媒介心理等方面有足够的涉及和设计，也未能通过系列比较紧凑的媒介探究活动对学生进行良好媒介生活习惯的培养，特别是在如何培养他们现代公民意识和行为习惯方面我们所做的工作还少得可怜，远远达不到自己和该科目教学本身所要求的满意度。

此外，在课堂上涉及到的媒介形态也比较有限，涉及较多的是报纸、电视、网络、广告，较少的是杂志、书籍、电影，还有很多诸如音乐、戏剧、游戏等传播形式未能涉及。其实，每一个知识点或领域，都可以挖掘得很深，拓展得很宽，但受条件所限，这次课程教学能够做到的只能用“初步”或

“蜻蜓点水”来形容。

（二）部分地遵循了自己理解的传媒素养教育教学理念和教学原则

传媒素养教育教学的理念和原则众多，很难要求教师在一堂课、一单元课或几讲课中完全地体现出来。因此，只要朝着这些方向努力，结合课堂教学任务和内容的实际，能做到适宜和适当就可以了。

在广渠门中学传媒素养课堂教学中，在公民意识和习惯教育方面觉得还做得远远不够，离培养现代公民的教育目标还有不小距离。课堂教学中，始终面向全体学生，但受教育经验和时间的局限，在教学过程中，很难对所有学生的反应进行回应。尽管面向世界，也面向未来，但跨国文化、多元文化的内容涉及仍然有限，这方面的教学还显得肤浅。

在教育教学过程中，基本上做到了介绍基本的媒介知识、传播的理论和成果，启发式教学和讨论，以学生日常媒介生活经验为基础，以教师为主导，学生为主体，师生平等，积极互动，培养批判思维能力，注重科学性和思想性的结合以及巩固性原则等，但在因材施教原则、探究性任务和项目完成、学生团队合作完成研究任务，使用媒介框架教学理论进行教育教学等方面，由于受到学校管理体制、课后监管和跟踪、教师和学生自身等方面的原因，做得远远不够，留下了众多遗憾。当然，要求所有的这些目标和任务都要在一堂课、一单元课或几讲课中实现，显然是不太可能的事情。这种尴尬的情形也在提醒我们，传媒素养教育教学不可能毕其功于一役，需要不同系列的系列性的课程设计和安排，才能整体达成或实现传媒素养教育教学应当履行的天然使命。

（三）在具体教学组织和实施过程中经验和教训并存

除了以上经验和不足之外，教学准备阶段和实施过程中还有很多需要注意的地方。譬如说，教学的组织。每个高中都有自己的管理模式和做法。我们发现，选修《传媒与现代生活》课程的同学来自于 6 个以上的高一班级，课堂有一位教师专门管理和点名，这样在教学开始的阶段，就坐和点名就花去一些时间，这种情形我们原先未曾想到。所以，开始的几节课准备的内容和结构显得过多，等课堂结束时间到来，未能完成预定的目标和任务。此后我们相应地调整了内容量和结构，才避免了这一问题。广渠门中学是固定座次安排，因此很难进行以班级为小组或单位的讨论（因为来自于不同班级，故按班级分组容易完成小组的项目或任务），这影响到教学的具体组织形式。

在教学观察中，我们发现，有一部分学生的媒介接触和了解比较丰富，而另一部分比较有限。所以，接触和了解多的学生反应比较积极主动，也展示了从未有过的自信。而接触和了解少的学生则表现一般。从学生的反馈中，我们也了解到，我们所使用的视频资料来源最好要多元化，素材要现代和新颖（学生熟悉的，会有积极反应，不熟悉他们就会激发兴趣去了解），这要求教师必须每次讲授都要更新素材，以跟上学生生活的时代和信息生活。

此外，我们发现，学校和教师虽然内心里向往这种素质教育的方式，但是他们更多地还是将重点放在高考或会考方面的科目学习上。因此，在课余时间留给传媒素养教育教学的作业和探究活动时间比较有限。高中寄宿制的管理模式，也使得大多数同学的媒介接触，特别是网络接触有限，影响了他们搜集资料和拓宽学习视野等。

总之，传媒素养教育教学作为一个新生事物，在国家政策、学校领导层和有关教师了解度和重视度、学校管理模式、学生日常媒介生活方面还有许多不匹配或不相适应的地方，这些都需要我们在不断的探索过程中逐一地应对和解决。

中国大陆高中传媒素养课程开发的目的性、重要性和可行性

——以北京市广渠门中学传媒素养课程开发实践为例

何庆平

【摘要】

目前，在中国大陆，传媒素养课程的开发与实践在大中小学校都有进行。学习阶段不同，传媒素养课程开发的目的性、重要性和可行性都会有所不同。本文以北京市广渠门中学传媒素养课程开发实践个案研究为基础，尝试对中国大陆高中传媒素养课程开发的目的性、重要性和可行性问题进行探讨，以深化人们对中国大陆高中传媒素养课程开发与实践的认识。

【关键词】

传媒素养教育　课程开发研究　目的性　重要性　可行性

【作者简介】

何庆平，男，汉族，中国传媒大学传播研究院 2011 级传播学硕士研究生。

自上世纪末传媒素养教育理论被引入中国大陆之后，国内学者关于传媒素养教育的研究方兴未艾。但受限于多方面客观条件，有关传媒素养教育的实践性研究相对落后于其理论性研究。在相关实践性研究中，针对高中阶段传媒素养教育的实践研究则更是凤毛麟角。在此背景下，中国传媒大学传播研究院传媒教育研究中心于 2011 年秋季学期在北京市广渠门中学（高中）成功进行了“优质高中传媒素养校本课程开发与实施”项目第一阶段的课程开

发与教学实践。该项目由秦学智副教授主持，并由四名媒介素养研究方向硕士研究生共同参与完成。经过一个学期的课程开发实践，项目团队对课程开发的目的、过程、意义以及可行性等方面进行了总结。

一 课程开发的缘起、目的及基本实施步骤

（一）课程开发的缘起及目的

广渠门中学为北京市 60 所示范性普通高中之一，该校为其高一年级新生开设有内容丰富的校本选修课程，供学生自由选择，学生经考核合格后给予相应学分，计入其学习档案。早在 2011 年 4 月，广渠门中学就与中国传媒大学等五所高校签订了“优质生源基地”协议，当时中国传媒大学即与广渠门中学商定，从 2011 年秋季学期开始为其提供有中国传媒大学特色的与传媒相关的课程。中国传媒大学传媒教育研究中心承担了这一课程的开发及教学实践任务。项目组在广渠门中学进行的是独立式的传媒素养课程开发，课程名称为《传媒与现代生活》，这是在北京市优质高中推广和实施的首个现代传媒素养教育意义上的传媒素养课程。

《传媒与现代生活》传媒素养选修课共开发出 8 讲课程，为各自独立又相互紧密联系的八个部分。具体为，第一讲：传媒（Media）；第二讲：传播（Communication）；第三讲：传播的学问（Theories of Communication）；第四讲：传媒再现（Media Representation）；第五讲：传媒组织（Media Organization）；第六讲：广告、消费和受众（Ad consumption & audience）；第七讲：走进“微时代”（Enter the MicroAge）；第八讲：传媒作品展示（Final Presentation）。

总的来看，学术界一般认为传媒素养课程开发的目的主要包括媒介认知、媒介批判性思维培养和媒介使用三个方面。加拿大安大略省教育部认为，传媒素养旨在帮助学生发展对大众传媒的本质有知晓和批判的能力，懂得大众传媒所运用的技术以及这些技术所产生的影像。更具体地说，传媒素养教育的目的是增加学生对传媒如何运作、传媒如何传递、如何组织起来以及如何构建现实的理解和感受，并让学生具有创造传媒产品的能力。[①] 美国学者沃

① 秦学智，秦倩，何娟，“传媒素养教育的几个重要概念辨析”［J］，现代传播，2011（12）。

里·博文认为，“传媒素养教育致力于培养公民的能力，并将他们与传媒的被动关系改造成积极批判性参与的关系，它能帮助他们挑战私有化的商业传媒文化的传统和结构，并能帮助他们找到公民言论和话语的新路径”。[①] 加拿大安大略省教育专家简·泰利则认为：“在多任务处理、商业化、全球化和交互性的世界里，传媒素养教育不在于获得正确的答案，而在于提出正确的问题。其结果是学习者和公民的终身‘赋权’。”[②] 在进行课程开发之初，秦学智副教授就向项目团队提出了“思想性、艺术性、实践性和人文性”的指导思想，并明确了课程开发的目的。我们在进行课程开发时，除了考虑以上三个方面外，针对高中生特点和实际情况，进行了具体分解，包括了以下几个方面。

1. 帮助学生初步认知传媒、了解传播

引导学生正确地认识包括报纸、杂志、广播、电影、电视、网络等大众传媒在内的传媒世界各种现象，了解传媒组织机构的运作流程，了解传播的类型及过程，以及与学生生活相关的热点传播话题。

2. 帮助学生揭示传媒现象本质，树立其批判性思考能力

通过与学生直接生活经验的结合，让学生不仅认识到传媒世界（如网络世界，游戏世界）与现实社会生活的区别和联系，并且通过对传媒现象本质的揭示，培养其关于传媒的辩证、批判思维能力。

3. 锻炼学生在互联网时代初步的媒介产制和自我传播能力

以传媒作品展示考核等方式，在课堂指导的基础上，要求学生以小组分工合作形式制作媒介作品，发挥学生主观能动性（不做任何限制性要求），以培养其媒介内容生产及自我传播的能力。

4. 帮助学生正确认知大学、认知传媒从业者，规划好学习和职业生涯

高中生处于高考升学压力之下，又处于青春期，思想活跃却容易跑偏，对未来有着朦胧却又不够具体实际的想法。因此，这门课程还希望帮助学生了解大学生活，了解传媒从业者工作和生活，以帮助高中学生尤其是高一新生做好高中阶段学习规划和未来升学选择和职业选择。

5. 引导学生树立民主、平等、开拓和进取信念的现代公民意识和精神。

通过对我们身处的传媒世界现象和本质规律的揭示，让学生正确地认识到自己的身份、地位、条件和境况，培养其科学生活和健康生活的情趣和情

---

① 秦学智，秦倩，何娟，“传媒素养教育的几个重要概念辨析”［J］，现代传播，2011（12）。

② 同上。

感，以及利用传媒服务自己成长和社会发展进步的现代公民意识、态度、价值观和行为习惯。

（二）课程开发的基本实施步骤

此次课程开发的实践过程中，项目团队边开发边摸索，逐步形成了一个相对成熟和完整的可供复制的课程开发流程。

1. 成立项目组：秦学智副教授在接下此项目后，首先着手组建项目团队。本着自愿的原则，4 名 2010 级、2011 级研究生加入项目组。为保证项目顺利进行和人员稳定，双方在平等自愿基础上签订了协议书。

2. 前期调研：项目团队组建后，第一件事就是进行与项目有关的调研，了解此项目的背景信息，了解广渠门中学校本选修课程情况，以及此次课程开发的要求、授课时间、时长、授课对象及其他具体细节。

3. 确定课程开发目的，主题和授课方式：开始具体内容开发之前，项目组首先探讨并明确了课程开发的目的（如上所述），整个课程开发的具体主题及授课形式等。

4. 具体课程开发：

（1）主题讨论会及分工：提前一周开始下次课程的开发，第一步骤便是经由讨论确定下一次课的主题内容，并分工协作（明确主讲人、教案及课件制作人，配合人、助教等角色）。

（2）分工协作完成教案及 PPT 课件初稿：提前 4 天完成教案及 PPT 课件初稿。

（3）讨论教案及课件初稿，提出修改意见：用一天时间讨论并提出修改意见。

（4）分工协作完成教案及 PPT 课件修改至定稿：提前 2 天完成教案及 PPT 课件的修改至定稿。

（5）课前试讲：提前一天试讲，并做最后调整，准备好上课道具及相关设备。

（6）课后总结会：课程结束第二天上午即召开上节课的总结会，根据学生课堂表现及反馈，找出不足，加以改进，不断优化课程开发。然后开始下一次课程开发的讨论及分工等，如此循环推进。

5. 中期效果调查及调整：在进行到课程开发实践中期后，对前半段时间课程开发的内容及教学实践效果做一轮问卷调查，以了解课程开发的内容是否能被学生接受和欢迎，预期的教学效果是否达到，学生对课程有何期待及建议等。根据问卷调查结果，调整接下来的课程开发的主题及形式选择。

6. 项目总结：全部课程结束后，项目组对所有课程开发内容进行整理，对过程中积累的经验和不足进行总结，为下一次课程开发提供借鉴。

二 高中阶段传媒素养课程开发的重要性

近年来，传媒素养教育在中国大陆发展迅速，其重要性也愈发被更多的人所认识。但无论从世界范围看还是从中国范围看，传媒素养教育至今尚未有统一的定义。我们认为，传媒素养教育是指根据一定的社会要求与受教育者的身心发展规律，通过一定的教育手段使受教育者能够掌握或具备一定传媒素养的培养人的活动。它不仅培养受教育者的传媒知识、技能，还培养与传媒有关的情感、态度，以及现代社会所要求的价值观和思想道德品质等修养。[①] 毋庸置疑，身处全媒体时代，帮助人们具备相关传媒素养将成为十分重要的课题。尤其是对于在传媒建构的拟态环境下成长起来的90后高中生，他们正处于被媒介包围的时代。而在高中阶段的学习过程中，学生又较少接触社会实践。因此，他们对于一些问题是比较难以理解的。比如，学生难以理解信息是被人解释、加工过的，或将虚拟世界与“虚假”划上等号。所以，针对高中阶段学生进行专门的传媒素养课程开发意义重大。

（一）降低传媒对高中生产生的负面影响

从传媒素养教育的概念产生以来，“保护主义”这一理念其实一直暗含其中，保护涉世不深的青少年免受传媒负面因素的危害一直是传媒素养教育的题中之义。长期以来，传媒中的虚假乃至色情、暴力信息（尤其是网络媒体）一直是毒害青少年的魔爪之一。高中生处于青春期，精力旺盛，爱模仿，却又缺乏判断力，极易受到影响。

此外，还有令许多家长、教师头疼不已的网瘾问题。如今，条件较好的家庭一般都配备有电脑上网，条件差一点的学生则可以去网吧接触网络。高

---

① 秦学智，秦倩，何娟，“传媒素养教育的几个重要概念辨析”［J］，现代传播，2011（12）。

中生学习能力强，已掌握一定的电脑使用技术；但是高中生往往自制能力极差，一旦迷上网络就难以自拔，尤其是虚幻的网络游戏常常令他们迷失其中。针对高中生的传媒素养课程开发一定要直面此类现实问题，在课程中针对此类问题设计专门内容，以使学生认清传媒存在的负面因素，降低对学生的负面影响。

（二）有助于提升高中生身心健康，使其形成正确的价值观、人生观、世界观

学生步入高中时代，自我意识逐渐发展，开始摆脱对成人的依赖，渴望进入成人角色，获得全新的社会评价。但心理成熟水平偏低，思维上带有很大的片面性和表面性，缺乏成人深刻而稳定的情感体验。因此，他们在不同的思想面前感到迷茫与困惑，在诱惑面前不知如何去伪存真。[①] 贴在90后身上的“非主流”、“脑残”等标签无疑就是对上述现象的一种认识或评价，虽然这种认识或评价并不完全客观和全面。此外，盲目追星、赶时髦、爱耍酷等也是这个年龄段学生比较典型的心理特征。

但是，高中生的智力水平接近成人高峰状态，其注意力具有一定的稳定性，能较长时间地注意与自己兴趣有关的事物。[②] 所以一旦抓住他们的兴趣点，教育的效果也将是非常好的。针对高中生特点开发传媒素养教育课程，尤其要注意与他们的生活经验相结合。这种教育将有助于提高他们对媒介信息的批判能力，有利于提高他们的是非分辨能力、道德评判能力和社会责任感，进而帮助他们树立正确的人生目标和价值观念。

（三）有利于推进高中素质教育的发展，培养合格的现代公民

改变传统的应试教育培养书呆子的模式，开展素质教育，培养德智体美全面发展的现代人才是国家在教育领域的大方针。高中生在未进行系统的传媒素养学习之前，更多地会把媒介当作纯粹的工具或把媒介传播的虚拟社会误认为是客观现实，这是由于长期以来的被动接受知识的习惯，使得他们更倾向于相信传媒而不是质疑。他们还不能成为媒体信息理智谨慎的消费者。而传媒素养教育不仅要教给他们具体的媒介知识（比如什么是报纸，传媒的

---

① 骆中成，徐晓昀，“认识、甄别、应用，基于高中阶段媒介素养教育的实践研究”[J]，中国广播电视学刊，2010（6）。

② 同上。

发展过程等）和传播技能（比如制作一条新闻等），还要联系高中生的生活经验，在此基础上进行课程设计开发以培养他们的批判能力和发展他们改变生活的能力。

一学期的传媒素养课程未必能让所有的学生都能在短时间内有明显的从思想到行为的变化，但是一旦批判意识或精神形成，这种思维的力量会在其整个人生中发挥积极作用。独立思考能力是一个现代公民最重要的素质，可以说，传媒素养课程为学生打开了了解媒介、认识社会的一扇窗户。通过这扇窗户，他们可以发现人生更多的风景。

四　高中阶段传媒素养课程开发的可行性

高中阶段传媒素养教育既如此重要，其课程开发亦需迫切提上日程。目前在中国大陆，虽然官方尚未出台完全针对高中阶段传媒素养课程开发的政策，但进行高中阶段传媒素养课程开发的条件已初步具备。高中阶段学生需要传媒素养，这是根本；理论界的研究则提供了理论指导；政府政策的鼓励与支持，学校、家长的重视都是重要推动力；人财物资源的可获得性和课程开发形式的相对灵活性，为高中阶段传媒素养课程开发提供了现实的可行性。接下来，就需要有条件的高中与高校开展先行先试，为今后的广泛推广提供经验。

（一）现实的需求

基于上述有关高中生传媒素养教育课程开发重要性的讨论，可以看出，其现实的需求不仅大量存在，而且非常紧迫。正是有着基于当前教育体系下青少年传媒素养教育迫切的现实需求，才是我们进行课程开发最大的动力。

（二）学术界的研究热潮

学术界一直是积极推行传媒素养教育的主力军，相关高校在这方面一直扮演着开拓者的角色。比如中国传媒大学、浙江传媒学院等传媒领域特色高校积极开展有关高中阶段传媒素养教育的实践与理论研究工作，与一些高中学校展开点对点的合作，在实践中总结经验并加以推广，已经取得了不少成果。比如此文所述的中国传媒大学与北京市广渠门中学的合作，浙江传媒学院与杭州夏衍中学的合作等。

除了高校的研究之外，学术界的各种研讨会、论坛也如火如荼地举行，比如已经成功举办四届的西湖媒介素养高峰论坛，还有此次即将举办的第三届媒介素养教育国际学术研讨会，等等。围绕高中传媒素养课程开发的学术论文时有发表，相关学术观点为高中阶段传媒素养课程开发提供了有益的参考与借鉴。

(三) 政府政策的鼓励与支持

在教育部颁布的《国家中长期教育改革和发展规划纲要（2010－2020年)》中，有关高中阶段的内容（第五章第十二条）指出，要“全面提高普通高中学生综合素质。深入推进课程改革……创造条件开设丰富多彩的选修课，为学生提供更多选择，促进学生全面而有个性的发展……建立学生发展指导制度，加强对学生的理想、心理、学业等多方面指导。”[①] 纲要中提出的“选修课”，被广泛理解为校本课程，目前已在全国普通高中全面推行。“促进学生全面而有个性的发展”这一目的，与传媒素养教育课程的目的正好契合，所以受到不少地方教育部门的高度重视。比如，2010 年 9 月上海市颁布的《上海市中长期教育改革和发展规划纲要（2010—2020 年)》中，即明确提出“加强对学生进行媒介素养教育，增强正确理解、合理运用大众传播媒体等信息网络的能力”。北京教育科学研究院课程中心主任杨德军在 2010 年时也曾表态，“将在整个北京市推行媒介素养教育实验课，力争把媒介素养教育从校本课程上升为北京市的地方课程”。[②] 上至教育部，下至各地方教育部门的政策支持和鼓励将是进行高中媒介传媒素养课程开发的最强劲推动力。

(四) 学校及家长的重视

高中阶段学生处于求学关键时期，参加高考考取一所理想大学是绝大多数学生的梦想，因此他们面临较大的学业压力。而部分学校出于升学率等现实考虑，最初在校本课程方面积极性不高，不少家长也会认为是浪费宝贵的学习时间。但随着网络的快速发展，学生媒介接触频率较以往有大幅提高，

---

① 国家中长期教育改革和发展规划纲要（2010—2020 年)，http：//www. moe. gov. cn/publicfiles/business/htmlfiles/moe/s4668/201008/xxgk_93785. html。

② “学会选择 学会生活：媒介素养教育呼之欲出”，http：//www. zjhw. net. cn/Show. aspx?cat =7&id =41&PKID =36。

随之各种相关的社会问题开始出现。比如由于缺乏控制力，很多高中阶段学生沉迷网络游戏，以致荒废学业；青春期男女乐于追明星、追逐偶像，沉迷韩剧、日剧及其他国内偶像剧，耽误学习；更危险的是，网络信息良莠不齐，暴力、色情等不良信息会严重影响高中生的价值观和行为方式，产生不良后果。近年来，网络上出现的有关高中生的各种“门”事件已经反映出问题相当严重。于是，学校和家长纷纷认识到了问题的严重性和提升学生传媒素养的必要性，相关的课程已被越来越多的学校纳入选修课（校本课程）范畴。

（五）资源的可获得性

进行高中阶段传媒素养课程开发同样需要具备人、财、物三方面的资源。首先是人力资源的状况。人力资源相对较易获得，高校研究传媒素养的机构的老师和学生、此领域的专家、高中的一线教师等，人力资源可谓比较丰富。只要不断扩大影响，进行有关宣传和师资培训，将会有更多的人士对传媒素养教育感兴趣，并愿意投身于其中。

其次是财力的支持。目前国家教育部、地方教委等部门有一部分的科研经费支持有关传媒素养教育方面的研究，但可能还远远不够。广渠门中学的《传媒与现代生活》课程开发是在经济条件相对比较困难的条件下完成的，只有广渠门中学提供了少量经费供项目组日常开销。所以，在经济方面还需要有关各方提供更多的支持。相信随着传媒素养教育越来越受到各方的重视，各级教育部门一定会加大这方面的投入。

最后是物的方面。这方面主要涉及场地和课程辅助设备。场地问题一般需要高校与高中协调解决，这相对容易解决。而辅助设备，尤其涉及到电子产品的教学工具时，则需要一定的经费去购买，所以归根到底也还是财力的问题。

（六）形式的灵活性

除了以校本选修课程这一目前比较常见的课程开发形式外，基于高中生课程特点，还可以进行融入式课程开发，将传媒素养的内容和理念融入高中生国家课程与地方课程中去。语文、历史、政治、信息技术等课程都是比较适宜的教育平台。可挑选政治、经济、文化和环保等与课程相关的社会热点为切入点，通过各类影音资料的展示，让学生根据本身已有的常识和学到的知识对该问题展开讨论。也可以要求学生在课后通过各种途径获取相关话题的媒体资料，进行分享和讨论。在信息技术课程中，一方面培养学生的网络等新媒体的使用能力，另一方面指导他们的网络价值观，正确获取网络信息并要保持批判性思考，多角度获取信息。这样可使他们在常规的学习中潜移默化地积累传媒素养的理论知识和实践能力，提高在媒介海洋中的辨别能力和批判能力。①

总体而言，类似广渠门中学传媒素养课程开发这样的传媒素养教育本土化实践只是传媒素养教育发展初期阶段的实践尝试和努力。整个社会认知的培育、师资力量的培养、课程体系的设置、效果评价机制的建立，都需要我们长期的探索，而这也决定了传媒素养教育的前路漫漫。

① 骆中成，徐晓昀，“认识、甄别、应用，基于高中阶段媒介素养教育的实践研究”［J］，中国广播电视学刊，2010（6）。

广渠门中学传媒素养课程的内容及其特点探析

张智华

【摘要】

“优质高中传媒素养课程开发和实施”项目组为广渠门中学设计、开发和实施的《传媒与现代生活》校本选修课程，共有八讲内容（每讲2节课，共100分钟）。本文旨在对在广渠门中学实施的传媒素养课程的内容及其特点进行分析和总结，探究广渠门中学传媒素养课程在内容设计方面可能存在的一些规律、原则和特点，并提出可能的改进意见和建议。

【关键词】

媒介素养教育　课程内容　特点

【作者简介】

张智华，女，汉族，中国传媒大学传播研究院2011级传媒教育硕士研究生。

从2011年10月25日开始至2011年12月20日止，由中国传媒大学传媒教育研究中心秦学智副教授牵头成立的“优质高中传媒素养课程开发和实施”项目组，为北京市广渠门中学高一年级约60名选修学生实施了八讲名为《传媒与现代生活》的传媒素养课程教学。这八讲课程教学是作为校本课程进行的，其实施背景是：从2011年起，广渠门中学成为中国传媒大学、北京科技大学、北京第二外国语学院、北方工业大学、北京化工大学等5所高校的优质生源基地校，以便实现高中课程与高校基础课程的衔接。那么，这门课程主要有什么内容？其特点又是什么？本文希望对这门课程的基本内容和特点进行总结和分析，并提出可能的改进意见和建议。

一 课程内容设计的思路及原则

（一）课程内容设计的思路

在开始设计课程内容的时候，秦学智副教授提出了几个需要着力考虑的因素：（1）在广渠门中学是首次开设这样的课程，该校师生对传媒素养课程不了解；（2）课程内容，特别是案例教学要尽可能紧贴学生生活实际；（3）采取问答法，实行探究教学，能够激发学生的批判和研究性思维；（4）课程内容的呈现方式要丰富多样，使学生不会产生审美疲劳的同时增强对所学知识的巩固和记忆，等等。

根据上述的指导思路项目团队成员在秦学智副教授的带领下，最后确定了这一课程的内容结构：（1）传媒；（2）传播（在进行过程中，扩展为2讲）；（3）传媒再现（在进行过程中，依顺序调整至第4讲）；（4）传媒组织（在进行过程中，依顺序调整至第5讲）；（5）传媒消费（在进行过程中，原第5讲“传媒消费”和原第6讲“传媒受众”这2讲合并为1讲，定名为“广告、消费与受众”）；（6）传媒受众；（7）传媒与时尚生活（进行过程中，调整为“走进微时代”）；（8）传媒作品展示。这八讲从传播的基本概念入手，以贴近学生日常生活经验、与传媒世界有关的教学议题为主要研究对象，将传播学的知识浅显易懂地教授给学生。

（二）课程内容设计的原则

在课程设计上遵循以下原则：

1. 紧贴学生学习兴趣和生活实际原则

课程内容要紧密联系学生生活体验，激发并引导学生兴趣。譬如，在该课程的第四讲“传媒再现”中，课程选取报纸、电视、网络等不同形态媒体对“90后”的再现，引发学生结合自身生活经验进行思考。

2. 因材施教，教学相长原则

确定因材施教这个原则，主要考虑到：一是高中生全体目前的认知水平、学习能力和素质；二是不同学生的认知水平、学习能力和素质。但是因为课堂时间有限，班级人数过多（约60人）等原因，并没有做得足够好。

教学相长，是指教师在教学过程中遇到困难和挑战时通过不断学习来提高自己。媒介素养教育教学是一个比较新兴的事物，必然会触及到教师可能了解和认识不够的知识领域，这些都需要教师在教学过程中不断地提高。

3. 循序渐进原则

以“传播的学问”这讲为例，课程内容从广渠门中学引入客观现实世界，逐层深入，讲到传媒世界，他人的经验世界，自我经验世界，继而讲到“拟态环境”，这样将现实世界和传媒世界的区别告诉学生，使学生掌握思考我们周围世界的方法和视角，从而全面地把握我们周围世界的现象与本质。

4. 问答教学原则

自古迄今，问答教学法一直是教学中激发学生思考和探究的重要方式。在课件和课程内容设计中，设计者就要有意识地设计问答环节，并要为实际教学过程中可能出现的教学时机留有余地和富裕空间。通过问答，激发学生的思维和思考，通过师生问答或学生与学生之间的问答或诘问，解决学生心中的困惑，培养他们批判性的思维，锻炼他们的语言表达能力，并逐渐建立起良好的师生关系、同学关系。

5. 多文本综合使用原则

现在进入了一个多种文本形态并存的时代。从原来单一的纸质文本到现在的电子文本和数字文本，从原来单一的文字和图片文本到现在的视频和音频文本。音频和视频文本的大量涌现给教学带来了无限的自由开拓的空间。在课程内容设计中，文字的、图片的、音频的和视频的多种文本使用就成为自始至终遵循的一个原则。

二　《传媒与现代生活》的基本内容

《传媒与现代生活》共有八讲内容。第一讲“传媒”，包括“我眼中的传媒”、“什么是传媒”、“传媒的昨天、今天和明天”、“传媒的属性”、“传媒的功能”和“我的传媒职业梦想”六个板块。总的意图是让学生对传媒的基本知识有个大概的了解。具体而言，设计这几个板块的目的是首先让学生结合自己的认识，谈谈他们对传媒的理解，之后用生动新鲜的事例引入传媒的定义、分类，传媒的历史及其发展规律，传媒的政治、经济属性，传媒的功能等专业知识，最后以社会上最常见的关于传媒类的职业向学生做个介绍，鼓励学生思考自己的职业设想。

在第二讲“传播”和第三讲“传播的学问”中，课程内容包括“传播与传播过程”、“传播的类型”、“传播产生的效果”和“传播的学问”这几个方面。课堂一开始，让学生一起做个游戏，使他们通过游戏明白信息在传播的过程中可能会导致信息失真，之后用传播学经典的“5w”模式告诉学生：何为传播，在“传播产生的效果”方面，用当时流行的影片《2012》进行切入，对传媒效果进行定义，之后用几个生活中的例子，让学生分析是属于哪种形式的传播，最后在“传播的学问”中，分别用影片《蓝精灵》、某权威报纸、化妆品广告、“小悦悦事件”和一些电视节目为切入点，讲述了拟态环境、把关人、固定印象议程设置、涵化理论几个学问，让学生对接触到的传媒作品进行比较分析，以提高他们的批判思维能力。

第四讲“传媒再现”，目的是让学生认识到传媒是社会现实的反映和再现，既然是反映或再现，那么传媒再现和社会现实之间就存在着一定，甚至完全扭曲的差异。课程设计的内容包括“什么是再现”、“几种再现的表现方式——恶搞、新闻报道、综合表现、包装”和课堂活动这几部分。课程一开始是让学生代表做照哈哈镜的游戏，希望他们从这个游戏中明白传媒对社会现实的再现如同哈哈镜对人脸部的反映一样，有平面的反映，也有放大或缩小的反映，还有偏斜和扭曲的反映。接下来设计对几种传媒再现方式的讲授和学习。在对“恶搞”方式的设计中，用网友恶搞的种种小胖的形象讲述；在“新闻报道”方式的设计中，用“芙蓉姐姐”这个人物的先后变化来组织课程；在“综合表现”方式的设计中，用上面提到的从网络、报纸和电视这几类媒体对“90后”的媒介呈现进行讲述；在“包装”方式的设计中，以明星来举例说明。通过这样的具体实例分析，将几种传媒再现的方式清晰地呈现给学生，使他们对这几种基本的再现方式有所认知使他们深刻了解传媒再现的性质、规律和特点。

第五讲“传媒组织”的内容是从“初识传媒组织”、“传媒组织的那些人和事”、“传媒组织背后看不见的手”、“传媒组织的社会责任”这几方面层层深入的，通过一些传媒组织的表现来对传媒组织的各种行为表现及其动因进行探讨和分析。课程内容涉及到国内的一些传媒组织举办的相亲节目，让学生总结国内相亲节目的大量跟风、刻意策划、虚假成分等不良特点。为了不使学生对传媒产生一味的负面印象，专门设计了公益广告等反映传媒履行其社会责任的内容。向学生们讲解传媒的不良行为和其应当承担的社会责任，也向学生传达出做公益的概念，帮助他们树立正确的价值观，初步养成现代公民的意识、态度和行为。

第六讲“广告、消费与受众”中，所涉及的内容包括“广告的定义和分类”、“广告的秘密”、“广告与消费、反广告”和“广告的艺术性”。向学生展示了电视广告、网络广告、报纸广告、POP 广告等，向学生展示了集思想性、创造性和艺术性为一体的广告，最重要是告诉学生消费主义的理念，告诉学生们面对纷繁的广告宣传，要理性消费，对广告进行批判的思考。

第七讲走进“微”时代，包括“微博、微小说和微电影”、“何为微时代”、“微时代的影响”和“微时代的你们”几个部分。课程开头以微电影、蓝精灵体、TVB 体这样鲜活的例子进行情境引入，对“微博、微小说和微电影”等知识进行了一番梳理。在“何为微时代”部分，重点设置了“微时代的微应用”，引导学生思考微博是否影响了他们的生活，思考动车事件，“郭美美”事件，微博打拐事件，邓飞的“免费午餐”计划。试图通过对这些社会上的热点事件进行批判性思考，培养学生正确的价值观和批判性思维能力。

总之，项目组团队开发的这八讲内容是按课程设计的思路和原则进行的。课程实施的结果表明受到了广大学生的喜爱，有不少学生明确表示，课堂上所学的知识的确对他们现阶段的学习有用。

三 《传媒与现代生活》内容特点分析

分析八讲课程内容，可以看出存在以下几方面共性特点：

（一）循序渐进、一以贯之

传媒，传播，传播的学问，传媒再现，传媒组织，广告、受众与消费，走进微时代，传媒作品展示，这八讲内容，是环环相扣、循序渐进的关系。首先，传媒的知识是其他各讲知识的概念基础。其次，在对传媒有关知识的学习中，离不开传播学的知识和理论介绍。传媒再现是要对传媒本质规律的把握，而传媒组织是传媒再现的具体实施者，传媒受众是被实施者。“走进微时代”是对学生所处的传媒时代背景的一个把握。最后一讲“传媒作品展示”希望学生在作品创作中利用课堂所学知识，锻炼媒介批判思维能力和现代公民意识。

（二）主题教学和讨论的有机组织方式

我们在设计这八讲课程内容时确定了一个很重要的原则，即主题教学和讨论的有机组织方式（我们也可称之为“板块式内容结构”）。因为传媒世界是对现实社会的全方面、多层次的反映，所以带领学生洞察和批判性地思考一切传媒世界的现象和本质，是很难做到的事情。这种困难要求我们必须实行主题教学，即通过窥斑见豹的做法来实现对传媒世界的总体把握和认知。在具体设计的时候，每一讲都是一个要探讨的主题，该主题下又分为几个分主题，分主题根据实际需要还可以进一步细分。分主题与分主题之间，主题与主题之间都有内在的联系，环环相扣，以便实现这门课程的根本目标。在课程知识呈现的环节，特别设计有教师与学生、学生与学生之间进行讨论的环节，让课程内容得到最好的拓展和展现，以服务于教学的根本目的。实践证明，这是媒介素养教育教学必须采取的一种重要的课程内容设计方式。

（三）紧贴学生生活实际经验，多种文本形式综合运用

媒介素养教育教学的一个重要特点是要从学生的实际生活出发，利用和激发学生的日常生活经验与兴趣，从而最大程度地调动学生学习的动机和兴趣。在课程内容的设计方面，一是要考虑到学生的日常媒介生活经验；二是要考虑到文字的、图片的、图像的、音频的等多种媒介文本对学生学习和记忆的影响。因此，紧贴学生生活实际经验，综合运用多种文本形式来激发和保持学生的注意力，是我们在进行这八讲课程设计的时候自始至终遵循的一个根本要求。我们在跟负责录制设备的电教老师的交谈中得知，《传媒与现代生活》课堂的确让学生能够将注意力集中在教师希望他们关注的地方。

总之，这八讲内容有着一些明显的共同特征。这些特征反映了媒介素养教育教学的一些基本要求，也反映了高中这一阶段学生的某些心理特征。

四 结 语

这次在广渠门中学开设的《传媒与现代生活》课程只是在高中开展媒介素养教育的一个尝试。我们认为在高中开展媒介素养教育课程是有其特殊性

的，希望这方面课程内容开发经验和特点的总结能够为以后开展相关课程的教育教学提供一定的借鉴和参考。本课程在内容开发和设计上也存在一些不足，希望以后能够加强和完善课程内容的评价体系，以不断改进这一方面的实践做法，也希望能为高中乃至其它学习阶段的媒介素养教育课程与教学的发展贡献自己的微薄之力。

参考文献：

[1] 秦学智，“试论人类传媒素养教育的历史开端和古今传媒素养课程的设课方式”［A］，2010 中国媒介素养研究报告［C］，2010。
[2] 吴翠珍，陈世敏，《媒体素养教育》［M］，台湾：巨流图书股份有限公司，2007 年版，第 223 页。
[3] 许珂，“关于校本课程开发的探索，教育革新”［J］，2007（5）。
[4] 李玉红，“校本课程开发要关注学生利益，教育革新”［J］，2008（3）。

广渠门中学传媒素养课程教学的组织与实施

何　娟　何庆平

【摘要】

2011 年 10 月起实施的广渠门中学传媒素养校本课程《传媒与现代生活》是中国传媒大学“优质高中传媒素养校本课程开发与实施”项目的一部分。本文探寻该课程组织与实施的背景环境与机制，揭示广渠门中学教学管理制度和状况对课程的影响，并探究课程的组织过程、实施过程以及总结并反思课程组织实施过程中遇到的问题。

【关键词】

传媒素养教育　传媒素养课程　教学组织　教学实施

【作者简介】

何娟，女，汉族，中国传媒大学传播研究院 2010 级传播学硕士研究生；

何庆平，男，汉族，中国传媒大学传播研究院 2011 级传播学硕士研究生。

2011 年 10 月，由中国传媒大学开发的传媒素养校本课程《传媒与现代生活》在北京市示范性普通高中广渠门中学开始正式实施，为期两个月。课程讲究通过生动活泼的教学形式和引人入胜的教学内容，使学生提高传媒批判思维能力，并具备民主、平等、开拓和进取精神的现代公民品格。在两个月的教学中，该课程在教学组织与教学实施上进行了许多有益的尝试，取得了一定成效，也遇到了一些问题。本文将首先探寻该课程在广渠门中学进行组织与实施的背景环境与机制，揭示该校教学管理制度和状况对课程的影响，并分别介绍课程的组织过程，包括人员安排、资源利用、设备使用、时间与空间的安排，教学组织形式和管理办法等，以及课程的实施过程，包括实施步骤和方式，教学时机与应对等。最后，总结课程组织实施过程中遇到的问题，并尝试提出解决办法。

一 《传媒与现代生活》课程组织与实施的背景环境与机制

北京市广渠门中学始建于 1954 年，前身为北京市女子第 15 中学，现为北京市示范性普通高中。该校是一所全日制完全中学，学校现有 24 个初中教学班，26 个高中教学班。学校采取多种形式、通过多种途径，坚持以学生的发展为本，使学生生活在一个富于科学与人文精神、和谐进取的校园文化环境之中。学校坚持实现可持续发展的办学思想。

该校校方认为，“要实现学校的可持续发展，寻找教学管理新的生长点是关键”。① 校方经过反复的调研和论证，决定在四个方面进行调整，即课程领导力、学生评价方式、教研组建设、教师评价方式，以实现学校在教学领域的可持续发展。校方研究认为，学校加强对课程的领导，关键在于两个方面，一方面是加强管理必修课程的课堂教学效率，另一方面则是做好校本课程的研发和实施。

但是，广渠门中学在实施校本课程的过程中，面临过一系列问题。“首先，学校不放手，教师不放心；其次，学生喜欢但是家长不欢迎。”② 原因十分简单，主要是校本课程不在高考的考试范围之内，学校怕耽误时间，费力不讨好。再加上学校没有成熟的经验管理学生走班，担心走班之后会失去对学生的有序控制和管理。

因此，该校认为，要实施校本课程，校长的决心和对全体教师的引领是决定成功与否的关键因素。如今，广渠门中学实施校本课程决策主要有三个依据，一是学生发展的需要，二是学校建设的需要，三是教师专业发展的需要。研究指出，学校在加强教师对校本课程的研究和对学生需求的重视两件事情上需要做出积极的引导。“在课程的研发过程中，重点考虑将学生的兴趣与爱好在课程的内容与形式上得到最大限度的满足。例如，在语

① 从“精细”走向“精彩”——北京市广渠门中学教学管理工作的实践与思考，http：//www. sdytyz. cn/E_ReadNews. asp？NewsID =983，2012 -7 -10。

② 同上。

言与文学领域，教师们开设了文学名著欣赏，既满足了学生的兴趣需求，同时在课程内容上也要求教师理性对待，不要无限制地偏离学生的现实需求。在英语学科方面，开设英语阅读与写作，也极大地解决了校本课程开设的矛盾。”①

2011年，广渠门中学与中国传媒大学、北京科技大学、北京第二外语学院、北方工业大学、北京化工大学等5所高校建立优质生源基地校，以便实验高中课程与高校基础课程的衔接。广渠门中学在高校提供的特色课程表中选择适合高中生选修的内容，加入到本校校本课程体系中，便于学生自主选修，为高中生发展搭建平台。10月10日，高一年级在学校报告厅召开了年级大会，15位老师走上讲台向同学们推介自己讲授的课程。开设的课程涉及语言、人文、科学、技术、艺术等多个领域，为不同层次的学生提供了广阔的选择余地，成为促进学生发展的有力补充。

《传媒与现代生活》就是在这样的背景下进入广渠门中学的选修课系列，并成为北京市优质高中推广和实施的首个现代传媒素养教育意义上的传媒素养课程。该课程由中国传媒大学传媒教育研究中心秦学智副教授组建的“优质高中传媒素养校本课程开发与实施”项目组开发和实施，第一次面向广渠门中学高一年级约60名学生开设，实习学分制，即课程合格者取得学校规定的两个选修课学分。

二 《传媒与现代生活》课程的教学组织

一定的教学活动，都是由教师和学生在一定的时间和空间环境中进行的。教学活动的实施与研究，必将涉及师生组合方式及时间和空间的安排问题。简单地说，这种师生组合与时空安排构成了教学的组织形式。

所谓教学组织形式，是“为了实现一定的教学目标，围绕一定的教育内容或学习经验，在一定时空环境中，借助一定的媒体，师生相互作用的方式、结构与程序”。其主要内涵包括特殊的师生互动、特殊的时空安排和教学因素的特殊组合。它“在教学理论和实践中，处于真正的具体落脚点的地位，带

① 从“精细”走向“精彩”——北京市广渠门中学教学管理工作的实践与思考，http://www.sdytyz.cn/E_ReadNews.asp?NewsID=983，2012-7-10。

有综合、集结的性质”。①

（一）《传媒与现代生活》课程的师生组合方式

在教学实践中，教学组织形式首先体现为师生的组合方式。师生组合方式主要有一对一、一对多、多对一、多对多等。《传媒与现代生活》打破了传统的一对一、一对多的教学方式。采取“主讲+助教+学生”的方式，每讲设主讲一名，辅以1－3名助教，共同为学生服务。

其中，主讲的任务是主导该讲的内容和决定采用的教学方法等。助教，顾名思义，是辅助主讲教学的人员。《传媒与现代生活》课程助教为“优质高中传媒素养校本课程开发与实施”的项目成员，是研究生一、二年级的学生。助教的任务主要是在课堂活动、游戏、问答等环节中进行活动组织、秩序维持、示范引导，以及布置与批改作业等。

由于传媒素养教育课程往往包含较多的课堂活动，且这些活动往往以分组的方式进行，注重师生互动，因此，若采用传统的一对一或一对多教学方式，将可能因为学生分散而产生教师无暇兼顾的局面。所以，主讲与助教配合教学的一个好处便在于，利用协作方式产生良好的课堂组织效果，有利于参与人数较多的课堂活动、游戏或分组讨论的进行，从而活跃课堂气氛和调动学生学习兴趣。

例如，在《传播》一讲中，为了使学生理解什么是传播，传播过程包含哪些要素和环节，教师在课堂开始便设计了一个“我演你来猜”的课堂游戏。从全班同学中挑选4名同学，平均分成两组；每组派一位同学从助教手中抽取一张写有成语的任务卡；另一位同学将任务卡上的内容表演给所有同学，由下面的同学猜测表演的成语是什么；要求表演不出声，可辅以肢体动作，组内另一位同学可以进行配合。游戏的目的在于让学生明白这样的表演实际上就是一种传播活动，包含5W模式中的每一个传播环节，“传播”的概念被自然引出。在这个游戏中，主讲与助教的配合，使游戏规则的讲解、游戏秩序的引导、游戏过程的调节和游戏结果的统计得到了有序进行。

其次，《传媒与现代生活》除了以班级授课制为主要教学组织形式，还较

---

① 司成勇：“走向个别化教学——论教学组织形式的发展历史与逻辑的统一”［J］教育探索，2011（2）：72－73。

多地采用了对学生进行分组的教学组织形式。这种分组并不以学生的能力或学业成绩作为划分标准，而是以学生的兴趣为依据，以自愿为原则，将不同的学生编入若干组别中。并且并不严格规定各组人数绝对一致，由学生自主决定各组人数多少。最后，由教师根据各组分组情况，有针对性地进行问题和任务分配。例如，该课程采取传媒作品制作与展示的结课方式，要求学生结合所学的传媒知识和理论，以“环保”为主题，分组完成一件传媒作品和作品的创作报告，并结合 PPT 进行口头展示。从学生的表现和反馈来看，分组的教学方式有效地培养了他们的团队合作精神与分工协作的能力，也较好地体现了“民主”教学的特点。

教学组织形式直接影响教学的质量，影响教学的效率和教育的规模，对于学生个性的形成和情感的培养具有十分重要的作用。因此，在传媒素养教育的实践中需要对教学组织形式进行精心设计，为特定教学目的的实现、教学内容的实施和教学方法的运用而服务。

（二）《传媒与现代生活》课程的教学时间与空间

教学的时间与空间组合可以有多种形式。从时间的组合来看，涉及到学年制、学周制及课时的安排等。具体到《传媒与现代生活》课程，该课程为一学期制，一周两课时，每个课时时长 50 分钟，为固定课时制。原来的安排为每周两课时中间有十五分钟的休息时间，但是通过前期实践发现，学生上课的热情高涨，而且课程设计的小组或大组讨论、分析、游戏等实践活动较多，需要较长的、持续性的时间来保证。因此，在与学生进行协商的基础上，教师决定将两节课的课间休息取消，每次课时为 100 分钟，实行“时段排课方式”（Block Scheduling）。

“时段排课方式”是一种教务排课类型，在这种排课方式下，学生每天要上的课程的数目会减少（例如，4 节课），但是每节课的时间会延长（例如，100 分钟）。20 世纪 90 年代，这种排课方式在美国的初中和高中变成一种流行的趋势。[①] 瑞妮·霍布斯曾对美国新罕布什尔州康科德高中一个名为“英语 11：媒介与传播”的传媒素养教育课程进行研究，发现“时段排课方式”是该课程核心学习活动所必要的元素，因为课程需要持续的小组

---

① 维基百科“Block scheduling”词条，http：//en. wikipedia. org/wiki/Block_scheduling，2012 -7 -10。

或大组讨论时间，实践活动以及阅读、观察和写作时间。[①] 在广渠门中学的实践中，这种排课方式保证了这些实践活动所需的较长持续时间，不仅可以保证更加灵活和有效的课堂环境，而且为使用多种互动教学方法提供了更多机会。

《传媒与现代生活》课程的教学空间主要是在课堂内，即采取课堂教学形式。课程先后在广渠门中学的阶梯教室和综合演播室两个空间进行，综合演播室由于讲台面积更大，横向宽度大于纵向长度，且拥有两块较大的电动荧幕，更有利于学生走到讲台上，教师走进学生中，教师与学生的距离也被拉得更近，因此，也就有利于课程开展多种互动活动，以及教师与学生的对话。

（三）《传媒与现代生活》课程的资源与设备

由于《传媒与现代生活》课程旨在一方面使中学生学习到不同媒介形式的特征和信息制作过程，另一方面能够帮助同学们批判性地解读媒介信息，有效地使用媒介，从而养成良好的媒介素养意识，因此，教师们广泛使用了多种媒介资料作为教学文本，对流行文化、电影、电视和新闻媒介等"文本"采取阅读、讨论和分析等实践的方式进行仔细研究。在这些文本中，大量的电视新闻、科幻电影、娱乐秀、广告、网站、资讯节目、纪录片等进入课堂，进入学生的视野，这样非常贴近学生的日常文化经验，能够引导和帮助他们辩证地看待流行文化所起的作用。

在使用教学资源时，教师们还十分注意资源的权威性和公信力，尽量选择专业、权威和公信力强的媒体；在时间上，也尽量选择较时新的文本，选取新近发生的事件等。例如，在《传媒组织》一讲中，教师选取了一周前《羊城晚报》在封面（导一版）以"今天没有什么新闻比广汽 SUV 传祺 GS5 全球首发更重要"为标题，刊出广汽的四联张广告引发大众广泛争议的事件，引导学生探讨"传媒组织背后那只看不见的手"这一话题。学生们从广告创意与社会责任等角度对该话题进行了辩证思考。

再如，鉴于近两年微博的兴起和迅速流行，教师开发《传媒与现代生活》课程时，特别注意利用微博上的资源，无论是对微博作为一种新媒体

---

① Renee Hobbs: *Reading the Media: Media Literacy in High School English*, Teacher College Press, 2007. 24.

技术本身，还是对微博上产生的内容，以及微博的传播效应，都在各讲中进行了有意识的融入。并且特别开设了“走进微时代”一讲，选取时下流行的微博体，以及微电影、微小说等，对于内容、构成要素、特征进行了详细解读。

关于课程所使用的设备。广渠门中学硬件设施先进完备，教室全部配有闭路电视系统、数字投影机、实物投影仪、电动屏幕；同时建有专用实验室、电视演播室、报告厅；宽带校园网遍布学校每一个角落。因此，《传媒与现代生活》课程是在一个富媒体环境中进行的，不仅由专职人员采用专业录影系统对课程进行全程的多机位、多镜头录像，而且采取实时联网的方式，利用最新的网络资源进行现场教学。教室还拥有两块大的电动屏幕，可以照顾左右两侧学生的视线。除此之外，教师还配备了 PPT 的遥控翻页器，可以走到学生中间讲课，而不用担心 PPT 翻页困难的问题。这些完备的硬件，为营造好的教学环境，促进师生互动提供了十分有利的条件。

三 《传媒与现代生活》课程的教学实施

教学实施是实现教学目标的中心阶段，教学实施策略的选择既要符合教学内容、教学目标的要求和教学对象的特点，又要考虑在特定教学环境中的必要性和可能性。

总的来说，《传媒与现代生活》课程实施的是一种探究式教学，即学生在教师的指导下，以类似科学研究的方式去主动获取知识与技能、学习科学方法、感受科学思想的教学方式。探究式教学是课程标准所倡导的、在课堂教学中努力践行的一种教学方法。

以《传媒再现》一讲为例。传媒再现是一个重要但是有难度的概念，尤其是对于未经受专业、系统的传媒训练的高中学生而言，要准确领会传媒再现的概念和相关理论，确非易事。因此，教师在讲授这一讲时，通过对教学内容进行反复推敲编排和对教学组织形式进行精心设计，教学的步骤和方式很好地体现了探究式教学的特点。首先看这一讲教学活动的教案：

教学目标	教学活动	教学时间	教学评量
• 理解“再现”的概念	导入活动： • 教师提出导入问题：同学们，你在生活中照过哈哈镜吗？想想看，哈哈镜让你的形象产生什么变化了？ • 由一位助教先做示范，接着每组选出一名同学参加“照镜子”活动。 • 结合学生在“照镜子”活动的体验，引出“再现”的概念。	15 分钟	• 说出“再现”的简单定义 • 理解“再现”的含义
• 识别传媒再现的事实 • 理解传媒再现的概念 • 总结与归纳传媒再现的四种方式	发展活动： • 先列举传媒呈现网络小胖、芙蓉姐姐、“90 后”和娱乐明星的一些事例，后引导学生理解他们在传媒中的形象再现。 • 引出传媒再现的概念。 • 总结与归纳传媒再现的四种方式。 • 欣赏台湾传媒素养教育节目《别小看我》片段，加深学生对传媒再现的认识与理解。	50 分钟	• 能发现不易识别的传媒再现事实 • 能说出“再现”的简单定义并理解之 • 总结与归纳传媒再现的四种方式
• 练习对一定群体进行传媒再现	综合活动： • 课堂活动《我是大导演》。教师提问：如果你是 2012 年央视春节联欢晚会的导演，你会用哪种形式，什么主题、内容和传播途径来展现农民工的哪些形象？ • 分组讨论，每组派一位代表进行 3 分钟口头陈述与展示，每组设两分钟提问与回答（Q&A）环节，由教师与同学提问。 • 进行课堂小结，布置课后小作业：选择一部新上映的电影或刚发行的一张新专辑，试分析传媒是如何对它进行再现或包装的。	35 分钟	• 采用合适的形式、主题和内容对一定群体进行传媒再现

根据教学设计，在课堂之初，教师没有直截了当地给出“再现”的概念，而是通过一个小的游戏环节，让学生在电脑上体验照哈哈镜的感受，对“再现”的概念有一个比较形象和直观的感受。然后，启发学生对“再现”下一个自己的定义，在此过程中，有学生能够回答出：“再现”就是“再次呈现”，或“再现”不是对事物原本的反映等简单但是贴切的答案。最后，在学生已经有初步认识的基础上，教师才引出再现的一个参考性定义，即再现一

词意指“再次 - 呈现”，是“真实”事物的影子、映像、描述、知识或复制品。

在再现的世界里，传媒就是那一面哈哈镜。为了让学生对此有所理解，教师先后列举了网络小胖、芙蓉姐姐、“90后”和娱乐明星在传媒上呈现的一些事例，引导学生理解他们在传媒中的形象再现。例如，在“传媒对‘90后’的再现”一节中，教师首先提出一个问题，请都是“90后”的同学们自己总结“90后”的特点。从同学们的回答中，他们认为自己这个群体富于个性，有创造力，善良有爱心。但是，传媒中的“90后”人群是这样的吗？教师展示了网络媒体、报纸、电视等媒体以各种形式再现的“90后”案例，最后由同学们共同归纳出媒体中形容“90后”的常见标签：非主流、叛逆、脑残、火星文、出位、自我……

此时，为了升华学生对传媒再现概念的认识，教师提供了一个分析框架，即提出以下启发式问题：上述的图片、视频或者新闻报道传达了什么样的信息？谁制造了这些信息？使用了什么技术或手段来吸引受众的眼球？受众都如何理解这一信息？彼此会有什么不同？这些信息蕴藏了什么样的价值观和观点？又遗漏了什么样的价值观和观点？他们为什么要发布或传播这些信息？

通过对问题的一步步探究，至此，学生对传媒再现的概念、方式、技巧，以及传播者与受众在其中的作为等，已经有了较为清晰的认识。除了理论上的认识，教师还十分强调“制作”的重要性。作为传媒素养教育的一个核心要素，“制作”对于加强学生对传媒内容或传媒运作等方面形成深刻反思，进一步促进其批判思维能力的发展有着至关重要的作用。因此，教师特别设计了一个课堂活动，让每一位同学将自己当做2012年央视春节联欢晚会的导演，选择合适的形式、主题、内容和传播途径来展现农民工的哪些形象。在同学们的回应中，他们也发现自己或多或少受到大众媒介对农民工形象再现的影响，例如，农民工都是勤劳的、节省的、穷困的、善良甚至带点傻气的。在他们的展示中，呈现农民工吃苦耐劳，建设都市和勇敢坚强是主流的方式。

在课后作业方面，教师并不主张给学生带来过重的课业负担，因而，布置可以激发学生自主、探究与合作的学习兴趣的作业，是首选的做法。这一讲的课后小作业是：请学生选择一部新上映的电影或刚发行的一张新专辑，试分析传媒是如何对它进行再现或包装。这体现了课程设计者对流行文化的重视，以及提倡开放式问题和鼓励探究的做法。

总之，从这一讲的课程实施来看，传媒素养课程教学是一个循序探究式教学的过程。首先，学生在学习概念和原理时，教师并不开门见山地提供现成的答案，而是先给他们一些事例和问题，让学生自己通过阅读、观察、实验、思考、讨论、听讲等途径去独立探究，自行发现并掌握相应的原理和结论的一种方法。其中，教师更多地是扮演合作者、参与者、咨询者、促进者和激励者的角色，为学生创设一种民主、协作、非威胁性的环境或学习气氛，指导学生完成对某一或某些问题的探索过程。而学生则居于学习主体的地位，自觉地、主动地探索，形成自己的概念，发现新事物。

此间，把握稍纵即逝的教学时机，将传媒素养的观点传递给学习者，以及灵活应对学生的问题与反应是对教师的一个挑战，但是，若能处理好这一问题，则是对教学的一个促进和深化。

四　问题与反思

由于《传媒与现代生活》课程是项目组在北京优质高中的首次试航，不免存在教学设计不够完善、教学方法不够科学、教学经验不够成熟等方面的问题。本节主要就该课程在教学组织与实施上的某些问题进行梳理和反思。

首先，教学空间比较单一。在这次课程实践过程中，教学的空间都是在校内进行，而且都是在室内课堂进行。传媒素养教育是一项与社会、传媒行业密切相关的事业，让学生在学校之外的广大社会和丰富且复杂的传媒行业接触、浸润和进行观察、体验也是提升他们的传媒素养的重要途径。因此，适当增加校外、课堂外的教学，如现场教学，组织学生到传媒组织、传媒事件发生地进行参观或操作练习，等等都是有必要的，对于提高学生对理论知识的价值及实践意义的认识将起到一定促进作用。

其次，探究式教学实施过程还夹杂存在一定推送与灌输式教育方式。在整个教学过程中，在没有进行相关启发和引导的情况下，就将主要知识点用提纲罗列，进行逐一讲解的现象仍然存在。当然，这种方式对于学生条理清晰地、较为扎实地掌握相关知识不乏积极意义，但是难免有推送（Push）教师既有经验和知识，先入为主地占有学生思维领地之嫌。事实上，在传媒素养教育的过程中，教师更多应该根据教学目的和内容，提出难易适度、逻辑合理的问题，启发学生通过自主学习与探索，得出自己的结论和解释，提出有益的、合理的观点。

最后，对教学时机的掌握不够游刃有余。在传媒素养教育教学过程中，教学时机非常考验教师的媒介能力和专业技巧。有时，在介绍或涉及某一传播事件的时刻，适时地抛出传媒素养的观点和相关理论，对于学生发现传媒现象或事件发展的起因，辨识事物内部的联系，找出规律，形成更为理性的认识起着不可小视的作用。此外，面对媒介经验可能比自己丰富，甚至超出教师认知范围的学生，教师如何应对？课堂讨论的标准何在？这些问题仍需我们继续探索。

北京市广渠门中学传媒素养课程教学效果调查研究

秦 倩 王碧薇

【摘要】

本文采用问卷调查和SPSS统计分析的研究方法，对优质高中传媒素养课程开发和实施项目组在北京市广渠门中学实施的传媒素养校本课程教学的效果进行研究。主要调查和分析了学生对于传媒的接触和认知状况、传媒素养课程内容及形式的理解、教师的教学艺术评价、学生对于传媒素养课程的满意度及期望度等方面。

【关键词】

传媒素养教育　课程教学　效果调查　课程满意度

【作者简介】

秦倩，女、汉族，中国传媒大学传播研究院2010级传媒教育硕士研究生；

王碧薇，女，汉族，中国传媒大学传播研究院2012级传播学硕士研究生。

北京市广渠门中学传媒素养课程的实施得益于中国传媒大学的“优质生源基地”计划。根据中国传媒大学与广渠门中学签订的有关优质生源基地的协议，中国传媒大学有义务为广渠门中学提供大学资源的高中校本课程。在双方有关领导的沟通和协调下，最终确定由中国传媒大学传播研究院秦学智副教授带领的项目团队具体开发和实施该校的传媒素养校本课程，即秦学智副教授定名的《传媒与现代生活》。该校本课程作为广渠门中学高一年级的选修课程，于 2011 - 2012 学年第一学期正式付诸实施。

《传媒与现代生活》确定了明确的课程理念和课程计划，并在课程实施过程中对高一年级学生进行了课程问卷调查，内容包括学生的传媒接触及认知调查、学生对于传媒素养课程内容和形式的理解、教师的教学艺术评价、学生对传媒素养课程的满意度及期望度调查等几方面。问卷是由项目团队集体讨论编制的，问卷调查的实施在教学阶段的中期进行，共发放问卷 57 份，回收 45 份，回收率达 78.9%。本文采用 SPSS17.0 软件对问卷调查的数据进行统计分析，以量化的方式探究传媒素养课程实施的效果，并作出必要的探究和分析。

一 调查结果统计分析

（一）学生的传媒接触和认知调查

1. 学生的传媒接触调查

在问卷调查中，我们对广渠门中学高一年级选修《传媒与现代生活》的学生接触传媒的种类、时间及目的进行了调查，结果发现：

1）在被问到“除了教学用书外，你接触最多的 3 种媒体”时，排在前三位的分别为“电脑互联网”、“手机” 和 “电视”，选择比例分别为 75.0%、59.1% 和 47.7%。

2）在被问到“你每天花在什么类型媒体上的时间最多”时，排在前三位的分别是手机、电脑互联网、电视和书籍，选择比例分别为 31%、24.1% 和 17.2%（选择电视和书籍的比例相同），选择报纸、杂志、广播的人数比例很低，都为 3.4%。

3）在被问到“你每天花费在上题所选媒体类型上的一般时长是多少”时，在所给的“半小时以内” 到 “3 小时以上” 的选项中，41.9% 的学生选择“1 小时 - 3 小时”，34.9% 的学生选择“半小时 - 1 小时”，选择“半小时以内”和“3 小时以上”的比例都为 11.6%。

4）在被问到“你接触媒体的三个主要目的是什么”时，在所给的 4 个选项中，选择“社会交际、人际交流”的比例最高，占到 77.3%，接下来依次是“娱乐休闲”、“获取资讯”和“学习”，比例分别为 72.7%、68.2%

和50.0%。

5）在被问到“你最常用的3种手机功能”时，排在前三位的依次为“发短信”、“上网”、“打电话”，比例分别为88.9%、68.9%和55.6%。

由上述数据可知，高中生对于电脑和手机不论是在接触频次还是使用时间上，选择比例都非常高，说明电脑和手机已成为学生日常生活中非常重要的两种媒体。在高中生眼里，媒体社会交际和娱乐休闲的功能高于其获取资讯和学习的功能，并且在使用手机的过程中，学生对于发短信和上网的选择比例较高。这说明对于高中生来说，与别人交流、与社会沟通是他们非常看重的东西，并且他们知道利用媒体作为中介来与世界连接。可见，高中生能够认识到媒体在生活中的重要性。

2. 学生对媒体的认知调查

在问卷调查中，我们对选修学生对媒体内容的可信度、广告的影响程度、面对不良信息的反应、利用媒体的技能等方面状况也进行了调查，结果发现：

1）在被问到“你认为媒体内容的可信度如何”时，选择“基本可信”的比例最高，为75%，选择“很大程度上相信 & 不相信”的比例分别为13.6%和11.4%，选择“完全可信 & 完全不可信”的比例都为0。

2）在被问到“你同意‘有图有真相’吗”时，选择“不同意”的比例最高，为55.6%，选择“基本同意”的比例次之，为42.2%，选择“完全同意”的比例仅为2.2%。

3）在被问到“你觉得你购物受到广告的影响有多大”时，选择“一般”的比例最高，为45.2%，选择“很少”和“没有”的比例之和为42.9%，超过了选择“100%”和“很大”的比例之和（仅为11.9%）。

4）在被问到“你在上网时看到不良信息时，你会怎么做”时，学生选择“反感，但听之任之”的比例最高，为57.5%，选择“无所谓”的比例为35%，选择“反感并向有关部门举报”的比例仅为7.5%。

5）在被问到“你会哪些传媒技能”时，学生选择比例最高的三个分别为“使用博客、微博、QQ空间等个人媒体”、“摄像”和“摄影”，比例分别为88.9%、55.6%和53.3%，选择比例最低的为“报纸编辑”，比例仅为4.4%。

6）在被问到“是否经常使用媒体发表自己的看法”时，选择“偶尔”的比例最高，为53.3%，选择“经常”的比例为40%，选择“从不”的比例仅为6.7%。

由以上数据可知，对于媒体上的内容和信息，高中生还是有一定的批判意识的，只有少数人会“完全相信”，并且也只有很少一部分人认为自己在购物时受到广告的影响很大。值得注意的是，学生对媒体上不良信息的反应显得很谨慎，只有很少一部分人愿意做出行动“向有关部门举报”。另外，虽然将近90%的学生都拥有自己的个人媒体，但超过一半的学生选择“偶尔”利用这些媒体表达自己的看法，这可能是因为高中生平时的空闲时间较少，或许能在一定程度上说明学生利用媒体表达自己想法的主动性不够高，对媒体不良信息造成的社会影响的认识不够，也不太清楚怎样正确、积极地利用媒体来让自己和社会变得更好。

结合学生的传媒接触及认知调查的结果，我们发现高中生在日常生活中接触的媒体种类多、时间长，手机、电脑等媒体成为他们生活中必不可少的部分，也在他们生活中发生着社会交际、查询信息等作用，他们在面对媒体信息时绝大多数具有一定的批判性思维能力。当然，他们对传媒信息的认识、对传媒信息的甄别和批判性思维能力，以及自主性传媒参与和行动能力，仍然比较缺乏，需要通过针对性的教育予以拓展和提高。

（二）学生对于传媒素养课程内容和形式的理解

在对课程效果调查方面，我们发现：

1）在被问到“你觉得《传媒与现代生活》课程与其他课程在哪些方面不同”时，排在前三位的依次是“课程内容”、“课程目的”和“课程组织方式”，比例分别为75.6%、33.3%和33.3%。

2）在被问到“你对课程中选取的哪些话题和素材感兴趣”时，学生选择比例排在前三位的依次是“7·23动车事故”、“电影《2012》”和“小悦悦事件”，比例分别为61.4%、59.1%和55.6%；选择比例排在后三位的依次是“视频短片《妙龄女子登征婚广告 专骗大龄剩男》”、“男子冒充军人骗婚”和“北京电视台‘纸包子’虚假新闻”，比例分别为15.9%、18.2%和20.5%。

3）在被问到“你从课程教学中收获的情况如何”时，学生对于所列的13个议题都有一定的收获，尤其对“传播与传播过程”、“传媒的定义”和“传播的学问（拟态环境）”的选择比例超过了65%，但我们也看到，学生对“传媒职业介绍”和“传播的学问（刻板印象）”的收获较少，选择比例分别为14%和22.5%。

4）在被问到“你对这门课的课程内容理解程度”时，学生选择“一般”的比例为55.6%，选择较好的比例为35.6%，选择“很差 & 较差”的比例都为0。

5）在被问到“你对课程内容包含的信息量的总体认识”时，有57.1%的学生认为“信息量较大”，31%的学生认为“信息量一般”，只有2.4%的学生认为“信息量较小”。

6）在被问到“这门课程带给你最重要的是什么”时，有59%的学生选择了“辨证思考有关社会问题”，25.6%的学生选择了“传媒知识”，15.4%的学生选择了“如何看待传媒现象”。

7）在被问到“你最喜欢的教学组织形式”时，有46.7%的学生选择了“小组”，35.6%的学生选择“大组”，仅有17.8%的学生选择“全班”。

由以上数据可以看出，高中学生能够认识到《传媒与现代生活》的课程内容和教学组织方式与其他课程的不同，并认为自己对于课程内容很有收获。对课程素材的选择倾向于表现出学生对于跟自己生活相关、年龄相仿、当下社会媒体的热点话题兴趣较高。然而课程内容的信息量较大一定程度上影响了学生对于课程内容的理解。学生认为这门课程最重要的是“辨证思考有关社会问题”，则在一定程度上印证了开设这门课程的目的：通过与学生直接生活经验的结合，让学生不仅认识到传媒世界（如网络世界，游戏世界）生活与现实社会生活的区别和联系，而且让学生正确地认识到自己的身份、地位、条件和境况，培养其关于传媒世界的知识、技能和辩证批判思维能力，科学生活和健康生活的情趣和情感，以及利用传媒服务自己成长和社会发展进步的现代公民意识、态度、价值观和行为习惯。本课程采用小组和全班结合的方式，一定程度上顺应了学生关于最好的教学组织形式是“小组”的结论。

（三）学生对于教师的教学艺术、传媒素养课程的满意度及期望度调查

在对课程的评价调查方面，我们发现：

1）在被问到“你如何喜欢《传媒与现代生活》这门课程”时，有大约80%的学生选择“喜欢 & 基本喜欢 & 很喜欢”，只有不到5%的学生表示“不喜欢 & 很不喜欢”。

2）在被问到“这门课程中，你认为最满意的是什么”时，25.7%的学生选择了“课件设计”，接下来是“教师讲解”和“课上的交流”，比例都为20%；选择“内容有趣”和“案例典型”的比例稍低，但都超过了17%。

3）在被问到“你对这门课程的总体满意度怎样”时，62.8%的学生选择“比较满意”，20.9%的学生选择“非常满意”，选择“不满意”的比例只有2.3%。

4）在被问到“你希望从这门课上了解哪些社会知识”时，排在前三位的选项依次为“职业发展”、“情感心理”和“现代科学技术”，比例分别为71.1%、48.9%和44.4%。

5）在被问到“你希望从这门课上了解哪些传媒知识”时，排在前三位的选项依次为“传媒职业”、“传媒与时尚”和“传播媒介”，比例分别为71.1%、33.3%和31.1%。

由以上数据可以看出，将近80%的学生都喜欢或很喜欢《传媒与现代生活》这门课程，其中最满意的是课程课件的设计，对“教师讲解”和“课上的交流”评价也比较高，对整个课程的满意度也达到了83%。而在对课程的期待方面，学生最关心的是这门课程能够对他们以后的职业选择有怎样的帮助，对现代科学技术的期望度也比较高，并且希望这门课程能够对与他们生活相关的内容（如传媒与时尚等）有所帮助。

二 结论与思考

从对传媒的接触和认知来看，广渠门中学高一年级的学生接触媒介的种类多，时间长，以电脑和手机的使用最多，传媒在学生生活中占据一定的重要地位。学生对传媒信息有一定的批判意识，但利用传媒表达自己想法的主动性不高。从对课程效果的反馈来看，信息量较大在一定程度上影响了学生对于课程内容的理解，学生对与自己生活相关的课程素材和话题更感兴趣，因而利用这些素材传授的传媒知识更容易被理解。并且在精心制作的课件、良好的课上互动、优秀的教师授课、小组结合全班的教学组织方式的综合作用下，学生对于此课程的满意度很高。另外在授课过程中我们发现，高中学生对于“传媒”的理解有偏差，认为《传媒与现代生活》课程是介绍记者、主持人、编导等传媒职业的，希望通过此课程能够对传媒职业有一定的认识，对自己以后的职业规划有一定帮助，因而他们对于此课程中有关传媒职业介绍的部分满意度不高，而对这一部分的期望度很高，希望可以获取更多相关信息。

因此，要想传媒素养课程的效果更好，对学生传媒使用频次及时间、学生对传媒的认知的调查是必需的，结合学生特性和时代特征，选择学生感兴趣的素材，设计适当的课程容量，关心学生最关注的传媒知识，采用学生喜欢的授课方式，与学生进行适当的课上交流，采用精心设计的课件，优秀的教师授课艺术等方面都可以达到更好的授课效果。

值得注意的是，本次课程效果调查亦有一些不足，如对课程收获的考察只是通过“收获很大”、“收获较大”、“收获一般”、“收获很少”等选项来进行，没有通过更具体生动、结合情境的方式对课程的实际效果进行考察，从而研究结果会有一定的偏差。另外，此次研究结果只针对学生对于课程内容的短期理解，未对课程的长期效果进行研究，这对于研究课程的效果都是需要注意的问题。我们希望在以后的课程教学中，采取前测、中测和后测，问卷和访谈，观察，焦点小组访谈等多种调查研究方法来对教学实施效果进行探究和分析，帮助我们不断改进课程内容，使传媒素养教育课程与教学以更加完美的方式呈现在学生面前，使他们的学习和生活有所裨益，同时也让越来越多的人认识到传媒素养教育的好处，从而更加自觉地投入到传媒素养教育事业的发展中来。

媒介素养　对甫在行动

——《媒介素养支撑下教师专业能力发展的理论与实践研究》中期报告①

秦　李　吴坤华

【摘要】

本文以媒介素养支撑教师专业能力发展为主题，梳理小学教师从实践中发现问题并形成研究课题的历程。探究一线教师如何感知、理解、内化媒介素养并开展媒介素养教育行动。教师媒介素养是教师专业能力的一个重要指标，是数字时代教师进行教学教研的必备条件。

【关键词】

媒介素养　提升　教师专业能力

【作者简介】

秦李，男，汉族，现任中山市黄圃镇对甫小学教科研主任，中级职称，教育硕士；

吴坤华，男，汉族，现任中山市黄圃镇对甫小学校长，中级职称。

中山市是中国大陆第一个将“媒介素养教育师资培训”进行专业化、大规模推广的城市，黄圃镇对甫小学则是中山市最早开展媒介素养教育的学校。2010 年 5 月，中山市教育局向全市各中小学下发了《关于开展中小学媒介素

---

① 本文是中山市教育科研课题“媒介素养支撑下教师专业发展的理论与实践研究”（D10043）的阶段性研究成果之一。

养教育师资专项培训的通知》，正是在这个培训通知指导下，对甫小学的师生开始逐渐了解和走近媒介素养。2010 年 6 月，对甫小学正式确定将媒介素养作为当年市级教育科研的申报课题，2010 年 8 月教导处秦李主任亦将媒介素养作为硕士毕业论文的主题，并以《提升小学教师媒介素养的策略研究——以中山市黄圃镇对甫小学为例》为题在湖北大学成功开题。2010 年 10 月，对甫小学《媒介素养支撑下教师专业能力发展的理论与实践研究》通过评审，正式确立为中山市 2010 年教育科研立项课题。

两年来，我们的研究工作始终围绕“教师媒介素养”、“教师专业能力”展开，始终紧扣课题的研究目标：即在媒介素养理念和思想的指导下，形成教师专业发展的基本框架，构建一种教师自我学习模式，帮助他们掌握一定的媒介素养提升技巧并形成一种更好的教学风格，以提升教师的教学设计、课程设计、课程决策、教育科研和文化构建等能力，为对甫小学教师的专业发展探索新途径。

一　研究工作进展

到目前为止，课题研究已经完成了酝酿期、学习培训期与子课题一的研究工作。课题组成员参加了中山市举行的第一期媒介素养师资培训，培训期间先后聆听中国社科院卜卫教授、浙江传媒学院王天德教授、中山市教师进修学院朱鹏博士等一批专家的讲座。这些讲座不仅让课题组的教师开阔了眼界，同时也给他们指明了方向，提高了课题组教师对媒介素养的认知水平。

培训以后，课题组教师对学习内容进行了交流、探讨，并达成一定共识。同时也结合学校实际在校内开展《媒介、媒介素养、信息素养》、《教师媒介素养及其提升策略》、《如何将媒介素养教育融入小学日常教学》等一系列培训活动。从整理听课笔记到有了自己的认识，从学习到传授，不仅大大提升了课题组教师的书写和表达能力，同时进一步提升了教师的反思和传播能力。

2011 年 1 月 4 日下午，在对甫小学会议室召开了《媒介素养支撑下教师专业能力发展的理论与实践研究》开题报告会，中山市教研室兰岚、陈明宏、梁剑玲，中山市教师进修学院朱鹏博士、陈松生、刘欢桐、况亮等专家莅临学校指导课题开题，专家的指导为学校课题组指明了方向。

有了理论的学习，课题组教师开始探究教师媒介素养与教师专业能力之间的关系。课题组教师开始了漫长而繁琐的资料收集、整理、阅读、反思和创新的过程，学校也为课题研究购买了大量的媒介素养书籍，并先后多次召开交流会、座谈会、主题讨论等活动，不断地碰撞出思维的火花。

课题组先后认真编制《教师媒介素养与专业发展调查问卷》、《中小学教师媒介素养状况调查问卷》，进行问卷调查，并对问卷调查数据进行统计分析。在调查研究的基础上，课题组开始酝酿撰写《教师媒介素养及其提升策略》，在多位专家的指导下，该篇阶段性研究成果成功发表在 2011 年 8 月上半月版《中国教师》杂志上，又被收录于《2012 年媒介素养研究报告》一书中。

有了理论的支撑，课题组老师开始实施媒介素养教育。先后在小学语文《安徒生童话》、《春联》，小学数学《解决问题策略》、《数学广角》，小学品德《学会安全自护》，小学信息《制作 PPT》等课程教学中渗透和融入媒介素养知识，但最终效果不是很明显，课题组教师遇到了未曾料到的瓶颈。也就在此时，在中山市教师进修学院专家的引荐下，课题组得到中国传媒大学传媒教育研究中心张洁博士的大力支持，一次性向我校免费赠送近 700 本学生媒介素养读物，并将她和团队撰写的《畅游媒介海洋》、《网海生存训练营》以及她撰写的论文发给课题组学习。也正是有了张博士的指导，课题组的研究实践开始变得清晰起来。

2011 年 5 月 20 日，作为独立式媒介素养教育实践课程在我校六年级正式实施，一年多以来，我们先后开展近 8 次的独立式媒介素养教育课，受到学生的普遍欢迎。

2011 年 12 月 2 日 –4 日，在中国传媒大学传媒教育研究中心张洁博士的引荐下，学校课题组成员前往广州华南师范大学参加“2011 全球传媒研究协会第五届国际会议”，得到了又一次思维的碰撞和心灵的启迪。参会期间，我校媒介素养教育实践开展情况受到华南师范大学张学波教授的赞赏。

2011 年 12 月 5 日，中国传媒大学传媒教育研究中心张洁博士及其团队、北京定福庄二小薛宝卫及其团队在刚刚参加完“2011 全球传媒研究协会第五届国际会议”后来到学校指导课题研究工作，同时中山市教师进修学院朱鹏博士及其团队也莅临学校指导课题研究。三个专家团队的指导让课题组成员进一步明确了研究方向，理清了研究思路，同时也更加坚信媒介素养教育将拥有灿烂的明天。

2011 年 12 月 19 日，课题组成员、教导处苏振华主任为全体教师作了题为“善用媒介、传播真实”专题讲座，讲座中苏主任希望全体老师首先从自己做起，不管是手机、微博、微信，还是博客、论坛，都要坚持传播真实，同时也希望老师们引导学生尊重原创作者，真实传播。

2012 年 5 月 12 日 –13 日，在中山市教师进修学院的领导下，课题主持人秦李主任随同朱鹏博士带领的团队一行 7 人前往杭州参加第四届西湖媒介素养高峰论坛。这又是一次思维的碰撞和观念的进步，各位教师不仅近距离聆听了很多媒介素养学者的报告，同时也更加明确和坚信媒介素养是数字时代社会人人不可或缺的素质之一。

二 已取得的初步成果

（一）开阔了教师的视野，加深了教师对媒介素养及媒介素养教育的认识和理解

目前，我国媒介素养教育的实践研究正处在起步和实验阶段。因此，在尚未进行本课题研究之前，教师们对媒介、媒介素养等基础知识相当欠缺，甚至闻所未闻。但自开始课题研究至今，课题组的老师从书中、各级各类刊物上和网上学习，不断地收集资料、辨析筛选、整理反思；同时，也参加各种座谈会、交流会等。课题组于 2011 年 12 月 5 日成功举办媒介素养与教师专业能力高级研讨会，中国传媒大学张洁博士及其团队、北京定福庄二小薛宝卫及其团队、中山教师进修学院朱鹏博士及其团队，黄圃镇教办何凤云主任等专家、领导莅临学校指导学校的课题研究。课题组成员在这过程中带着各种困惑与不解进行着理性的思考，对媒介素养和媒介素养教育的认识和理解从“陌生”走向“熟悉”，从“知之甚少”到“获益良多”。教师们这些跨越性的进步更得到了各方的肯定和支持。在中山市教师进修学院专家的指导下，2012 年 5 月 10 日《教师媒介素养及其提升策略》以教师继续教育职务培训的形式向全市推广，全市共有近 100 位老师自愿参加学习新理念，从而让更多的老师认知和理解教师媒介素养。本课题研究受益对象变得更加广泛，产生的影响更加深远。

（二）独特见解，影响深远

课题组成员经过大量的学习，再学习，在学习中不断地分析比较，整合

思考，整理思路，最终形成了自己的见解。经过这样一系列艰难的摸索，初步研究结果得到了学术界的肯定。课题主持人秦李撰写的阶段性研究成果《应对数字时代的教师之“惑”——教师媒介素养及其提升策略》发表在《中国教师》杂志 2011 年 8 月上半月版，并在封面上明显位置显现标题。

该文章在 2012 年 5 月被收录在《2012 年中国媒介素养研究报告》一书中。文章阐述了教师媒介素养的内涵及其基本构成，提出了提升教师媒介素养的策略。文章的发表，引起了更广泛地区的教师对教师媒介素养及其提升策略的思考。文章认为，教师媒介素养至少包含三个方面内容，作为社会人，教师应具有基本的媒介知识与能力，以在媒介化社会中合理思辨和有效传播信息；作为专业人员，教师应该具备实施媒介素养教育的能力，具有较高的选择媒介、整合媒介和设计媒介的能力；作为教师这一职业，教师应该具有较高的媒介传播、多样的媒介呈现方式以及展示方法能力，以更有效地开展和推动媒介素养教育，提升青少年的媒介素养。①

（三）立足实践、加深理解

教师提升媒介素养除了教师本身专业素养发展上得到提升，还有更重要、更根本的目的是为了帮助提高学生的媒介素养。课题组在本校面向六年级共开展了 8 次媒介素养教育课，媒介素养教育课上，教师鼓励学生要持怀疑、批判的态度去重新审视媒介信息以及媒介信息背后隐藏的信息，并接纳学生不同的意见表达，给予学生充分的发展空间，这样学生的媒介素养才能提高。课后，全体学生阅读媒介素养教育系列读本近 700 本。让学生去感受被媒介包围的生存环境，体验各种媒介对自己成长的影响，以从自身的感受入手去辨析不同的媒介信息，让媒体主动接近学生，同时也鼓励主动接近媒介。这些实践得以落实必须要求教师在日常教学中多积累与媒介素养教育相关的资料，增加教学内容的深度和广度。通过这样的实践，也让课题组教师更加深切感受到提高自身对媒介素养及媒介素养教育认识的必要性及其深远的意义。

（四）教学大比武硕果累累，教师专业能力得到更加全面发展

经过一年多以来的学习研究，课题组教师对媒介素养及其教育的认识和

---

① 秦李，“应对数字时代的教师之‘惑’——教师媒介素养及其提升策略”[J]，中国教师，2011 (8)：33 - 34。

理解不断深入，同时也在做着与媒介交往的尝试。在需要媒介信息时教师们已经能积极地运用所学知识，懂得合理地运用媒介来服务自我、完善自我。通过长期的教师基本功能力的培训以及自我提升，在中山市黄圃镇2012年教学大比武中，对甫小学教师的课件制作、课堂教学、教具制作、三笔字、普通话、论文写作等均获一等奖。在参与这些比赛的过程中，教师都在一定程度上促进了自身对媒介素养的深入理解，提高了自己对媒介素养教育的引领能力，因此教师的专业能力得到更加快速全面的发展。

三　后续研究计划

对甫小学媒介素养支撑下教师专业能力发展的理论与实践研究将进入关键冲刺阶段和后期总结阶段。这两个阶段，课题组将紧扣既定的研究目标，按照预设的研究思路将子课题二和子课题三融合并进开展研究，不断推进独立式和融入式媒介素养教育的实施，不断探索媒介素养理念指导下教师专业能力的发展模式。对甫小学需要完成的重点工作主要有：

- 分批增加课题组成员，不断将课题研究引向深入，不断引领教师参与媒介素养课题研究，逐步提升他们的媒介素养，以优化教学资源和提高教学质量。
- 在学校课时十分紧张的情况下，仍然要定期组织课题成员召开读书报告会、主题研讨、交流困惑等形式多样的交流活动，切实保障每个课题组成员的学习和交流时间。
- 将总课题分成三个子课题，每个子课题安排组长，由组长组织教师收集、整理、整合、反思信息，采用文献研究法、行动研究法、比较研究法和个案研究法等多种研究方法进行研究。
- 在实施子课题三的过程中，坚持先学习后实践的原则，借助专家的力量，不断开展独立性的媒介素养教育课程。同时以综合科目教学为突破口，尝试开展融入式媒介素养教育，争取在市教研室、市教师进修学院专家的指导下在语文、数学、英语学科中逐步融入媒介素养教育内容。
- 认真做好资料的收集整理，为课题结题做好准备。

教师专业能力的发展是一个漫长而艰巨的工作，教师媒介素养是数字时代教师的根本素养，它是随着时代发展而发展的新事物，需要各级专家、教授来共同关注，更需要一线教师不断的践行。

参考文献：

[1] 张洁等，《网海自由行》（知心姐姐媒介素养教育系列读本第二辑）[M]，中国少年儿童新闻出版总社，2009 年版。

[2] 彭少健，《2010 中国媒介素养研究报告》，中国国际广播出版社，2010 年版。

浅析多重文化视域下中小学教师提高媒介素养的策略[①]

聂　芬　彭海文

【摘要】

随着全球化的迅速发展，各国“缤彩纷呈”的异域文化通过大众媒体快速、广泛地传播，所产生的影响力与日俱增，使得学生不同范围与层次地感受着多重文化的影响。同时对于有别于一般受众的中小学教师而言，其职责不仅仅是传递文化，更重要的是反思与更新文化，需要对文化作出自己主动的反应和选择，需要对文化进行理性的分析。本文尝试从文化研究视角来探究提升中小学教师媒介素养的策略。

【关键词】

多重文化　教师　媒介素养　策略

【作者简介】

聂芬，女，汉族，中山市黄圃镇对甫小学教师，初级职称；

彭海文，男，汉族，中山市黄圃镇对甫小学教师，初级职称。

---

① 本文是中山市教育科研课题“媒介素养支撑下教师专业发展的理论与实践研究”（D10043）的阶段性研究成果之一。

一　关键概念界定

(一) 多重文化

多重文化是指在人类社会越来越复杂化，信息流通越来越发达的情况下，文化的更新转型日益加快，各种文化的发展均面临着不同的机遇和挑战，新的文化也将层出不穷。其必要性在于我们在现代复杂的社会结构下，必然需要各种不同的文化服务于社会的发展，而这就造就了文化的多重化。也就是说，我国在全球经济化的发展进程中，面对不同国家在经济、文化、政治等各领域越来越广泛的参与活动，在本土应运而生了不同国家的文化，使得我们的生活中不同层次与范围地渗透着“多重文化”。

(二) 媒介素养的定义及其核心层次

美国学者认为，媒介素养就是指人们面对媒体各种信息时的选择能力、理解能力、质疑能力、评估能力、创造和生产能力以及思辨的反应能力。① 英国学者认为，媒介素养必须包括“阅读”及“书写”媒体，因此，“媒介素养”一词是指为了使用与诠释媒体所需的知识、技术与能力。② 我国有学者指出，“媒介素养就是指人们正确地判断和估价媒介信息的意义和作用，有效地创造和传播信息的素养。”③ 本文所研究的媒介素养指的是人们对各种媒体信息的解读和批判能力以及使用媒体信息为个人生活、社会发展所用的能力，具体包括对媒体信息的选择、理解、评价、质疑、创造和批评的能力。

媒介素养可以从三个层次来分析解读，这三个层次是接触和使用媒介、解读和批判媒介、利用和驾驭媒介。媒介素养最为核心的内容体现在第二个层次即解读和批判媒介方面。教师要批判解读媒介传播的文化信息的真实性，思索背后所隐藏的意识形态和价值观，从客观的角度看待多重文化的正面与负面影响。

---

① Elizabeth Thoman, *Skills and Strategies for Media Education* [J]. Education Leadership, 1995, 56 (5).

② 大卫·白金汉，《媒体素养——素养、学习与现代文化》[M]，台北：巨流图书公司，2006 年版。

③ 张冠文，于健，《浅论媒介素养教育》[J]，中国远程教育，2003 年版。

二 多重文化下教师具备媒介素养的必要性

(一) 培养学生在文化价值观上的媒介素养

中小学学生在个人价值观方面往往缺乏自我正确的判断，多数出现盲目追品牌，模仿媒介信息中的内容，在文化上更是缺乏鉴赏和批判能力，往往与我国人文风情有很大不同的异域文化更容易造成中小学生价值观的扭曲。教师需要具备良好的媒介素养，在学校教育过程中，指导他们正确选择、准确理解、合理评价大众传播文化信息，并能成为有创新性的传播者。通过媒介素养教育，可以培养人们批判性地接受媒介信息的能力、独立思考的能力以及利用媒介为社会服务的能力等。①

(二) 通过媒介素养教育提高教师对文化现象的解读能力

美国文学评论家 Robert Scholes 认为，如果教师用批判角度去理解媒介形式，文化解读方面的能力就会得到提高。媒介素养被公认是一种批判性阅读、分析和写作的过程，当进行严谨的阅读和研究时，媒介素养能够提高教师传统的文字素养能力，教师会准确地辨析一篇杂志文章、电视新闻和广告的真伪②。从教师专业角度出发，提升教师的媒介素养，让教师在日常教学和课程管理中有效地解读媒介、运用媒介，提高教师对媒介文化的解读能力，对教师的教学工作具有重大的理论和实践意义。

(三) 中小学教师专业能力的新发展

多重文化要求教师角色与教师文化的变革，以突出教师作为一个文化性存在的特质，体现多重文化之批判反思精神；重视教师对知识的动态建构与价值判断而不仅仅是对知识的静态掌握与保持中立；重视教师的批判与行动能力而不是无条件的接受与顺从。同时，教师的专业能力体现着时代的特征。

---

① 刘晓敏，“教师教育中的媒介素养教育探析”［J］，东北师大学报（哲学社会科学版），2011.4（252）。

② Center of media literacy, *Instructional Practices In Media Literacy Education And Their Impact On Students' Learning* ［DB/OL］. http://www.medialit.org/reading-room/instructional-practicesmedia-literacy-education-and-their-impact-students-learning.

伴随我国传媒业的迅速发展和媒介环境日益复杂，媒介及传播信息几乎全天候提供全方位的信息，毫无限制地满足媒介受众的视听感官需要。一定程度上，媒体已经成为继学校之后大众的“第二课堂”或“看不见的学校”。以上无不表明，随着时代的发展，媒介素养已经成为教师不可或缺的专业能力，成为教师专业发展的新内容。

三 多重文化视域下提高教师媒介素养的基本策略

（一）教材的多重文化检视

教材是学生学习的重要媒介，我国现行的教科书就包含有丰富的多重文化内容，比如很多“洋节日”的介绍，“洋人物”的故事传奇，国外历史的讲述等内容。教师对教材进行多重文化的检视与转换，并在教学中尊重多样文化，吸收人类优秀文化的营养。增强文化意识，重视优秀文化遗产的传承，尊重和理解多重文化，积极参与先进文化的传播与交流。同时也要对具有不良意识的文化体态，进行正确的价值观与立场的引导，教育学生以客观的批判眼光看待别国文化。

（二）参与“多重文化”课堂，从“根”上提高媒介素养

随着城市化进程的加快，很多城市有专门为外国学生开办的教学机构，教师可以以听课、跟班的形式参与到课堂中，这是教师的“文化体验之旅”。这并非单纯为新鲜、好玩而开展的活动，而是教师的一种自由、主动的精神文化活动，是要教师去用心体会其他国家的文化教育活动，寻找文化中的意义和价值。这不仅是一种知识的涵养，更是真实的文化生活体验，“真的文化是在实践过程中学习”，在这样的过程中教师才会有真正的学习与发展。借此，教师能暂时远离有限的专业视角，体会更多的多重文化面貌，进而懂得了解差异、尊重差异，开启多重视野、减少偏见的文化觉知。

（三）家庭媒介素养的推广

目前，家庭媒介素养的推广只是一个比较笼统的概念，但家长在孩子的教育中起着重要的作用，如何在孩子接受文化冲击的过程中去正确引导是一个不容忽视的问题。家庭的课外书籍、影视、父母言论等时时也充斥着“多

重文化”的身影，无不作为一种媒介影响着孩子。同时家长的学历有所不同，其媒介素养的能力也不同，是需要同教师一样具备良好的媒介素养。学校可以在家长学校的培训课程中，设置媒介素养课程，传播不同文化，并从正确的视界进行解读与鉴赏，使其具备媒介筛选与批判素质，以科学、准确的文化观对孩子进行传播和引导。

（四）将媒介素养纳入教师评价体系

教师教学观念的更新和教学实践能力的提高，在很大程度上是在学校的日常管理下的教学实践中不断完善的。也就是说，教师的专业自主发展是与学校的教师评价工作伴随始终的。领导评价、同行评价、学生评价、社会评价是评价中的评价，都是促进教师素质提高和规范教师的行为。我们可以在评价体系中，增加教师媒介素养教育的评价，将相关的课程主题、计划安排、教学反思和教学案例等作为评价指标。

数字时代下教师专业基本素养—媒介素养[①]

李 岩

【摘要】

媒介素养教育的研究在我国还处在起步阶段，但是媒介素养已经是当代人们的基本素质之一。本文以媒介素养是教师专业基本素养为出发点，以借助媒介在教学中的应用提高学生媒介素养能力为目标，提出“媒介素养四基”应成为教师的专业能力要求之一。

【关键字】

媒介素养四基　教师专业　学生媒介素养

【作者简介】

李岩，女，汉族，中山市黄圃镇对甫小学教师，初级职称，硕士。

在当今的数字时代下，“媒介素养”已经是人们的基本素质，儿童的媒介素养关系到其成长以及自身的社会认知，需要教师正确的引导和培养，这就要求教师的媒介素养有一定高度、宽度。鉴于教师职业的特殊性，加强教师的媒介素养相对于其他群体更具紧迫性。媒介分为“传统媒介”和“数字媒介”（新生媒介），在新旧结合的领域内对于教师而言是机遇还是挑战？又将会带给教师怎么样新思路，本文尝试给出一些思考。

---

① 本文是中山市教育科研课题“媒介素养支撑下教师专业发展的理论与实践研究”（D10043）的阶段性研究成果之一。

一　数字时代下教师专业面临的机遇和挑战

在这个信息爆炸的数字时代，各种媒介的出现对于教师而言是机遇，可以为教师们的教书育人提供了多种途径和方法，教师把握好这个机遇是迫在眉睫的。娴熟使用“数字媒介”固然是一个人媒介素养的表现，然而对于教师而言，不仅需要合理地使用媒介，使媒介恰到好处地服务于教学，还要能潜移默化地渗透给学生辩证看待媒介的媒介素养思想。润物细无声地提高学生的媒介素养，需要的不仅是深厚的文化底蕴而且是更高水平的媒介素养支撑。

在媒介素养支撑下的教师需要不断探索媒介素养教育模式和途径，这又是对教师的一种挑战。教师要有一套完整的本职业本学科的适合儿童认知的、适合当代社会发展的媒介素养教育理念和思想。校园的媒介素养核心是合理使用媒介、解构隐藏在媒介背后的面貌，能够使学生理解媒介建构社会的同时是服务于社会的，体会各种媒介运用自身特有的语言和编码传播着一些信息。媒介素养无疑支持当今教师的专业发展和教学形式，有效地使用媒介提高教师自身的媒介素养，对教师来说是机遇又是挑战。

二　数字时代下教师应该具备的“媒介素养四基”

媒介素养，第一个层面是媒介认知，第二个层面是媒介辨别，第三个层面是媒介利用，第四个层面是媒介理解，第五个层面是媒介融合。鉴于“媒介素养”的五个层面以及现实状况，如今教师应该具备“媒介素养四基”，即媒介素养基本知识、媒介素养教学基本技能、媒介素养教学基本思想、媒介素养基本教学活动经验。

媒介素养基本知识包括教师对媒介表层以及媒介形成有一定的了解和认识；媒介教学基本技能是教师在教学中使用各种媒介的手段以及融合各种媒介的技能；媒介素养教学基本思想是教师在学校融合各种媒介的基本理念以及媒介服务于教学、学生和生活的基本思想；媒介教学基本活动经验是指不断在教学实践中试验、开拓和总结媒介素养教学经验。

随着年级的增长，学生们接触的数学逻辑性就越来越强，数学教师在教学中媒介的参与和使用和媒介素养教学也显得尤为重要了。笔者在教授小学六年级《确定起跑线》时没有像往常一样完全借助于多媒体教学，是给学生上了一节别具生面的“数学美术课”。笔者先利用课件给学生展示出美轮美奂的各种与圆相关的组合图形，待学生兴奋地交流自己想法时，然后让学生利用自己的圆规和直尺来画出这些美丽的图形，孩子们开始有些胆怯，于是笔者鼓励大家用心观察、大胆思考、仔细去画，同桌可以交流意见。孩子们如火如荼地进行着，慢慢地他们找到了规律，“原来这个太极是大圆里面嵌着小圆的啊”、“这个是正方形中四分之一圆”、“我知道跑道是由哪些图形组合而成了”……学生脸上洋溢着满足的笑容，最后笔者将学生们的成果利用投影仪展示给大家，学生们借助观看图片、交流意见、模仿画一画等多种媒介的帮助，体会到组合图形的内在的本质联系，当学生们真正接触组合图形面积时同学们学得那么游刃有余。（在教授组合图形面积时学生们学习效果很好）这节数学课笔者没有完全借助功能很多的电脑，而是将各种媒介融合起来进行教学。课后小结时，学生们总结出这节课我们利用图片、同学交流、同学的样品展示等多种媒介，弄清楚组合图形之间的内在联系，也深刻体会到其实很多媒介结合起来使用能更有效地帮助我们学习。本节课将“传统媒介”与“数字媒介”相结合，师生共同参与到媒介中完成了教学任务。

教师在掌握了媒介的基础知识以及使用媒介的基本技能后，在教学中判断媒介信息的实际意义和教学价值，创造性地使用媒介工具传播知识和技能，同时讲授媒介素养思想，提高学生认知媒介、如何参与媒介传播和正确使用媒介的能力。另外，在正确理解并使用媒介的同时推广给学生一种理念：先进的事物固然能为我们学习、生活带来很多便利，但是理解、适时地运用媒介，批判地看待媒介信息才会给我们带来正能量。

媒介素养支撑下的教师专业发展是机遇也是挑战。在数字时代背景下，教师要更快更好地接受数字媒介（新生媒介），并在通过“新生媒介（数字媒介）”与“传统媒介”的融合促进学生学习兴趣的同时提高学生的媒介素养能力。

参考文献：

[1] 袁军，《媒介素养教育论》[M]，北京：中国传媒大学出版社，2010 年 5

月版。
[2] 陆晔，《中国传播学评论第三辑》[M]，上海：复旦大学出版社，2006年12月版。
[3] 西格勒，《儿童思维发展》[M]，北京：世界图书出版公司，2006年8月版。
[4] 赵渊，“媒介素养教育本土化的意义建构和发展路径”[J]，中国广播电视学刊，2007（9）。
[5] 张玲，“媒介素养教育——一个亟待研究与发展的领域”[J]，现代传播，2004（4）。

浅谈家长媒介素养的提高与亲子关系的改善①

何琪珊

【摘要】

在 21 世纪这个信息技术高速发展的时代，孩子们与各种先进的媒介结下了不解之缘，他们的大部分知识都来源于各种各样的媒介。为此，家长自身的媒介素养如何，在很大程度上影响着亲子之间的沟通与交流，家长只有不断地提高对媒介的解读、辨析和应用能力，才能更加有效地引导孩子正确使用媒介吸取各方面的知识，让孩子在千变万化的信息海洋中遨游，促进和谐家庭的构建。

【关键词】

媒介素养　亲子关系　解读能力　辨析能力　应用能力

【作者简介】

何琪珊，女，汉族，中山市黄圃镇对甫小学德育处主任，中级职称。

一　家长提高媒介素养的必要性

随着社会的不断发展，信息技术的更新换代，普遍的家庭都已具备数字

---

① 本文是中山市教育科研课题“媒介素养支撑下教师专业发展的理论与实践研究”（D10043）的阶段性研究成果之一。

电视、电脑、智能手机、DV、数码相机等各式各样的家用电器和通讯设备。这使孩子们获取知识的渠道从单一的课堂讲授和家长传授，逐步发展到利用各种媒介吸收多方面的信息和知识。然而，这些媒介对于孩子来说无疑是一种非常好的集学习与娱乐于一体的工具，为他们学习各方面的知识提供了更多的渠道。

然而面对形式各异的媒介，孩子们在学习知识的同时，又给家庭教育带来了比较多的隐患，不少孩子由于使用不当而染上网瘾、电视瘾、游戏瘾等不良的生活习惯，让家长感到非常苦恼，却又无可奈何，甚至影响亲子关系。家长可以提高自身的媒介素养，引导孩子恰到好处地使用这些媒介，既达到增长见识的目的，又不影响孩子的身心发展。

那么何为媒介素养呢？中国人民大学新闻学院教授、博士生导师陈力丹认为，“媒介素养分两个层次：一个是公众对于媒介的认识和关于媒介的知识，另一个是传媒工作者对自己职业的认识和一种职业精神。”而笔者认为媒介素养就是指人们面对媒介各种信息时的解读、辨析和应用的能力。如果说媒介是人体的延伸，那媒介素养就是传统文化素养的延伸。它包括人们对各种信息的解读能力，除了现在拥有的听、说、读、写诸能力之外，还应具有批判性地接收和解码影视、广播、网络、报刊和广告等媒介信息的能力，以及使用电脑、电视、照相机、录音机、录像机等广泛的信息技术来制作、传播信息的能力。现代社会的每一个成员都是媒介公民，而作为家长，不仅是媒介公民，而且是孩子的第一媒介教师，肩负着教育下一代的神圣职责。因此，提高家长自身对媒介的解读、辨析和应用的能力，对亲子关系的改善尤为重要。

二　提高家长的媒介素养，改善亲子关系

（一）提高对媒介的解读能力

家庭是孩子的第一教育场所，家长则是孩子的第一媒介教师。现在的家长普遍都在利用这些媒介作为学习、生活和工作的主要工具。如果家长自身对媒介具有较强的解读能力，对于指导孩子使用媒介获取知识就会起到非常重要的指引作用。孩子在运用这些媒介的同时，许多家长往往只提供了这些设备给孩子，而忽略了引导孩子如何去使用。因此，家长应该对这些媒介有

深入的了解，知道这些媒介的使用方法以及它们的功能和作用。只有自己懂得了，才能教给孩子合理使用媒介的方法，从而提高孩子的对媒介的解读能力，提高孩子自身的媒介素养。

（二）提高对媒介的辨析能力

对于现代的孩子来说，媒介是他们学习和生活中最好的小伙伴。因为相对于枯燥乏味的说教，孩子更偏向于音像类的学习方式。作为家长不能剥夺孩子运用媒介获取知识的权利，更不能以各种借口禁止孩子使用这些媒介进行学习和生活。如果家长只是一味地抑制，只能使孩子产生强烈的抵触情绪，对于改善亲子关系是有百害而无一利的。因此，家长只有不断地提高对媒介的辨析能力，才能更好地引导孩子从媒介中获取正确的信息，杜绝孩子从媒介中受到错误的引导，导致思想上产生了偏差而形成各种不良的习惯。家长通过多学习、多思辨、多分析，把对媒介所传递出来的各种信息进行深层过滤，再引导孩子怎样辨别媒介中的各种信息，让孩子们懂得明辨是非，使亲子关系更加和谐。

（三）提高对媒介的应用能力

媒介为我们的生活、工作和学习带来了极大便利。有效地把从媒介中摄取的知识应用到日常生活中，可大大地提高工作和学习的效率，更能提升我们的生活质量。为此，家长对媒介的应用能力高低与否，对亲子关系的改善具有积极的影响作用。一位能善于应用媒介的家长，总能与时俱进，家长所传达的信息更符合孩子的口味，更贴近孩子的心灵，这使孩子对家长容易产生钦佩的心理，更有利于亲子之间的沟通与交流。

在信息爆炸的21世纪，亲子关系和谐与否与家长自身的媒介素养息息相关，家长只有通过不断地学习、积累和运用，才能不断地提高对媒介的解读、辨析和应用能力。并且，在家庭中营造一种良好的媒介素养教育氛围，这对于指引孩子如何正确使用媒介获取知识和促进和谐家庭构建都有着不可或缺的作用。

参考文献：

[1] 章森榕，“‘80后’年轻父母媒介素养及其教育能力调查”[J]，青少年

教育与心理，2011（3）。
[2] 栗波，“交互媒介环境下家庭文化素养的新课题”[J]，宁波广播电视大学学报，2010（4）。
[3] 卢峰，“浅论家庭媒介素养教育”[J]，传媒观察，2011（4）。

新媒介正能量

——浅谈提升少先队员媒介素养的新途径①

钟慧娟

【摘要】

随着现代科技日新月异，数字信息已成为人们生存的必需品。微博、微信、QQ……各类新媒介扑面而来，各种正面的、负面的信息也借助媒介进入孩子们的学习生活之中。随着媒介影响的日益加剧，家庭、学校、社会不得不开始注重对少先队员媒介素养的培养，本文结合少先队组织的工作特性，通过更新教育理念，创新活动模式，开展丰富多彩的实践活动，让孩子们在轻松、活跃的氛围中充分发挥媒介的作用，运用新媒介传递正能量，让我们的孩子们更加健康、快乐地成长。

【关键字】

媒介素养　正能量　少先队员

【作者简介】

钟慧娟，女，汉族，中山市黄圃镇对甫小学大队辅导员，中级职称。

最近看到一个新名词——“苹果控”。某年轻妈妈诉苦，家里 5 岁的孩子，变成了“苹果控”，整天拿着 ipad 玩游戏，实在不知道如何是好。如今 ipad、iphone 风行，不少年轻父母都成了“苹果控”，身边的孩子也跟着受到了不少影响。现代科技日新月异，数字信息已成为人们生存的必需品。媒介

---

① 本文史中山市教育科研课题“媒介素养支撑下教师专业发展的理论与实践研究”（D10043）的阶段性研究成果之一。

信息正在改变人类的生活方式和思维方式，影响个人人生观和价值观的形成，每个社会成员都面临着接受媒介素养教育的任务。在这样的背景下，少先队员作为一个特殊的社会群体，心智尚未健全，容易受媒介因素的影响。微博、微信、QQ……各类新媒介扑面而来，而“五道杠”、“最美女教师”等新名词也借助媒介进入少先队员的学习生活之中。随着媒介影响的日益加剧，家庭、学校、社会不得不开始注重对少先队员媒介素养的培养，因此媒介素养教育也在不断引起社会各界关注。如何让孩子们在众多的媒介信息中，提取正面信息，怎样才能让孩子们健康、快乐地成长，成了如今少先队组织的重要工作。

一 更新教育理念

媒介素养教育旨在培养“人们面对媒介各种信息时的选择能力、理解能力、质疑能力、评估能力、创造和生产能力以及思辨地反映能力”。[①]“正能量”指的是一种健康乐观、积极向上的动力和情感。在当今这个媒介时代，媒介在我们的文化环境中无处不在，想要彻底摆脱各种媒介的影响都是不切实际的。因此，媒介素养教育的目的不在于不让孩子接触电脑、网络等媒介，而在于培养孩子对各种形式的媒介的批判认识和解读吸收的能力，把孩子们往正面的方向引领。正如学者喻国明指出的，“如果我们能够让我们的年轻一代，从小就知道辨别和善用媒介，祛除他们的父辈由于长期媒介行政化背景所养成的‘媒介拜物教’，真正使媒介为‘我’所用，而不是成为媒介的奴隶，那我们社会的公民就真正成熟起来了。”[②]

二 创新活动模式

少先队员作为受教育者，在学校里接受各种道德教育。学校的核心任务是让真、善、美在受教育者心中生发出来、成长起来。在这里，老师尽力不

① 张开，《媒介素养概论》[M]，北京：中国传媒大学出版社，2006年9月版。

② 喻国明，“从青少年抓起提高全民族媒介素养”[J]，中国青年研究，2003 (9)。

让学生受到校园之外的世界的侵蚀，让他们健康成长，增进少先队员媒介素养自然也成为少先队工作的重要组成部分。为了培养少先队员们对媒介的选择能力、质疑能力、理解能力和评估能力，对甫小学结合少先队组织工作目标，以少先队组织为主阵地，以少年儿童自主活动为途径，通过队日、中队会等，对少先队员们开展形式多样的媒介素养教育活动。充分利用学校及社区的自然环境、社会环境，让孩子们对媒介问题进行多角度的参与和实践，使孩子们在积极、轻松、自然的活动过程中，提升媒介素养水平。

三　开展实践活动

为了拓展学校少先队教育的新途径，展示少先队员风采，2012 - 2013 学年第二学期对甫小学成立了红领巾电视台，并进行了“传递正能量，争做小先锋”摄影大赛。少先队员们用镜头记录下身边的小雷锋，小先锋，当然还有一些不文明的现象。然后，由电脑兴趣小组的同学们对视频进行剪辑和整理。接着，由教师们把视频制作成一期红领巾电视台的节目，最后，在主题队会上进行播放，让队员们分析哪些做法是正确的，哪些做法是错误的。通过红领巾电视台这个新媒介，传递身边的正能量。每月播出一期节目，每一期内容都与学生实际紧密相连，真正走进了学生的心中。活动期间涌现出许多典型的事例，比如“受气包班长——沈子钧”、“班里的小老师——黄倩楠”、“为梦想拼搏且多才多艺——杜雯琪”、“学雷锋从小事做起——郭林”、“既当姐姐又当妈妈——罗靖岚”……同学们虽然没有做出轰轰烈烈的感人事迹，但其真诚面对生活、热爱生活的态度却感动了对甫小学的全体师生。经过全体少先队员的共同投票，评选出了首届“感动对甫最美少年”，并颁发了“对甫星”荣誉奖章。同时红领巾电视台的开播，为孩子们开辟了锻炼能力、施展才华的广阔舞台，也让更多的孩子从身边的小事做起，养成做好人好事的好习惯。

总之，只有让少先队员与媒介亲密接触，并且正确引导队员们向正面的方向看齐，传递正能量，培养大家走近媒介、热爱媒介、善用媒介的良好习惯，充分发挥少先队活动的自主性、实践性原则，使小学生在做中学、在玩中学，将知识传授与社会实践有机地结合起来，才能为少年儿童健康成长创造全面协调可持续发展的空间，才能使我们的小少先队员更加健康、快乐地成长。

参考文献：

［1］袁军，“媒介素养教育论”［M］，北京：中国传媒大学，2010 年版。
［2］江宇，“家庭社会化视角下媒介素养影响因素研究”［D］，中国传媒大学电视与新闻学院，2008 年版。

以媒介素养的提高引领新教师专业成长[①]

黄炎娟

【摘要】

新信息时代，各种媒介信息成几何级数增长。新教师要快速实现自身的专业成长，就必须顺应这个时代的变化，提高自身的媒介素养。教师首先要明确自己的职业方向，主动地通过各种媒介积累资源，同时进行理性的思辨整合，继而走上自主创新之路，实现自己的专业成长。

【关键词】

媒介素养　新教师　专业成长

【作者简介】

黄炎娟，女，汉族，中山市黄圃镇对甫小学教师，初级职称。

人类已无法阻挡信息时代的到来，信息量以几何级数暴涨，面对蜂拥而至的媒介信息，人们必须进行选择性的识读、理解、记忆和传输，而所有的选择活动大部分都取决于自身的媒介素养。由此，媒介素养这一“素质”概念应运而生。美国媒介素养研究中心对其定义为：媒介素养是人们面对媒介各种信息时的选择能力、理解能力、质疑能力、评估能力、创造能力和制作能力，以及思辨的反应能力。

---

① 本文是中山市教育科研课题“媒介素养支撑下教师专业发展的理论与实践研究”（D10043）的阶段性研究成果之一。

一 新教师与媒介素养

美国文字视频短片《Do you know》用一组又一组的惊人数据，告诉年轻人：信息大爆炸的时代已经到来，信息时代，时不我待，每个年轻人都需要有一颗积极向上的心。作为一名刚从大学校园走出来，继而踏上三尺讲坛的新教师，肩负着教书育人，培养下一代的重任，如何让新教师快速成长成为人们急需关注和解决的问题。在信息时代，新教师必须不断学习，通过培训学习，提高自身的电视素养、视觉传播素养、信息素养和批判性分析媒介现象的能力。同时新教师还要不断提高自身主动敏锐捕捉媒介信息的能力、思辨和整合媒介资源的能力以及创新的能力。若新教师能从这些方面提高自身的媒介素养，那么在教育教学这个大舞台上，各种有利信息就能更加便利地为我所用，并以此有效引领新教师的专业成长。

二 提高媒介素养，引领新教师成长

1. 媒介无涯莫迷航——明确方向

刚走上工作岗位新教师，精力充沛，才思敏捷，情感丰富，知识结构新，接受新观念，运用新技术的能力较强，可塑性也较强。但与此同时，因为刚走出大学校门，缺乏相应的工作经验，在工作中难免遭遇挫败，有时付出与收获不成正比。各种媒介也在渲染教师这个职业面临的挑战，与昔日大学同学倾诉时我也接收到一些消极言论，发现理想与现实的差距很大，曾经的教育理想破灭了。于是我开始质疑自己的工作能力，质疑自己的职业选择，甚至迷失方向。为防患于未然，我校对新教师每月进行一次校本培训，在新教师产生挫败感时，带给新教师很多积极的建议，成立“师徒结对”进行帮带，还推荐新教师观看一些有关教师教育理想的电影，如《乡村女教师》、《蒙娜丽莎的微笑》、《春风化雨》和《烛光里的微笑》等。新教师从中感受到教师这一职业的“苦”与“乐”，“痛”与“快”，继而也明确并坚定自己的职业追求方向。

2. 万丈高楼平地起——资源积累

新教师专业成长之路，实质也是一种“资本”的积累过程。这些无形的

"资本"，既是新教师安顿自己心灵的有力凭借，更是其专业发展应该遵循和修炼的方面。而这些资本的积累绝不是闭门修炼可以获得的，必须化被动为主动，打开天窗，放宽视野，从积累各种类型的媒介资源做起。新教师无论是在教学上还是在班级管理方面，都需要在各级各类培训和专家讲座中、从前辈身上不断获得各种媒介资源。同时，新教师还要学会在日常工作中用自己的眼睛去观察，观察学生、观察同事、观察教室、观察学校，学会用眼睛去"偷"东西。此外，条件允许的学校也可以为新教师开辟诸如电子图书馆、电子阅览室、校校通等网络资源交流平台。新教师要发挥自己在计算机应用方面的特长，迅速而有目的地捕捉各种媒介资源、不断积累各种教育教学资源，实现"资本积累"的第一步。

3. 信息得来终觉浅——思辨整合

"思而不学则罔，学而不思则殆。"面对蜂拥而至的媒介信息，教师必须不断学习和发展优质的专业思想、计划与实践所需的知识技能。同时，这样的学习和发展，应该具有批判性，因为教师不只是知识和技能的容器。尤其是新教师，更要在日常观察和学习中养成思考的习惯，不能盲目简单地全盘接收媒介传播的海量信息，成为信息的奴隶，而要通过独立思考对媒介信息进行再加工和深加工，分清媒介信息中的真伪实虚。如 2012 年，教育领域发生了很多值得我们思考的事件，针对同一新闻事件，不同人可能有不同观点：对"鹰爸"的教育方式，社会各界褒贬不一，是挑战"溺爱传统"还是"狠毒"训子？硕士当城管是不是浪费人才？网友恶搞"杜甫很忙"是狂欢还是一种对教育模式的逆向表达？面对这些颇具争议的话题时，我们需要思考。教育本身就是一门仁者见仁智者见智的艺术，新教师要通过思考，使好的东西通过整合改良后变得更好，为我所用。对于误导性的东西，我们更需要思考，要思考它的错误根源，以此为鉴。新教师需要养成思辨整合的好习惯，这将会使自己终身受益。

4. 众阅媒介求自如——自主创新

创新能力是信息时代对人才的基本要求。要培养创新人才，就必须要有创新型的教师。创新型的教师要具备扎实的基础知识、广博的视野以及善于开拓新领域的能力和掌握创新知识的方法，善于吸收最新教育科研成果，并将其运用于教学中，还要有独特的见解，能够发现行之有效的新教学方法。因此，新教师要具备并不断提高自身利用各种媒介资源，在教学内容、教学形式和教学方法上不断开拓创新的能力。通过开发和创作，把教学课程内容转化为数字化的学习资源，如：把教学内容转化成视频、音频资料、图像资料、文本资料等，以此作为教师开发或创作新教学素材的工具整合到学科教学内容中，并通过各种媒介提供给同行共享，在共享中捕捉反馈信息，不断思考、创新和完善。走在专业成长路上的新教师，若能跟上时代发展趋势，不断更新教育观念，改革教学形式和方法，最终形成独特的教育教学风格，必能在教育大舞台上自如展现。

参考文献：

[1] 陈晓慧，杨菲，“美国教师媒介素养教育研究”［J］，中国电化教育，2011（6）。
[2] 连秀云，“教师专业化建设——一个影响教育改革与发展的时代课题”［J］，中国教育学刊，2003（2）。
[3] 魏宁，“面向信息化的教师专业发展”［J］，信息技术教育，2005（6）。
[4] 卢乃桂，钟亚妮，“国际视野中的教师专业发展”［J］，中外教育分析报告（内部资料），2005（44）。

抓住清明契机　巧选媒介育人①

——以广东省中山市黄圃镇对甫小学为例

冯祐培

【摘要】

清明节是中华民族传统节日，是缅怀先人、祭奠先烈的日子。学校教育应抓住清明节契机，善用媒介，开展贴近生活、学生喜欢的活动，充分释放清明节活动的德育正能量，让学生在“知”、“情”、“意”、“行”统一中提升道德素质和学科素质，成为有理想、有道德、有文化和有纪律的一代新人。

【关键词】

清明节　媒介　德育

【作者简介】

冯祐培，男，汉族，中山市黄圃镇对甫小学副校长，中级职称。

机会每处每秒都会出现，关键在于你能不能抓住。近期我听了人教版三年级下册“年、月、日”这节数学课，老师为了导入新课，出示了《开国大典》这幅具有历史意义的照片，让学生观看照片后提问：“中华人民共和国是什么时间成立的?”结果使这位老师大失所望。无论这位老师怎样启发，都没有学生能准确回答出1949年10月1日这个答案。听了这节课，作为一个主管学校德育的行政人员，我心里确实难受，当代的学生居然不知道新中国成立的重要日子，他们怎会知道中华民族经历的磨难，走过的辉煌呢？怎会知道

---

① 本文是中山市教育科研课题“媒介素养支撑下教师专业发展的理论与实践研究”（D10043）的阶段性研究成果之一。

新中国成立的艰难历程呢？这样的学生能实现伟大民族复兴的“中国梦”吗？何况，“随着改革开放，出现了崇洋媚外、丧失民族自信心的不良倾向，一些人甚至不顾国格而走入歧途。爱国主义教育已成为十分迫切的任务。”①

学习中华民族的光荣历史能增强学生民族的自豪感，了解中华民族的磨难能让学生勿难国耻、树立为中华的振兴、为实现“中国梦”而努力学习的志向。根据中央文明办2013年3月19日发出的《关于组织开展“网上祭英烈”活动的通知》精神，我认为以清明节为契机，结合教育教学实际，学校应当深掘清明节这个民族传统节日的内涵，引导学生慎终追远、缅怀先烈、知我国情、珍惜生活、立志成材、报效祖国。

如何抓住清明节这个契机，对学生进行爱国主义教育，养成良好的人格，笔者认为一个关键的因素是善用媒介，实现“知”、“情”、“意”和“行”相统一的育人效果。

一　电影获“知”

电影是学生喜闻乐见的媒介，好的电影能使人与电影中的主人翁同呼吸、共悲欢，产生共鸣。小学生有明显的模仿性，更容易被电影的人物、情节所感染，看电影对学生进行爱国主义教育比枯燥说教会获得事半功倍的效果。

随着祖国蓬勃发展，人们的生活水平不断提高，科技发展日新月异，网络电视、电脑等高科技产品进入了千家万户，使人们能够足不出户，就知过去，了解现在。看什么电影，只要点击鼠标，按一下控制键，就能在家随时观看。

家庭教育是学校教育不可缺失的阵地。“家校合作的实质是家校之间为了共同的一致的育人目标，通过积极参与和专业指导，相互理解和有力支持，形成‘1+1>2’的‘加和效应’和共育效果，富有成效地促进青少年的健康成长。”②

今年清明节期间，我校向学生及家长推荐了《南京大屠杀》、《上甘岭》、《百团大战》和《开国大典》等五部爱国电影，要求家长在家与孩子一起观

---

① 檀传宝，《德育原理》［M］，北京：北京师范大学出版社，2012年版，第175页。

② 李小鲁等，《学校德育的创新发展——以广东为例》［M］，广州：广东教育出版社，2011年版，第399页。

看其中的两部电影，学生写一篇观后感。学生在家长的陪同下观看学校推荐的爱国电影后，确实了解到中华民族的伟大。有的学生在观后感中写道："看了《南京大屠杀》这部电影，我觉得一个民族落后，就会受外族欺凌，同胞被杀害，国土被侵占。只有努力学习本领，建设强大的国家，才会不受外敌凌辱，民族才有尊严。"还有的学生写道："看了《开国大典》，我知道中华民族具有不屈不挠的精神，为了国家和民族，中华儿女不惜抛头洒热血，承前继后进行抗争，于1949年10月1日终于成立了新中国，我觉得中华民族是不朽的！是伟大的！作为中华民族的一员，我觉得自己十分自豪!"

二 实践动"情"

实践活动是学生获取知识、锻炼心志的重要载体。心理学告诉我们："道德品质教育要注意道德情感的体染，要使道德观念和情感体验联系起来。同时，也只有通过实践活动，即通过情绪经验的积累才能培养和改变学生的情感。"[①] 清明节期间，学校根据实际，开展了一系学生喜欢的实践活动，对学生进行爱国主义教育，同学们全情投入这些活动，收到良好的教育效果。

1. 主题会

开展主题班队课。以班为单位进行"我们的节日——清明"主题班会活动课。学生通过倾听班主任、同学讲解，通过学习自己收集清明节的相关资料，通过自己与老师和同学的互动，知道了清明节的来由、目的、意义，知道了清明节是中华民族特有的传统节日，是缅怀亲人、缅怀先烈的节日。

2. 故事会

很多学生都喜欢听故事。有机会讲故事给别人听更是学生梦寐以求的乐事。小学生喜欢表现自我，而通过听别人讲故事，可以使人知道过去，明白事理。要故事的内涵让听众听明白、认真听，讲故事的人就要深挖故事的精髓。在清明节系列活动中，我校开展了别开生面的"讲革命先烈事迹"的故事会。故事会让同学们讲革命先烈的英雄故事，让同学们听革命先烈的动人事迹，品味故事的动人情节，学习革命先烈的高尚情操。

---

① 叶奕乾，祝蓓里，《心理学》[M]，上海：华东师范大学出版社，1999年版，第212页。

3. 手抄报

手抄报色彩斑斓，内容丰富，能使读者获取不少的知识。设计一张与众不同的手抄报，必须搜集大量资料，精心选取有用的信息，巧用心思构思吸引读者的版面，一张手抄报的面世，能使学生的道德素质和学科素质得到很好的提升。在清明节期间，我校进行了题为“我们的节日——清明”小抄报比赛，并把优秀的学生手抄报在全校进行展出。全校同学在制作、欣赏、阅读“我们的节日——清明”手抄报过程中，获取了清明节的相关知识，获得美的熏陶，培养了良好的品格。

三　网络寄“意”

随着经济和科技的发展，网络已无声无息进入我们的生活，网络成为我们生活中不可或缺的一部分。为了向先烈表达自己的情意，学校在清明节期间发动全校师生进行“网上祭英烈”活动。通过网上祭祀寄意，学生可以更加熟悉电脑的使用。同时活动“以小手拉大手”的形式展开，邀请家长参与其中，收到很好的社会效果和教育效果。学生和家长普遍认为网上祭祀是一种文明的祭祀先烈、拜祭先人的方式，既寄托了哀思，也节省了时间和金钱。同学们在寄语中写道：“先烈们，您们为了今天的美满幸福生活，不惜牺牲自己的生命，牺牲家人，你们这种大无畏的精神确实令人震撼！你们安息吧，我是你们的儿子，我会努力学习、严守法纪、不断探索知识，将来要成为一名杰出的祖国建设者，把祖国建设得更富强、更和谐、更美丽！”

四　表白见“行”

心理学告诉我们有目的的行为是人的意志行动。“只有引导学生在道德实践中感悟、体验、领会，将道德认识内化为道德行为，学生的道德境界才能真正得到升华。”①

---

① 李小鲁等，《学校德育的创新发展——以广东为例》［M］，广州：广东教育出版社，2011年版，第453页。

图书在版编目(CIP)数据

传媒国际评论(第一辑)/秦学智主编.
—北京:中央编译出版社,2013.8
ISBN 978-7-5117-1774-0
Ⅰ.①传…
Ⅱ.①秦…
Ⅲ.①传播媒介-文集
Ⅳ.①G206.2-53
中国版本图书馆CIP数据核字(2013)第216070号

传媒国际评论(第一辑)

出 版 人 刘明清
责任编辑 邓 彤
责任印制 尹 珺
出版发行 中央编译出版社
地　　址 北京西城区车公庄大街乙5号鸿儒大厦B座(100044)
电　　话 (010)52612345(总编室) (010)52612352(编辑室)
(010)66161011(团购部) (010)52612332(网络销售)
(010)66130345(发行部) (010)66509618(读者服务部)
网　　址 www.cctphome.com
经　　销 全国新华书店
印　　刷 北京金瀑印刷有限责任公司
开　　本 787毫米×960毫米 1/16
字　　数 443千字
印　　张 26.25
版　　次 2013年8月第1版第1次印刷
定　　价 80.00元

本社常年法律顾问:北京市吴栾赵阎律师事务所律师 闫军 梁勤
凡有印装质量问题,本社负责调换。电话:(010)66509618